戴炜栋先生八十华诞纪念文集

春风化雨

纪念文集

冯 辉 王雪梅 于涵静 编

上海外语教育出版社
SHANGHAI FOREIGN LANGUAGE EDUCATION PRESS

图书在版编目(CIP)数据

春风化雨：戴炜栋先生八十华诞纪念文集/冯辉,王雪梅,于涵静编. 一上海：
上海外语教育出版社,2019
ISBN 978-7-5446-5989-5

Ⅰ.①春… Ⅱ.①冯… ②王… ③于… Ⅲ.①戴炜栋—纪念文集
②外语教学—教学研究—文集 Ⅳ.①K825.46-53②H09-53

中国版本图书馆 CIP 数据核字(2019)第 164949 号

出版发行：**上海外语教育出版社**
（上海外国语大学内） 邮编：200083
电　　话：021-65425300 （总机）
电子邮箱：bookinfo@sflep.com.cn
网　　址：http://www.sflep.com
责任编辑：潘　敏

印　　刷：常熟市华顺印刷有限公司
开　　本：710×1000　1/16　印张 27.625　字数 436千字
版　　次：2019 年 11 月第 1 版　2019 年 11 月第 1 次印刷
印　　数：1 100 册

书　　号：ISBN 978-7-5446-5989-5
定　　价：88.00 元
本版图书如有印装质量问题,可向本社调换
质量服务热线：4008-213-263　电子邮箱：editorial@sflep.com

戴炜栋教授(二排中)与同事、学生合影

1994年戴炜栋校长在上海外国语大学揭牌仪式上发言

1996年戴炜栋校长（一排中）出席上海外国语大学"211工程"部门预审开幕式

1997年戴炜栋校长（一排左七）参加全国外指委英语组研讨会

1999 年戴炜栋校长在上海外国语大学校庆 50 周年大会上讲话

1999年戴炜栋校长（左）为毕业研究生李尚宏（右）颁发学位证书

1999 年戴炜栋校长（一排右六）出席王季愚诞辰 90 周年纪念会

2002 年戴炜栋校长（左）出席邵一兵教育奖励基金捐赠仪式

2002 年戴炜栋校长荣获上海市员工信赖的好校长称号

2003 年戴炜栋校长（一排左五）与博士毕业生合影

2004年戴炜栋校长(右四)和与会代表在亚洲大学校长论坛合影

2005年戴炜栋校长(主席台左二)参加全国外语院校协作组第二十届年会

2008 年戴炜栋教授(右二)参加北京外国语大学本科专业评估工作

2012 年戴炜栋教授在扬州大学外国语学院讲学

证 书

戴炜栋教授：

在中国英语教育事业发展的历程中，您潜心研究，辛勤育人，务实求真，谏言献策。中国英语教育事业的发展，记录了您的教学实践、研究成果与探索发现，见证了您的至诚情怀、崇高责任与无私奉献。

值此新一届教育部高等学校英语专业教学指导分委员会成立并召开"全国高校英语专业教学改革与发展学术研讨会"之际，鉴于您作为前教指委成员，多年来为中国英语教育事业发展所做的突出贡献，特为您颁发"中国英语教育特殊贡献荣誉证书"，以表达对您的诚挚谢意和崇高敬意。

教育部高等学校英语专业教学指导分委员会
2013 年 10 月 18 日

2013 年戴炜栋教授获教育部高等学校英语专业分指委颁发的中国英语教育特殊贡献荣誉证书

2015 年戴炜栋教授在江西师大讲学时留影

2018 年戴炜栋教授（一排右三）出席上海外国语大学与商务印书馆战略合作签约仪式

2019 年 5 月上海外国语大学英语学院"五四"专访戴炜栋教授（一排右三）

2019 年 6 月戴炜栋教授（中）与两位关门弟子周文岭（左）、于涵静（右）合影

2019 年 7 月戴炜栋教授（右二）出席上海外国语大学会计学专业创办 30 周年庆祝大会

2019 年 8 月戴炜栋教授（一排中）出席中华人民共和国成立 70 周年
中国高校外语教材建设与发展高层论坛

2019 年 8 月戴炜栋教授（中）与庄智象教授（右）、束定芳教授（左）合影

序

　　上海外语教育出版社将为戴炜栋教授出版《春风化雨——戴炜栋先生八十华诞纪念文集》，作为戴校长多年的同事和朋友，我很高兴为之作序。

　　戴校长 1962 年留在上外工作，迄今已近 60 年。他历任英语系主任、副校长、校长等职务，对学于斯、教于斯的母校充满热爱之情，且一直致力于学校的改革发展。这充分体现在"上外工作经历篇"所收录的论文、讲话，以及"教育理念探索篇"新闻媒体对他的访谈中。当国家从计划经济进入社会主义市场经济阶段时，对外语人才的需求发生变化。上外稳步调整，在外语专业基础上孵化新闻传播等复合型专业，采取分级教学、双专业、双学位、学分制、拓展办学空间、试点中外合作办学等一系列举措，使学校从单一学科学院发展成为多科性大学，并于 1994 年正式更名为外国语大学，1996 年入选"211 工程"，2000 年建设松江新校区。还记得 2004 年本科生搬到松江校区后，国务院前总理朱镕基同志来视察，对于我校短期内建成美丽校园深有感触，认为"不容易"。这与戴校长以及全校师生的努力是分不开的。

　　戴校长 1992 至 1996 年任教育部高等学校外语专业教学指导委员会（以下简称"外指委"）副主任委员，1997 至 2013 年任外指委主任委员。作为主任委员，他召集并主持外指委会议，规划每届委员会的工作重点，组织各分委员会制定年度工作计划等。作为外语教育专家，他主导或参与了相关教学大纲制定、外语专业教学测试、外语精品课程建设、教学改革项目评审、外语专业评估、外语骨干教师培训等工作。特别是他牵头主持制定的《高等学校英语专业英语教学大纲》（2000）具有前瞻性和科学性，直到今日仍有现实意义。具体史料可在"外指委工作经历篇"中第一到第四届外指委的工作规划或总结中读到。我任外指委副主任

i

委员兼法语分指导委员会主任委员时,也参与了以上相关工作,和其他委员一起见证了戴校长如何密切对接国家战略需求,统筹规划、协调布局外语教育的重点、任务以及举措。他的领导力、洞察力与亲和力有口皆碑。

戴校长作为外语教育领域的知名学者,一直勤于治学、笔耕不辍、成果丰硕。他的论文最早于1965年发表在《外语教学与研究》上,其中"贯彻党的教育方针,培养又红又专的外语人才"理念与今天的"立德树人,培养德智体美劳全面发展的社会主义建设者与接班人"一脉相承。自1965至2019年,他在国内重要学术期刊上发表论文近140篇,出版专著、辞典约30部,主编教材10多套,主持国家级课题近10项,获国家社科基金奖、首批国务院特殊津贴等。文集在"教育理念探索篇""教书育人实践篇"中不仅收录了他对改革开放30年、40年,中华人民共和国建立70年的外语教育发展的回顾,也汇编了相关报刊等对戴校长的访谈,梳理了他对外语专业教学改革、大中小学英语教学一条龙、博士生培养、办学空间拓展、学术期刊建设等的思考。附录中列出了相关成果,读者可以追本溯源,延展阅读。关于戴校长的勤奋好学,我印象深刻的有两件事:一是他因科研和教学能力突出,从讲师直接晋升教授,这是很少见的;二是他的办公室书橱里、桌子上都是书,既有经典英文著作,也有最新学术期刊,或权威原版或双语辞典,充满浓郁的学术氛围。

戴校长作为坚持躬耕讲台的英语教授和博士生导师,潜心教书、用心育人,且一直谦逊低调、与人为善。从教近60年来,他教授过本科、硕士、博士生课程,指导过近百名研究生。他教过的学生(包括本科生)分布在全国乃至世界各地,各自用扎实的专业知识和专业能力,在不同岗位上发挥骨干作用。他所指导的博士生,多为深耕外语教育教学一线的教学科研人员。他们一方面为培养高端外语人才贡献力量,另一方面活跃于国内外学术界,通过出版专著、发表论文、参加学术会议等提升我国外语教育研究的影响力。这在戴老师为学生著述所作的17篇"序"中可见一斑。学生们对上外兼容并包的校风,严谨踏实的学风,求真创新的传统都充满怀念,对导师的言传身教、谆谆教诲心怀感恩。感恩之情不仅在"师生情深篇"中的36篇文章或诗歌中得以体现,而且在所选照片中也得以印证。譬如文集中有两张戴校长与学生的合影,一张摄于1969年他担任首批工农兵学员试点班老师时,另外一张摄于2003届博士生毕业时。两张照片年代跨度30余年,学生分别为本科生和博士生,戴老师也从青丝到华发,但不变的是他真诚的笑容与对学生的殷切期望。

　　本文集是戴校长的学生们发起倡议并组织汇编的。文集以访谈形式梳理了他工作中的重要节点和成果,以及对新时代外语教育的前瞻性思考。同时将学术与工作、育人相融合,从不同维度展现他严谨的学术作风、踏实的工作作风和寓教于人的责任心。在我看来,这是一件有意义的好事情,不仅彰显了师生情谊,更是对重要史料的梳理,是对学术传统的继承。上海外语教育出版社能够大力支持出版此文集,善莫大焉。

　　白驹过隙、斗转星移,转眼戴校长已是耄耋之年。他著作等身、桃李满天下,且一直秉承严谨治学、求实创新的上外传统,坚持奋斗在外语教育事业第一线,关心学校一流外语学科的发展与一流世界外国语大学的建设,这是值得我们学习的。"杏坛春雨润无声",祝福戴校长身体安康,吉祥如意! 祝愿上外师生和广大青年学子传承老一辈学者的精神,不忘初心、砥砺前行,推动我国外语教育事业进一步发展。

曹德明

上海外国语大学原校长

法语教授、博士生导师

2019 年 7 月于上海

前　言

　　2019 年是中华人民共和国 70 华诞,也是上海外国语大学(以下简称"上外")建校 70 周年,恰逢恩师戴炜栋先生 80 寿辰,在上海外语教育出版社(以下简称"外教社")和各位同门的支持下,我们特编辑出版《春风化雨——戴炜栋先生八十华诞纪念文集》,以庆祝老师耄耋华诞。

　　本文集正文分为采访篇、上外工作经历篇、外指委工作经历篇、教育理念探索篇、教书育人实践篇、师生情深篇与序言篇 7 个部分。附录包括戴老师的个人简介和学术成果以及他所指导的研究生名单等。全书以时间为轴,从教学管理、专业咨询、学术研究、人才培养、亦师亦友等不同维度汇总了相关访谈、学术论文、报纸文章、序言、感悟等,以充分展现老师的师者之风、长者之范。

　　与同类文集有所不同,我们并不局限于收录戴老师的重要著述,学生的专题学术或贺寿文章,而是围绕工作、学术、育人等方面,立体化勾勒老师的学者型领导与明师形象。具体而言,首先我们汇总了老师的专题论文、讲话等,从中可以梳理出上外以及外指委(第一到第四届)的发展脉络,体现出老师对母校的赤子之心,对外语教育的拳拳热爱。其次收录了老师为业内同仁与学生撰写的一些重要序言,以及老师其他文集未收录的论文,这些文章不仅是老师对外语教育教学的不断思考,也折射出他提携后学的殷切之情。此外,我们梳理了学生跟随老师求学的所感、所想、所思、所悟,以表达师生情谊。最后,汇集上外发展重要历史节点以及重要学界名家的照片等,作为学校与学科发展的佐证。

　　在文集汇编过程中,我们得到了诸位同门的鼎力支持,特别是一些资深的专家教授,纷纷撰文回顾跟随老师学习工作的经历。如庄智象教授回忆了在安徽凤阳与老师同劳动、同学习的往事,综述了老师为推动外教社前行和学校改革发展做出的贡献。邹申教授详述了老师如何主持英语专业教学测试的研发、考试大纲的撰写以及英国文化委员会 TEM 考试效度研究项目。齐伟钧教授梳理了老师对上海外语口译考试这一紧缺人才项目命题、考试、教材等方面的指导。龚龙生教授细述了老师如何驭繁以简地梳理学术脉络，指引自己的论文写作与学术发展。陈坚林教授忆录了老师与上海外语音像出版社的渊源以及给予音像社的学术支持。庄智象教授还对本文集的框架、目录等从专业编审角度提出宝贵建议。其他同门分别以诗歌、散文、书信、论文等形式，深情回忆老师的博学洽闻、谆谆教诲、悉心关怀等。

在审读校对文稿时，我们既感慨文字内容的丰富，也感动于字里行间的故事。在一定意义上，该文集融史、事、诗于一体，多维度展现了上外情、外语情、师生情。

文集是史，文字与照片构成宝贵的史料，充溢着上外情与外语情。文集记载了上外英语专业对国际新闻等复合型专业的孵化，主、辅修制，收费招生，绩点学分制，招生收费等改革，以及上外从单科性外国语学院到多科性大学，入选"211 工程"，建设松江校区等重要史实。文集还涵盖第一届外指委各语种指导组在教学大纲研订等方面的工作，第二届外指委对 21 世纪外语专业课程体系和教学内容改革的思考，第三届外指委在本科教学评估，精品课程，教学法，四、八级英语专业教学测试方面的努力，第四届外指委在学科发展战略报告、专业规范制定、专业评估方案研制、复合型外语人才培养方面的进展。文集同时汇总了分级教学改革、外语教学"一条龙"等具体理念与举措，直到今日仍有重要现实意义。

文集是事，一件件，一桩桩，点点滴滴，勾勒出一位勤于治学、谦逊和蔼的师者形象。无论是入学面试中集深度与广度的提问，授课时的条分缕析，论文指导中的细致修改，还是讲座中的旁征博引，工作生活上的指导关心，都体现出老师深厚的学术素养与强烈的责任心。无论对国内外同事同仁，还是对下属与弟子，戴老师都彬彬有礼、温文尔雅。虽然对人称谓时使用"您"这一敬语，去医院看望生病同事或学生，帮学生复印资料等都是小事，但老师教书育人近 60 年，从年富力强到两鬓染霜，一直坚持如此，这是我们后辈晚学做不到的，也钦佩不已的。

文集是诗，一行行文字，一篇篇感言，流动的是弟子对老师的尊敬热爱之情。同门们虽然分布在不同国家或区域，彼此也不尽熟悉，但从英伦三岛到美国大陆，从南国羊城到北国冰城，从珠江江畔、长江沿岸到黄河沿线，只要一提起在上外与老师共同度过的学习生活，都有深深的感恩之心。相关文章虽然文体各异，风格有别，譬如有的娓娓道来、追溯往事，有的言简意赅、直抒胸臆，有的引经据典、辞藻华美，有的朴实无华、真情外露，但表达的都是浓浓的师生情。

在文集付梓之际，感谢上海外语教育出版社孙玉社长对该书出版的大力支持，感谢梁晓莉和潘敏两位编辑认真细致的审读校对。

最后，让我们共同感谢戴老师。作为外语界的知名学者、外语教育改革发展的亲历者和见证者，他不仅是我们学术事业的领航人，也是我们为人、为学、为事的楷模。"双手扶持千木茂，慈怀灌注万花稠"，老师不仅影响了门下弟子，也影响了无数外语青年学子。岁月不居，时节如流，流逝的是时光，永恒的是师者风范和敬业精神。春风化雨，润物无声，让我们一起祝福老师80华诞身体健康，福寿绵长！祝愿母校早日建成世界一流外国语大学！祝愿祖国更加繁荣昌盛，早日实现民族伟大复兴！

冯　辉　王雪梅　于涵静

2019 年 7 月于上海

目　录

教书育人实践篇

师生情深篇

序言篇

采访篇

风雨兼程六十年,桃李芬芳不待言

——戴炜栋教授访谈纪实

于涵静

本文系戴炜栋教授的博士生于涵静在 2019 年初对戴炜栋教授所做的访谈基础上整理而成,旨在让读者更好地阅读《春风化雨——戴炜栋先生八十华诞纪念文集》。

于涵静(以下简称"于"):戴老师,您好。感谢您接受采访!您于 1990—2005 年任上海外国语大学校长,1995—2004 年任上海外国语大学党委书记。在这期间,您领导并参与了上外三次重大改革。第一次改革是在(20 世纪)80 年代初,上外从单语种单科性学校转化成多语种多学科学院。请您谈一下当时上外是如何迈出这中国高等教育改革第一步的。

戴炜栋教授(以下简称"戴"):(20 世纪)70 年代末到 80 年代初,中国的外语教育教学逐步开始复苏。外语教学随着改革开放的不断深入发展,原来单一的办学模式,即单一学科的外国语学院,只是培养外语教师、培养外事翻译的教学模式,已经不能适应国家经济建设的发展和改革开放的需要。从 1983 年开始,上外在人才培养模式方面迈出了开拓性的一步,在全国范围内率先提出了培养复合型人才。所谓培养复合型人才,即招收应用文科专业的学生,比如经济、法律、法学、新闻学等,与此同时,他们还可选择一个语言专业。在英语专业中,我们提出主修和辅修:主修专业是英语,辅修专业可以学习应用文科专业,比如经济、法律、新闻传播、对外汉语等。这样培养出来的复合型专业的学生到了工作岗位以后,可以更快适应国家经济建设发展的需要,更加受到用人单位的欢迎。除此之外,对非英语专业语言类的学生进行双语专业教学,即如果你的主修专业是西班牙语,那么你的辅修专业应当是英语。其他类型外语类专业的学生都采用同一种办学模式,我们称之为"双语专业"。双语专业的学生非常受用人单位的欢迎,因为当年一些小语种和非通用语种使用的机会不是很多,假如小语种没有机会使用的话,学生还可以使用英语,还可以把小语种结合起来,这样使用的范围就更广,更加受到社会的青睐。当年外交部对这种复合型办学模式也是非常认可、非常赞赏的。历经 10 年的时间,经过不断的探索和研究,上外培养出来的复合型人才得到了社会的认可,受到了用人单位的高度评价。在这之后,全国几乎所有的外语类院校都陆续采用了这种办学模式。从英语加新闻这种双专业的培养模式开始,以后陆续开设了经贸加英语,传播加英语等,越办越多。

1994 年经教育部批准,上海外国语学院更名为"上海外国语大学"。在全国外语类学校里,上外和北外是最早一批更名的。校名的更改反映出了学校已经从单一的外国语学院过渡到了应用型多学科的外国语大学。

于:1996 年,上海外国语大学经教育部批准成为"211"院校。迄今为止,外语类院校中只有上海外国语大学和北京外国语大学两所"211"院校,这为上海外国语大学在 2017 年成为世界一流学科建设大学打下了坚实的基础。

戴:上外 1996 年开始向教育部提出申请。教育部领导到学校进行预审后认为上外符合这个条件。教育部一位部长到上外来说了这样一句话,我印象非常深刻:他说上外的办学质量是一流的,上外的学生是一流的,上外的师资是一流的,但是非常遗憾的一点就是,上外的办学条件相对来说是比较差的。因为当时国家办学经费非常紧张,拨给外语类院校的办学经费则是少之又少,所需经费很大程度上都是学校通过自己的努力来解决的。进入"211 工程"以后,基础设施建设和资金方面,教育部给了很大的支持,上海市政府也给予了很大的帮助,再加上学校自己的努力,使得虹口校区的办学条件很快就得到改善。1993 年,时任上海市领导的徐匡迪、陈至立同志来到学校视察,同意上外作为第一批教育部和上海市共建学校。现在的一号楼就是用当年上海市政府拨给的资金建造起来的。

于:1993 年上外在全国高校率先试行新生收费制度改革,在我国高等教育改革史上,具有无可置疑的"第一位置",同时也为 1997 年全国高等院校全面实行入学收费制度创造了宝贵的经验,提供了一个非常好的样板。请您谈一谈这个事情的经过。

戴: 中华人民共和国成立后,高等教育一直是免费的。当时国家教育要改革,首先在收费方面要做些改革。当时教育部在全国挑选了三所大学,分别是清华大学、东华大学和上外。由于各种各样的原因,只有上外真正跨出了这一步。当年跨出这一步真是需要很大的勇气的,因为当时没有一所学校是收学费的,上外带头收学费,很多人担心这可能影响学校的生源。(20世纪)90年代初,老百姓的收入跟现在是不能相比的,2 400元的学费对很多家庭来说是一笔很大的支出。经过充分讨论,全校上下齐心协力,努力跨出这一步。为了迈出这一步,我们做了很多的宣传,到电视台、电台去做宣传,我自己也去了。当时有这样一句话,收费改革不光是收点学费,还应在教学上、人才培养上做出很多改革,使我们的学校能够配套一些相应的措施,比如奖学金、贷学金、帮助基金等。教育质量要提高,收了学费后家长对学校的教育质量、人才培养的要求更高了。当年我在电台做宣传的时候讲了几件事情,请大家放心,请各位家长放心,上外收了学费后,学校绝对不会让一个优秀的学生因为付不起学费而不能进入学校。事实证明,第一年实施收费改革制度很成功,生源质量基本上与往年相同,第二年比第一年更好。三年以后,教育部每年都召开部属高校校长书记咨询工作会议,我们两次都被教育部指定在会上介绍这方面的成功经验。1997年全国高等院校全面实行收费制度。上外率先在中国高等院校里迈出了第一步,是走在最前面的。

于: 这是非常成功的一步。

戴: 对的,应当这样讲。

于: 新世纪开局之年,上外迎来了第三次改革,就是上外松江校区的建立。这是上海高校改革的重大举措。现在上海很多高校都在上海周边地区建立了新校区,松江大学城是其中之一,上外是第一个进驻松江区的高校。您当时做出这个高瞻远瞩的决定很令人敬佩。请问您当时是如何做出这一决定的?

戴: 非常感谢当时的上海市委市政府对高等教育办学的大力支持。进入新世纪以后,市委市政府决定在松江区建立大学校区。照理来说,第一所进驻松江的学校不应当是我们,而是另一所学校,但是他们退缩了。(市委市政府)找到我们,希望上外能够带头在松江建立新校区。知道这个决定以后,学校的领导班子都很支持,但是在教师中间引起了很大的反响,绝大部分的老师都不愿意去松江。他们觉得很远,因为松江距离虹口校区有 50 多公里,当时上外老师都住在虹口校区周边,没有商品房,只是学校周围的一些教师宿舍。但是虹口校区规模很小,如果不建设松江新校区,将来如果应对语言文学类语种竞争、应用文科类型增加等情况,当时的办学空间是无法解决这个问题的。此外,若干年后,如果教育部来进行本科教学评估的话,我们的生均占有面积也是不达标的,也将无法通过教育部的本科教学评估。因此,如果失去这个机会的话,将来我们学校就没有生存之地了。我们下定了决心,做了很多工作。当年在逸夫会堂开了全校教职工大会,跟各位老师讲清楚原因,除了做思想政治工作以外,我也提出有些方面的经济方式也要跟上去。比如,给老师提供课时费补贴,因为路比较远,花在路上的时间也比较长,因此每位教师的课时费都应有补贴。除此之外,在交通费方面(我们)也给予了相应的补偿和弥补。我们也想方设法争取了一些企业在松江的周边建了一些住房,他们提出可以用低于当时的价格卖给我们的老师。当时的房价是非常便宜的,他们给我们老师的价格格外便宜,但是非常遗憾的是,当时登记买住房的老师很少。我们还提出给买房的老师一些房贴,在虹口校区买了房子的老师如果在松江校区再买房子的话,学校还可以给些补贴。可是非常遗憾,来申请补贴的教师也不是很多。这样做主要是希望我们的老师在松江也可以安家,安家的话对于提高教学质量,做好学生工作都是有好处的。2004 年,教育部启动了第一轮教育评估。那时我们才知道,也真的是有些后怕,当年如果没有建新校区的话,我们这个评估可能无法通过,因为虹口校区的生均面积根本达不到要求。有些外国语类院校也是因为这个原因推迟了他们的评估。他们要先想办法解决好这个问题后,才能进行教学评估,因为这个是硬指标。

于:上外经历的第三次改革,松江新校区的建立对上外的生存和未来的发展起到了一个关键的作用。

戴:松江校区建成后,许多国家领导人来视察。时任上海市市委副书记的孟建柱同志,时任中央政治局委员、国务院副总理的李岚清同志,时任教育部部长的陈至立同志,时任上海市市长的徐匡迪同志,时任国务院总理的朱镕基同志等都对上外松江校区给予了较高的评价。一转眼十年过去了,我们国家高等教育迅猛发展,现在看来,如果当年办学空间能够更大一点的话,现在我们发展可能会有更多的空间。

于：您在担任上外校长和党委书记期间在教育部有许多兼职, 如教育部高等学校外语专业教学指导委员会(下称"教指委")主任委员、国务院学位委员会外语学科评议组召集人、教育部社科委员会语言文学学部召集人等。您担任了三届外指委主任委员, 一直到 2013 年因为年龄原因退出, 前后共 30 多年。请您谈谈当时在外指委的工作经历。

戴：我是 1984 年进入外指委工作的, 当时叫教材编写组, 现在是教育部高等学校外语专业教学指导委员会。当年我们的领导是北外的许国璋教授, 还有王佐良教授。我在他们两位的指导和领导下工作。1992 年改名为"外指委", 当时我是英语组组长, 主任委员是胡文仲教授, 这是第一届外语教学指导委员会。第二届是 1996 年, 我是第二、三、四届主任委员, 一直到 2013 年。那时我们做了很多工作。(20 世纪)80 年代初期, 我们在许先生的指导下制定了《高等学校英语专业基础阶段英语教学大纲》和《高等学校英语专业高年级英语教学大纲》。这个大纲使用了一段时间后, 外指委从 1990 年开始又花了十年时间进行修改。此外, 外指委在(20 世纪)90 年代中期为进入 21 世纪做了很多准备, 比如对教学大纲进行更新, 制定了面向 21 世纪外语类人才培养标准和规格。这是非常重要的, 有了这个标准和规格之后, 我们就按照标准进行人才的培养。外指委的工作主要是根据国家经济的发展和改革开放的需要, 与时俱进。当时国家提出西部大开发, 我们做了些项目, 请了西部院校(来参与), 比如四川外语学院, 他们提出了西部的外语类院校进行改革的方式、人才培养模式、课程设置、教学大纲、教育计划的修订。我国在 21 世纪初加入了 WTO, 因此我们请对外经贸大学的相关专家就外语类院校如何适应国家加入世贸组织后的需要, 在教育上和人才培养方面应如何进行调整和改革等问题提出建议。后来我们拟定了外语类院校的规范, 也就是说作为外语类院校你必须符合哪些规范, 哪些基本条件。这实际上就是我们《外国语言文学类教学质量国家标准》的前身。我们配合教育部在全国进行了很多工作, 比如我们对外语专业人才培养、外语语言文学学科的战略发展等方面做出了一些规划性工作, 也进行了战略调整。同时我们整理了相关文件, 并向教育部进行汇报。此外, 90 年代初, 在许先生的领导下建立了英语专业四、八级考试, 主要是检验英语专业的教学质量、检验教学大纲的执行情况。英专四、八级考试当年是外指委负责的，前后有十五六年的时间，后来外指委不再具有教育测试的功能。这对外语教育测试的提高有很大的帮助。英语专业四、八级测试逐步推广到日、法、德等通用语种，到最后它们都有四级和八级考试。

于： 外指委指导的不仅有英、日、法等通用语种，还有非通用语种？

戴： 是的。(20 世纪)90 年代非通用语种非常困难，主要因为当年国家的经济还没有发达到现在这种程度，非通用语种的使用面比较窄，招生人数也很少，因为学生觉得就业上有些困难。外指委配合教育部做了大量的工作，促进非通用语种教育的提高。经过争取，教育部最后同意给非通用语种教师每人每月发 100 块钱。经过努力，各个院校只要有非通用语种，也配套每月补贴 100 块钱。在 90 年代 200 块钱不是一个小数字，经济上有所补助，也能够帮助非通用语种的教师稍微轻松一点。另外，在此期间，我们配合教育部在全国各地建立了几所非通用语种的本科教育基地，来推动这些院校非通用语种的发展。上外、北外、广外、广西民族大学等都建立了非通用语种本科生人才培养基地。

于： 当年为非通用语种的发展付出如此之多的努力，这正好与现在习总书记提出的"一带一路"倡议不谋而合，二者相互结合，相互推动。

戴： 是的，相互结合。不过当时没有看到这么远。当年我们所需要做的是稳住这支队伍，在此基础上不断发展，所以做出一些经济上的补助，建立基地，推动这支队伍的发展。

于： 2000 年教育部颁发了由您主持制定的《高等学校英语专业英语教学大纲》。这部大纲对现在仍有非常深远的影响，《外国语言文学类教学质量国家标准》也是在此大纲基础上进行了修订。可以看出，当年这部大纲的颁发起到了一个非常重要的引领作用。

戴： 是的。当时制定《高等学校英语专业英语教学大纲》邀请了很多国内知名专家，如何其莘等。他们非常认真，花费了很多时间进行调研，制定了这部大纲。正如这部大纲前言中所说，这部大纲具有前瞻性和科学性，比如它当时就提出要培养国际化的、复合型的应用型人才，这是 20 年以前提出来的，到现在都没有过时。《外国语言文学类教学质量国家标准》就是在《高等学校英语专业英语教学大纲》的基础上制定的，而且我个人感觉到《外国语言文学类教学质量国家标准》是一个比较大的框架，还是需要有一个细化的教育大纲，便于各个学校执行、组织和安排外语教学活动。

于：您刚刚指出《高等学校英语专业英语教学大纲》在 20 年以前就提出要培养具有国际视野的人才，其实到现在我们仍然在号召我们的大学要能够培养出具有国际化视野的学生，他们在对外交往中、在文化宣传中要具有民族自豪感和自信心。在梳理材料的时候我看到，教育部在 1998 年主持召开了"全国外语教学'一条龙'"第一届会议，此后，在上外召开了第二届会议。您当时还亲自撰文《构建具有中国特色的外语教育体系》，提出重"本土性、多元性和发展性"的教育理念。包天仁老师在 2008 年就外语教学"一条龙"对您进行了采访。教育部在 1998 年提出这个"一条龙"的想法时，认为十年就可以达到，到 2008 年已经十年了，到现在 20 年已经过去了，我们还在这条路上努力前行着。束定芳教授在 2016 年成立了上海市英语教育教学研究基地。该基地是上海市高校"立德树人"人文社科重点研究基地之一，您是基地专家团队的一员。请您谈谈关于全国外语教学"一条龙"的看法，以及今后的发展走向。

戴：外语教学"一条龙"这个思想在 20 世纪 90 年代中期就已经提出，2000 年在北京外国语大学召开了第一次会议。在会上我做了一个发言，第一次提出了外语教育"一条龙"的理念。会议要求用英文发言，会议结束后他们要求把会议的稿件整理一下，后来就写成了这篇论文，发表在《外语教学与研究》上。这个理念有很多特征，如"本土性、多元性和发展性"。我感觉这个层面上需要由国家和教育部出面，官方出面进行组织和协调是非常重要的。当年提出"一条龙"的理念是源于我们参加了上海市教材编写工作的一期工程、二期工程，时间跨度很长，各个学科都包含其中。此外我们还参与了出版社高职高专以及中专教材编写、英语专业教材编写工作。各种类型、各种层次的教材编写我们都参与过，因此我们深刻体会到外语教学应该建立"一条龙"的发展体系，这主要是为了提高教学效益，避免重复，提高质量。后来遇到了很大的问题，需要有官方的支持，比如说教育部、高等教育司、基础教育司的支持。现在的情况和当年不一样：现在的办学条件越来越好，人们的教育理念越来越新，教育部的办事效率越来越高。在这种情况下，束定芳教授领衔的教育基地肯定会比我们当年做得更好，这是一定的。希望这个项目在进行过程中，能够经常向有关部门汇报进展情况，取得他们的支持，取得他们的协调。我觉得这个很重要，这个工作做好以后，就为我们国家的外语教育事业做了一件大好事。以后我们的外语教学从小学开始，或者更早一些，从学前班开始，一直到高等教育、研究生教育，衔接会是很顺利的。这是未来的一个发展方向。

于：上海的外语教学一直是领先于全国其他城市的。我们看到这个基地除了邀请很多国内知名学者以外，还邀请了国外的一些知名专家，比如 Rod Ellis 教授等，并且和上海当地许多中小学进行合作。相信未来我国外语教学"一条龙"会发展得越来越好。正如 1993 年上外率先实行收费招生改革制度，为全国高等院校提供成果经验那样，该基地在束老师的带领下会在上海市取得成功，同时也可为全国其他城市提供一个非常好的样板。刚才我们谈了全国外语教育"一条龙"。作为中国外语界的知名学者，您见证了改革开放以来我国外语教育的发展历程以及外语学科建设与发展的过程，还亲自参与和主持了一些重大改革项目，为我国外语教育的发展、学科建设做出了巨大的贡献。想请您谈一谈新时代我国外语教育事业如何可持续发展。

戴：改革开放以后，我国的外语教育工作发展非常迅猛。我个人感觉现在的情况和当年不太一样。现在的学生人数较多，数量庞大，当年外语类学生人数很少。上外当年只有两千多名学生，现在达到六七千，这支队伍非常庞大。当年的老教师非常多，也非常有经验，现在青年教师比较多，这是有利有弊的。年轻教师朝气蓬勃，精力充沛，水平也不错，但是教学经验有所欠缺。因此我觉得现在我国的外语教学正处于一个最好的发展时期，条件很好，发展迅猛。现在我们应该坐下来好好地研究几个问题。第一个问题，如何提高外语教学质量，特别是进一步提高本科教育教学质量。很多学校都提出本科教育是立校之本，当然也包括外语的本科教育。目前外语本科教育教学质量上存在很大的问题，我希望在这方面应多下点工夫，多点立项，多做些研究。第二个问题，如何多做一些与外语教学有关的研究。包括国外先进的理念，多做一些研究，把他们引用到我们国家来，使我们国家的外语教学能够在本土化方面有进一步的发展，更扎实一点，既能够符合我国的国情，又不要排斥一些先进的理念。好的理念与实践相结合可以起到推动的作用，可以促进我国的外语教育质量提高，在理论方面也会有质的飞跃，同时反过来也可以指导外语教学。因此外语教学和外语教学的研究是一个问题的两个方面，绝对不可将二者分割开来。希望外语教学能够站得更高，看得更远。外语教学有它的优势,现在国家要走出去,文化要走出去,"一带一路"也要走出去。国家的政策都离不开外语,语言是一个工具,执行国家的这些政策,语言要先行,因此要提高外语教学质量,多从事这方面的研究,取得更好的研究成果。把外国语言文学教学和研究质量提高,反过来能更好地为国家的国策服务。任何时候都不要忘记外语教学要对接国家的战略、战术,这是在任何时候都不能放松的。

于:从您考入上外,毕业后留校,之后半个多世纪一直在上外从事外语教学和研究工作,教授过不同阶段的课程,做过班主任、导师,培养了近百名博士。请您谈谈培养博士生的一些感想。

戴:我从80年代中期开始带研究生,从硕士生到博士生都有,博士生人数比较多,有统考的,也有同力博士生(同等学力人员报考的博士生),不同类型的学生都有。我带研究生最大的体会就是研究生进校以后,导师需要担负起责任,兢兢业业,把学生带好。导师自己要自律,这是非常重要的。导师也要虚心向自己的学生学习。一名导师有上百名学生,面对上百名学生,你的知识面,你所了解的、掌握的理论知识或技巧不可能强于他们整体,因此在指导学生的过程中,要虚心向学生学习,这点非常重要。导师一方面要给自己的学生做榜样,希望他们潜下心来,完成学业。另一方面,导师要有自己的尊严,也要放下自己的架子,这样才能建立一个良好的、融洽的师生关系。在学生潜下心来学习的同时,导师也应当潜下心来好好指导学生,双方配合,较好地完成研究生阶段的课程和论文工作。

于:作为您的学生,我觉得老师也的确践行了您上述的观点。回想求学这几年,您尽一切可能为我们提供最好的学习资源,鼓励我们在学术上不断进步、不断创新。您为众多弟子的学术专著作序,希望他们的学术成果多为我国的外语教育事业添砖加瓦。您培养的近百名博士生中,有很多已经是外语界的领军人物或中坚力量,这都和您当年的培养和教育是分不开的。作为您的学生,我们倍感荣幸。上外成立于1949年,2019年上外将迎来70周年校庆。作为步入耄耋之年的老一代上外人,请您谈谈您对上外的感情。

戴:我是1958年考入上海外国语学院的,毕业留校工作至今就没有离开过这里。从教学角度而言,我教过本科生;除了文学课,本科生所有课程我都教过,后来指导研究生、博士生、博士后。我这一辈子都在上外从事教学工作,对学校充满了感情。我这一生没做过什么大的事情,如果说能够在外语教学上做过一点点贡献的话,也主要得力于国家的培养,这是最重要的。国家的培养、党的培养,尤其是上外培养了我,这是我永远铭记在心的。还有一点很重要,就是学生对自己的支持。一直到现在,我留校早期教过的本科生有些一直与我保持联系。他们年纪也都很大了,都没有忘记我,我也没有忘记他们,我们之间的感情都很好。更不用说教过的研究生了。我从我的学生们身上学到了一些优秀的品质,非常不错。我希望上海外国语大学未来的发展会越来越好,尤其是我们学校已经进入了世界一流学科大学的名单,希望"双一流"(即世界一流大学和一流学科)建设能够继续坚持下去,发展得更好。希望上外在学校党委的领导下,在不久的将来能够建成世界一流的著名的外国语大学,我希望能够早一点实现这个愿望。

于:最后请戴老师给青年教师和学生一些美好的寄语。

戴:教师对我们外国语言学科来说是非常的重要,尤其现在国家发展如此之快。外语学科是非常重要的,国家的方针、政策都需要我们来更好地服务,需要我们培养更多高质量、复合型、具有国际视野的外语人才。这个要求越来越高了,我觉得这跟我们20年以前是不能相比的。希望我们的学生在校期间能够对自己有更高的要求,也希望我们的教师,尤其是青年教师对自身有更高的要求,未来的希望都寄托于青年老师的身上,希望他们能够不断地根据国家的要求,根据外国语言学科的发展要求提升自我,使自己在这个过程中更好地、快速地发展,更好地为国家的方针和政策服务,更好地为外国语学科服务,更好地为我们这所大学——上海外国语大学服务,做出更大的贡献。让我们一起努力,为国家培养出更多高素质、高质量、具有国际化视野的人才。

于:非常感谢戴老师!

上外工作经历篇

改革英语教学,适应新形势需要

——上海外国语学院英语系教改点滴

戴炜栋

当前外语教学改革的春风吹绿了上外校园。探索一条专业外语面向现代化、面向世界、面向未来的道路,是我们面临的光荣而艰巨的任务。

长期以来,上海外国语学院英语系(以下简称"英语系")培养规格是英语口笔译人员、高校师资和研究人员。教学以听、说、读、写、译为主要目标,辅之以专业必需的语言、文学基本知识和基本理论以及英语国家概况。这种教学体制确有其优点:便于组织教学,学生的基本功较扎实。以学生质量为例,1982 年以来,英语系学生在历次全国性统测中名列前茅,词汇量测试也成绩优异。毕业生都以其扎实的基本功,流畅的口笔语获得使用单位的好评。1985 年一批留系工作的本科毕业生,在教育部组织的英语专业青年教师出国进修选拔考试中成绩突出,获得有关部门表扬。然而,我们应该清醒地看到,这种单一的语言教育体制正在逐步暴露其固有的缺陷:培养方向不够明确,培养目标一直是翻译、师资和文学的混合体。由于培养目标过于宽泛,教学计划针对性差,结果必然造成学生毕业后工作适应性差。"四化"建设的发展和对外开放政策的进一步实施要求培养新型英语人才,他们不仅要熟练掌握英语,而且要懂得有关学科的一些基本知识。所以,改革陈旧的单一语言教学体制势在必行。如何在加强基础训练的同时,又能使英语系学生在毕业后能适应社会经济结构多方面的要求呢? 近年来,英语系在进行体制改革的同时,还带着这个问题摸索英语教学改革路子,在调整专业结构,增设课程,加强基础教学,培养第一流的师资队伍,让学生学得更主动、活泼等方面作了一些尝试。本文拟就这些改革作点简要介绍,并就英语教学调整和改革中的一些问题,谈谈自己的看法。

一、调整专业结构,增设选修课程,实行主修、辅修和双学位制

为适应"四化"建设需要,英语系的结构和培养方向已作了战略转移:逐步减少培养高校师资、通用翻译的比重,增设国家经济建设急需的专业;承担培养和轮训大学专业英语和大学公共外语骨干教师的任务;为经贸、外轮等部门的涉外人员和科技人员举办大专班,以培养大批既懂专业又懂外语的人才,例如:

1. 增设国际新闻专业,培养熟练掌握英语的新闻工作者。择优录取已读完三年专业英语的本科生,再进行三年新闻专业训练。该专业开设各类英语新闻的写作技巧、新闻史、编辑、采访速记、广播新闻等二十门专业必修课,以及有关新闻、外交、国际法、宗教等十九门选修课。学生必须修满 130 学分并撰写论文和参加实习,成绩合格者将被授予英语和新闻两个专业的双重学士学位。

2. 开设对外经济贸易专业,培养熟练掌握英语和对外经济贸易基本理论的专门人才。学生在前两年的听、说、读、写、译实践技能训练基础上,再要进行两年的对外经济贸易专业训练。该专业开设国际贸易、进出口业务、国际市场行情、外贸函电与谈判等十九门必修课和西方经济学、对外技术贸易、商品学、市场学、国际信贷与投资等二十门选修课。绝大部分选修课均用英语讲授。经济贸易专业学生既掌握了英语这个利器又有进出口业务专业知识,就能如虎添翼,为"四化"建设做更大贡献。

3. 英语语言文学专业学生在牢固地打好英语基础的前提下,进入高年级后实行主修、辅修制。学生可主修英语语言或英美文学,辅修新闻或经贸,也可视本人兴趣选修其他课程。这样,学生毕业后的工作适应力,将大大超过传统的单一语言教学体制下的毕业生。

4. 调整学生的知识结构,开设大量选修课,拓宽学生的知识面,特别是文科类的基础外围知识。从 1980 年以来,英语系开设的各类选修课已近四十门,内容包括语言、文学、历史、地理、文化、经贸、新闻、外交、法律、宗教等。专业选修课都用英语讲授。此外,还开设了诸如计算机应用等基础课程。

下表是英语语言文学专业四年级必修和选修课程:

表 1　英语语言文学专业四年级课程

必　　修	选　　修	
1. 高级英语 2. 翻译理论和技巧 3. 英国文学(文学专业必修) 4. 英语修辞(语言专业必修)	1. 英语词汇学 2. 现代英语结构 3. 英语文体风格研究 4. 现代英国短篇小说 5. 当代美国小说 6. 外贸英语	7. 英语函电和英语速记 8. 英语打字 9. 新闻英语写作 10. 报刊评论 11. 希腊罗马文化 12. 计算机应用

二、加强基础训练是一个战略性问题

加强基础教学是一个有战略意义的问题,如不给予高度重视,就有差之毫厘、失之千里的危险。有些教师认为教基础课是大材小用,另一部分青年教师只想教一年半载,然后出国进修或在高年级开一门选修课。部分学生对基础阶段学习不肯下苦功,眼高手低,求泛不求精。看来,加强对基础教学的领导,严格把好质量关,稳定基础课师资队伍,改革教学方法是加强基础课教学不可缺少的环节。从1985 年起我们已采取了以下措施:

1. 系主任、教研室主任都要定期深入课堂听课或召开座谈会,了解教学情况,掌握第一手材料。对存在的问题要及时研究,限期解决;对好的经验要及时表扬或推广。

2. 基础阶段的教学是培养英语人才的奠基阶段,需要优秀、有经验的教师来承担这一任务。鉴于目前普遍存在着不重视低年级教学的倾向,我们规定补充师资队伍的本科生和研究生都要在有经验的老教师指导下从事若干年的基础教学,取得经验后才能讲授其他课程。对从事基础教学的师资队伍在一定时间内力求稳定。

3. 把对基础教学态度的好坏列为今后教师升职、晋级的依据之一。凡教学态度不好的,在提升职称时暂缓考虑。

4. 鼓励从事基础教学的教师探讨教学法,撰写基础教学论文,每年出版一次基础教学论文专辑。

5. 设"基础教学优秀奖",每年评选一次。

6. 严格把关,严格执行升留级制度。拟按新设计的教学大纲举行标准测试,目前先在第二学年结束时举行。测试包括语言技能(理解、说、读、写)测验(proficiency test)和成绩测验(achievement test),前者主要测试实践能力,后者测试课文内容。设计的考题要能反映考生的语言能力和交际能力。测试不及格者不能升入高一年级。

7. 更新教材。从 1985 年秋季开始使用教育部委托我系编写的《新英语教程》。该教材编写体系新颖,有助于基础训练。

三、提高师资素质,培养一支第一流的教师队伍

为四个现代化快出人才,多出人才,必须不断提高教学质量,提高教学质量则必须不断提高教师素质。这几年来,英语系在扩大招生、师资严重不足情况下采取了一系列措施来提高教师的教学业务水平。

1. 从中青年教师中选拔学术带头人,使他们进入学术二、三梯队,并重点培养。

2. 实行青年教师业务定向培养。根据教学需要,结合本人的兴趣和特长,青年教师可在文体修辞、文学、语言史等二十个领域内选择一个专业,在有较深造诣的中老年教师指导下进行专题进修,力争三年后在讲授基础课的同时,能开设一门选修课。

3. 通过遴选去国外进修,报考在职研究生或进我系与英国文化委员会合办的助教进修班等途径,力争在五年时间内使所有青年教师都能达到研究生水平。

4. 制订教师工作规范,对不同职称教师的教学与科研提出明确要求,并定期检查,限期达到标准。

5. 设立教师科研奖,每年评选一次,对高质量的科研或翻译作品给予重奖。

四、调动学生学习积极性,增加自由支配时间,让学生学得更主动、活泼

加强基础教学,增设选修课程,实行主修、辅修和双学位制等,是为了给学生以合理的知识结构,使其具备宽厚坚实的基础和熟练的实际技能,培养学生独立思考和分析问题、解决问题的能力。在教学过程中注意正确处理传授知识与培养创造能力的辩证关系,无疑是十分重要的。我们认为学校在教学管理上既要严格要求,又要机动灵活。这样才能调动学生的主动性和积极性,才能培养有独立见

解的开创型人才。为此，英语系试行了以下做法：

1. 增加学生自由支配时间，减少必修课，增加选修课。低年级周课时不超过24 节，高年级周课时掌握在 20—22 节。

2. 改进和完善学分制，实行免修和免听制度，即学生经过自学，掌握了某课程内容，可申请免修考试。另一部分成绩好的同学可申请免听。这样就把学习时间交给学生，由他们自由支配。

3. 试行"本科生硕士生一贯制"。成绩优秀的本科毕业生可直升我系三年制硕士研究生。

4. 新生入学后参加水平测试。凡必修课成绩和英语实践能力已达到高一年级的学生可以跳级。他们在选满教学计划规定的学分后，成绩优异的，可提前直升三年制硕士研究生。

5. 试行优秀生工作条例，选拔品学兼优的学生，为他们指定导师，重点培养。他们可以免修某些课程，参加教研室学术活动，使用教师参考室。他们还能获得奖学金和书报费。连续两年被评为优秀生的可直升研究生。选满规定学分的优秀生可提前毕业，优先选择工作单位。对尖子学生不搞终身制，每年评选一次，不合条件者取消其优秀生资格。

6. 在英语系设立"颜氏学术奖金"，用我系颜棣生教授的捐献款设立学习优秀奖，奖励学习成绩优秀，专业基础扎实，品德优良的学生。除按规定发给奖金外，同时发给"颜氏学术奖金"证书。

以上是英语系教学改革的不成熟的做法，不揣浅陋，提出来请行家指正。

（本文刊发于《外语界》1985 年第 3 期）

上外的十年改革（发言提纲）

戴炜栋

一、关于专业结构

根据社会需要,在加强传统的外国语言文学专业的同时,近年来我们开设了一些新专业。这些新专业有:国际新闻专业(英语)、国际贸易专业(英语、日语)、对外汉语专业(英语)、外事管理专业(英语)、教育传播与技术专业(英语)。这些专业中,有的招收专科生和本科生,有的培养双学位学生或硕士研究生,满足了国家对不同规格人才的需要。国际贸易专业兼招高中毕业的文、理科考生,毕业生供不应求。对外汉语专业的课程设置、学分、学位都得到美国纽约州教育部门的承认。不少新专业报考者竞争激烈,都是优中选优、高分录取的。上外生源的扩大,表示专业结构是对路的,是符合社会需要的。

二、关于师资队伍

关于国际贸易专业,我院有"文革"中上海外贸学院一度合并于我院时留下的师资力量。他们精通一二门外语,又熟悉外贸业务。这使我们有条件培养具有专业特色的外贸人才。有的新专业则采取引进人才和派出进修相结合的办法,解决了师资不足的问题。有的专业得到国外(如加拿大)有关政府部门的支持,有的得到国外半官方机构(如英国文化委员会、美国富布赖特基金会)的支持。我院先后与英国、美国、加拿大、澳大利亚、新西兰、日本、法国、德国、埃及等 12 个国家有关高等学校签订了协议,确立了交流项目。

三、关于办学层次

几年来,我院努力改变只善一种教育职能为兼善多种教学职能,发展为教育、科研、精神生产的三结合基地。我们办学层次:全日制高等教育有本科、专科、双学位班、研究生班、硕士、博士研究生,后续教育有英国学助教进修班、美国学助教进修班、俄语助教进修班,成人教育有非脱产和半脱产的本、专科及外语单科教育,函授及英语、俄语、日语电视教学。此外,我院还有出国人员培训班、外国留学生中文学习班和科技服务的短训班。通过办学多层次,向国家输送了各种各类外语及其他专业人才。

当前有几种情况值得我们思考,寻求解决的答案:

1. 在我国经济发展的同时,人们加强了经济观念,但某些师生中也出现了厌教和厌学的情绪。因此,在深化教学改革的同时,怎样加强和改进思想政治工作;在加强师资队伍建设的同时,怎样加强政工干部队伍的建设,是亟待研究的问题。

2. 近一段时期以来,一些中学为了追求升学率,导致学生知识片面、独立阅读能力和语文写作能力偏低,影响了高校教学的深化改革。

3. 教育必须尽快立法,多给学校一些办学自主权。对于高校公共必修课,如政治理论课、法律常识课、德育课宜制定统一的教学大纲,讲究实效,搞活高校的课程安排。

(本文刊发于《外语教学与研究》1989 年第 1 期)

以收费招生为龙头
推动教学与学生管理的全面改革

戴炜栋

我校从 1993 年开始用新思路、新办法来深化教育改革,经过一年多来的实践,在六个方面取得了突破性的进展,即以招收收费生为内容的招生制度改革,以新型奖、贷学金为主体的学生管理改革,以实行学分制为核心的教学管理改革,以梯队建设为中心的师资队伍管理改革,以分院为基础的内部管理体制改革,以及以社会化服务为方向的后勤体制改革。这些初步发展的取得为今后新的更深层次的改革和发展奠定了较为坚实的基础。

一、抓住机遇,勇于争先,积极开展以收费招生为内容的招生制度改革

早在 1992 年下半年,当得知教委有意选择试点院校进行招生制度改革时,我校党政领导就及时研究,并于 1993 年 3 月向教委提出正式报告,进行试点。

招收收费生的改革虽有不少有利条件,但长期以来传统观念的影响,社会经济不发达、人民收入水平不高以及全国高校基本属于公费招生的现实,会对我校的改革形成一定的阻力。有的老师说,招生改革一怕降档次,二怕砸牌子;不改吧,又怕失去机遇,真是左右为难。

针对这种情况,学校组织中层干部和教授学习班,进行全面分析,统一思想,坚定信念,大胆实践。在 1993 年招生中,我们先后推出了四项新措施:

第一,加强招生宣传力度,突出宣传我校教学改革的新形势和新成果。我校在多年教学改革基础上,形成了一套培养复合型、应用型外语人才的新体系,主要

为"三型一副",即复合型(外语+专业)、方向型(外语+专业方向)、双语型(主修语种法、西、阿+英语),增设应用型副修专业。这个新的体系大大开拓了应用型专业及技能型专业课程,对社会主义市场经济的发展具有很强的适应性与生命力。我们在宣传上突出了这个体系的新特点,从而使广大考生及家长看到自己付出的价值回报率。

第二,在国家教委和上海市的领导下,根据我国人民收入水平的实际情况,制定一个较为合理的收费标准,设定每年学费 2 400 元,杂费 600 元,比上海地区某些自费生水平略低一些,基本在国家培养费的 25%左右。这个标准对多数学生家庭来说还是可以承受的,并在招生前就做到公开收费标准,供考生自由选择,从而保证了生源的基本数量,也实现了"学生上学自己缴纳部分培养费用"的原则。

第三,提高保送生的比例,并首次开展录取选送生工作。1993 年保送生比例从原来的 10%扩大到 15%,并首次录取选送生 60 名,充实了小语种的生源。

第四,适时调整上海与外地生源的比例,坚持重点为上海的经济开发服务。自 1993 年起把上海市招生名额调整为 59%左右。

采取以上四项措施,1993 年招生与录取工作非但没有出现"滑坡",反而比往年情况更好一些。从报考人数和实际招录情况看,江、浙、沪、鲁、皖等省市生源多而好,尤其在上海地区高校收费招生比例中,我校生源最足、分数最高,即使和兄弟院校公费生生源比较,我校也处于中上水平线。

学生招进来了,情况如何? 从 1993 年 9 月以来,我们多次召开教师座谈会、学生座谈会、问卷调查了解新生情况,看到收费新生有如下特点:

一是学习积极性高,自律性强。以往较为普遍的"高考打冲锋,入学松一松"的现象,在这一届新生中反映不明显,"自修热""选课热"反而颇为兴盛。二是学习竞争性强。现在新生中争"奖"好胜的意识比较浓。由于奖学金额高面广,一方面提供了更多的竞争机会,另一方面也使未得到奖的同学有更大的压力,这在客观上强化了学习的竞争性。三是对学校要求高,参与意识强。新生认为是"缴费上学"的,就要求"一分价钱一分货",对于学校师资、校舍、场地、设备、生活设施等诸方面的要求都较高。实践证明,收费招生制度改革虽还需要不断改进,但已取得基本成功。

二、实行新型奖学金、贷学金制度,把勤工俭学与"扶困济贫"结合起来

在开展收费生制度改革的同时,我们就开始尝试用新思路来改革奖学金、贷学金制度。

1. 奖学金:高金额、宽幅度、多层次,"取之于学,用之于学"。改革后的奖学金与原先最大的不同在于:一是学年全额最高可达 2 400 元或可超全额,二是学生获奖面最高可达入学新生总数的 80%,三是可分为超全额、全额、3/4 额、1/2 额和 1/4 额五种等级。奖学金主要来源于收费,约占收费总额的 40%。将之返还学生,旨在促进学习。目前,我们的奖学金分为三类。一是学前奖学金,指根据学生入学前的表现评定,在学生入学后即下发。二是综合奖学金,即学生入学的第二年起,对其入学以来的德、智、体三方面的综合测评结果进行评选,在第二学年开学后各系公布每位学生的综合测评成绩,并提出评奖名单,征求意见后报学生处审批执行。综合奖学金分为:特等奖,金额不定,奖给特优学生;一等奖,每学期 1 200 元,获奖人数可占学生总数 10%;二等奖,600 元,获奖人数可占学生总数 30%;三等奖,300 元,获奖人数可占学生总数 40%。综合奖学金按学期评发。三是单项奖学金,奖给获全国、地区或上海市各类竞赛前三名者,或者获全国或上海市"三好学生""优秀学生干部"称号者,金额各不相同,按奖发放。为能保证某些经济不发达地区优秀学生入学,并保证其毕业后基本能按国家要求奔赴重点经济建设和重点工程项目就业,从 1994 年起我校还将申请设立"国家专项奖学金"。

2. 贷学金:突出重点,资助学生完成学业。1993 年我校收费生的标准虽不算太高,但对于部分内地贫困地区来的学生而言还是有困难的。为了帮助他们适当解决在校期间的学费,使其安心完成学业,我校根据(87)教计字 139 号文精神和收费招生后的实际情况,制订了新的贷学金制度,规定申请贷学金的学生如家庭确有暂时困难、本人学习努力刻苦、有承担还款担保人及其单位签署意见的,可予申请。每年最高金额不超过 2 400 元,人数控制在学生总数的 10% 之内,按学年审批、发放(由学生处负责)。第一学年可享受无息优惠,第二学年始按低于银行同期贷款利率计息。还款方法可为学生在校期间经济情况有所改善后一次或分期还贷,也可在毕业时一次还清或协议确定延长还款期限。我们还设想学生毕业后赴国家指定单位工作者,可免还款。

3. 勤工俭学：拓宽内容与形式,用多种方式帮助贫困学生。我校开展勤工俭学工作比较早,也较重视,在广大学生中已形成良好传统。收费招生以后,为了配合学生达到转化知识、提高技能、参加劳动、了解社会的目的,同时也为了帮助学生解决部分在校经济困难,我们想方设法拓宽勤工俭学的内容与形式,制订了新的条例,规定从校到分院、系要形成管理网络;有条件的单位,特别是校产单位每年必须提供一定数量的学生勤工岗位,并以此作为部门考核指标;学生参加勤工俭学的表现列入奖学金等级评定内容;若学生个人为学校联系到勤工项目,可给予奖励;对生活困难、接受救济与贷款的同学予以优先安排,等等。我们在勤工俭学办公室下设立大学生"外语服务中心""劳动服务中心"和"生活服务中心",吸收学生参加管理;同时扩大开设各类外语培训班,提供外语家教师资和组织参加各类劳动服务,共约430人次,在经济上得益共达15万元,不但使学生锻炼了社会实践能力,还帮助很多学生克服了生活困难。同时,我们与保险公司联合为收费生办理了在学期间的"人身平安保险",还为自费生开办了"住院医疗保险"。

在此基础上,我们还开展了对"特困生"的救济工作。为使救济特困生的工作规范化、经常化,目前我校正在研究制订特困生补助管理条例和建立"特困生基金"。

三、创建符合校情的"绩点学分制"和新课程基金制度,深化教学改革

在确定收费招生改革的同时,学校就组织班子专门研究实行学分制改革的问题。实行学分制是收费招生改革的必然要求,是与国际教育机制接轨的必然途径,能更好地适应改革开放和社会主义市场经济发展的需要,有利于调动教与学的积极性,提高教育质量,加速人才培养。在广泛调查研究的基础上,1993年3月我校率先制定了《试行学分制的若干规定》。在制定学分制规定的时候,我们主要有以下几点考虑:

第一,学分制是现代教育制度的产物,是国际高等教育的共同手段,因此在基本形式上应有共通性。我们对学军、学农这种为培养学生全面发展所必需但难以与国际高教惯例接轨的部分就采取了灵活的处理办法,不计学分,但必须参加,列入评定奖学金的必备内容。

第二,学分制改革要以国情、校情为基础,不能照抄西方的一套。比如我们的

学分安排仍是以学年来进行的,不像西方发达国家的"完全学分制"。这是因为一方面我们高校的必修课比例大(占85%),选修课只占15%左右,而国外大学必修课概念不强,选修课多,自由度大;另一方面是师资安排问题,我国外语专业师资缺乏,特别是涉外应用型专业师资更少,所以同样的课每学期不能重复安排,只能一年一次,这就增强了学年概念;第三方面是就业问题,现在基本还是以下达人事指标方式为主,按学年接收毕业大学生也成为多数企业、事业单位的惯例,一时难以打破。所以按学年来安排学分,本身就不可能是"完全的学分制"。

第三,学分制改革要符合外语教学的规律与特点。我们在学分制改革中有个时间段的选择:3—6年,即学得快可3年本科毕业,慢一些可6年毕业。为什么?因为是按学年安排学分,最快的学生也需两年才能读完学分;而且选修课还有不少要受到外语语种的限制,这是外语教学的特点;但是时间也不能拖得过长,因为外语教学讲究连续性。

在学分制改革的同时,我们还推出了"课程建设基金"的新措施。由学校每年投资5万元,用于鼓励新课程建设,目的在于推动中青年教师从单纯的语言文学教学向综合型、复合型、应用型教学方向发展,逐步丰富和开拓教学内容,改善学生的知识结构。

我校以收费招生为龙头,深化教学与学生管理的全面改革刚刚起步,还很不成熟。但我们深信,在国家教委和上海市有关业务部门的指导下,我们将不断深化改革,积极创造条件,为我校争取早日进入"211工程",为国家外语高教事业的发展做出我们应有的贡献。

(本文刊发于《上海高教研究》1994年第2期)

建设一流外国语大学 培养跨世纪外语人才

——在庆祝上海外国语大学建校
四十五周年大会上的讲话

戴炜栋

各位领导、各位来宾、同志们、同学们：

今天，我们怀着十分喜悦的心情，在这里隆重集会，庆祝上海外国语大学建校四十五周年。值此喜庆之际，请允许我代表校党委和校务委员会，向应邀前来参加隆重庆典活动的各位领导、海内外来宾和朋友们，表示热烈的欢迎和衷心的感谢！向全校师生员工同志们表示节日的祝贺！向曾经在学校各个历史发展阶段、各个工作岗位上辛勤工作过的离退休老干部、老教师、老职工及其家属，表示崇高的敬意！

我校创建于1949年12月，是在老一辈无产阶级革命家、中华人民共和国成立后第一任上海市市长陈毅同志的直接关怀下建立起来的。上外前身是上海俄文专科学校，1956年经国务院批准改为上海外国语学院，1964年列为教育部直属全国重点高等院校，以后又列为国家教委直属全国重点大学之一。今年2月5日，经国家教委批准，改名为上海外国语大学。1994年4月，国家教委和上海市人民政府决定，将我校作为中央和地方实行双重领导、共同建设的学校，为加快学校的改革和发展创造了良好的条件。

中共中央总书记、国家主席江泽民同志在我校建校四十五周年之际，为我校题写校名，这是对我校全体师生员工的巨大鼓舞。刚才在会上宣读的中央领导李岚清同志、李铁映同志和吴邦国同志对我校的题词，是对我们的鞭策和期望。我们一定要以此为动力,把上海外国语大学办得更好!

各位来宾、同志们、同学们:建校四十五年来,在中央教育部门和上海市党政领导的关心、支持下,经过我校各届领导班子不懈的努力和广大教职员工的艰苦奋斗,我校的规模日益扩大,外语教育事业得到了很大的发展,教学质量、科研水平和办学整体效益不断提高,为国家培养了一批又一批高质量的外语人才。他们在社会主义建设和对外活动中发挥了积极作用,为母校赢得了良好的声誉。

党的十一届三中全会以来,我们抓住机遇,深化改革,勇于实践,大胆创新,学校的各项工作迈出了新的步伐,发生了根本性的变化,取得了良好的成效。这主要表现在:

1. 我校已由单科性语言学院发展成为多科性应用学科的外国语大学

我校原是一所设置单一的外国语言文学专业的外语学院,随着社会主义建设的发展,特别是党的十一届三中全会以来,为了适应改革开放的新形势,我们以邓小平同志提出的"三个面向"为指导,改革了外语教学模式,调整了专业结构,增设了涉外应用学科专业,将培养外国语言文学人才为主的外国语学院,向多科性应用学科的外国语大学发展,增设了国际新闻、国际经济法、国际贸易、国际会计、对外汉语、外事管理、教育传播与技术等新专业,使培养出来的学生成为能坚持四项基本原则、掌握两门外语、又具备应用学科知识和技能、能独立解决实际问题,身体健康的高质量、复合型外语人才,受到了社会用人部门和家长的普遍欢迎和好评。为贯彻《中国教育改革和发展纲要》,推动教学改革的深入发展,我校对原有的专业设置和课程体系又进行了调整,新增了"国际金融""国际法"两个专业,扩大了专业口径,拓宽了专业方向。现在,我校的学科门类已有语言文学、新闻、国际经贸管理和法学四种主要学科。去年,在国家教委和市政府的支持下,我们率先实行了招生制度的改革,得到了领导部门的好评。我们要继续完善以招生制度改革为龙头的一系列教学改革,为培养更多涉外型、复合型、应用型高级外语人才而努力奋斗。

2. 学校的规模有了很大发展

我校原有英语、俄语、德语、法语、日语、阿拉伯语、西班牙语、意大利语、希腊语、葡萄牙语等语言文学专业,与新增设的九个涉外应用学科专业分属十一个系。

近几年来,根据事业发展的需要和学校体制改革的要求,我们先后成立了成人教育学院、新闻传播学院、国际经济贸易管理学院、国际文化交流学院、英语学院,今年又增设了韩国语专业。学校设有外国语言文学研究所、国际文化交流研究所、国际问题研究所、美国学研究中心、中东文化研究中心、拉美经济研究室、双语词典研究中心、新西兰研究中心、英国学研究中心、日本研究中心、加拿大研究中心、韩国学研究中心、上海外语教育出版社、上海外语音像出版社等 13 个研究出版机构,此外还有出国留学预备人员培训部、出国人员集训部、上海外国语学校(附中)等。全日制在校学生已达 3 000 多人,"八五"期间将达 3 300 至 3 500 人。

随着教育事业的发展,学校的规模还将不断扩大。由香港李嘉诚先生捐助四千万元,由浦东新区政府提供一百亩土地,我校二附中的基建项目在浦东筹建,已进入实质性启动阶段。随着条件的逐步成熟,我们还将建立国际经济法学院、人文科学研究院。

3. 我校与国际的交流合作日益密切

随着对外开放的不断扩大,我校与国外大学的交流合作日益密切,先后与 18 个国家 60 所大学建立了校际合作关系,每年招收各国留学生 200 多名,并互派教师进行学术交流。学校还聘请了一批国内外著名学者和企业家为名誉教授或兼职教授,同时积极开展与国内著名大学的横向交流,为开拓学科建设、更新教学内容、提高师资水平、推动外语教育事业的发展创造了良好条件。

4. 具有较雄厚的师资力量和较高的教学、科研水平

经过几十年的努力,我校已建立了一支教学力量比较雄厚的师资队伍,共 600 多人,其中教授 58 人,副教授 167 人,其他系列高级职称的有 32 人,讲师 263 人。我校每年还从十几个国家聘请几十名语言、文学和经济学专家在各专业任教。为加强师资队伍建设,我们从 1984 年起就建立了教师第二、三梯队,后又建立了第一梯队,充分发挥学科带头人和中青年骨干教师的作用。由于我校师资水平较高,英语、俄语、日语、德语、法语、阿拉伯语、西班牙语、语言学、比较文学等 9 个专业具有硕士授予权,英语、俄语、法语、语言学 4 个专业获得博士授予权。

为培养学生的综合技能和独立工作能力,扩大学生知识面,增强学生对社会的适应能力,我校开设了多种专业和文化选修课,建立了辅修专业,在新生中实行

学分制,并通过教学质量评估和标准化水平测试,促进教学质量的提高。我校英语专业分级教学获得了国家级优秀教学成果奖。

科学研究密切结合教学,科研成果不断涌现,一批论文、专著、教材、工具书分别获国家级优秀教学成果奖、国家教委高校优秀教材奖、上海市哲学社会科学研究成果奖等。我校承接的"八五"期间科研项目有40余项,其中21项课题列入国家教委哲学社会科学重点项目和博士点社科基金项目,已完成数十种辞书的编纂工作。《外国语》《外语界》《国际观察》《中国比较文学》等9种期刊在国内外发行。

我校图书馆藏书100万册,其中外文图书44万册,在全国高校中名列前茅。图书馆还设有国家教委上海外国语大学文献信息中心、牛津英语教学资料中心、计算机中心、美国亚洲基金会赠书中国高等院校分配转运中心等。去年,我们从教育发展基金中拨款55万元,建立了图书馆自动化管理系统。今年,国家教委和上海市人民政府共同承担的基建项目——16 000平方米的综合教学楼已完成立项,即将开工。这些必将为改善我校的教学环境,提高教学科研水平创造有利的条件。

各位来宾、同志们、同学们:45年来,我校的各方面工作取得很大的进展,但是我们也要清醒地看到,由于改革开放的进一步发展,当前国家和上海地方对优秀外语人才的需求量有增无减,供不应求的局面还将持续一段时间;对照国家教委"211工程"的要求,我校在发展过程中也还存在着一些问题和矛盾。在硬件建设上,我校占地偏小、办学经费短缺,导致校园建设落后,急需加快建设。虽然通过发展校产、实行招生制度改革后增加了学校的收入,但仍不能从根本上解决学校经费困难问题。在软件建设上,无论是新专业的巩固、发展和师资队伍的充实、提高,还是在研究生的规模上,都需精心筹划,采取有力措施,促进其发展,为此,我们已经制定了《争取进入"211工程"改革与发展纲要》。

我们的改革思路是:以邓小平同志"三个面向"为指导,以建成现代化和高水平外国语大学为目标,以教育改革为核心,以发展校产、增强经济实力为后盾,以加强党的建设和思想政治工作为保证,全面贯彻党的教育方针,不断提高教育质量、科研水平和办学的整体效益,多出、快出高质量外语人才和科研成果,更好地为社会主义现代化服务。

根据上述思路,结合我校现有的办学条件,到 20 世纪末,我校发展的总体目标是:把我校建设成为适应社会主义经济和社会发展需要的、面向 21 世纪的国内一流、国际著名的具有自己特色的多科性外国语大学,成为我国培养涉外型、复合型、应用型高级外语人才的一个重要基地。

我们要继续大力抓好外语基础教育,充分发挥我校外语优势,大力巩固和提高已经开设的新型复合型专业,更新和优化语言文学专业的教学内容,增设专业方向,进一步完善已初步建成的双语型模式、主辅修制等多渠道并存的培养复合型外语人才的模式。

我们要引进激励机制,优化科研机构,促进教学、科研和管理人员积极搞科研,使科研工作与教学相结合、与学科建设相结合、与社会需要和经济建设相结合,使科研工作更紧密地为教学和学科建设服务,为社会主义现代化建设的主战场服务。

我们要切实加强师资队伍建设,在保证质量的基础上,不断扩大教师梯队成员的数量,特别是要逐步提高新专业师资入选梯队人数的比例;要改革教师职称评审工作,做好对外征聘人才的工作,采取一系列优惠条件继续吸引国内外优秀人才来校工作。

我们要按照国家教委和上海市人民政府共同管理我校的模式,推进学校内部管理体制改革,建立校、院两级制,进一步精简机构,理顺关系,明确职责,简政放权,提高效率,使学校的各项工作向科学化、规范化、现代化水平方向发展。

我们要继续积极开展国际交流与合作,积极引进、充分利用外国智力资源,加强与国外著名大学的校际交流和学术交流活动;除与国外高校合作外,可扩大到与学术研究机构、教育基金会、金融财团、大型企业集团等进行人员交流和合作办学、合作培训和合作研究,并根据我校学科建设的需要,有计划、有重点地选派教师赴国外进修。

我们要加强德育工作,搞好校内精神文明建设。要在党委领导下,形成德育工作一体化格局,建立德育基金会,稳定德育队伍,为培养德、智、体全面发展的社会主义接班人创造一个良好的育人环境。尽管经费很紧张,但学校下了很大的决心,决定今明两年拨出 200 万元对校园建设作全面规划,花大力气改善校园环境和学生的学习和食宿条件。

要进一步发展校产,抓好基本建设和后勤服务工作。为了使校办产业形成规模生产、规模经营从而产生规模效益,我校已组建了上外集团公司。公司要依托外语优势,不断开拓业务,为学校发展提供更多的资金。基本建设要保证青年教工单身宿舍楼和18层高层住宅楼按时按质地交付使用,同时积极做好综合教学楼和兰花基地住宅楼的前期准备工作。后勤工作要在进一步加快内部管理体制改革的基础上逐步向校内社会化过渡,要坚持以服务为宗旨,更好地满足学校教学、科研和师生员工生活的需要。

各位来宾、同志们、同学们:回顾过去,使我们信心满怀;展望未来,更使我们感到任重道远。在快要结束我的讲话之前,我想再一次向所有对上海外国语大学的发展做出过帮助和贡献的社会各界的朋友们,向出席今天庆典的各位领导、各位来宾,表示最诚挚的谢意,并愿意就教学、科研、合作办学、校产协作等各方面与各界的朋友们继续发展我们的合作,为外语教育事业的发展,培养跨世纪外语人才做出更大的贡献!

谢谢大家!

(本文刊发于《外国语》1995 年第 1 期)

转变观念，全面推进外语教学改革

戴炜栋　黄　任

21世纪将是高度信息化的时代，外语在国际信息交流中的中介作用更加突出，国家对外语专业人才的需求将继续保持强劲势头。在21世纪到来之际，我国外语教育战线面临的新课题是在邓小平理论的指引下全面推进外语教学改革，使我国的外语教育再上新台阶。

一、近20年来我国外语教育战线的变化

自党的十一届三中全会以来，我国外语教育战线发生了巨大的变化，取得了巨大成绩：

1. 改革开放把我国的外语教育带入了一个崭新的发展时期，学分制和分级教学改革加快了外语人才的培养，双轨制和复合式、应用式教学使我国的外语教育能较好地适应国家对新型外语人才的需要。例如，上海外国语大学1984年经国家教委批准开始招收经济类复合型专业学生，经过10多年努力，现在已设立了国际贸易、国际会计、国际企业管理、国际金融类4个专业，1988年的毕业生有47名，1996年毕业生达到137名——毕业生数量不断增加，质量不断提高，深受用人单位欢迎。

2. 教材和教学方法在改革开放初期以大量引进和众说纷纭为特点，经过10多年的发展，各语种都编出了主干教材，从英语情况看，已逐步形成以三个流派为主导的局面，即北外胡文仲主编的 *College English*，广外李筱菊主编的《交际英语》和上外李观仪主编的《新编英语教程》。三套教材均受到了广大师生的欢迎。以

李观仪主编的一套为例,根据上外英语学院院长何兆熊教授主持的国家"八五"人文社科项目"《新编英语教程》调查报告",这套教材充分体现了"博采众长,为我所用"的教学原则,比较适合我国外语教学的具体环境,也符合《大纲》提出的"处理好语言学习中准确与流利的关系"与"重视培养使用外语进行交际的能力"的教学原则。

3. 教学手段逐步更新,视听教学设施开始普及,部分学校开设了电脑课,少数条件较好的学校开始把多媒体引入教学。

同时,我们也要看到存在的问题,主要是:

1. 教学改革发展不平衡:① 内地学校同沿海地区学校情况相差大,不同类型学校情况也不同,因而在课程设置、教学内容方面的要求不完全一致,教学中存在的问题也不一样,例如,在沿海地区学校经贸类课程受欢迎,而内地学校则比较重视语言类课程。② 对怎样搞"复合型"看法不一致,有的条件不成熟就仓促上马,有的对 ESP 教学同复合型之间的界限分不清。我们认为,应实事求是地看待上述情况,避免强求一致。

2. 教材亟待完善和配套。前面提到的北外、广外和上外的三套英语专业教材虽然使用范围比较大,但都还未达到理想的配套要求,如有的未出齐 8 册,有的未出教师用书,给使用者带来不便。

3. 设备陈旧,师资紧缺。目前大多数学校还在使用(20 世纪)80 年代的音像设备,效果欠佳,需逐步改善,特别是要创造条件引进多媒体教学。

师资紧缺问题存在多年,近年各校教师数量上虽有增加,但形势依然严峻:一是"断层"现象远未解决,二是学术上真正能够带头的高职称教师仍然匮乏,三是年轻教师不熟悉教学法,教学中要求不严的现象相当严重。

二、关键在于转变教学观点

党的十五大标志着我国建设中国特色社会主义伟大事业进入了一个新的历史时期,外语教育也迎来了新的发展机遇。我们的外语教育虽然取得了巨大成就,但还存在不少问题和困难,在新的形势下面临着新的挑战。为此,我们要全面推进外语教学改革,使我们的外语教学能适应国家跨世纪发展的需求,而全面推进教育改革,关键是在邓小平理论的指导下转变我们的教学观念,包括教学指导思想、教学内容和教学方式各方面的观念转变。

1. 在教学指导思想上要从传统的知识传授转变为全面提高学生的知识和能力素质

外语人才以外语为基本工具，因而必须具有扎实的外语基本功和熟练的口笔语实践能力。从目前的外语专业学生看，虽然开口和动笔都不成问题，但质量不够理想，主要表现为口头连贯表达能力不够强，尤其不善于进行透彻有力的说理；笔头文字欠地道，有时还会出现较严重的语言失误。之所以存在这种情况，主要是由于我们教学中还存在重知识传授、轻能力培养的倾向：教师以讲为主，学生以听为主，课堂操练不多，课后练习更少。这种倾向愈到高年级愈严重，以至有些高年级学生的口笔语实践能力退步了。这说明我们在外语教学中有必要自始至终抓紧基本功训练。

对于"基本功训练"，不能理解为死板的机械训练，更不是搞"题海战术"，而是要针对学生的实际水平和需要，开展有计划、有步骤的科学训练（包括听、说、读、写、译），目的是通过系统训练，让学生更好掌握外语基本知识和技能，特别是获取知识、鉴别知识和运用知识的能力。

我们在调查中发现，有的学生在校时外语口笔语成绩都相当好，但毕业后外语工作能力不强。这除了是由于我们在教学中对外语的使用能力培养不够以外，还有其他因素，特别是分析能力和组织能力欠缺。对此，有的同志主张增加"两课"（政治理论课和思想道德课）的学时。但实际上，现在的"两课"中也存在重知识传授、轻能力培养的倾向，因而也有必要转变教学观念，靠增加学时是无济于事的，而且从总的情况看，我们的学时总数过多，各门课程都应在减少课时和提高质量上下功夫，让学生有较多的时间去消化、去研究、去实践。

由于外语工作涉及各个产业和各个领域，因而需要广博的知识。外语专业学生要有"读书清单"，大量阅读。除了有代表性的汉语经典著作和所学语言的经典著作以外，还要读其他世界名著，用优秀的人类文化丰富自己的头脑。此外，还要争取学习其他一两门专业的基本知识。现在，我们的学生思想活跃，兴趣面广，社会知识也比较丰富。但也有不少学生除了浏览一些不上档次的流行小说以外，对人类文化精品知之甚少。他们连本专业的知识都不过硬，更谈不上接触其他专业了。我国著名外语教育家和语言学家许国璋先生生前经常强调"科班出身的"（即正规学校培养的——笔者注）学生不但要语言功底好，还要多读书，知识宽厚，这样才有真功夫，才有后劲。他要求研究生拿月津贴的三分之一用于买书，"建立自己的图书馆"。显然，如果不认真读书，不刻苦操练，花拳绣腿，靠"小聪明"过日子，是不会有持久力的。

我国自古有"名师出高徒""教不严，师之惰"的说法。要培养出有知识、有能力的学生，必须要有这样的好老师。要学生学好，首先要老师教好。我国外语教育界有大批资历深的和新成长起来的好教师。他们忠于党的教育事业，认真抓好备课、讲课、课堂操练和课后作业这四个环节，每教一课书都有明确的目标，都有较好的效果。然而，也有少数教师自己不认真备课，也不严格要求学生，只靠几个简短提问和几道选择练习，那是无法培养好口笔语实践能力的。

2. 教学内容上要改造那些固定的、单一的过时材料，代之以新鲜活泼的、适用性强的材料

教材是教学内容的主要载体。教材的相对统一和稳定是必要的，否则难以保证正常的教学秩序和一定的教学效果。然而，随着社会的发展变化，教材变化又是不可避免的，社会发展愈快，教材的变化愈快。因此，我们在教材使用上要不断破除习惯势力的影响，在不断编写和修订某些统一教材的同时，有必要经常选用一些新的补充材料，使教学内容不断更新。从外语专业的教学内容看，教材主要应包含以下4个方面：

一是外语知识技能，主要指传统的"精读"，现在一般称作"阅读与写作"。这类教材中的课文应是有代表性的各种体裁的优秀范文，通过深入的学习（包括背诵）和操练（包括段落和短文写作），帮助学生掌握地道的语言知识及使用技巧。

二是基础知识，指中国文化（包括汉语）和世界文化知识，所学语言国家的概况等。

三是带专业倾向的选修内容，如外交、经贸、新闻、师范等。这方面的内容要尽量少而精，不必像主要专业知识那样深厚，目的是使学生在专业知识技能扎实的前提下扩大知识面，为成为"复合型"人才创造条件。

四是一般性实用知识技能，其中除每个学生必修的计算机知识与操作以外，

还可举办一些科技知识讲座，以扩大学生的视野和知识面。

上述前两项内容相对稳定和统一，后两项内容则较为灵活多样化。

3. 教学方式上要从以教师为中心改变为以学生为中心

这里所说的以学生为中心，绝不意味着否定或减弱教师的主导作用，而是强调要彻底破除"填鸭式"和"封闭式"教法，整个教学过程（包括课前准备、讲堂讲授和操练及课后作业）都以培养学生的能力为目标。为了培养这些方面的能力，教师对讲什么和怎样讲，怎样运用启发式，怎样做到精讲多练，怎样开展有效练习等，都得认真考虑研究。

对于中国人怎样学外语，尤其是学英语这个问题，吕叔湘等前辈提出过许多有价值的看法。近年出现的张思中"英语教学法"和李观仪等提出的"具有中国特色的外语教学法"等，虽然有的以中学英语教学为基础，有的以大学外语教学为目标，有的指具体的教学方式，有的指总的方法，但都是对外语教学规律的可贵探索和总结，并且有一点是共同的：外语教学一定要通过教师辛勤的创造性劳动，调动学生的积极性，帮助他们掌握外语知识和提高外语实践水平。在教学方式上强调以学生为中心，主要有两个方面的目的：一是在整个教学过程中务必要发挥出学生参与的积极性和主动性，二是让学生把课堂学习同课外学习密切结合起来，从小课堂走向大课堂。

为了鼓励学生参与，有必要创造适当的氛围。一位在上外任教的美国教授说，他在美国上课时经常是教师和学生肩并肩地围坐在一起开展讨论，轻松自如。但在这里不同：教师站在讲台上，给学生以"权威在上"的感觉，不利于平等参与。显然，这种传统的课堂活动方式有必要加以改变。

这些年来，我校某些院系在学期开始时利用两周时间安排学生通过试听选课；在试听过程中，学生既可以了解教师打算教些什么和怎样教，又可以对教师提出意见和要求；学期结束时再组织学生评议。这样的参与有助于调动学生的学习积极性，也有助于教师改进教学。

除了安排好课堂教学和加强课堂教学管理，我校还组织各种形式的"勤工助学"活动。通过这些活动，学生在课外时间（包括假期）走向社会，把课堂学习同课外使用结合起来。实践证明，这样的活动有利于学生开阔眼界，了解社会和学习社会,锻炼自己和改造自己,提高自己的分析判断能力、组织能力和克服困难的能力;同时,由于学以致用,又检验了学生课堂学习的成果。"书到用时方恨少",有了这样的体验,学生不仅课堂参与的主动性提高,到图书馆找书读的兴趣也浓了。

上述三个方面观念的转变虽然侧重点有所不同,但又具有密切的内在联系。人的观念转变了,看问题的角度就不一样了,办事的方式方法也不同,效果也会不一样。在当前机遇和挑战并存的情况下,我们外语教育岗位上的工作人员必须努力学习十五大文献,研究在新形势下外语教学的规律和要求,勤奋工作,为我国社会主义跨世纪发展的宏图大业培养和造就更多更好的外语人才。

(本文刊发于《外国语》1997 年第 6 期)

探索高等外语教学改革之路

戴炜栋

上海外国语大学自 1949 年 12 月创建至今,已走过了 50 年的光辉历程。特别是改革开放以来,上海外国语大学坚持改革与发展,全面贯彻党的教育方针,不断提高教育质量、科研水平和办学效益,多出、快出高质量的外语人才和科研成果,为社会主义现代化建设做出了突出的贡献。

一

为适应我国和上海地区经济建设和社会发展需要,我校在充分发挥外国语言文学学科优势的基础上,开设新闻学、经济学、法学等学科,为全面建成多科性应用学科外国语大学打下坚实基础,努力成为我国和上海地区培养涉外型、复合型、应用型高级人才的重要基地,并继续深化教育改革,加快学校的建设与发展,扩大对外交流与合作,面向社会,依法自主办学,不断增强活力,进一步提高教育质量和办学水平,在建设现代化的、高水平的外国语大学的征途上,探索走出一条中国高等外语教学的新路子。

我校的改革始于 20 世纪 80 年代初。1983—1984 年,为深入贯彻"全教会"精神,学校率先提出:面向社会发展需要,以学科方向和教师队伍建设改革为标志,使学校由单科性语言学院发展成为全国第一所多科性应用文科类外国语大学,通过多学制、多规格、多专业、多层次的办学途径,培养掌握有关涉外文科专业知识和技能的新型外语人才。为此我们开设了国际新闻、国际经济贸易、经济法、会计、金融、广告、企业管理、教育传播与技术、对外汉语等专业,取得了创办应用文科类外语专业的成功经验。我校目前已有语言专业 13 个,复合型专业 9 个,硕士点 15 个(其中包括复合型专业硕士点 4 个),博士点 6 个,拥有文学、理学、经济学、法学学位的授予权,已经成为一所具有鲜明特色的多科性大学,并形成了"外语专业型、复合专业型、专业方向型、双语种型和主辅修制"的"四型一辅"的培养模式。

二

我校遵循外语人才培养的规律,积极调整教学计划,优化课程体系,更新教学内容,建立校课程建设委员会和校教材建设委员会,负责指导各专业的课程建设和审批课程建设奖励项目。同时,学校将基础知识教育、专业知识教育、职业方向教育和跨学科教育有机地组成课程体系结构,充分体现复合型外语人才培养目标的要求。我们还按照学科确定主干课程和相关课程,大力搞好主干课程的建设,充分反映现代科学的新成就和社会的新发展,不断编写新教材,更新课程内容,开设新课,改进教学手段,制作外语教学软件,编写学习计算机辅助教程。为充分体现复合型外语人才具备的知识结构和智能结构,我校精心研究和安排课程设置体系结构,以促使学生合理的知识结构和智能结构的形成,注重培养学生的创新能力和优良素质。充分保证课程内容的系统性和科学性,合理安排各门课程的先后顺序和衔接配合,以符合高等教育规律和语言教学过程特点,使学生在学校获得的知识和能力,能适应科学技术进步和改革开放的要求,以及 21 世纪国际社会发展的需要。实践证明,无论是新设专业,还是传统专业,教学质量都在稳步提高,在校生在每年举行的全国外语专业考试中一直名列前茅,尤其是复合型专业学生在全国英语专业四、八级统测中平均通过率历来均高于全国外语院校的平均水平。上海外国语大学的毕业生受到社会各用人单位的普遍欢迎。最近八年,陆续抢滩上海的世界著名银行如花旗银行、三菱银行、荷兰银行在上海的分行及著名的会计师事务所、大型跨国公司均优先录取上外毕业生,因为我们的毕业生"不仅语言畅通无阻、专业也上手快"。尽管人才市场的竞争日趋激烈,但上海外国语大学毕业生的签约率,几年来在上海和全国高校中,都是名列前茅,在教育部部属高校中名列"八强"。

三

我校在教育教学改革实践中走出了自己的成功之路,学校办学规模也在不断扩大,目前有全日制本专科学生 3 000 多人、研究生 250 人、留学生 300 多人,成教院本专科学生 150 人,短期培训生 20 000 多人。我们不仅培养了大批高级外语人才,而且通过灵活多样的办学方式,提高了各类成人、市民的外语水平。从 1993 年起,学校开始实行学分制和弹性学制,同时发挥自身优势,采用校校合作、校区合作、中外合作、校企合作等形式开展多元化办学,开拓办学新领域,创出了上海外国语大学现代办学的新路子,使学校成为国内外公认的外语教育的教学、科研基地和著名高校。

四

面对未来,我校的领导班子和全体师生充满信心,计划到 2002 年全日制在校生(包括本专科生、研究生、留学生)规模达到 6 000 人左右,成教院本专科生规模将达到 4 000 人以上,进而继续加大应用类本科生招生规模,逐步实现与语言类本科生的比率达到 1∶1。继续开拓新的培养复合型人才的途径,积极发展国内和国外的合作办学或联合办学。进一步加强学科建设,深化教学改革,提高教学质量,在继续抓好现有国家级重点学科(俄语)和市级重点学科(英语和日语)的基础上,到 2002 年,使英语学科晋升为国家级重点学科,使新兴学科(经济与贸易、工商管理、新闻学等)晋升为市级重点学科。同时,积极争取建立博士后流动站,大力提高培养层次。进一步抓好复合型、高水平的师资队伍建设,继续抓好学科带头人群体建设,完善一、二、三级梯队结构,深化"跨世纪学科带头人培养计划",到 2002 年形成一批在全国有较高知名度的新的学科带头人群体,其中复合型专业学科带头人达到 40% 以上。同时,通过深化高校管理体制的改革、后勤社会化改革,进一步充分发挥"立足上海,服务全国"的区位中心功能,为上海和国家经济建设服务。进一步开拓多元筹资渠道,建立"银(行)校结合""校企结合"的新形式,继续发展与建设银行、工商银行、上汽集团、宝钢集团的合作,发展规模经营与多元经营,到 2002 年,学校年度经费中自筹资金有较大幅度提高,大大增强自我造血功能,为上海外国语大学跨世纪发展提供更多的财力支持,以迎接新一轮高校管理体制改革,使上海外国语大学以崭新的面貌进入 21 世纪!我们欢迎有志青年加入我们的改革行列。

(本文刊发于《上海教育报》1999 年 6 月 8 日《专家访谈》专栏)

为创建一流的多科性应用学科
外国语大学而奋斗

戴炜栋

在迎接澳门回归、迎接新世纪到来之际,上海外国语大学也迎来了她的 50 华诞。

上海外国语大学诞生于 1949 年 12 月,是中华人民共和国高等外语教育的华东发祥地。50 年来,经过几代上外人的共同奋斗,上海外国语大学已从一所单科性外语院校发展成一所具有重要国际影响的独具特色的多科性应用学科外国语大学。以 12 月 18 日 50 周年校庆为契机,迈向新世纪的上海外国语大学,从此将翻开崭新的一页。

进入新时期以来,我校成功地抓住了改革开放为学校事业发展提供的两次大的机遇,实现了学校两次大的发展。第一次是 80 年代中期学校果断地调整学科建设方向,将单科性外国语学院转变为多科性应用学科外国语大学,这在全国同类高校中是第一家,我校的改革与发展由此上了一个新台阶。第二次是在 1992 年邓小平南方谈话以后,我校大胆实践,在全国率先进行收费招生改革和教育部、上海市人民政府共建共管这两项试点。1996 年 6 月,我校进入"211 工程"建设行列,学校事业又上了一个大台阶。经过 50 年,尤其是改革开放 20 年来的奋斗与改革,我校在学科建设、师资队伍、学校规模、教育教学、办学效益和精神文明建设等方面取得了可喜的成绩。学校的新一轮改革、建设和发展充满着新的生机和活力。

江泽民总书记在第三次全国教育工作会议上提出"国运兴衰,系于教育,振兴教育,全民有责"。中共中央国务院作出了关于深化教育改革、全面推进素质教育的决定。世纪之交,我国的教育事业出现了全面振兴和迅速发展的强劲势头。这一切,为我校,为我国高等外语教育的发展,提供了良好的机遇,也提出了严峻的挑战。

承前启后,继往开来。面向 21 世纪,我校要继续解放思想,深化改革。根据我校"九五"规划和 2010 年远景目标,以及国家"211 工程"建设的实施方案,我校确立了新的发展目标:高举邓小平理论伟大旗帜,深入贯彻《高等教育法》和全国教育工作会议精神,在 21 世纪初,把我校建设成为适应我国和上海地区经济、社会发展需要的,能充分发挥外国语言文学学科优势,具有经济学、管理学、法学、教育学诸学科特色的、现代化的、高水平的、国际同类高校中著名的社会主义外国语大学,成为我国培养涉外型、复合型高级人才的重要基地。

为实现这一目标,学校近期建设的改革思路是:解放思想,实事求是,深入进行以学科建设、人事制度和后勤社会化三大改革为标志的学校综合改革,达到学科清晰、队伍精干、质量提高、管理有效、后勤剥离、制度规范的基本目标,从而使学校在外国语言文学学科建设传统优势上、在复合型专业建设上、在办学规模和办学质量与效益等方面取得新的发展与提高。力争在 2003 年,使学校办学规模达到 11 500 人,师生比达到 1∶15。不断地向全国和上海地区的改革开放、经济建设与社会发展输送"思想合格、品德优良、专业过硬、技能领先、知识宽厚、发展有力"的创新型外语人才。

携手奋进 50 年,共同创新向未来。上海外国语大学的建设和发展,离不开党和政府及各级领导的亲切关怀,离不开社会各界和海内外朋友、全校师生员工和历届校友的大力支持,谨此我们表示崇高的敬意和衷心的感谢! 在 21 世纪来临之际,让我们满怀豪情、信心百倍地为上海外国语大学美好的未来而努力奋斗!

(此文收录于《上海外国语大学年鉴》1999 年)

总结经验，发扬传统，
以改革精神建设新型外国语大学

——在上外校庆五十周年大会上的讲话

戴炜栋

各位领导、各位来宾：

你们好！

值此世纪之交，我们怀着无比激动和喜悦的心情，迎来上海外国语大学建校五十周年纪念日。首先请允许我代表上海外国语大学党政领导和师生员工向教育部和上海市领导、市教委领导，以及来自五湖四海的校友们和来宾们致以最热烈的欢迎和最诚挚的感谢。

上海外国语大学诞生于 1949 年 12 月，经历了 50 年的风雨坎坷，白手起家，艰苦创业，特别是在新时期改革大潮中激流勇进，奋斗发展，努力建设成为一所具有重要国际影响的独具特色的多科性外国语大学。

回首 50 年前的今天，中华人民共和国刚刚诞生，百废待兴。但时任上海市市长的陈毅等老一辈革命家已经看到了中国的发展必须融入世界经济发展的未来趋势，高瞻远瞩地提出了要在上海建立一所培养外语人才的高等院校，并决定以华东人民革命大学四分部为基础，适应当时的外交形势，创办了上外的前身——"上海俄文学校"。

"俄专"基本是在"三无"的情况下白手起家的，没有校舍，没有教师，也没有教材。在陈毅市长的关心之下，由部队营区划出了一块土地让给"俄专"，又从部队和有关单位陆续调来了 60 多位干部和工作人员，从社会上招聘了 20 多位苏侨教师和几位中国教师,于1949年12月招收了第一期学员。那时条件非常艰苦,开学头3年,是学校师生艰苦奋斗、勤俭创业的3年,至今许多老同志都还清楚记得当时参加建校劳动和自编教材的情景。至1952年学校从无到有,已初具规模,建起了教室、宿舍和图书馆,先后培养毕业生300多人。陈毅市长对我校十分关心,多次到校作重要指示,要求我校领导把眼光放远一些,不仅要培养俄语专业人才,还要培养其他语种专业人才;学生要又红又专,树立全心全意为人民服务的思想,刻苦学习,早日成才。根据陈毅同志的指示和国家外交外贸工作的需要,从20世纪50年代中期开始,学校增设了英语、德语、法语专业,并改名为"上海外国语学院"。其后虽然几经周折,但学校艰苦奋斗、勤俭创业、注重质量、又红又专的传统精神始终激励着上外人在探索中求发展,学校从单一俄语专业发展为俄、英、德、法、日、阿拉伯、西班牙语等7个外语专业,在校生达1 600多人,为国家输送高质量毕业生达3 800人;教师已达380人,初步有了自己的知名教授;学校的教学质量和毕业生质量得到广泛好评,为学校赢得了较高的社会声誉。经过14年坚持不懈的努力奋斗,学校于1963年被列为全国重点高等学校,直属教育部领导。

新时期以来,党的工作重点转移到经济建设上来。我校继承革命办学传统,解放思想,大胆改革,抓住了两次大的机遇,推动学校两次大的发展:

第一次是在1983—1984年。党的十二届三中全会提出了改变计划经济一统天下、实行有计划的商品经济的新思想,全国教育工作会议也首次提出了教育要走出象牙塔、适应经济形势发展需求的新的指导原则。我校认真学习中央一系列文件精神,决定抓住机遇,大胆地调整学科建设方向,提出把单科性外国语学院转变为多科性外国语大学的重大决策。这在我国外语类院校中是第一家,也是当时我国高教界较早发出学科建设方向改革声音的院校。此后,我校开始了扎扎实实的改革,先后做了五件事:一是从1983年下半年开始增设复合型外语新专业,至1998年初已陆续开设了9种复合型专业,分别是"新闻学专业""国际经济与贸易专业""工商管理专业""对外汉语专业""教育技术专业""会计学专业""金融学专业""法学专业""广告学专业";二是改革原有的单一语言专业教学为双语教学或主辅修制教学,实行弹性学分制,提高语言专业质量和适用面;三是调整师资队伍,先后建立了教师学术一、二、三梯队和实施了"跨世纪学科带头人计划";四是加强学科点建设,重点建设语言专业博士点和硕士点,开拓建设复合型专业硕士点,加快发展研究生教育;五是建设多学科专业教材与新课程,按新形势需要更新语言专业教材和自编复合型专业教材。在复合型专业教材中,从最初的全部"舶来品"到目前已有9个专业80多个品种的自编教材,初步形成了具有外语多学科教学特点的教材系列。1994年,国家教委充分肯定了我校教育教学改革的成果,并批准我校改名为"上海外国语大学"。1996年,国家教委又顺利通过了我校"211工程"的部门预审,使我校的改革又上了一个新台阶。

第二次是在1993—1994年。在邓小平南方谈话指引下,我国又掀起了新一轮全方位的改革高潮。高教战线也开始了以深化教育教学体制改革为特点的试点工作。我校深入学习领会邓小平教育思想,分析形势,大胆提出两项改革试点,其一是在全国率先进行收费招生改革试点,其二是率先进行国家教委和上海市人民政府共建共管上外的改革试点。这两项改革在当时都是具有一定风险的重大决策。在国教委主管部门和上海市政府的大力支持和帮助下,改革获得了成功,并在全国引起较大反响。但从我校其后的实践来看,成功并不仅仅在于两项具体改革,而在于我校将全国重点高校的服务面向作了大胆变革,即由服务全国为主改为以服务区域社会经济发展需求为主。从1995年起,我校对全国与上海市的招生与毕业生选留比例从70%:30%逐步过渡到1998年的35%:65%左右,而毕业生留沪在1998年更是达到了78%左右,是改革前的2倍多。我校还紧密围绕上海城市功能定位——建设国际化经济、贸易、金融中心城市——调整专业设置,先后设置了经济、管理、金融、法学等专业,并不断加大这些专业的培养计划。这次改革,使我校在全国率先实现了重点高校服务面向的战略转移,受到教育部和上海市领导的赞扬。

经过50年孜孜不倦的奋斗与改革,我校迎来了新时期的崭新面貌。截至1998年统计,我校在6个方面取得了较好成绩:

在学科建设方面,我校按教育部1998年颁布的专业目录统计,从初创时的单一学科门类——文学(外国语言文学属其中一级学科),发展为现有的5大学科门类、8个一级学科、26个二级学科。5大学科门类为:文学、经济学、管理学、法学、教育学,可同时授予文学、理学、经济学、法学等学位。学校俄语专业为国家级重点学科,英语和日语专业为上海市重点学科。研究生教学从"文革"前的研究生班教学,到目前具有6个博士点、15个硕士点,约占本科专业覆盖面的50%。在学科建设中复合型专业点（本科与硕士点）共有 11 个,其中复合型硕士学位授予点有 5 个,占硕士学位授予点总数的 33%,成为全国同类高校中第一家拥有复合型专业硕士点的高等外语院校。

在师资队伍方面,目前我校已有教师和科研人员 500 人左右,其中副高职以上人员约占 40%,博士生导师有 20 人。已拥有一批具有很高知名度的教授、学者和一批省部级以上的高质量科研成果,从 1995 年起,我校连续三年被评为语言类高校中科研排名第一位。目前我校是教育部全国高校外语专业指导委员会主任委员单位。

在学校规模方面,从我校第一期学员 380 人到目前合并在校生 6 000 多人,增长了约 16 倍,其中新时期以来的超常规发展,给我校面向新世纪的发展增添了动力。我校在"文革"前在校生规模一直维持在约 1 500 人左右,而到 1999 年统计已达 6 000 多人,其中本科生 3 000 多人,高职生 300 多人,研究生 300 多人,留学生 350 人,培训生 600 多人,成人教育学院本科生 1 500 多人。同时,学校为适应上海和华东地区对外语人才复合型、多层次需求的状况,还大力发展了其他教育和培训模式,主要有一所附属外国语小学、两所附属外国语中学、28 个夜大学培训分部和上海市市民通用外语等级考试中心等,还和企业与国外大学合作建立了培训中心、合作教学点等,目前仅上海地区每年接受我校培训(短、中期)和考试的人次达 20 万左右。

在教育教学方面,我校从初创之始就坚持"质量为本"的意识,50 年来不断通过改革提高质量,使上外学子在国内外各条战线都赢得广泛声誉。我校英语专业学生和大多数复合型专业学生在校期间均要通过英语专业四、八级考试,平均分数均列全国同类学校前茅,特别是经贸专业学生在近三年中参加英语专业八级考试,平均成绩也名列前茅,显示了复合型专业学生深厚的语言基本功底。学校对外交流不断扩大,至今已与世界上 20 多个国家 80 多所大学和研究机构建立了交流关系。至 1998 年我校已培养高质量各类毕业生 3 万多人。如今,无论在国际文化交流和经贸往来中,还是在国内经济界、管理界和政府部门中,都活跃着上外学子的佼佼身影。

在办学效益方面,我校初创时艰苦奋斗、自力更生的光荣传统在其后的新时期改革与发展中起到了重要作用。如今我校每年财务支出中 1/4 为国家财政拨款,而 3/4 为学校自筹和创收。我校的外语教育出版社和外语音像出版社是国内同类大学中最早成立的出版机构之一,如今发行网络已遍布全国,成为学校发展的最大支柱产业。我校十几年来减人增效的改革也使办学效益提高到一个新的层次,现在生员比(按 1999 年学生折算数 6 000 人计)已达到 1∶4.6 以上,师生比已接近 1∶14。

在精神文明建设方面,我校从初创时起就十分重视学生思想政治教育,具有良好的革命传统。新时期以来,学校始终坚持社会主义办学方向,努力抓好邓小平理论学习和"两课"改革,在大学生和青年教工中积极做好党的发展工作,近几年来,大学生党员保持在 9%—11% 的较高水平,基层党建主题活动已形成各具特色的格局。校园文化建设基本达到"月月有活动、院院有歌声",学生工作朝气蓬勃,1998 年我校大学生组队首次参加"蓝带杯"'98 全国大专辩论会即获得亚军的好成绩。校园文明、整洁、优美,基础建设得到很大发展,新建教学设施 24 500 平方米,图书馆 12 700 平方米,学生宿舍 20 560 平方米,还新建了食堂与道路,校园面貌发生了巨大的变化。1996 年学校获国家教委"文明校园"称号,1998 年学校被评为上海市"文明单位"。回顾 50 年来取得的巨大成绩,我们要感谢教育部和上海市领导的关怀指导与大力支持,要感谢历届校领导和一代又一代上外人的辛勤努力和不懈追求。

承前启后,继往开来。面向 21 世纪,我们对学校的改革与发展充满信心,为此,学校提出了新的发展目标,这就是:高举邓小平理论伟大旗帜,深入贯彻《高等教育法》和全国教育工作会议精神,继续解放思想,深化改革,在 21 世纪初,把我校建设成为适应我国和上海地区经济、社会发展需要的,能充分发挥外国语言文学学科优势,具有经济学、管理学、法学、教育学诸学科特色的、现代化的、高水平的、国际同类高校中著名的社会主义外国语大学,成为我国培养涉外型、复合型外语人才的重要基地。

为实现这一目标,学校近期的改革思路是:解放思想,实事求是,深入进行以学科建设、人事制度和后勤社会化三大改革为标志的学校综合改革,达到学科清晰、队伍精干、质量提高、管理有效、后勤剥离、制度规范的基本目标,从而使学校能在四个方面有所发展。一是在外国语言文学学科上,要继续保持国内较高水平,争取扩大博士点专业范围,抓好重点学科建设,争取尽快建立国家级文科研究基地和博士后流动工作站，不断提高教学质量和科研成果的国际声誉和影响力。二是在复合型专业建设上，要继续提高培养外语专业+应用型专业复合型人才的国内外地位，并力争使 1—2 个复合型专业在 3—5 年内尽快达到博士学位授予水平，努力率先成为可以培养复合型外语高级研究人才的大学。三是在规模方面，预计到 2003 年，我校在校生规模可达约 8 000 人，其中本科生 4 000 人，高职生 1 500 人，各类研究生约 1 000 人，培训生 600 多人，留学生 850 人左右；另外，成人教育学院本专科生可达 4 000 人以上；合计共约 12 000 人。同时还要适时发展中外合作办学、异地办学和中小学外语教育等，为上海、华东地区和国家输送更多更好的外语人才。四是在质量方面，各类教育教学都要加强质量标准，确保在国家同类教学测试中都获得优良成绩。要组织学生参加校园文化和各种社会实践及科研创新活动，接受全面素质教育，使他们成为"思想合格、品德优良、专业过硬、技能领先、知识宽厚、发展有力"的一代创新型复合外语人才，为国家现代化建设做出新的贡献！

各位领导、各位来宾，21 世纪已在眼前。我们将以本次校庆为新的起点，认真总结经验，发扬传统，在新世纪仍将深化改革，再创辉煌，为国家和上海市的经济发展输送更多更好的复合型外语人才，并希望继续得到上级领导和各方面人士的关心和支持。全校师生将团结努力，为把我校真正建设成为国际知名的新型外国语大学而奋斗！

谢谢！

（本文刊发于《外国语》2000 年第 1 期）

培育大学精神,塑造新上外人形象

戴炜栋

当前,上海正致力于塑造城市精神、提升城市文明。上外师生积极行动,围绕依托上海、服务上海,以办好松江校区为契机进一步发展上外这一目标,提出了要着力建设与上海的城市精神、上海的发展前景相匹配的大学精神,塑造新上外人的形象。开学以来,学校就此开展了培育新世纪大学精神、塑造新上外人形象的大讨论,我认为,这是很及时、很有意义的。

大学精神,应该是城市精神的重要组成部分。大学师生,应该是城市中意气风发、充满创新进取精神的群体。大学文化,应该是城市文化的催化剂和承载体。对于上外而言,当前正处在发展的机遇期,尤其需要培育起新世纪上外的大学精神,尤其需要塑造起新上外人的形象,用新的大学精神来支撑我们艰苦奋斗,同心同德,抓住机遇,迎接挑战,信心百倍地实现上外办学重心的战略转移,为上海"科教兴市"的宏伟事业、为全国全面建设小康社会的宏伟目标,作出我们全体上外人应有的贡献。

作为地处上海的一所全国重点外国语大学,上外具有底蕴深厚的人文资源、鲜明专业特色与时代特征的校园文化。近年来,上外连续被评为上海市文明单位,为城市精神文明建设做出了应有的贡献。上外的老师和学生来自全国各地,大家相聚在一起学习和工作,提倡和发扬"学好外国语,做好中国人"的精神,而这恰是和上海城市精神相通和互动的。上海城市精神中重要的一点就是她具有海纳百川、兼容并蓄的大气,有一种宽容和大度。多年来,我们上外的青年志愿者已经和正在继续用他们"以知识奉献社会,以青春服务人民"的精神理念和具体行动，把文明的种子撒向上海社区的各个角落乃至全国各地，他们在全社会塑造和展示了新上外人的可爱形象。

当然，上外的大学精神如同城市精神一样，需要与时俱进，不断发展和丰富自身的内涵。大学精神的培育和新上外人形象的塑造，也是一个渐进的过程，需要不断的提炼，不断的升华。从这个意义上来说，开展培育大学精神、塑造新上外人形象的大讨论，对学校的发展而言，是一次重要的思想发动；对每一位上外人而言，就此进行一番认真的思考，提出自己的认识和概括，也是一次很好的学习和提高的机会。

（本文收录于《上海外国语大学年鉴》2003 年）

上外如何面对新世纪

——访上海外国语大学党委书记、校长戴炜栋教授

周 承 缪 迅

这些年来,上海外国语大学给人的第一感觉是变化太大、太快。位于上海市区东北部的老校区大多数建筑都已进行了拆迁和重建,面貌焕然一新。正在建设中的上外松江校区占地 1 243 亩,一、二期工程已经完成或即将完成,2 000 多名本科生在这座数字化、生态化的花园式校园就读。上外党委书记、校长戴炜栋教授说,我们力争用三到五年的时间使上外的办学条件和办学特色有新一轮的飞跃,教学与科研有实质性的突破,让学生在更好的校园环境中成长成才,让教师在更理想的氛围里工作、出成果。

新世纪,上海外国语大学将走向何方?

戴校长明确提出,上外经过几次大的改革,办学的定位标准必须进一步提升,培养人才的目标要"与时俱进",时代的潮流把上外推向了一个新高度。"上外培养出的大学生如果只能在外企当高级白领,那将是上外的悲哀。上外不仅仅是要训练专业人才,更是要造就全方位的人才。"戴校长如是说。

现在,上外已改变了单一语种的传统教学模式,提出了面向 21 世纪的新培养计划,重构课程体系,将基础知识教育、专业方向教育、专业知识教育和跨学科教育有机结合,由此组成新的教学模式,加大选修课比例,淘汰了一批内容陈旧的课程,完善学分制和弹性学制,在培养学生的完善人格和自学能力,建构复合型外语人才和拔尖外语人才应具备的知识结构与智能结构上狠下"猛药",为学生毕业后的终身学习和发展后劲打下坚实的基础。教师队伍

建设朝着抓好复合型外语人才和拔尖外语人才培养的目标推进,在课堂教学中,讨论式、开放式、案例式教学法得到有效的应用,学生的学习潜质和创新精神得以鼓励。

随着中国加入 WTO,随着国家现代化事业的进一步发展和社会各方对提高全民外语素质的急切需求,我国将需要更多更好的外语人才。对戴校长这样一位在上外党政领导岗位上奋斗多年的"领航人"来说,尤感责任重大。诚如他在日前召开的教育部外语教学指导委员会会议上的讲话所提出的:如何充分认识到外语教育在"科教兴国"中的地位和作用? 高等外语教育如何面对 21 世纪,能否适应急剧变化着的形势需要? 这些新的问题,都向我们提出了严峻的挑战。戴校长清楚地看到,今天我国高等外语教育的改革与发展面临着新的机遇和挑战,不进则退,甚至"缓进也是退",压力和动力同在。

戴校长颇有感慨地说,作为大学的校长,面临着很大的压力。比如说,现在中国已经"入世",要积极开展国际交流,上外的办学定位怎样更好地与国际接轨? 高等教育体制发生了很大变化,学校受市场经济体制影响越来越深,很多以前国家包办的事,现在得靠学校自己想办法来解决了,比如筹钱。目前要进一步改善办学条件面临很多矛盾,很多学科原来在上外属"优势学科",现在面临强有力的竞争。戴校长表示,要积极争取国家更多的投入,包括争取国家对上外"211 工程"二期项目和松江校区建设的大力支持,以大大加快上外建设和发展的步伐,还要多渠道地筹集建设资金,为新世纪的上外打下坚实的物质基础。

上外地处上海,1993 年就实现了教育部和上海市的共建。这些年来,上外为上海市的经济与社会发展、为提升上海市的社会精神文明水平和市民的外语素质提供了多层次的优质服务,作出了很大贡献。另一方面,上外毕竟是教育部直属的重点大学,在为上海服务的同时也在努力地为全国服务。把"立足上海,服务全国"的大文章做好,也是戴校长放在心上的一桩大事。戴校长认为,松江校区的建成,使上外的校园面积大大增加,加上整个大学园区的共享资源,为上外协调好为"上海服务"与"为全国服务"之间的关系,努力为全国培养更多更好的外语人才,在相应规模上提供了保障。

改革和创新,是上海外国语大学发展的永恒主题。戴校长说,上外就是从改革和创新中走过来的。上外已确立了新世纪初叶的奋斗目标：建成为适应我国和上海地区经济、社会发展需要的，具有多种学科特色的，在国际同类高校中著名的外国语大学，成为我国培养国际化、复合型高级外语人才的重要基地。

（本文刊发于《中国教育报》2003 年 2 月 28 日）

在上海新一轮发展中加快上外的发展

佚 名

在过去几年里,上海外国语大学在各方面取得了长足的进步,对上海的改革开放、社会发展和国际化大都市建设所起的作用和所做出的贡献也越来越大。上海申博成功和 2010 年上海世博会的举办,让我们预感到,这不仅是上海迎来新一轮大发展的大好时机,而且也为上外加速教学改革和发展,实现新世纪办学目标和发展蓝图提供了千载难逢的机遇。在近来开展的"世博会与上海新一轮发展"和"培育大学精神、塑造新上外人形象"大讨论中,我们从八个方面提出并确立了讨论的课题。一是上海外国语大学对上海的新一轮发展,对上海的科教兴市战略应做些什么贡献? 二是"两个如何"的命题,关键在于落实。上外的办学思路和目标怎样贴近上海社会与经济发展需求,更好地为上海服务? 三是在上外的办学重心逐渐向松江校区转移的过程中,如何转换学校的管理模式,提高管理水平? 四是上外如何在融入上海和服务上海中进一步提升学校的社会形象和办学声誉? 五是上外在未来的七八年里怎样发挥出自身的比较优势与强项,直接参与、积极承担和多方面地介入上海为成功举办世博会正在开展和将要开展的有关大型项目,从而积极发挥和向社会充分显现上外的社会服务能力和贡献率? 六是如何在加强传统强势学科建设的同时,重点提升和大力扶植上海经济、社会发展,尤其是上海建设国际化大都市急需的专业学科与人才培养? 七是上外如何建设一流大学文化,为培育上海城市精神、塑新上海人形象发挥出引领与助推作用? 八是从学校来说,塑造城市精神就是要打造"上外精神"。怎样在上外师生中不断培育、大力倡导和弘扬"上外精神",塑造新世纪新上外人形象?

在"世博会与上海新一轮发展"和"培育大学精神、塑造新上外人形象"大讨论中,从党委中心组到各院系部门的各级干部和广大师生,大家都能紧密联系上外所面临的发展机遇和挑战,紧密结合学校和各自院系部门的实际展开热烈而深入的讨论。大家形成了这样的共识:上外要与上海一起与时俱进,要和上海一起实现跨越式发展,就一定要充分发挥出上外外语学科集中和外语人才荟萃的比较优势,抓住上海举办世博会急需大量高层次复合型外语人才这一契机,抓住上海为营造国际大都市氛围,需要大面积地、多层面地提高市民外语能力这一契机,举全校之力,为上海成功举办世博会和实现新一轮的腾飞做贡献。

经校领导、有关专家学者和有关部门牵头酝酿和研讨,我校制订并向市政府提出了开展"迎世博上海全民外语培训工程"的方案,其中包括了市民外语普及项目、青少年外语水平普及项目、行业外语达标项目和志愿者外语培训辐射项目等四大外语培训项目。我校最近成立了翻译学院,此举将产生的一个直接效应就是为上海成功举办世博会和上海日益频繁的大型国际会展等国际交流活动培养出急需的同声传译等高、精、尖外语人才。可以说,这将成为汇聚上海乃至全国最高层次外语人才的高地之一。

举办世博会与实现上海新一轮发展,对上外的办学战略定位与办学目标提出了更高的要求。按照教育部和上海市委、市政府的有关精神,今年以来,我校多次召开有关会议,就怎样建设上外和将上外建设成一所什么样的大学展开认真而深入的研讨。在此基础上,已制订并将不断根据发展需要适时调整和补充三个规划,即战略发展规划、学科建设和队伍建设规划以及校园建设,尤其是松江校区的校园建设规划。

上海正处在新世纪的重要发展时期,也是改革面临攻坚和发展的关键时期。上外的发展,与上海的发展息息相关;上外的精神,与上海的城市精神相通和互动。我坚信,全校师生通过当前开展的"世博会与上海的新一轮发展"和"培育大学精神、塑造新上外人形象"的大讨论,一定会自我加压,团结一致,锐意进取,勇于创新,坚决不动摇地把发展作为第一要务,走通"华山天险一条路"。

(本文根据戴炜栋同志2003年接受上海教育电视台

记者采访时的谈话整理)

2004 年新年献词

戴炜栋

在 2004 年新春佳节即将到来的时候,我谨代表校党委、行政,向全体师生员工和遍布世界各地的上外校友致以节日的祝贺! 向一直以来关心支持上外发展的社会各界人士表示诚挚的感谢! 向为上外的建设和发展作出过贡献的全校离退休老同志致以亲切的问候! 祝大家新年好!

已经过去的 2003 年,对于我们每一个上外人,都有着不同寻常的意义。这一年,我校在教学、科研、学校建设、党建与精神文明建设等各个方面都取得了长足的进步,尤其是上半年在预防和控制非典疫情的战斗中,我校全体师生员工众志成城,毫不畏惧,共同构筑起一道坚固的抗非防线,取得了防击非典斗争的阶段性胜利。美丽的上外校园呈现出一派勃勃生机。通过“培育大学精神,塑造上外形象”的大讨论,上外师生进一步明确了上外改革与发展的方向,增强了使命感、责任感和紧迫感,全校上下凝聚起了同心同德、群策群力、锲而不舍、知难而进,为办好一流的外国语大学而努力奋斗的决心和信心。

2004 年是我校实施发展战略的重要而关键的一年。我校要以邓小平理论和“三个代表”重要思想为指导,围绕《上海市实施科教兴市战略行动纲要》提出的目标和要求,以“学术兴校”和“人才强校”为两大工作重点,大力加强高水平外国语大学建设和重点学科建设。我们将在探索教育创新的新路子、深化教育体制和管理机制改革、加大学科建设力度、继续推进办学重心转移、探索和创新松江校区教学与管理机制改革等各个方面推出新的举措,迈出新的步子,开创出新的局面。

今年上半年,教育部专家组将对我校进行本科教学水平评估工作。当前开展的迎评促建工作是全校的"重中之重",是我校贯彻落实上海市科教兴市主战略的重要抓手,是对我校教学工作的全方位检查和推进。全校师生员工一定要以迎评促建为契机,把"以评促改,以评促建,以评促管,评建结合,重在建设"的方针真正落到实处,通过迎评促建,有力地推动学校教学工作和其他各项工作再上新台阶。

2004年,我们将迎来上外建校55周年。作为培养高质量、高层次、复合型外语人才和拔尖创新人才的重点外国语大学,我们迎来了难得的发展机遇,也面临着新的挑战。我们要秉承上外优良的办学传统,肩负起新世纪的光荣使命,在落实科教兴国、科教兴市战略的过程中,更加坚定地以建设世界著名、国内一流的外国语大学为目标,进一步深化教学改革,推进学科建设,加快建设高水平的学术队伍和管理队伍,建立并完善符合高等外语教育发展规律的教育体制和办学的运行机制,最终使上海外国语大学建设成为多种学科、师资优秀、结构完善、体制顺畅的现代化多科性外国语大学。

预祝大家在新的一年里,身体健康!工作顺利!合家欢乐!万事如意!

（本文收录于《上海外国语大学年鉴》2004年）

上外在全国率先实行新生收费入学新制度

——上海外国语大学原党委书记、校长戴炜栋访谈录

缪　迅

采访前记　1993 年,当时的国家教委做出决定,上海外国语大学在全国率先试行新生收费制度改革。实行新生收费制度改革一举打破了 1949 年以来大学生上学不付学费的常规,在当时社会上引起颇大反响。这一改革举措的试行在中国高等教育改革与发展史上具有"破冰"的意义。上外在国家教委和上海市领导的支持下,展开了一系列艰苦而有效的工作,最终使这一在当时看来难度极大的改革获得了成功,从而为 1997 年全国高等院校全面实行入学收费制度创造了宝贵的经验,提供了"样板"。上外 1993 年在全国率先试行新生收费改革,在我国高等教育改革史上,具有无可置疑的"第一"位置。

20 世纪 90 年代的高等教育最大的变化就是从"两包"到"两自",上海同样成为全国的试验区。"两包"即考生上大学由国家包下来,毕业后国家包分配;"两自"即学生上大学要自己缴费,毕业后自主择业。

事实上,自 1978 年上海通过办大学分校发展高等教育起,上海就开始采用"收费走读"的新办学形式。我们上外在 1978 年就在徐家汇地区办起了一个分校,校名是"上海外国语学院分院",主要在上海地区招收自费走读生,起初阶段培养大专生,后来开始培养本科生。学校一部分教师、干部调去那里办分院。分院的面积只有六亩,还比不上有些中学的校园面积,在当时的上海是面积最小的大学,可算是个"袖珍大学"了。这所分院后来被并入上海大学,成为上海大学的一个二级学院。

1985 年中央关于教育体制改革的决定颁布。决定明确将自费生与国家任务、委托培养作为三种不同的招生形式。但从 1987 至 1991 年,上海自费生的招生工作仍处于"小荷才露尖尖角"的萌芽状态。上海和全国高校的在校学生基本仍以公费生为主。

长期以来,对于"免费上大学"这种状况,包括高层在内的很多人都习以为常了,并被视作为"社会主义制度优越性的体现"。但事实上,我国属于发展中国家和处于社会主义初级阶段的这一基本国情,决定了高等教育在现阶段还难以成为义务教育。"免费上大学"和"毕业包分配"的状况如果长此以往,年复一年而不做出些根本上的改变,对于实现我国高等教育的新发展、满足人民群众和他们的子女获得更多更好的接受高等教育的机会无疑是颇为不利的。

我记得,1992 年 12 月 12 日,时任中共中央政治局委员、国务委员、国家教委主任的李铁映同志由当时的上海市副市长谢丽娟、市教卫办主任王生洪陪同来上外视察调研。院党委书记朱丽云同志和我就上外改革、发展的进展情况向李铁映同志作了汇报。当我汇报到上外正在加大改革力度,打破国家包下来的办学格局,准备在明年全面推行自费招生,对学生上大学实行缴费、奖学金、贷学金相结合的制度,并改革旧的教学模式,提高教育质量和人才培养水平时,铁映同志频频点头,表示赞同。谢丽娟副市长也表示,上海市政府对上外的这项改革给予大力支持。视察调研过程中,铁映同志看到上外的教学楼大都属建于 50 多年前或 60 多年前的陈旧建筑时说,上外的校园校舍建设太落后了,为适应国家高等教育的改革发展,这些破旧房屋应该改造。视察调研结束时,铁映同志挥毫为上外题词:"学习人类的一切文明成就,为中华之振兴服务"。顺便提一下,上外校园面貌和校舍建筑的"旧貌换新颜"是从 1997 年以后才逐年实现的。记得 1996 年 6 月,当时分管"211 工程"建设的国家教委副主任韦钰同志来上外时,我们请她到 5 号楼、6 号楼等老式教学楼去看。看到我们就是在那些二三十年代建造的旧楼房里培养出一流的外语人才时,韦钰同志不仅感慨良多,她当即表示,应该支持上外对校园面貌和教学设施进行大的改造。记得我们的建校 45 周年校史展览也是在一座老式的视听讲堂楼房上再搭了一层办起来的。

邓小平同志 1992 年南方谈话的发表和党的十四大的召开,给在新的历史起点上推进我国高等教育改革与发展注入了强大的生机和活力。"免费上大学"和

"毕业包分配"这两种大家早已习以为常的做法,终于在 1993 年开始改变了。1993 年 2 月 13 日,中共中央、国务院印发的《中国教育改革和发展纲要》明确提出:"改革学生上大学由国家包下俩的做法,逐步实行收费制度。高等教育是非义务教育,学生上大学原则上均应缴费。设立贷学金,对家庭经济有困难的学生提供帮助""改革高等学校毕业生'统包统分'和'包当干部'的就业制度,实行少数毕业生由国家安排就业,多数由学生'自主择业'的就业制度。"

1993 年 2 月,国家教委直属司司长陶遵谦同志专程来上外调研,听取了我们就招生收费改革、教学与管理体制改革作的汇报。他明确表示,作为国家教委两个试点之一的上外(另外一个是清华大学,但后来因各种原因并没有与上外同步实行招生收费改革),招生制度的改革是高等教育体制的一个重大改革。国家教委之所以选择上外作为全国试点,是因为我们相信上外,看到上外领导班子团结,办学有条件,有基础。陶遵谦同志转达了李铁映同志对上外改革与发展的关心与期望,并代表国家教委希望上外能够很好地抓住机遇,通过招生制度的改革来带动教学、管理体制的改革。

在国家教委和上海市领导的关心、支持和直接指导下,上外在全国率先实行招生收费这项改革酝酿于 1992 年下半年,启动于 1993 年初。1993 年 2 月,国家教委(现教育部)正式下文批准,上海外国语学院(现上海外国语大学)当年计划内招生实行并轨,全部招收自费生,每年学费为 2 400 元,学杂费 600 元。

现在看来,国家教委之所以选择我们上海外国语学院(上海外国语大学前身)而不是北大、清华或复旦、交大一类的综合性大学作为全国高校收费制度改革的试点,是有着一番考虑的,也和当时的大背景很有关系。据我所知,国家教委选择试点的高校要具备几个条件,第一个是规模不要太大,第二个条件是这个学校的社会信誉度要高。如果这个学校的社会信誉度不高的话,那当时没有一所学校收费,就你一所学校实行收费,人家会觉得莫名其妙,觉得很奇怪,谁愿意来啊。但是一所学校如果社会信誉度高、学生就业前景好的话,人们就会觉得这是一个改革举措,是高等教育改革与发展的需求。

当时,全国还没有一所高校实行真正和完全意义上的招生收费。国家教委领导清晰地认识到,在我国,高等教育要取得大的发展,就必须首先在招生制度改革上取得突破,作一些大的改革。但是,这项改革"前无古人",又无国外的相关经验可参照,所以须慎之又慎,宜先搞试点,待试点成功后再作大面积推广。而试点的高校的办学规模不宜太大,其次办学信誉度和社会认可度要高。上外作为全国招生收费的试点单位,多多少少符合上述的条件,即规模不太大,但在社会上有知名度,办学声誉和信誉很好。据我所知,国家教委当时还曾选择过清华大学和南京的东南大学作为试点,但是最终还是确定上外作为全国高校招生收费制度改革试点。为确保这项改革顺利推进并取得预期的成功,中央领导同志、国家教委和上海市等有关部门领导在这项改革推出之前、之间和之后始终给予我们重要的指导、及时的帮助和宝贵的支持。上级领导的指导和支持至关重要。可以说,这项改革始终是在国家教委和上海市等有关部门领导的关心和支持下一步步地向前推进的。

"一石激起千层浪。"上外在全国率先实行招生收费改革,这在当时实在是一件非常大的事情,在上外校园里是一个爆炸性的消息,在社会上自然引起不小的冲击波。说它"爆炸性",是因为这意味着上外在全国各高校中率先冲出几十年一贯的国家统包的框框,率先闯入招生收费改革的"雷区"。校园内外对此是一片沸沸扬扬。赞同者大有人在,牢骚之声也不绝于耳,多数人认为须谨慎行事,上外干部和师生们的关切之情,溢于言表。现在看来,当时围绕招生收费改革这一热点出现的那么多议论、疑惑和担心都是可以理解的,也很正常。

学校党委就此事进行了多次研讨,还召开了中层干部会议,以统一干部层面的思想认识。当时党委中有些同志对我校实行这一改革是有点顾虑的,主要是担心因此流失优秀生源,招不到一流的学生。但通过讨论,大家统一了认识,一致认为这是一项对推进全国高等教育改革意义深远的改革,一定要全力以赴地做好。

上外作为全国高校招生收费改革试点的消息经中央和上海市的各主要新闻媒体公布后,立即在社会上引起很大反响。那些日子,外面每天都有很多电话打到我的办公室来。当时可没有现在这样的条件,可以在网上直接交流。我们主要是通过电台、电视台和市民交流,进行直播。上海人民广播电台请了市里的领导和我们上外的领导在《市民与社会》这一与市民直接沟通的谈话节目里和市民交流。

时任上海市教卫办主任的王生洪同志和我去了当时还在北京东路2号的上海人民广播电台,在《市民与社会》这一档节目里围绕招生收费改革谈了很多。当时,打进电话来的人很多,王生洪同志和我尽量详细和耐心地当即一一作答,效果还不错。在这期间,我和常务副院长耿龙明同志、副院长吴克礼同志等还被邀请到上海电视台、上海教育电视台和东方广播电台等媒体进行宣讲和解释,并当场回答了现场观众的诸多问题和疑问。

1993年4月20日,由常务副院长耿龙明同志主持,上外就实行新生收费入学新制度在落成不久的上外国际文化交流中心(现上外宾馆)举行了新闻发布会,向中央驻沪媒体和上海市主要新闻媒体记者进行通报。我和院党委书记朱丽云同志先后就上外1993年实行新生收费制度推出的一整套措施和上外综合体制改革的情况向新闻界作了全面而详细的通报。那次新闻发布会来的媒体很多,其中有新华社、人民日报、光明日报、中国青年报、解放日报、文汇报、新民晚报、上海人民广播电台、东方广播电台等十几家。

就这样,我和上外的多位党政领导在多种场合、利用多种媒体和宣传渠道向社会各方人士进行了宣讲和解释,就推行招生收费改革的意义、作用和将会引起的积极效应不厌其烦地作解释工作,取得的效果是不错的。

上海新闻界对上外招生收费的改革确实给了很大的支持。我记得,上海电视台《英语新闻》节目采访组就此采访了上外部分一年级新生、任课教师和我本人,并连续三次播出这篇专访。中央电视台第九频道(外语频道)的一位很有名的主持人也专门就此事用英语对我进行过专题采访并制作节目播出。

在校内,我们主要通过校报等校内媒体,就全面推行自费招生进行了包括专访等在内的大量专题报道。1993年4月9日下午,我们采用闭路电视形式召开了全校师生员工大会,院党委书记朱丽云同志主持大会。我在会上就学校以招生收费改革为龙头,实行综合改革和发展向全校师生员工做报告。副院长吴克礼同志就学校配合招生收费改革即将推出的一系列教学改革举措向大家作了说明。大会举行期间,不少师生打来了"热线电话",请院长、书记等学院领导解答问题,当时的场景和反响是很热烈的。

首先需要明确的是,我国实行的是九年制义务教育,上高中乃至于上大学就不是义务教育阶段了。高等教育不是义务教育。上大学是需要学生及其家庭分担一些成本的。考虑到社会承受度和学生家庭的实际承受能力,我们也只收取实际培养费的一部分,即每人每年2 400元。

说实话,1993年的时候,即便是上海市民,普遍收入也并不高,一下子要他们拿出两三千元来交纳子女上大学的学费也不是很轻而易举的。考虑到这些客观因素,在实行招生收费入学的同时,我们在原有基础上,继续加大了实行奖学金制度、新生奖学金分等制度的力度。新生中的10%可获得全额奖学金2 400元,新生中的12%可获得3/4额奖学金1 800元,新生中的26%可获得半额奖学金1 200元,新生中的32%可获得1/4额奖学金600元。获得奖学金的学生可达80%,发放奖学金额数为学生缴费总额的40%。1993年入学新生均以高考、高中会考与高中期间表现为获奖依据,高考成绩优异的新生可获得超全额奖学金。虽说以前也有奖学金,但这个奖学金仅仅是名义上的奖学金,就是学期结束了以后给成绩优秀或其他方面表现好的学生150元或者100元的奖励。

与此同时,上外还实行了贷学金制度,保证让经济有困难的学生和边远、贫穷地区考生也有机会来上外深造。学生每人每年可申请贷学金2 400元,第一年贷款为无息优惠贷款,以后几年可享受低息贷款。在计划外招收的自费生每人每年收学费4 000元,不包分配,也不受当时规定的5年服务期的限制。就这样,与实行招生收费制度改革相配套的奖学金条例、贷学金条例、学分制条例、勤工助学条例以及医疗管理条例等全部出台并在1993年当年开始实施。

当时我们上外培养一名学生的成本约为7 500元左右。实行招生收费后,包括学费、学杂费在内学生每人总共收费是3 000元。尽管这些学费不到学生培养成本的一半,但毕竟是学生交了学费来上学。收费了,家长、学生和社会上方方面面对上外的要求和期望值理所当然地更高了。

为此,我们在教学体制改革上推出了一系列新措施。一是调整专业设置,开出了一些社会上紧缺和急需的专业,如韩国语、国际会计、涉外秘书等专业就是那个时候设立的。二是建立了主、辅修制,扩大学生知识面,增强学生对社会的适应能力和就业竞争力。三是实行学年学分制,允许学生跨院系、跨校修读第二专业课程;也允许学生中途休学,工作一段时间后再续修学业,学籍、学分均可保留累计,但修业年限不得超过六年。

我们的校名是1994年2月改为"上海外国语大学"的(时任中共中央总书记、国家主席、中央军委主席的江泽民同志题写了"上海外国语大学"的校名)。但是早在1992年、1993年,我们就开始实行院系两级管理,加大了教学管理的力度和深度。1993年5月17日,由国际新闻系、传播系、《上海学生英文报》等实体组成,上外成立了新闻传播学院。当年6月18日,在原经贸管理系和对外汉语系外事管理专业基础上,上外成立了国际金融贸易学院。1994年1月15日,上外成立了国际文化交流学院。这是3个以培养复合型人才为主的二级学院。另外就是缩短学制,举个例子,阿拉伯语专业原来是5年,在确保教育质量不降低的前提下,我们将学制缩短为4年,同时还实行了学年学分制,虽然这在现在看来还不是完全意义上的学分制。另外更加重要的是,学校大大提高了奖学金的额度、等级,扩大了发放面。

同时,我们在教学改革上大大加快了步子,主要包括教学内容的改革,主要让学生学到有用的知识,成为高水平人才。如果实行招生收费改革后,学校的教学质量依旧,学生的培养水平依旧,那么,这项改革可以说是不成功的。

还有一点不能不提一下。1993年招生改革让我们最担心的生源质量,其最终结果很是让我们欣慰。上外当年的文理科新生的录取分数线依然分别排在上海市第一批次本科录取的第二、第三位。总体上来说,这一年的生源和上一年(即1992年)持平。所以说,实行招生收费改革对我校生源的影响非常非常小,以后几年里更是几乎可以忽略不计。

上外实行招生收费改革的当年,国家教委、上海市政府以及上海市教卫办领导对我们这项改革就给予了很高的评价。1993年1月19日,时任上海市委副书记的陈至立同志、常务副市长徐匡迪同志和市教卫办主任王生洪、市委副秘书长王荣华、市府副秘书长周慕尧等领导同志来上外视察调研,对上外以招生收费改革为契机、抓住机遇推进教学和管理体制改革上新台阶的做法给予了好评和肯定,对我们上外的招生收费改革的成功经验给予很高的评价、肯定和归纳。他们来上外的第二个事情就是为国家教委和上海市人民政府共建上外作具体部署。1993年6月22日,时任国家教委主任的朱开轩同志在视察我校时,专门听取了招生收费改革情况的汇报并予以充分肯定。1994年1月5日、6日,上海市教卫党委书记郑令德、市教卫党委秘书长陈一平率市高校综合改革调研组也来上外就招生收费改革等作了专项调研。

当然,国家教委对在全国全面实行收费并轨改革还是相当慎重的,并没有在第二年就全面推广上外的做法。一直到四年以后,也就是1997年的时候,全国各高校才全部实行收费改革。由此看来,实行招生收费这项改革,上外领先了全国各高校整整四年。上外在实行招生收费改革上走出的成功之路为1997年全国各高校全部实行招生收费并轨提供了可资借鉴的经验和做法。为此,分管教育的中共中央政治局常委、国务院副总理李岚清同志先后两次在教育部直属高校咨询会议上表扬了上外,对上外的招生收费改革给予了高度评价和充分肯定。

招生收费改革取得成功,给上外的新一轮发展带来了显著的拉动效应和后续效应。在这样的形势下,上外吹响了争取进入国家"211工程"建设序列的号角。1993年11月26日,学校成立了"211工程"建设工作领导小组,开始着手制订和实施进入"211工程"建设的具体方案,我担任了组长。

1994年2月5日,国家教委批准上海外国语学院更名为"上海外国语大学"。同年4月,上外和复旦大学被确定为国家教委和上海市人民政府共同建设的重点大学。在沪的国家教委直属高校只有上外和复旦大学与上海市最早实行了共建。1996年6月,上外正式进入国家"211工程"建设行列。

现在回想起来,20世纪90年代上外都及时而敏锐地抓住了发展的机遇。一个是1993年的招生收费改革,一个是1994年的国家教委与上海市共建,还有一个就是在1996年作为国家教委36所直属院校之一,首批进入了"211工程"建设行列。

那时候,我们为招生收费改革做的工作确实很多。因为这项改革刚一开始我们就想到了,招生收费改革绝不仅仅是收点学费,牵涉面其实是很广的,至少涉及办学模式、教育教学质量、管理模式等方面,可谓牵一发而动全身。因此,招生收费改革其实是一个了不起的大动作,现在看起来确实是一个创新。当时可没有这么提,但我们确实是抓住了机遇,也为以后几年乃至新世纪的全国高等教育事业赢得大发展、新飞跃做出了贡献,以至于多年以后,教育部很多老领导和现任领导对此还印象颇深。2002年7月,我在北京参加第一届中外大学校长论坛,中央电视台专门派出记者采访我。教育部领导说,有一件事情,你们要去找上外了解,那就是中国高校的招生收费改革。

(本文发布于华禹教育网 www.huaue.com,2008年1月29日)

外指委工作经历篇

第一届高等学校外语专业教学
指导委员会工作总结

戴炜栋

各位领导、各位专家、教授：

请允许我代表第一届高校外语专业教学指导委员会将 5 年来的工作作一简单的总结。

第一届高等学校外语专业教学指导委员会成立于 1992 年。5 年来，委员会在国家教委高教司及高教司外语处的直接领导下，在各专业指导组、各院校和各语种教学研究会的大力支持和配合下，开展了一系列的工作，并取得了一定的成效。现将各专业指导组 5 年来的工作汇报于下：

1. 英语指导组

鉴于英语专业基础阶段和高年级的教学大纲早已制定完成并付诸实施，因此，5 年来的工作主要围绕以下几个方面展开：

（1）由组织教材编审转向对现有教材的评估。1994 年 10 月，英语教材组在北京举行了教材评估会，对近年来高校教材作了全面的考察与评估，尤其对各校广泛使用的有较大影响的数种教材进行了科学、客观的比较，肯定了各种教材的长处，并提出了改进意见。通过教材评估，指导组达到了对各院校英语教学实施宏观指导的目的，扩大了指导组的职能和范围。

（2）制定了英语专业基础阶段和高年级的测试大纲，使统测工作有了较好的基础。切实搞好基础阶段和高年级测试，可督促各高校更好地执行和检查教学大纲,便于进一步修改和完善大纲,有利于促进院校的交流。几年来,英语专业基础阶段和高年级测试一直在有序地进行。经过这几年的实际操作和不断改进,英语测试工作不仅在规模上已覆盖全国,而且测试的命题、阅卷、组织工作也日趋规范。负责测试的同志十分注重对测试工作的总结,专门召开了测试研讨会。一些院校也开展了对测试理论的研究。英语口试试点工作也已着手进行。应该说,英语指导组这几年所进行的基础阶段和高年级测试确实起到了促进教学的作用。

(3) 在各条战线不断深化改革的形势下,随着我国社会主义市场经济的逐步建立,在国家教委的领导下,英语指导组成立了"面向 21 世纪外语专业课程体系和教学内容改革"课题组,在全国范围内展开了广泛的调查研究,并就"对我国外语专业教学的基本估计""21 世纪外语人才的基本要求""改革的基本思路""对于改革方案的几点建议"等方面,向英语指导组 1997 年 6 月上海会议提出了初步报告。

(4) 英语指导组还分别就英语专业复合型人才、跨世纪英语主干教材建设、21 世纪外语人才定位等主题进行了深入细致的探讨;在外语指导工作条块化方面开展了一些具体工作,分别按理工院校英语专业、师范院校英语专业和少数民族地区英语专业等条块召开了数次教学研讨会,在指导这些院校英语教学方面起到了一定的作用。

2. 日语指导组

自 1992 年成立以来,每年都组织一至两次学术研讨会。5 年来日语指导组通过各种手段,对全国的日语专业的教学情况、各院校的课程设置、相应的教材建设、师资队伍结构以及科研情况做了大规模的调查,并分别写出了较翔实的调研报告,为进一步开展教学指导工作奠定了良好的基础。近两年来,日语指导组还为研订高年级教学大纲开展一系列的前期摸底调查工作,为日后大纲的制定作好了充分的准备。

3. 俄语指导组

成立之后首先就对俄语专业发展和改革方面的重要问题开展了专题调研。南方、北方、东方分别举行了地区调研会议,对俄语专业的布局、人才规格、教学内容、师资队伍建设等问题展开了深入的研讨。俄语指导组还开展了俄语专业高年级教学大纲的研订工作,该大纲通过 3 年努力已制订完毕,现正报请国家教委审批。为检查基础阶段教学大纲的实施情况,俄语指导组先后组织了两次全国有关院校的自行命题(按统一测试框架)水平测试,一次全国统一命题的水平测试,在此基础上已做好了建立俄语试题库的各项准备。此外,近两年来俄语指导组还组织有关人员就面向 21 世纪俄语专业人才培养、创建俄罗斯学、基础阶段教学大纲修订、教材编写等问题进行了研讨。

4. 德语指导组

在此 5 年内主要在实施基础阶段和高年级教学大纲方面做了大量工作,并为检查大纲的实施情况和评估各院校的教学情况进行了一系列的测试,在适当范围内开展了德语口试试点工作。德语指导组在 1995 年期间组织人员对各院校的教学情况和高年级教材进行评估,对德语专业高年级教材的编写提出了诸如以语言训练为主、突出分科教学、实行课程板块、因地/因校制宜等建设性的建议。此外,德语指导组还于 1997 年 7 月召开了“中国德语教学如何面向 21 世纪研讨会”,就培养目标、体制结构、学科改革、课程设置、师资队伍建设、复合型人才培养等问题进行了深入的研讨。

5. 法语指导组

在此 5 年内完成了高年级教学大纲的研订,进行了法语语法单项测试,制定了法语专业本科生参考书目表。

6. 阿语指导组

在 1992 年 9 月成立后,首先组建了基础阶段教学大纲实施组,为宣传、贯彻、实施大纲做了大量的工作。针对各院校阿拉伯语专业学制的调整,组织了原大纲组成员对基础大纲的部分条目进行了修正。在此基础上与阿语教学研究会联手组建了测试委员会,制定了《全国高校阿拉伯语专业二、四级水平测试大纲》,于1995 年在全国范围内组织了阿拉伯语二、四级测试。阿语指导组还组织和指导了高年级教学大纲的研讨,该大纲已于 1997 年 11 月通过了专家评审,可望在 1998年年初将审定稿提交国家教委审批。此外,阿语指导组与阿语教学研究会联合举行了多次学术研讨会,就大纲实施、测试评估、教材评估和评奖等问题展开了广泛深入的探讨,在一定程度上促进了各院校的阿拉伯语教学。

7. 西班牙语指导组

自成立以来,主要围绕西班牙语基础阶段教学大纲的编写开展工作,为大纲的制定做了大量的调研摸底,先后召开了十次学术研讨会,至 1996 年底基础阶段教学大纲的研订工作已全部完成。

5 年来,在国家教委高教司外语处的直接领导下,各指导组的工作进展是比较顺利的,成果也是可喜的。但是还存在着一些不足,如:个别语种的高年级教学大纲尚未开始研订,各语种在进行全国统测的基础上更应对题库建设有一较全面的构想,各专业的现行课程设置如何加以调整乃至改革等还未能形成较成熟并可付诸实施的方案。这些问题对进一步提高我国外语专业教学水平,使我国的外语专业教学能以崭新的面貌跨进 21 世纪是至关重要的。为此,我们建议,新一届指导委员会应对这些问题予以更多的考虑。

最后,请允许我代表本届指导委员会对国家教委高教司外语处和各院校对我们工作的支持和帮助,对各语种教学研究会的积极配合表示由衷的感谢。

(本文刊发于《外语界》1998 年第 1 期)

第二届高等学校外语专业教学
指导委员会工作规划

戴炜栋

新一届外语专业教学指导委员会是一个跨世纪的委员会。受命于世纪之交,我们全体委员深感责任之重大,使命之光荣。在这样一个特殊的年份里,我国各领域的改革开放必将出现新的局面,社会主义市场经济将逐步走向完善,我国与世界各国的政治、经济、文化等诸方面的交流也将日趋频繁。与此同时,随着社会发展,各行各业对外语人才的培养也将提出新的要求。面对这一新的形势,我国目前高校外语专业的办学体制、教学方法、手段以及所培养的人才规格,显然已经难以满足时代发展需要。我们已经充分认识到,改变高校外语专业教学滞后于社会经济发展的局面,深入进行外语专业教学的整体改革,已是刻不容缓。

教学改革是高教改革的核心,而教育思想和观念的转变则是教学改革的先导。为此,对新的教育思想和观念的认识和探讨,乃至确立符合可持续发展战略的教育思想、教育观念,将成为本届委员会研讨的主要课题之一。

处于世纪之交,我国的外语教学面临来自各个方面的挑战。为迎接这一挑战,也为使我国外语专业的建设更加适合社会主义市场经济的发展,为更多地培养"宽口径、厚基础"的专业适应性强的外语人才,使我国外语专业教学在 20 世纪末再上一个台阶,外语专业教学指导委员会各专业组应分别对各自专业目前的布局、师资、教材、教学现状再作细致调查,并在此基础上,从知识、能力、素质三方面为本专业 21 世纪人才培养设计出切合实际的人才规格。

合格人才的培养需要科学、合理的课程体系和教学内容的配套。为此,各专业组应以培养合乎规格的复合型人才为目标,对现行教学内容和课程体系再作进一步审视,要在广泛研讨的基础上,对教学内容和课程体系的改革提出合理的建议。

在培养复合型外语人才方面,国家教委倡议要遵循三大原则,即:① 大胆尝试,不搞无效争论;② 保持外语优势,加强语言基本训练;③ 坚持因地制宜、因校制宜。为此,各专业指导组的指导工作还应实行条块化指导方式,以使不同地区高校外语专业在制定复合型人才规格、培养模式和课程设置时,充分考虑地域的社会、经济发展特点,充分考虑自身的办学条件和师生质量。只有这样,才可能使我国各地区高校的外语专业纳入有序发展的轨道。在这方面,英语组已经在前几年开展了一些工作,并取得了一些经验,指导委员会建议各专业组可适当借鉴英语组的经验。

我国的外语专业教学居世界领先地位。通过几十年的教学实践,我们在培养外语人才方面已经积累了不少成功的经验。在对外语专业的教学将实施重大改革的今天,我们显然不能墨守成规。但是,我们却必须认真总结经验,使我们在外语教学方面的长处、优势在深化改革的同时得以继续发扬。

本届委员会面临着新世纪的挑战。通过转变思想观念,通过深化改革,使我国外语专业的教学以崭新的面貌跨入 21 世纪,这就是历史赋予本届委员会的责任。为能完成这一光荣的使命,指导委员会全体成员将在教委的领导下,以团结、务实的精神,继续努力工作。

本着强化"指导委员会的研究、咨询、指导职能"这一精神,全体委员在广泛协调、深入研讨的基础上,对指导委员会今后的工作要点达成共识,决定围绕以下几个方面开展工作:

1. 各专业组继续开展"面向 21 世纪外语专业课程体系和教学内容改革"专题研讨。

2. 各语种根据自身特点,制定"面向 21 世纪外语专业课程体系和教学内容改革"具体方案。

3. 各语种根据自身的教改方案,提出推荐教材或教材编写计划。

4. 继续完善英语四、八级测试。已制定基础阶段教学大纲和高年级教学大纲的语种,视情况开展四、八级测试,以检查大纲的实施情况,其中有条件的语种可进行题库建设的准备。

5. 教学大纲尚未制定的语种继续做好大纲研订工作,争取在一两年内使大纲问世。

6. 以指导委员会名义不定期发行"专业外语教学通讯"。

7. 指导委员会每年召开一次研讨会(年会),以便各组之间交流和联系。

(本文刊发于《外语界》1998 年第 1 期)

在第三届高校外语专业教学指导委员会
全体会议上的发言

戴炜栋

本届指导委员会于 2002 年 6 月 28 日正式宣布成立。根据教育部下发的有关文件,本届指导委员会的任期是从 2002 年到 2006 年,为期 4 年,目前正处在任期的中间阶段。为了能使指导委员会的工作开展得更好,也为了方便各指导小组、各委员之间的沟通,我们认为很有必要召开这样的全体委员会议。

本届指导委员会共有 97 位委员,比上届增加了不少,这说明我们高校外语专业的队伍正在不断地扩大,或者也可以说明,我们高校外语专业所面临的问题还很多,需要有更多的专家、教授参与指导。

两年以前在本届指导委员会成立大会上,教育部高教司的领导对我们这一届指导委员会提出了希望,也提出了课题研究方面的建议和要求。两年来,我们正是按照教育部领导的要求努力开展工作的。

本届指导委员会是新世纪成立的首届指导委员会,它担负着重大的责任。从宏观上来讲,面对新世纪我国各界、各阶层、各行业(如加入世贸组织、2008 年北京奥运会、2010 年上海世博会)对外语人才的需求,我们必须加大对高校外语专业教学的改革,要更加重视外语教学,努力保证和提高外语教学的质量,使外语人才的质量再上一个新的台阶。

自本届指导委员会成立以来,至今已有两年多的时间。在这段时间里,我们知道,各位委员在各指导组的领导和组织下,在百忙之中抽出宝贵的时间,做了大量的工作,也取得了可喜的成绩。这次全体会议,请大家来,就是希望各组进行一下总结,通过大会交流,相互学习、相互启发、相互促进。

指导委员会秘书处在两年多的时间里,也同样做了很多工作。例如,我们通过秘书处在 2002 年 9 月召开了"首届全国高等院校外语专业语言测试学术研讨会",教育部高教司文科处的领导、语言测试专家及各语种主管测试的专家参加了会议,同时就测试手段、试卷设计、命题原则、试后分析、外语测试的正负面影响、外语专业标准化测试研究等专题展开了深入而又广泛的研讨,并对规范外语专业基础阶段和高年级阶段的测试达成了共识。

在 2004 年 3 月,指导委员会又与上海外国语大学合作,在上海外国语大学召开了"首届中国外语教学法国际研讨会",教育部吴启迪副部长、高教司刘凤泰副司长,以及国际合作司的相关领导出席了会议。参加会议的中外专家、教授及教师达 500 多人,我们指导委员会就有好几位专家或在会上作了主题报告,或在小组会上作了中心发言。

除此之外,我们在上海外语教育出版社和对外经济贸易大学出版社的经费支持下,又开展了新一轮的科研活动。本次科研立项工作,根据教育部高教司有关领导的指示精神,也根据各指导小组的实际情况,我们设计并确立了 20 个科研项目。按计划,这些项目均已在 2004 年 10 月份进入了结项程序。根据我们所掌握的情况,至目前为止还有 3 个项目没有完成。

我们认为,从项目完成的总体情况来看,除了个别项目外,绝大多数项目的质量还是不错的,如英语组的"高等院校外语专业本科教学评估体系",该项目经过几上几下的讨论和征求意见,并报教育部主管部门批准,已在几所院校按照该评估体系对高校外语专业进行专业评估试点。我们认为,这一评估体系的制定完成,对规范外语专业的办学、保证外语专业教学质量的提高有着非常大的积极意义。经修订后的这个评估体系将作为一个模本,其他语种可以在这个模本的基础上,根据本语种的实际情况,进行适当的调整,予以实施。再如日语组的"全国日语四、八级测试的信度与效度研究",该研究报告运用科学并可靠的分析手段和统计方法对实施两年多的日语专业四、八级考试的试题题型、内容以及测试结果进行了系统的分析与研究,并对今后如何进一步提高日语四、八级测试的信度和效度提出了具体的建议。我们认为,日语四、八级测试开考时间不长,至今只有两年多的历史,属于初创阶段,而日语组的同志们能在初创阶段就注重对测试的研究,这种精神是十分值得提倡的。就各语种的四、八级考试，我们一贯认为，不是为了测试而测试，更不是为了排名而测试。我们认为，测试是外语教学的一个重要组成部分，是实施大纲的一个重要环节。因此，我们在进行四、八级测试的同时，更提倡对测试理论、测试方法、测试手段的研究，更呼吁测试的规范化。日语组进行的这一项目的研究对测试工作的科学化和规范化是极为有益的。

另外，法语组、阿拉伯语组、非通用语种组的项目都是大型的调研报告。改革开放以来，这些专业在全国的布点情况、教师、教材情况以及在校生规模都有了相当大的发展。通过大量的问卷调查和实地考察，这些语种已基本摸清了家底，这为今后这些专业的进一步发展做好了基础工作。

应该说，项目完成的总体情况是比较好的。

下面我想谈谈对今后工作的一些设想。

近几年来，教育部高教司一直在对一些高校进行本科教学合格评估，与此同时，各专业，如法律、经贸、广告等专业也都在进行专业评估（我们外语专业的专业评估也已开始）。据我们所知，教育部的本科评估工作今后将作为一个常规工作，各校每隔数年就会轮到一次，为此，教育部还专门组建了"评估中心"。根据评估的经验和我们所掌握的情况，有很多学校的师资都存在一定的问题，包括师资的数量、师资的质量、年龄结构等，说得严重一点，在一些学校，师资的问题已经成为专业发展，或者说保持专业合格水平的障碍和瓶颈。我们在两年前曾经说过，教师培训，努力提高高校外语教师的质量，这将成为本届指导委员会的主要工作之一。目前我们的任期已经过去了一半，师资培训工作开展得如何，各组根据本专业的情况，有必要进行回顾和总结。各组是否可以制定一个切实可行的培训计划，请一些资深的教师，为青年教师开一些短训班，讲一点最起码的外语教学理论（有的地方学校的青年教师对外语教学理论并不熟悉），甚至可以搞一些示范教学。对英语组来说，开展教师培训的任务是很繁重的，可以分片、分期搞，由指导组出面组织。我们相信，各个学校还是会有积极性的。我们指导委员会的委员在培训工作中要起主要作用。其他组，教师的数量不是很大，任务相对轻一些，但也要开始做起来，要订出计划。我们相信，只要启动了，就一定会有好的成果。

近两年来，教育部在组织评审精品课程，我们也在考虑是否可以由指导委员会出面组织精品课程的制作与评选，各语种可以在这方面进行一下论证，确定一门可以共享的课程，以教育部精品课程的要求设计制作课程，通过评审后予以推广。我们认为，计算机和网络的普及，已经为课程网络化的实现提供了保证，以计算机为平台的远程教育、优秀课程的共享也将成为现实。但是，网络课程的选择、课件的制作绝对不是容易的事。我们认为，选择网络课程应该有一个基本的原则，这个原则至少有三点，那就是课程的通适性（可以是基础课程，也可以是知识性课程，应该是该专业的主干课程）、教材内容的新颖性和执教老师的优秀性。至于课件制作，不应该是原始授课的照搬，而应该在综合考虑课文内容、知识点、教学法的基础上，合理编制、设计课件脚本。在大家的支持下，我们能够在一年内每一个语种推出一门网络课程，这对推动外语教学的改革将是非常有益的。关于经费的问题，我们还是想请上海外语教育出版社予以支持，也欢迎其他出版社参与支持这项工作。

关于教学法研究的问题。两年前，我们也曾经提到过，青年教师实际上很缺乏这方面的知识。为此，2004 年 3 月，我们在上海外国语大学、上海外语教育出版社的大力支持下，组织召开了"首届中国外语教学法国际研讨会"，通过这样的会议能促进我国高校外语教学法的研究，鼓励更多的教师、特别是青年教师参与这样的教学法研究。最近我们去了一次台湾，我们感到，台湾高校外语专业的教师在外语教学法方面的研究还是比较投入的。为此，我们拟请各指导组根据本语种的特点，在 2005 年上半年组织召开一次与外语教学法相关的研讨会。我们考虑在各组召开教学法研讨会的基础上，选出一批好的教学法论文，争取在 2005 年年内再出一本论文集。在此，希望各组认真策划和组织，2005 年 7 月份之前将论文收齐交秘书处，我们会在此基础上进行遴选、汇编。

关于测试工作。近几年来我们根据教育部高教司领导以及文科处领导的指示精神，不断加强了对测试工作的管理。大家知道，我们的测试工作以前只有英语，现在除了阿拉伯语和非通用语种，其他各语种在近一两年内都实施了四、八级考试。各语种的四、八级考试由于涉及的范围大（英语专业四、八级考试几乎涉及除西藏、台湾外的全国所有省市），而且参考人数年年有所增加，因此，四、八级考试的组织管理工作是相当繁杂的，为此，我们成立了负责考务工作的专门机构，投入了大量的人力和财力，力争不出差错，几年来，我们确实做到了这一点。但是，由于考点比较分散，在监考力度方面，个别考点没有严格按要求去做。为此，从今年开始,我们将每年召开考点负责人会议,让考点负责人签署考点纪律规范责任书,强化管理意识。我们希望,各语种必须加强对四、八级考试的管理,坚决杜绝考场舞弊,一旦发生违规现象,必须严肃处理。要不是这样的话,我们的考试将失去威信,不会被市场所承认。

除了考试管理以外,我们还积极倡导测试的理论研究,2003 年我们在这方面做了一些工作,组织发表了几篇有关测试的论文。最近我们正在策划如何将测试的理论研究进一步深化下去,准备做一些案例分析和比较分析,从理论层面上来确立我们四、八级考试的地位。测试是外语教学的一个组成部分,必须引起每一位教师的关注。但是,关注的角度一定要正确,不能为了考试而考试,更不能在教学中视考试为中心。我们应该将考试视为整个教学过程中的一个环节,是对教与学的评估手段之一。科学、合理的测试可以帮助我们发现教学中的不足,可以促进我们的教学。相反,如果对测试不加以合理、科学的定位,那么它就会对教学带来极大的负面影响。据我们了解,为了达到较高的四、八级考试通过率,个别学校甚至放弃正常的教学,用大量的课时去做专门的辅导,这是不可取的。通过率的提升,不是靠辅导,更不能靠强化,而是靠平时高质量的教学。在这里也希望我们指导委员会的委员们在可能的范围内进行一些适当的指导。

关于复合型外语人才培养的问题。这是一个谈了十几年的老问题了,在这里我们依然要说,培养复合型外语人才是高校外语专业改革的方向。我们认为,1998 年教育部高教司颁发的《关于外语专业面向 21 世纪本科教育改革的若干意见》依然是我们外语专业改革的指导性文件。这几年,我们专门成立了相关课题组,吸纳了近十所高校的有关专家,专门就复合型外语人才的培养模式问题展开了专题研究。对人才市场的大范围调查显示,复合型外语人才得到了市场的肯定,不仅比单一的语言人才更受欢迎,甚至比单一的专业人才更受欢迎(如同样是经贸专业,外国语大学毕业的经贸专业毕业生,就比财经类大学的毕业生更有竞争力),这已成了不争的事实。如果仅用"市场认可"这一把标尺来衡量的话,这种复合型外语人才培养模式无疑是成功的。但是,事情并非这般简单,尽管这些专业在培养复合型外语人才方面取得了成功,然而,一旦面临"专业评估",往往就会陷入尴尬,因为这些学科并不是作为外语专业来进行评估的,而是按照被复合的专业如经贸、法律、新闻等来进行评估的。评估专家往往会认为,作为经贸(或法律、新闻等)专业,至少专业课程的课时量不足,且课程不够,仅这两条就可以判你专业评估不合格。他们往往不会考虑,或者很少考虑你培养的学生在市场上远比他们培养的学生更有竞争力,而是以专业的要求对你进行严格要求,因此,他们就会提出一个"入流"的问题,即复合型专业首先要入专业的流,要被该专业所承认。我个人认为,这些专家所提的意见是对的,既然你发的是这一专业的文凭,你就要符合这一专业的要求,哪怕是最低的要求,这就是我们以前所提出的"复合型外语人才的专业结构定位"的问题。我个人认为,至少到目前,我们还不可能在外语专业与被复合专业之间寻找到一条中间道路,设计出一种介于两者之间的专业。既然如此,我们就必须做到"入流",即必须在课程设置、课时分配上做到基本符合被复合专业的要求。目前有的学校正在考虑复合型专业实行五年制、双学位模式,我个人认为可以对此做一下探索。

对于双专业式的复合型外语人才培养,我们感到必须有几个先决条件:第一,生源必须好;第二,师资力量必须强;第三,学生自主学习能力必须强;第四,学校对该专业的建设必须有大的投入,如实验、实习用设备等。显然这不是所有的外语类院校在近期内都能做到的,但是,这并不是说,做不到以上几点,就不能搞复合型外语人才培养了。我们以前一直强调,外语专业人才培养模式的改革,坚决不搞一刀切,复合型外语人才的培养,各地区、各学校要根据自身的条件进行探索,尚未有条件搞双专业模式的,可以搞"外语加专业方向",可以搞"外语加专业辅修",可以搞"外语加外语"等模式。我们认为,面临新世纪人才市场的需求,高校外语专业必须不断地进行改革,以适应时代的需要,而走复合型外语人才培养的道路,就是我们改革的方向。

在此我们非常希望大家能在培养复合型外语人才方面多做研究,多做实践,不断地总结经验,争取有所突破,比如在复合型外语人才培养的方法上、在复合型外语人才培养的教材选用方面、在教材编写方面等等。同样我们也吁请教育部领导能给我们更多的支持。

总之,在本届指导委员会任职期间,根据我们高校外语专业的实际情况,我们想围绕以下几个方面开展工作:

1. 组织精品课程的申报和评审;

2. 开展对青年教师的培训;

3. 开展外语教学法的研究；

4. 开展外语测试理论方面的研究；

5. 进一步探索复合型外语人才培养的方法，力争在教材编写方面有所创新和突破；

6. 继续规范四、八级考试的管理。

开展这些工作都需要经费的投入，为此我们希望上海外语教育出版社能继续对我们指导委员会的工作予以资金方面的支持，也欢迎其他出版社给予资金的支持。

（本文刊发于《外语界》2005 年第 2 期）

第四届高等学校外语专业教学
指导委员会工作思路

戴炜栋

教育部高等学校外语专业教学指导委员会的前身是教育部高等学校外语专业教材编审委员会,1992 年更名为"高等学校外语专业教学指导委员会",受教育部领导并接受教育部委托,开展高等学校本科教学的研究、咨询、指导、评估、服务等工作。

本届指导委员会与以往有很大的不同,不仅委员人数有所增加,更重要的是在组织形式上采取了各语种教学指导分委员会制,以前的各语种指导小组升格为分指导委员会。此外,本届教学指导委员会和各语种分指导委员会共有 177 位专家,比上届指导委员会的 97 位专家,在人数上有很大的增加。仅从这些变化上我们就能体会到,高校外语专业的队伍正在不断扩大。2005 年,全国共有英语本科专业点 790 个,日语 293 个,俄语 91 个,德语 58 个,法语 60 个,西班牙语 19 个,阿拉伯语 10 个,朝鲜语 43 个,越南语 9 个,意大利语 8 个,全国高校中除英语外的语种已经达到 45 个。这是 2005 年的统计,不包括近两年新建的专业。据我们掌握的情况,近两年来各地方高校新建外语专业的速度并没有减缓。例如,英语专业点已有 900 多个,日语 360 个,德语 100 个,西班牙语 40 个,阿拉伯语 24 个。专业点多了,需要有更多的专家参与指导,尤其是一些新办的专业,存在的问题还不少,这就更需要专家予以指导。我们每一位指导委员会委员都肩负着重要的责任。

今年年初,教育部连续下发了教育部 1 号文件和教育部 2 号文件,这两个文件一个是有关进一步深化本科教学改革、全面提高教学质量方面的,一个是有关实施高校本科教学质量与教学改革工程方面的。在年初连续下发两个内容相关的文件,这说明教育部对提高高校教学质量的高度重视。我认为,今后一段时期内高校的中心工作就是"抓质量"。同样,我也认为,我们新一届指导委员会近期的工作中心也应围绕"改革、发展、质量、内涵"这几个关键词开展。

一、关于改革与发展

就高等教育而言,无论哪一个国家都始终面临着改革与发展的问题,而发展中国家的高等教育改革与发展的任务就更重。外语专业教学作为高等教育的一个组成部分,也同样面临着改革与发展的重任。

关于复合型外语人才培养的实践,我们已经有了十几年的成功经验。事实表明,高校外语专业在打好外语基本功的同时加大某一领域专业知识的传授量,使培养的人才既有较高的外语水平又有一定的相关专业知识,从实践角度来看,这样的人才培养模式是切实可行的,而且,确实受到人才市场的认可。我们认为,培养复合型外语人才仍然是高校外语专业改革的方向。复合型外语人才培养模式是非英语国家在特定的发展时期特有的产物,虽然实践是成功的,但还应不断总结经验加以提升。另外,我们还应就"复合型外语专业人才的专业结构定位"这一关键问题,从理论的角度做更多、更深的研究。

如果说,前几年我们的改革与发展是围绕着确立新世纪外语人才培养目标和模式进行的,那么,今后几年的改革与发展应该将优化外语人才培养结构、质量和具体实践操作为主线,在开展对社会需求与学科点特色调研的基础上,提出适合我国国情的高校外语专业人才培养优化方案,在如何进行复合的操作上进行更加深入的探讨,注重探讨培养和提高外语人才能力的方法。与此同时,鼓励外语人才培养模式的多元化,我们既要培养高素质的外语精英,也要培养优秀的复合型外语应用人才。此外,我们也鼓励在外语人才培养模式和方法上,在现有的经验和基础上,进行跨学科创新人才培养的实验性研究,从理论上、方法上对外语院校培养跨学科创新人才的可能性进行科学论证。

此外,就以上教学改革问题,外语专业教学指导委员会将向教育部高教司文科处作专项请示,在征得文科处同意的前提下设立课题组展开调研。

二、关于质量与内涵

"提高教学质量"是教育永恒的主题,高校外语专业同样面临着提高教学质量的任务,且分量更重。大家知道,自进入 21 世纪以来,中国高等教育的发展是惊人的,外语专业,尤其是英语专业几乎成了每个新办高校的首选专业,专业点的急骤增加在一定程度上使教学质量的提高难以得到保证,尤其是新办专业点更是如此。根据我们掌握的情况,教学质量得不到保证的专业点,无论是新办的还是老的,其主要原因是:1) 师资严重不足;2) 教师水平与相关要求相去甚远;3) 教学方法、手段落后,对外语教学法了解甚少。提高教学质量、加强学科的内涵建设根本在教师。为此,我们清醒地认识到,提高高校外语教师的业务素质已迫在眉睫。鉴于这一事实,本届指导委员会的重要任务之一就是继续积极倡导青年外语教师的培训,偕同各语种分指导委员会制定切实可行的培训计划和工作方案,并在经费上予以支持,使青年教师培养做到制度化、经常化。培训结束后,由指导委员会统一颁发培训证书,切实提高青年教师的业务水平和教学水平。

青年教师是我们的未来。青年教师的业务水平、敬业精神直接关系到我国高校外语专业的可持续发展。在做好青年教师培训的同时,我们还将积极倡导开展外语教学的科学研究,让更多的青年教师参与教学科研,参与思考外语教学改革。为了鼓励青年教师的全心投入,我们将继续谋划为青年教师搭建科研舞台。除了进行教师培训,我们将举办一些科研研讨会,对一些科研项目公开招标,通过让青年教师参与项目研究的方法,激发青年教师对科研工作的热情,从而从根本上提高他们的科研能力,并将他们的研究成果择优出版。我们将在已经出版一本论文集、行将出版两本高校青年教师优秀论文集的基础上,继续评选优秀论文,提高论文集的学术含金量,并将形成机制。论文集将定期出版,从中择优,形成品牌。就教育而言,其内涵建设的关键就是师资队伍的建设。如果青年教师培养能出效果的话,那么,内涵建设的其他方面的完成也就有了保障。因此,请各位委员在如何做好青年教师培养方面多做调研,多出主意。

为贯彻教育部提高高等学校教学质量的精神,我们将继续进行精品课程建设。根据教育部安排,指导委员会每年认真做好外语专业精品课程推荐申报工作。新一届指导委员会将加大力度,继续做好这项工作。

三、关于重大项目

在教育部高教司文科处的大力支持下,在过去几年中我们通过上海外语教育出版社、对外经济贸易大学出版社的资助在各语种中开展了一些项目研究。我们根据高教司有关领导指示精神,也根据各语种分指导委员会的实际情况,设计并确立了 20 多个重大项目,其中包括一些适应形势需求的课题,如西部大开发与英语教学,入世与英语教学等。这些项目一定程度上推动了各语种的教学和科研。但是,我们认为,已经完成的那些项目,大多属于基础性研究,创新成分相对较少,对中国外语教学手段和方法改革的促进作用还不够明显。为此,我们认为,新一届指导委员会将在项目设计上有所突破,除对外语人才培养模式和具体操作的探讨外,更应该注重展开课堂教学方法、教学手段和教学效果的探讨,注重学生学习能力的培养,增大外语专业中实践课的比重和建设,提高外语人才培养的质量和内涵。课题的设计尽可能地具有前瞻性,征集课题,并公开课题和项目,面向广大的教学第一线的外语教师进行招标。项目立项后,具有批文和批号。在这一理念指导下,由指导委员会秘书处负责实施的"中国外语学习者语料库"建设项目已经正式启动,并已通过国家社科项目评审。参加这一项目的有来自十余所大学的教授和专家,第一期工程约需两年时间。届时,该语料库将拥有数百万字的容量,我们相信在这些语料的基础上加以各种应用开发,肯定会对我国高校的外语专业教学带来巨大促进作用,将有助于外语教学手段和方法的改进,使"基于计算机的教学"更富实践意义、更富科学性。今后,一些涉及跨语种的课题将由指导委员会秘书处组织立项,如介绍英语专业教学评估的课题和研究讨论各语种四、八级考试的共性问题等。

四、关于专业评估和小语种基地建设

根据教育部高教司文科处的安排,英语专业的评估工作在 2003 年制定评估方案和 2004 年在广东省和湖南省 4 所高校英语专业试评后,已在 2006 年正式开始。在英语指导组的努力下,评估工作进行得很顺利,并已经出现了一批评估专家。在今后几年内,我们将在教育部高教司文科处的领导下继续做好英语专业的评估工作。与此同时,其他语种也应做好评估的准备工作,一旦时机成熟即可

启动。

进入新世纪后,在教育部高教司文科处指导下,我们已经在全国 8 所高校建立了近 9 个非通用语种本科人才培养基地,支持非通用语种本科教学工作和科研工作。基地的建立对非通用语种的本科教学起了巨大的推动作用。指导委员会将配合教育部高教司文科处做好非通用语种本科人才培养基地的验收工作,并在广泛调研的基础上,为基地的下一阶段建设提出建议。

五、关于各语种的四、八级考试

自 1991 年英语专业四、八级考试开考至今,除阿拉伯语四、八级考试均未开考外,其他各语种的四、八级考试情况是:有四级考试的语种为英语、俄语、日语、法语、德语、西班牙语;有八级考试的语种为英语、俄语、日语、西班牙语;我们将继续敦促各语种在条件成熟的前提下,尽快推出还未开考的八级考试。对阿拉伯语来说,也应尽快起步,适时推出四级考试。

由于各语种四、八级考试的覆盖面广,参考人数年年有所增加,四、八级考试的组织管理工作是相当繁重的。为此,我们每年举办考务人员培训,并成立了专门负责考务工作的机构,投入了大量的人力和财力,力争不出差错。几年来,经过努力我们确实做到了这一点。今后几年内我们将继续强化管理,推行各环节的责任制,强化制度落实。

今后,除了进一步加强考试管理以外,我们将大力倡导测试的理论研究,并策划召开有关这方面的专题研讨会。

六、关于通过调研、评估对新建专业进行宏观监控

这几年高校外语专业的专业点数量增长比较快,无论是英语,还是其他语种,如日语、德语、法语乃至阿拉伯语等专业点数量增长之快确实是前所未有。但是,如何确保新办专业的教学质量是我们十分关心的问题。我们建议,各语种的教学分指导委员会,应根据本语种的实际情况,制定相应的计划,对新办专业进行调查,摸清家底,并在此基础上予以教学方面的指导。例如英语专业,目前英语专业在全国高校几乎可以说是"遍地开花",无论是外语院校,还是综合型大学、理工院校或者师范院校,几乎都有英语专业;另外,全国高校中的 53% 是大专或高职院

校,而这些学校开设英语专业的也不在少数。如何对这些不同类型、不同层次学校的英语专业予以专业化的教学指导值得我们认真研究。为此,我们建议,对理工院校、综合型大学的外语专业现状分别进行调研,对大专、高职院校的外语(主要是英语)专业进行调研,在此基础上提出指导意见,并向高教司的主管部门及领导汇报。

七、关于《指导委员会通讯》

我们建议秘书处恢复《指导委员会通讯》的编辑工作。《指导委员会通讯》我们曾一直坚持办了6年,但是后来由于稿源的原因没有继续办下去。我们感到它对我们全体委员来说是一个很好的交流平台。现在委员人数多了,我们不可能经常让大家来开会,恢复《指导委员会通讯》有助于大家对各分委员会工作的了解。这项工作希望得到各分委员会的支持,每两个月各分委员会的秘书长必须向指导委员会秘书处上报工作动态或情况汇总,我们将在此基础上编辑发行《高校外语专业教学指导委员会通讯》。

总之,在本届指导委员会任期内,我们将按照教育部有关提高高校教学质量文件的精神,围绕高校外语专业的内涵建设这一中心,并根据高校外语专业的实际情况开展工作。在此,谨希望各位委员能为我们指导委员会的工作献计献策,同时我们也希望能继续得到各委员单位对我们指导委员会的支持,继续得到上海外语教育出版社、外语教学与研究出版社、高等教育出版社及其他出版社对我们资金方面的支持。

(本文刊发于《外语界》2007年第6期)

第四届高等学校外语专业教学指导委员会
中期工作报告

戴炜栋

第四届高等学校外语专业教学指导委员会成立于 2007 年 9 月,迄今已有两年半时间。在此期间,我们在教育部领导下,围绕成立之初确定的工作思路,在高等学校本科外语教学的研究、咨询、指导、评估等方面做了大量工作。在此次任职中期召开的全体会议上,有必要对工作情况做一下总结和展望。

本届指导委员会与之前数届相比在组织形式、组织规模等方面均有所不同。在组织形式上,指导委员会在高教司指导下组建了各语种分指导委员会,从而使各语种的活动相对独立,而且更具针对性。事实证明,这一新的组织形式有力推进了各语种的工作。在组织规模上,指导委员会也有了较大发展。目前指导委员会人员总数(包括各分指导委员会人数)已达 197 人,人数的增加使指导委员会的工作更具活力。本届指导委员会成立两年半以来,在教育部高教司文科处的领导下,在各分指导委员会和各位委员的大力支持下,各项工作都取得了可喜成绩,其中最为重要的是以下几项。

1. 学科发展战略报告的制定

根据教育部高教司文科处的安排,2007 年底至 2009 年元月,我们各分指导委员会围绕专业现状、存在的问题、对今后发展的建议三大主题展开了大规模的调研。各分指导委员会在调研的基础上都形成了一份专业发展战略报告。我们指导委员会秘书处又在各分指导委员会报告的基础上,起草了《高等学校外国语言文学学科发展战略报告》。该报告经两次主任委员会议讨论、审定,于 2009 年元月正式定稿并上报教育部高教司,得到了高教司的初步认同。

2. 学科专业规范的制定

专业规范的制定工作起步较早。早在 2007 年 10 月,我们就强调了各专业制定专业设置基本标准和专业人才培养规格的必要性。之所以提出制定专业规范,是因为我们在上一届指导委员会工作期间发现,随着高校规模的扩大,各省市一些高校在专业设置方面控制得不够严,专业设置相对比较随意,设置前的条件认证相对简单。譬如,设置外语专业时根本不考虑基本条件,认为只要有数名懂外语的教师就可以开设。一些外语专业匆匆上马,软、硬条件都较差,其教学质量可想而知。鉴于此,我们深感有必要为专业设置制定一个门槛(即行业准入标准)。我们的这一想法与此后不久教育部高教司的工作计划不谋而合。因此,根据教育部的要求,我们在广泛调研的基础上,于 2009 年 9 月正式完成了"高等学校外国语言文学学科专业规范"的制定,其中包括英语、日语、俄语、法语、德语、西班牙语、阿拉伯语、非通用语等各语种的专业规范。每个语种的专业规范又分别包括"专业概述""本专业培养目标和规格""专业教育内容和知识体系""专业教育条件""本专业规范主要参考指标"等五大板块。专业规范的制定作为教育部科研项目,已经提前结项。据我们了解的情况,教育部有关司、处对我们所制定的专业规范还是比较满意的。

3. 外语专业评估方案的研制

2009 年 11 月教育部教高函〔2009〕20 号文件指出,"外语专业评估方案研制"已被列入"2009 年度本科专业认证(评估)项目"名单。文件要求在 2010 年 3 月 31 日前完成该项目的研制,并将成果报送教育部高等学校本科教学质量与教学改革工程领导小组办公室。因此,各语种分指导委员会根据已制定的"专业规范"研制了相应的专业认证(评估)指标体系(主要参考了英语专业已经实施的《外语专业评估方案》),各语种分指委全体委员会议将对其进行审定。

4. 关于科研工作

在两年半的时间内,我们在科研立项、学术研究、学术交流等各方面取得了较大成绩。这里我主要谈一下上海外语教育出版社分别于 2008 年和 2009 年出版的两套丛书。为了纪念改革开放 30 周年和中华人民共和国成立 60 周年,高等学校外语专业教学指导委员会在上海外语教育出版社的支持下,策划了两套丛书的编写与出版。其中,有两本主要是由外指委的专家参与编写的,一本为《高校外语专业教育发展报告(1978—2008)》,另一本为《中国外语教育发展研究(1949—2009)》。前者全部是与高校外语专业有关的,共62万字;后者共95万字,其中与高校外语专业有关的内容约44万字。通过编写这两本书,我们将中华人民共和国成立后中国高校外语专业的发展历史,尤其是改革开放后中国高校外语专业教育的发展进程做了一次比较系统的梳理。作为中国外语教育的参与者、见证人,我们有责任和义务尽可能地详尽记录我国外语教育发展的点点滴滴。因此,在编写完这两本书之后,我们更加深切地感受到这项工作的重要意义。虽然文献、资料的收集工作难免有些疏漏,但是我们毕竟描绘和展现了中国高校外语教育的发展轨迹。我们相信,至少到目前为止,这两本书所提供的有关中国高校外语专业教育发展的史料、信息是最全的,也是最权威的。教育部有关部门领导对我们这项工作也给予了充分肯定。

5. 关于教师培训工作

教师培训工作是教师教育、教师专业发展(teacher professional development)非常重要的一个方面。实际上,我们在上一届任职期间就已经开始实施教师培训工作。2007年新一届指导委员会成立之后,这项工作一直没有间断。目前,外语专业的教师培训工作主要分为两个层面。第一个层面的培训是由指导委员会秘书处组织的,在2008、2009两年间共进行了多期教师培训。培训专题涉及跨文化交际、翻译研究和翻译教学、英语写作、英语词汇研究与教学、语料库与英语教学等。据统计,共有20余位指导委员会委员参与了培训的指导与教学。这一培训工作策划科学,内容全面,效果良好,受到学员的一致好评。

第二个层面的培训是由各分指导委员会组织实施的。通过汇总整理相关培训资料,我们发现各语种的培训工作同样都做得非常扎实,例如:

(1)英语专业　英语分指导委员会于2009年以讲师团的形式,分别对宁夏、甘肃、陕西等西部地区高校英语专业约200名一线教师进行了培训。

(2)日语专业　2008—2009年共培训日语骨干教师240余人。

(3)法语专业　2009年专门举办了以"基础法语教学与研究"为主题的教师

培训班,全国 41 所院校的 55 名一线教师参加了培训。

(4)德语专业　2008—2009 年共举办了 3 期青年教师培训,参加培训的青年教师共 129 人。

(5)俄语专业　2009 年举办了教师科研工作研修班,许多青年教师参加了培训。同年 5 月,俄语教学分指导委员会还参与组织了与俄罗斯高校联合举办的俄语教师教学比赛。

(6)西班牙语专业　2008—2009 年共举办了两期青年教师培训,参加培训的教师达 180 余人。

(7)阿拉伯语专业　2009 年在西安外国语大学和上海外国语大学分别举办了两期青年教师培训,参加培训的教师达 60 余人。

(8)非通用语种专业　2008 年在洛阳解放军外国语学院举办了非通用语种青年骨干教师高级研修班,培训教师 121 名。另外,韩语、意大利语等语种专业还分别与韩国、意大利合作举办了青年教师培训。

以上是本届指委会成立以来所开展的几项规模较大的工作。除此之外,一些日常工作也进行得比较顺利,其中最主要的是加强了对专业四、八级考试的管理,如扩大了巡视员队伍,与有关部门合作实时监控网络作弊(所谓出售试题答案等),计算机辅助阅卷(如英语专业四级、八级考试分别于 2009、2010 年实施计算机辅助阅卷)等。这些措施的落实使专业四、八级考试的管理工作日趋科学化。

在过去两年半中我们所做的工作、所取得的成绩归功于教育部领导和各位外指委委员对我们的支持,归功于我们这一团队的团结、合作精神。在此,我谨代表指导委员会全体主任委员,代表我们秘书处向教育部领导、各位委员表示由衷的感谢。

下面就高校外语专业的现状和存在的主要问题简要地谈几点看法。

1. 目前高校外语专业的现状

(1)外语专业规模迅猛发展

改革开放 30 年来,我国的高等教育发展迅速,高校总数已达 2 000 多所,其中本科院校多达 1 100 余所。而据 2007 年教育部官方统计,在这些院校中设有英语专业(具有学士学位授予权)的学校为 899 所,据估计现在已经超过了 1 000 所。

除英语专业以外,其他各语种专业根据专业点的数量排名依次为:日语(380 所)、俄语(109 所)、法语(78 所)、德语(72 所)、西班牙语(25 所)、阿拉伯语(16 所)。而非通用语种专业中韩语专业的教学点增长速度也比较快(目前非通用语种专业在校生约 5 000 人,包括 24 种语言专业,韩语专业的学生几乎占了一半)。可见改革开放以来,高校外语专业规模得到空前发展。

(2)外语专业办学层次极大提升

外语专业办学层次不断提升,由单一的本科教育发展到本、硕、博一体的人才培养体系。就英语专业而言,截至 2007 年,具有英语语言文学或外国语言学及应用语言学硕士学位点的高校是 208 所,其中有博士学位点的高校是 29 所。超过 60 所高校的日语专业有硕士学位点,其中 15 所高校有博士学位点。有近 50 所高校的俄语专业有硕士学位点,其中 8 所有博士学位点。办学层次的提升有助于培养更多高素质外语人才。

(3)外语专业办学理念力求创新

外语专业在规模和层次得以发展和提升的同时,办学理念也力求创新变革。20 世纪末教育部颁发了《关于外语专业面向 21 世纪本科教育改革的若干意见》。在这一文件的指导下,高校外语专业的办学理念发生了深刻变化。一方面,外语专业人才培养模式更加多元、科学。各专业在培养人才的过程中,倡导在夯实学生基本功的前提下,通过方向型、辅修型、复合型等多种模式培养具有较强跨文化交际能力、国际化的高素质创新型外语人才。另一方面,在教学中正确处理教与学的关系,倡导以学生为主体,最大限度地调动他们的学习主动性,努力培养他们的批判性思维能力、获取知识的能力以及逻辑论证能力。目前随着计算机和网络的普及,教学资源更加多元化,学生的学习空间得以很大拓展,网络环境下的外语教学模式研讨、现代教育技术与外语教学的结合等已经成为各高校教学改革的重点和热点。

以上阐述了高校外语专业的现状,主要是积极的方面。但客观而言,外语专业也存在一些问题。

2. 存在的最主要问题

(1)部分院校外语专业教师缺编

随着各院校招生规模的扩大,英语以及其他外语专业出现了专业教师缺编的问题。有的院校外语专业的师生比很难达到教育部的明确规定。教师数量相对不足导致现有教师承担的教学任务过重,超负荷工作成为常态,尤其是大多数青年教师一方面教学经验不足,另一方面没有时间和精力通过学术进修、参加科研项目等提高自己的业务水平。有些院校的外语专业教师队伍年龄、职称、学缘结构等颇不合理,缺乏优秀的中青年教师,这不利于教师队伍的优化组合。

（2）部分院校课程设置相对不够规范

目前,部分院校因师资短缺等原因,课程设置不够全面科学,缺乏高质量的专业精品课程。众所周知,外国语言文学学科的专业属性决定了语言和文学为其核心,因此与语言、文学相关的课程为这一专业的主干课程。目前有些学校的外语专业或者过于关注语言技能方面的课程,或者在复合型人才培养过程中过于关注那些"国"字头课程,如国际贸易、国际金融、国际新闻等,而文学课程等主干课程或大大缩减课时,或以讲座代替授课,或干脆不开设,结果导致外国语言文学学科的毕业生文学、哲学等人文素养相对较低。因此,有必要结合专业特色,加强课程建设。

（3）部分院校学生的外语基本功有待提高

随着外语专业规模的扩大和学生数量的增加,对教学质量的监控评估日益重要。以英语专业为例,从前几年英语专业教学的评估及英语专业四、八级考试的阅卷情况来看,部分院校外语专业学生的基本功有待提高,外语教学质量还有很大的上升空间。据统计,在 2009 年英语专业四级考试中,本科类学校的全国通过率是 58.62%,其中通过率低于 20% 的学校占参考学校总数的 5.8%,通过率低于 10% 的学校占 2%;英语专业八级考试中本科类学校的全国通过率是 47.33%,其中通过率低于 20% 的学校占参考学校总数的 13%,通过率低于 10% 的学校占 4.6%。外语基本功的提高依赖于许多方面,其一是生源,其二是教师的教学水平、教学方法。生源问题主要涉及中学阶段的外语教学,而教师的教学水平、教学方法与外语基本功(如听、说、读、写、译)的训练成效密切相关。

以上几方面的问题具有一定的普遍性。为了贯彻党中央、国务院关于"把高等教育的重心切实转移到质量上来"的精神,推进我国高等教育"质量工程"的实施,针对以上问题我们尝试提出几点建议。

针对外语专业教师缺编的问题,呼吁教育部尽快出台专业规范,通过专业规范的贯彻实施,使学校相关领导意识到解决教师缺编问题刻不容缓,并采取相应的师资队伍建设措施。

针对课程设置不规范的问题,建议各语种分指导委员会近期就各专业点的课程设置进行全面调查,按照各专业规范对专业点提出的课程设置要求进行整改,加大精品课程的建设力度,并运用现代教育技术普及优质教学资源。

针对学生外语基本功尚需提升的问题,一方面进一步倡导创新改革,加强教学质量监控;另一方面继续加大对青年教师的培训力度,提升教师素质。建议各语种结合实际开展不同层次、不同专题的培训,由老教师通过培训指导或上示范课的方式参与培训,逐步形成青年教师培训的常态机制。同时,各专业点可以课程或者课程群为核心,组建相应的教学团队(如综合英语教学团队、文学教学团队),使青年教师能够融入教学团队,在科研和教学方面取得进步。外语专业的发展以及外语教学质量的提高关键在于教师,而青年教师的成长关系到外语专业的长远发展,因此提高青年教师的专业基本功、教学能力、科研水平已经成为业内专家的共识。

众所周知,《国家中长期教育改革和发展规划纲要》征求意见稿已经颁布,这是教育界的头等大事。其中第七章为"高等教育"。这一章主要涉及全面提高高等教育质量、提高人才培养质量、提升科学研究水平、增强社会服务能力、优化结构办出特色等五点。在我看来,这五点对我们外语专业发展具有重要的指导意义,尤其是增强社会服务能力、优化结构办出特色这两点,非常重要。目前外语专业发展很快,但也有一些问题尚未解决,例如如何根据不同地域、不同院校类型办出专业特色,如何使外语专业积极为地方经济建设服务等。这些问题与我们的办学定位密切相关,需要我们进一步深入思考。

总而言之,本届指导委员会将根据国家外语教育的战略规划,积极开展各项工作,切实提高外语专业教学质量,推动外语专业科学发展。在此谨希望各位委员献计献策,提出宝贵建议。同时,希望继续得到各委员单位的大力支持以及上海外语教育出版社、外语教学与研究出版社、高等教育出版社及其他出版社和机构的鼎力支持。

(本文刊发于《外语界》2010 年第 3 期)

教育理念探索篇

拓展办学空间，实现新飞跃

——访上海外国语大学党委书记、校长戴炜栋

曹继军

对于上海外国语大学党委书记兼校长戴炜栋教授来说，2000 年中最重要的工作是实施拓展办学空间的计划。戴炜栋介绍说，在国家高等教育迅速发展的新形势下，位于上海市区占地 220 亩的上外校园，空间过于狭窄，制约了学校的进一步发展，因此，拓展新的办学空间是学校进一步发展的重要步骤，也是学校更好地为国家培养人才的必由之路。

戴炜栋回顾说，在改革开放 20 年的发展历程中，上海外国语大学曾经进行过两次大改革，实现了两次大发展，此次改革，上外人称之为学校第三次大改革。

20 世纪 80 年代中期，上外果断调整学科建设方向，将单科性外国语学院转变为多科性外国语大学，这在全国同类高校中是第一家。上外的复合型人才分两大类，一类是外语和社会人文专业的复合型，一类是外语双语种复合型。目前，上外是全国同类高校中唯一一所拥有文学、管理学、经济学、法学学位授予权的学校，复合型专业学生已占全校学生总数的 50% 以上。

1993 年，上外在全国率先进行收费招生改革试点。尽管当时学校所收费用只占学生培养成本很少的一部分，但它打破了国家一包到底的大学培养模式，学校的教学质量也因此面临了前所未有的挑战。上外在迎接挑战中进行了学校内部管理体制的一系列改革，办学效益大大提高，1995 年在国家教委直属院校中名列第一，以后几年也都在前五名之内。

戴炜栋认为，在新世纪到来之际的上外第三次大改革，将使上外朝着"现代化

的、高水平的、国际同类高校中著名的社会主义外国语大学"的目标前进,从而成为学校发展中的一个里程碑。这次改革的序幕拉开之时,适逢中国即将加入 WTO 这一新的形势,所以,学校的办学特色、定位和发展方向都需要作一番前瞻性、科学性和可操作性的分析与论证。

戴炜栋说:目前,占地 1 000 亩的上外"松江校区"已经完成规划,即将动工兴建,2001 年 9 月就可以进行首批招生。对松江校区的规划,学校极其重视,研究形势,听取意见,反复研究论证,总的思路是抓住新校区建设的机遇,把上外办大、办活、办好。而在具体做法上,将根据国家和上海经济建设的实际需要,进一步拓宽专业设置,比如在包括周边国家在内的非通用语种方面进行补缺,培养税收、税制等方面的涉外型专业人才,等等。戴炜栋强调,新校区将尝试符合时代要求的办学体制和运作机制,从而带动学校的超常发展。

戴炜栋还介绍说:除了新校区的建设外,上外拓展办学空间的战略也包括办学渠道的多样化。近几年,上外采取与企业合作、与区县合作、与外省外国合作的方式,提高了办学规模和办学效益,受到了社会的欢迎。2000 年,上外与苏州吴中集团签约,合作进行高等专科学校的办学,这将为上外立足上海、辐射周边的"走出去"战略提供有益的经验。

(本文刊发于《光明日报》2000 年 6 月 25 日《大学校长访谈》专栏)

治一治英语"口语障碍"

——上海外国语大学校长戴炜栋谈外语教学改革

郭春雨

我国加入 WTO 后,尽快提高国民的外语特别是英语水平,显得非常迫切。但是,现在的外语教学中,存在着"口语障碍"等诸多问题。外语教学改革的出路在哪里? 上海外国语大学一个课题组经过数月研究后,提出了大中小学"一条龙"教学的新思路。为此,新华社记者专访了课题负责人、上海外国语大学校长戴炜栋教授。

目标定位不准是导致"口语障碍"的主因,应将培养目标调整为"终极"和"阶段"两种

戴校长说,就全国而言,外语教育仍有两大突出问题: 一是学习费时低效;二是大中小学内容分割重复。"口语障碍"普遍,这是外语教学中的"尴尬"。所谓"口语障碍",是指经过小学到高中 10 至 12 年的学习,甚至经过大学阶段的学习,不少学生仍不能流利地用英语对话。

他认为,改变这种外语教学的"尴尬",应实行大中小学外语教学"一条龙"的模式。

长期以来,我国外语教学的最终培养目标只要求学生(非外语专业)经过中学和大学阶段的学习,粗通英语,借助词典阅读一些普及性的专业材料。这种过分重知识积累、轻语言应用能力的做法,是导致"口语障碍"的主因。加入 WTO 后,外语教育的重心要回到交流运用功能上来,并分终极目标(大学阶段)与阶段目标

（小、中学阶段）。

终极目标是：通过"一条龙"教学，到大学毕业后，学生应具备较扎实的外语基本技能，能较流畅、准确地用语言沟通，并具有较强的跨专业的交流运用能力，较宽广的知识面，还要具有能够运用各种知识进行多角度分析、综合、抽象和概括的创新能力，具有一门以上的专业知识和用英语进行较熟练的计算机操作的能力。

阶段目标是：小学阶段——要求儿童掌握基本读音规则，正确识读国际音标，掌握单词和词组 700—1 000 个（不同发展地区可从实际出发制定相应的标准）和浅易的基本句型、能够在学校和日常生活中与教师和同学进行简单的对话交流，并借助于外语词典阅读外语配图故事。中学阶段——初中阶段要求学生掌握基本语言技能、词法和句法，词汇积累 1 700—2 500 个；能在课内外与老师和学生就熟悉的话题进行对话交流；能参与模拟的情景表演和真实的交际活动；借助词典阅读简易的课外读物。高中阶段要求学生掌握单词 2 700—4 200 个，熟悉常用词汇的合成、派生和词义辨析，熟练掌握基本语法规则，并具有较强的读、写能力。高中毕业后，一门外语基本过关，能进行一般性外语会话和阅读。

针对不同的目标人才，使用不同的培养模式，使"一条龙"教育落到实处

加入 WTO 对外语人才的需求在数量、质量、种类及层次等方面均提出了更多的要求，单一的阅读型和语言技能型人才，已远远不能满足各界对外语的需求。实施大中小学外语教学"一条龙"，应调整人才培养模式，戴炜栋校长认为，采用如下几种模式较为合适：

1. 专业+外语。这一模式适用于大学非外语专业。用于夯实外语基础，着重加强听、说和跨文化交流能力的培养，大力推进专业课程外语教学，提高学生的国际竞争能力，彻底摆脱"口语障碍"的尴尬。

2. 外语学科。它适用于大学外语专业。应鼓励学生对所学外语进行高级研修，在文学、语言学、文化与翻译等方面深入学习，推动外语学科自身的发展。

3. 外语+专业。它适用于大学外语专业。将外语作为一种技能进行强化，同时开展其他应用类专业知识教学，培养社会所需的各种复合型外语人才。如上海外国语大学的国际经济法、国际新闻传播学专业，培养的学生既懂经济法、新闻写

作与编辑,同时英语又特别强,有的学生英语能力强于英语专业学生。对于此类复合型外语人才,用人单位特别欢迎。

4. 外语+外语。它适合于大学外语专业。旨在培养少数极具语言天分的高级双语和多语种同声传译人才。

编写新教材应跟上时代步伐,体现学生的主体性

戴炜栋说,"一条龙"教学应改革教材和教学方法。现行的大中小学教材互不衔接,各级教材存在较多重复,内容陈旧,忽视了时代性和趣味性;外语专业高年级教材种类较少,大学文、理、工科到三、四年级缺乏合适的专业英语教材。

修订和编写的新教材,应以生活题材为中心展开能力训练,反映最新社会生活和科技用语,既有时代性又突出交际性。应有针对性地引进一些国外原版教材,借鉴、吸取原版教材科学的成分,另外通过改编或编写配套的辅导教材,使一些优秀原版教材本土化。教学要充分体现"以学生为主体"的特色,充分考虑各阶段学生的生理、心理和学习特点,做到灵活多样。特别要强化学生语言交流运用能力的培养。

(本文刊发于《基础教育外语教学研究》2002 年第 5 期)

英语教学"一条龙"要舞起来

——访教育部高等学校外语专业教学指导委员会主任委员戴炜栋教授

缪　迅

由上海外国语大学主办的第二届中国外语教学法国际研讨会日前举行。本届研讨会大会主席、教育部高等学校外语专业教学指导委员会主任委员戴炜栋教授针对大学英语教学与中小学的衔接关系、师资培训以及阶段性发展提出他的看法："建立大中小学校英语教学'一条龙'体系。"

戴炜栋认为，英语教学"一条龙"体系首尾相连、环环相扣。为了使这条"龙"舞起来，大学英语教学改革需注意两个"把握"和一个"衔接"，即把握好二语习得（中小学）初始阶段和（大学）提高阶段的特点，解决好中小学与大学之间的教学衔接。在实际操作中，要平衡教学理论与教学实践之间的关系，即把语言理论与中国国情有机结合起来。教育部高等学校外语专业教学指导委员会在实施"一条龙"时，要突出不同阶段的教学特点并协调其间的衔接贯通，就要深入到中小学和大学作细致的调查研究，从而逐步完善地建立起符合中国国情的"一条龙"外语教学体系。

曾担任上外校长十几年的戴炜栋指出，多年来，侧重应试教育的中小学英语教学在为高校提供基础知识较扎实的生源的同时，也埋下了某些隐患，比如现在的大学生对"题海战术"的教学方法产生厌倦，渴望通过大学期间在外语运用特别是口语表达上得到质的改观。所以，如果大学仍沿袭中小学传统的教学方法，势必使学生兴趣索然。于是，以"学生为中心"的教学模式成为现行主流，统领着大学英语的教学思想和教学环节,这是原因之一。更为直接的原因应归咎于目前对不同阶段的英语教学缺乏系统衔接的意识与研究。戴炜栋认为,以教师为主导与以学生为中心、知识传授与能力培养其实是相辅相成的矛盾统一,只有协调好不同阶段的这种关系才有助于教改的进行。"英语教学'一条龙'体系的实施,应从我国的具体国情出发,结合我国传统的课堂文化,对国外外语教学理论、模式与方法适当地调整,合理分工与衔接各阶段的英语教学,从整体上提高教师的理论和实践水平,在系统合理地进行语言知识积累的同时,促进学生交际能力的培养。"

戴炜栋指出,必须正视我国高层次顶尖级外语人才短缺这一现实。目前,无论是在数量上还是质量上,高学历高层次拔尖级外语人才还远远满足不了国家和社会的需要。

展望"十一五"时期我国大学外语教学的改革和发展前景,戴炜栋乐观地预期:"聋哑英语"的现象将在大学继续得到较为明显的改观。大学英语教学将继续匀出大量课时进行听说练习以期取得新的成效。但是戴炜栋同时也指出,听说训练的最佳时期并不在大学而在中小学,由于众所周知的原因,导致了阶段性错位。有的专家指出,"中小学阶段应侧重听说,大学阶段以读写为主,进一步提高听说为辅。"戴炜栋对此表示赞同。同时他指出,近年来中学毕业生的整体水平逐年提高,"聋哑英语"已旧貌不再。

(本文刊发于《文汇报》2006 年 3 月 31 日)

戴炜栋校长访谈录

包天仁

　　包天仁教授(以下简称"包")：戴校长您好！1998 年教育部主持召开"全国外语教学'一条龙'"会议，是在《英语辅导报》报社召开的。全国 30 多位外语教育、教学专家参加了会议，受到了教育部各个部门的支持和多家新闻媒体的关注。之后又在上海外国语大学召开过第二届。您据此撰写的一篇文章——《建构具有中国特色的外语教育体系》我已经拜读过了。我认为您对外语教学"一条龙"的看法非常系统，所以今天来采访您。"一条龙"的问题牵涉到外语教学的效益问题，建立一个中国自己的外语教育教学体系已经是迫在眉睫。首先请您谈谈在这方面的具体看法。

　　戴炜栋校长(以下简称"戴")：全国外语教学管理"一条龙"体系是 1998 年 12 月提出来的，后来具体由教育部高教司操作。这个理论体系很好。开完会以后，上海外国语大学、上海外语教育出版社主要从教材建设方面做了工作，组织编写、出版了小学、初中、中等专业职业学校、高中、高职高专、大学本科、英语专业本科等系列教材。后来又出了一套研究生的系列教材。从教材建设来说，我们做了一些具体工作，当然其他出版社也在做。现在教材比较多，但不知道教学方面是否能跟上。

　　包：现在英语学习比较热门，也有很大的社会需求。许多大学，包括理工科和工科，也都开设了英语专业。我们关心的是教育，中国开设外语的主要目的是适应社会发展和改革开放的需求。

　　戴：我觉得规模大是好事情，教育质量也会相应提高。当然如果做不好就愧对我们的工作了。刚才您仅仅说的是大学外语教学，其实我国基础教育从幼儿园到小学、初中、高中，全国有几亿学生，这几年变化也很大。上海的中小学一直在搞各种改革，到现在已经近二十年了。

包：是，基础教育的改革从没有间断过。

戴：我现在比较关心2008年我们具体应该怎么做的细节问题，应该根据去年的发展和今年的形势，采取相应的措施。

包：1998年我们在"一条龙"会议上所谈的主题，主要是从管理角度进行的探讨。目前看来，我们还要从专业和学术的角度来看，而不仅仅从管理角度。怎样才能把外语教学搞好还是要落到学术、专业的层面上。现在我们必须在教学方面把"一条龙"做起来，虽然在理论和资源方面我们有了大量的成果，但缺乏在教学实际方面的实践。"一条龙"体系在理论和具体实践上还需要研究和探索。具体如何落实，需要专家们理论和思想的沉淀。

戴：我感觉如果有可能的话，能不能我们牵头，在一定范围之内深入地研讨一下。2008年情况会有很大的变化，新的形势下，教学环节上怎么能做好的确是个很大的问题。

包：记得当年召开首届"一条龙"会议，就在长白山脚下。我问过清华大学程慕胜教授，多长时间我们能实现"一条龙"体系。她说至少得二十年。我说，不会，二十年太长了。结果十年过去了，中国英语教学还没有形成"一条龙"。大家做起来都是从基础教育做起，但各环节之间缺乏很好的科学的管理，难以解决效益优化的问题。程老师有一篇文章谈得非常实际："一条龙"有一个定性的问题。教育下面才是教学。中国外语教学有其本身的特殊性，所以"一条龙"实质上也就是建设有中国特色的外语教学体系。我在您的文章中看到您提到了中国的英语教学要注重"本土性、多元性和发展性"。这三点提得有道理，可以说是中国外语教育教学研究体系中的三个维度。另外您谈到要立足于中国国情进行英语教学。您提得对，我们必须解决从管理到理念，到内容，到质量的效率低下的问题。我连续四年在《基础教育外语教学研究》杂志上开设"中国英语外语教育、教学名家访谈"，出发点就是关于中国英语教学"一条龙"体系的建设。希望您能够继续牵头做这件事，我也要尽自己力量来帮助大家做成这件事。

戴：现在国家和社会的形势在不断变化，生活的需求也在变化。对于西方一些好的理念我们还是要借鉴,根据我们中国外语的需求来借鉴,这一点非常重要。这是中西结合的问题,要做到中西借鉴的同时又能自主创新。

包:您的想法很符合十七大的精神,适合现在的形势。党中央会深化改革开放,我们有很多东西还需要学习,包括外语教学。我们要积极研究其他国家的外语怎么教,根据中国的实际,看学习多少,学什么内容,我们也可以创新。目前对于国外学术发展的了解我们还是处于滞后的状态。

戴:是这样。新的理念可以引进,在这个过程中把它消化,然后进行创新。不加思考完全引进也不行。

包:对此我们大家也是做了很多事情的。上外(还有其他大学)这几年来召开过几届国际年会。国家基础教育实验中心外语教育研究中心也召开过三届国际学术年会。另外还有一些小规模的会议,在国内外的影响还是很大的。但是还有一个问题就是我们在"请进来"的同时,还要"走出去"。比如参加 IATEFL(International Association of Teachers of English as a Foreign Language)、TESOL(Teachers of English to Speakers of Other Languages)这些有影响的国际语言教学组织的一些活动。参会同时,一定要注意把握世界语言、外语教学研究的一些新趋势和成果。比如,William Littlewood 和 David Nunan 两位身在香港的语言学家,近年在香港关注"任务型教学"后发表了一些重要观点,这些都应该引起我国中小学英语教学界的重视,而不是一味地盲从《课标》中所提出的"要倡导任务型教学"。因此我说,我们的"开放"程度还不够。

戴:目前开放是不够,我们总是认为引进的过程中就是一味接受,其实还应该结合自己的具体情况,然后创新。

包:最主要的是我们自己的定位,比如我国的英语教学到底是二语教学还是外语教学。二语教学引入我国是否应该根据我们的国情有所发展。

戴:我国大概是从 1983 年开始引入了"二语习得"的研究。

包:距现在有 20 多年了。研究它没有问题,但我们要注意有自己的立足点:我国的英语教学和西方二语教学是不一样的。虽然西方二语习得研究中一直以来包含外语,但它的研究重点并不是外语,而是研究如何让外国学生在有语言环境的英美等英语国家学习英语。这和我们中国学生在国内学习英语的情况差别很远,教学内容也不一样。另外我国有自己的国情。这些问题不廓清,会对教学造成严重的误导。所以我们在理念和教学上要加强研究。

戴：没错。我们现在还是主要搞科研，促进专业的发展。现在我国英语教学和以前相比也有了变化：大部分小学都开了英语课。而随之凸显出的一个问题就是我们缺乏明确的理念。上海最早是从小学三年级开始开设英语课，后来就改成一年级了。但现在有一种倾向，就是还是三年级开。所以现在上海市教委有些举棋不定，到底什么年级合适开是个问题。有些人认为小学一年级要把母语问题解决好。这个时期做做游戏、唱唱歌，这都是无所谓的事情。但要从英文课教学角度来讲还是要慎重考虑，要让学生学到东西。

包：要有目标，唱跳玩闹是手段，培养兴趣，但最终还是要学到东西。

戴：就是，像我们也是搞了一辈子英语，学了一辈子英语。

包：其实语言教学研究有许多说法本身在国际上也有一些争论，很多问题都没有定论。并不是说国外的理论就一定是先进的、能够拿来就用的。

戴：这是个比较严肃的问题。我看到您的一些文章中有这种观点，我觉得非常好，这个说法对。比如有一次我在某个城市开会，看到宾馆上挂了个条幅，写得大概就是"外国主流先进英语教学理念研讨会"，这种提法很有问题。外国主流的理念并不一定就是先进的，也并不一定适合现在的中国。

包：在理论的问题上千万不能搞"拿来主义"。比如现在一直在强调要有"真实的语境"，但是我们在中国用英语教学，无论如何也创造不出真实的语境。我们在中国，就要用中国的方法，结合中国的国情、教情和学情，面对实际。西方的月亮不一定比我们圆。中国也有自己的特色，我认为还是互相学习、借鉴，而不是全盘西化。就比如医学界一直也在探讨中药和西药到底哪个管用，您怎么看待这个问题？

戴：拿西药和中药来说，各有各的特点，那还是中西结合好。外语教学也有这个特点。

包：我们的英语教学就是这个问题。

戴：对，按理说交际法也不错。可是拿到中国来就有许多问题。当时我们有好多教师去听课，发现学生在课堂上给人感觉学得是快一点，但是错误很多。这就有问题，教学还是要出效果、重实效才好。

包：最近有不少专家也在探讨交际法实践了这么多年后，事实证明也存在很多问题。因此无论交际法也好,任务型教学也好,本身还是有问题的,并非十全十美的东西。

戴: 对,这些问题国际上也在辩论。

包: 还有个问题就是关于"习得"这个概念。我们说母语习得没问题,人从出生开始就沉浸在母语环境中。那么有人说"二语也可以习得",我认为这种说法就要考虑到被研究的人是否处于目的语环境中。再说到"外语习得",我认为这种提法是极端错误的。刚才我们也提到了,在中国学英语,没有语言环境,这就不能称之为"习得"。

戴: 现在"外语习得"这个提法在国内还不是很多。早期提到习得时就是在说母语。我们念书的时候提二语时,还没有习得这个概念呢。当然说"二语习得"是可以的,很多中国人很小到国外去,在那种环境下学习英语就可以说是"二语习得"。目前"外语习得"这个概念在中国还是很少用到。但在印度、巴基斯坦这些二语国家都用,在我国香港地区也一样,他们的情况和我们不一样。

包: 身在中国,我们还是应该研究在中国环境下应该怎样教、学英语。如果定位不对,就不行。

戴: 这个我相信。

包: 还有个问题我想请教,关于"交际能力"。国内很多专家都认为,我们在学习外语这个背景下,培养出的是交际能力。但我认为我们培养的仅仅是语言的运用能力,如果想达到交际能力的目标,需要有一定的环境,比如说出国。或者说我们在国内包括基础教育、高等教育所培养的语言能力只能是初步的交际能力,或者叫交际"的"能力,就是"准交际"能力。您怎么看待这个问题?

戴: 对。有时候真正意义上的交际能力,就应该被讲成是"交际的能力",为今后进一步提高交际能力打下基础。

包: 对,所以基础教育和高中教育阶段的英语教学目标恐怕还应该定位于帮助学生练好语言基本功,而不是所谓的"培养交际能力"。

戴: 目前有些说法还是需要斟酌的。就像中学毕业以后是不是学生的交际能力就全部解决了?有人说将来就要达到"学生在中学阶段就把英语学习问题全部解决了,上大学后就不用开英语课了"。如果想再提高英语的话,就全部用双语来进行教学,用这种方法来提高学生的英语水平。这是不现实的,是不懂得英语教学的。

包：国际上现在有一种说法是培养语言素养。我认为这种提法比所谓交际能力更合适些，因为交际能力的说法争议太大。几十年前乔姆斯基就提出了 language faculty 这个概念，主要是指通过刺激活动逐步培养出的语言能力。这也是人类区别于其他动物的一个特点。

戴：对，这个功能使得人类和动物的区别性很大。

包：对，当然语言能力也有广义和狭义之分。要达到高层次的语言能力或者说语言素养，就可以看作语言水平比较高的成功者了。

戴：这个很重要。就像您讲的，如果概念没有搞清楚，后果会很严重。

包：另外还有一个问题。语言学习，或者说语言教学，按照 Krashen 曾经提出的输入输出假说，还是要有过程的。也就是说，有输入的基础才能保证输出。但是现在有些人认为，要大力鼓励输出，以此培养兴趣，提高水平。根据这种教学理念编写出的教学材料现在比比皆是。所谓 using to learn，这不就是变相认为学习就是交际！我认为这是一种错误。去年 12 月，我应邀到古巴参加学术会议，在会上遇到了著名语音学家 Michael Swan。他就提出，现在外语教学提倡"做事"而不是"教东西"没有道理，非常奇怪。他说我们哪有这么多时间来 doing things？我们用来教学的时间都很少。

戴：实际上语言学习还是要讲 process，就是讲过程，无论从策略的角度来讲，还是从理论上来讲，语言学习必须经过一定的过程。不学先用肯定是不行的，这是不符合规律的。

包：另外如果认真讨论这个问题的话，有了输入也不一定能够有相应的输出。输入只是信息或知识的一个 input，而在学习过程中还需要有 intake，也就是我们常说的摄入过程，还需要 internalized（知识内化）之后才有可能输出。也许当学生水平提高后，在大学里才有可能做到输入就输出，一般大学也是做不到的。

戴：这种知识学习的过程对我们而言也是一样的。有一种理念，就是说英语是一种 declarative knowledge（陈述性知识），这些知识程序化以后会被输出，这个过程就是程序化，而程序化的过程是不能省略的，也是没法省略的，所以说想"不学就做"更不行。

包：这说明急功近利是违背规律的。另外你在文章中也谈到关于智力的问题。很多人认为语言教学就是技能，刺激、模仿就行。在语言教学方面，模仿是非常重要的。但是我们要注意，动物和人的主要区别在于智力的发展。所以在研究语言教学时对智力的因素要重视，但是现在我们的外语教学和研究出现了一个偏差，大量的论文和文献在谈论非智力因素，特别是最近的课改，把情感态度放在第一位，而忽视了对智力因素的研究。这使得外语教学界过分重视元认知策略而忽视认知策略。这是一种严重的本末倒置，是造成我们现在外语教学偏差的一个重要因素。

戴：我同意你的观点。在学习策略方面来讲，记忆、练习都很重要。如果对这些忽略不计，只讲行为的话我觉得非常不完整。现在总是把主要的东西丢在一边，而去侧重一些比较虚的方面，这就是所谓的务虚吧。

包：所以我们就得适时呼吁一下，呼吁大家去关注一些问题。我国著名语言学家桂诗春老先生也说过，说基础教育就像面，到了大学阶段无论是做成包子、做成馒头，最重要的还是处于基础的这个面。他也提出"学英语是三分学七分用"，我很赞成他的观点。我认为"三分学"主要还是依靠在学校时间内的学习，集中于教师对知识的传授，但是七分用不能全靠在学校用，全靠在学校体验。学校学生以学为主，这是永远不会错的。

戴：这没错。学校还是要督促学生能够好好学，如果在学校里不好好学，那么将来怎么能"用"？其实"用"是将来的一个终生问题。现在中小学强调素质教育这个方针没错，但是如果过于强调这些，把课堂教育荒弃在一边，或者说强调得不够，就是一个大问题。

包：其实党和国家领导人也在关注基础教育的问题。最近总书记和总理讲话中一直在强调教师的责任和作用，再就是知识、技能，还有理想。国家领导们这几年很多次发表讲话，都涉及教育上、社会上出现的忽视"双基"培养的问题。《义务教育法》中也特别提出了要夯实"双基"。在学和用的问题上，它们并不是对立的，应该是相辅相成的。但是学校教育一定要以教与学为主，用中学和学以致用可以采取，但是不能代替学习。

戴：学习和使用两者不是对立的，但使用绝对不能代替学习。

包：还有一个老生常谈的问题就是有关知识和能力的关系。有人认为知识重于能力；有人强调能力比知识重要。我认为这两种说法都有缺陷。实际上混淆了知识和能力的概念。其实知识本身也是一种能力,能力本身也是一种知识。乔姆斯基就曾提出 K-ability,知识能力一说。他认为,知识是一种稳定的能力,而且可以转化为其他各种各样的技能;但是这种转化是不稳定的,有时候可能减弱,有时可能消退等。

戴: 片面地强调能力,不把知识当成学习重点是不对的。但过分地强调知识,完全忽略能力也不行。

包: 对。知识的摄取也不能停留在一味的学习上,它要有所提升,最终投入应用。不能应用就衍生出了外语界的另一个话题,就是"哑巴英语"。您认为"哑巴英语"的根源在什么地方?

戴: 它是一种现象,这种现象的原因有很多方面的,刚才你讲的几种都是原因。

包: 那么解决"哑巴英语"现象,是不是主要靠注重听说这两项技能就能够得到解决?

戴: 我觉得强调听说是很好,但是只强调听说恐怕也不一定能解决问题,其他技能对听说也都有所促进。

包: 现在外语教学,包括其他学科的课堂教学,不仅在教学思想和教学模式方面有问题,在师生关系方面出现的问题也比较多。课改过分强调了"以学生为中心"的观点,导致了很多不和谐的现象。比如上课撤掉讲台、教师不能过多讲话,让学生自主学习。这使得有些课堂已经很难维持,这已经不仅仅是师生关系的问题,导致课堂效率低下。有些人打出"人本主义"的旗号,过分强调以学生为中心,我觉得还是过于极端。师生在课堂上的"话语权"需要有一个 balance(平衡)。我提倡教学模式应该是以教师为主导,学生为主体,学习为中心。在教学中,学生肯定是主体,我们一切为了学生这都是对的。但是教师有教师的权益、尊严和传道授业解惑的主导作用。这些作用发挥不出来,学生这个中心也立不起来。您怎么看待这个问题?

戴: 我觉得这个问题一方面涉及课堂教学,另一方面关系到平时学习,这两方面教师都要抓。也就是说课内、课外两手都要硬,把它们密切结合起来。只关注课内的恐怕不够;而仅是课外的就容易影响课堂教学,肯定也不行。我不太清楚中小学情况到底怎么样,但我见到的一些高中、大学的教师存在一定问题,他们上完课就离开教室,和学生之间没有更多的时间来互相交流、融洽关系。

包:我也有同感。

戴:我记得当年我们考大学时,教师就会想办法给学生进行辅导,联系很多,师生关系也非常融洽。在这个过程中学生碰到一些困难的话就很容易解决。现在情况不大一样,一来有了新校区,二来学生数量也多,教师上完课基本上就离开校区了。有些教师可能还很忙,因为现在课程比较多,除了课堂教学以外,他们同时还兼课。这样学生即便有什么问题也找不到老师。当然学生自己也很忙,除了学习外还要兼职、社会实践等。所以现在课内课外存在很多问题。当然我们的思想也不能完全定义在当年的情况,因为现在学习条件不同,例如上网找信息、查资料等都很容易,不需要到教室去。但无论如何,一定要记住一条:师生关系一定要明确,这是没错的。

包:那么我们就要研究课堂教学和师生关系两方面怎么能够结合好,让学生积极参与到教学活动中去,现在还是要研究的。

戴:最近我们到大学去评估,发现了一个问题。检查中好一点的学校往往布置给学生一些任务,让学生去查资料、动手做,然后利用多媒体在课上讲。教师也搜集一些习题上课讲。看上去师生之间互动性很强,但我问他们"是不是每堂课都这样做"时,他们回答说"不是的,是评估的时候做给专家看的"。这就是个问题。我们知道师生互动是提高教学效果的重要环节,但我觉得有一个元素是非常重要的。这就是我们怎样找到一个比较好的师生互动形式,如何搞好师生互动?譬如一节课45分钟,需要花多少时间来互动? 如果互动时间过长也不行的。另外有哪些课型适合互动? 我觉得这些问题很重要,是教学当中很重要的一个课题,需要好好研究。

包:对,师生互动也要有一个准备的问题,不是所有的课都需要师生互动,教师讲授还是要强调的。另外语言教学和文化之间的关系也是一个重要问题。学术界现在对跨文化交流还是很关注的。但有些说法提到"教语言就是教文化",您怎么看?

戴:教语言,尤其是外语,要受限于文化背景,学习该语言国家文化中的一些基本内容是没错的。

包:但是有一点偏差是,教外语过程中过分强调了异国文化,甚至在教材编写时,把国外教材直接进口到国内,认为其中的文化是"原汁原味"。教材中全是西方国家的文化,包括社会、政治内容,而学生母语的文化(local culture)根本没有,同时教材中也缺少世界其他文化(international/global culture)。这样一种单一的文化通过教学手段输入到我们的国家和社会当中,对我们自己国家的母语文化实际上是一种损害,是片面的行为。

戴: 包老师您讲得很对,如果说引进的教材不做任何变动就投入使用,这等于说教材的内容过于片面。引进的教材也要放入与中国有关的一些主题的题材。另外除了英语国家,其他一些学英语国家的文化也可以借鉴过来。从世界范围来讲,跟中国有关的题材也要放进去。这样才可以说教材的内容比较完整,也就是说应该是多元文化。

包: 对,应该是多元文化。

戴: 只有西方的文化,或者说只学英语国家的文化,都比较片面。这样进行外语学习肯定是有问题的。另外我觉得您考虑得也很全面。

包: 这关系到培养人才的思想和世界观的问题。如果把学生完全置于西方意识形态中是不行的,自己的文化丧失掉了,其他国家的文化也没有,就很难全面去考虑问题。所以说,编教材的时候需要把文化问题融合进来,几种文化都要考虑。另外就是教师在使用教材的时候,把自己的教学理念怎么加进去也要考虑。所以说在教材方面有一个跨文化的比较和交流、融合的问题,现在我们缺乏在这方面的思考。如果只进行单一的西方文化的输入对中国的文化将是很大的冲击,而且不利。这样培养出来的人才很难为我们国家和民族服务。

戴: 是。我觉得跨文化交流一定要做,但是要做得很全面,不能把自己国家的文化排斥掉。当然也应该适应大的世界文化背景。

包: 我们不仅要考虑到语言和文化之间有关联,它甚至和政治也有很大的关联。语言教学当中还要考虑到国家的安全问题。语言往往承载着语言国家的宗教、经济、政策取向等各种因素。我这样说似乎有点极端民族主义,其实不是,我们的教育应该考虑这些问题。如果不考虑文化取向、政治取向、道德取向这些因素,将来学会了外国语又能培养出来什么样的人才呢? 要考虑到我们培养外语人才的目的还是为祖国的文化交流事业做贡献,要有主权意识。

戴: 没错,是的。

包：现在我们国家有几亿人都在学英语，而且是从小就开始学，所以在文化意识方面要特别重视。因此我们国家应该建立起有中国特色的外语教学"一条龙"体制，不仅是管理上，包括内容和意识形态各方面。同时要争取我们国家在国际上，最低限度在我们自己的外语教学上，有话语权。我们自己国家的外语教学，我们有制定政策、制定规则的权力。另外我们要成立自己的国际组织，研究我们自己的外语教育问题。我记得您在 2000 年谈到过"移植"的问题。

戴：对的。移植所反映出的问题就是，北方的植物移到南方后可能不适应，南方的植物移到北方也可能不适应。植物尚如此，更何况语言文化在两国间的移植呢？因此文化因素非常重要。对于学外语的人，如果使用的教材全部都是西方的文化，那是不行的。

包：我们不是想把教育或者把语言教学政治化，不是加入政治的元素，不是这个意思。但是不可否认，语言与政治、文化和经济的联系不考虑是不行的，这是很大的问题。我在您的文章中看到您探讨过 Peter Stevens 曾提出的语言教学当中的 12 个要素(elements)，其中一个要素是 constraints。

戴："制约"，对的。

包：就是说外语教学过程当中的方方面面都会受一些因素的制约，比如受教学环境、教材、教具等各方面因素的制约。从学生角度讲，学生的年龄、兴趣、学能也是一些制约因素。谈到这我想到一个问题，您认为，我国儿童学习外语是否越早越好？

戴：我觉得问题是这样，要想良性发展肯定要找到一个合适的切入点。大家还是想把工作做得更好，如果要做定性分析，必须要仔细考虑一些条件。比如年龄的问题，学生太小我认为肯定不行。再比如英语教师上课使用的语言，我认为不一定非得每堂课每句话都说英语，要适当地使用母语，效果会更好。具体使用多少要看情况。还有一个问题就是，英语教师不一定必须是 native speakers，中国教师也是可以的。"制约"这个词也许译得并不合适，但总的来说，就是外语教学中一定要有一个"度"的问题。

包：这个词我认为可以翻译成"制约"，也可以翻译成"限制"。语言教学要求的条件不可能全部达到理想的条件，主要是考虑到实际情况来对症下药。比如您刚才谈到的在英语课堂教学当中使用英语的频率问题。从语言教学的理念上来讲,我们在课堂上主张多用目的语,创造语言环境。但是就我国中小学课堂来说,还是要适当运用母语。尤其是在组织课堂的时候,母语更加直观、简洁。而现在有些观摩课、优质课,教师在课堂上要全用英语,从小学到大学都这样,如果教师在课堂上用了汉语,这堂课得奖的可能性就降低了。

戴: 这种做法实际上并不科学。

包: 其实我个人主张在外语教学过程中还是要 bilingual(使用两种语言进行教学),但是我不主张 bilingual education(双语教育)。双语教育并不适合目前我国的英语教学。但是英语教学过程中使用双语还是有好处的。双语教育在上海一些地区发展得比较轰轰烈烈,但我认为在中国现状条件下,搞双语教育不合适。师资水平达不到,学生在母语条件下学习一些学科已经很吃力,又用英语来教,我认为费时费力,也不见得有多大收效。而且我们本身已经开设了英语课,从目前我国使用外语的情况来看,已经可以了。

戴: 我认为如果能做好,双语教育不见得是一件坏事。但是其中有很多问题我们应该考虑到:第一个是师资问题。不要说双语教育教学,就是英语教学,(说实话)对英语教师来说也有一定的难度,何况是用英语教其他课程? 所以对于双语教师而言,要用双语进行教学难度就很大了。第二个问题就是并不是所有的课程都适合用双语进行教学。有的课程用母语进行教学都很难,用英语的话就更难,教师表达很困难,学生理解起来也很难。

包: 学生的英语水平也不一样。

戴: 对,这个问题要考虑一下。第三,我觉得考虑不好的话对母语也会有负面影响。讲到底还是回到一个老问题,国外,比如加拿大,搞双语教育是因为他们有这个教育环境,而我们这里没有环境。所以说,以我国现有的条件,真的不太适合搞双语教育。有些课程讲点汉语,适当讲点英语不是不可以的,但是整个课程体系无论什么课型、什么内容全部用英语授课,我觉得有困难,而且有的课程内容也不一定适合进行双语教育。还有一个不好的情况,在我国,有的时候,有的学校会把双语教育商业化。

包: 他们为了利益,把双语教育当成特色招生的招牌。

戴: 一个学校有了双语教育的招牌可能社会效益高一些。我们并不全面否定双语教育,但是不能一哄而上,甚至从幼儿园就开始双语教育。我认为要搞好双语教育,就一定要考虑到以上这些问题,而且不能普及进行。

包:我觉得好像双语教育在我国也只是有一点体验,并没有成功的经验。

戴:不太成功。虽然我并没有花很大的精力来具体调查双语教育的现状,但事实的确如此。

包:据我所知,多数所谓的双语教育主要还是在一些无关紧要的科目中实验。这些科目没有考试,课时也少,有时候需要两个教师同时上课,有的课已经用汉语讲过了,再让英语教师用英语讲一遍。从实际来讲,这不是真正的双语教育。

戴:确实不是真正意义上的双语教育。

包:双语教育实际上要有语言环境,或者有就业需求,或者学习者有融入目的语社会主流教育的目的。在中国这个母语是汉语的国度里,在汉语的教育环境下,搞英语的双语教育不可能。那么关于国内一些外国语学校的外语教学问题,还有一些外语特色学校或是外语实验学校,您有什么看法?这些学校以外语特色为主,重视外语科研发展,是一种外语教学成功的模式。比如说上海外国语大学附属外国语学校等,都是外语教学比较好的学校。那么这种学校对于普通学校有没有什么借鉴意义?

戴:我认为外国语学校情况不一样。特别是学校的生源不同。这种学校一般都是提前录取,而普通初中学校没有这个条件,一般还是根据国家政策采取"就近录取"。所以说这种学校是我国中小学教育中的特例。当年搞外国语学校,也是根据需要搞的。普通的学校不可能也这样做。当然外国语学校的一些优秀经验还是可以推广的,但是我觉得更重要的是选出普通学校中的一些优秀典型来示范推广。

包:现在请您谈谈英语测试的一些问题。现在我国的英语考试也是大家谈论的一个热点问题,但往往集中在政策方面。从专业角度来讲,我比较关注英语考试的效度问题,考试的效度往往体现在考试内容和题型方面。现在我国的英语考试题型方面一直借鉴美国托福(TOEFL)考试的题型,已经有三十多年了。我的意见是考试当中采用的选择题过多,这是个很严重的问题。选择题往往导致了抄袭、猜测,使学生萌生出侥幸心理。而且造成我们平常的英语教学和训练的题型也不得不参照高考,是导致题海战术的"罪魁祸首"。

戴:你讲的没错,是这样的情况。选择题比较多的一个比较重要的原因就是考卷阅卷的问题。考卷那么多,需要很多教师批阅,而选择题可以采用机器阅卷。现在国家也意识到这个问题,从 2004 年开始已经逐步在做一些改变,适当减少一部分客观题,增加一定量的主观题。说到大学英语四、六级考试,现在有翻译,还有听写,都是要动笔写的,其他类型的题还很少,基本上就是选择题,占的百分比也比较大。

包: 这就是一个思维定势的问题。我们是不是应该从一个新的改革的角度,采取措施来促进平常的教学? 以前我们一直以为国外的考试就是像托福一样,用大量选择题。但实际上国外把考试类型分得相当细,在一些重要考试中很少用选择题,而我们现在把各种考试都混淆了,无论什么类型都采用选择题。

戴: 主要考虑的还是阅卷的问题。

包: 但我们考试不能只为了阅卷方便,主要还是为了选拔人才。为了测试出真正的水平来,不能让题型限制了我们。所以在这方面。我们还应该增加一些投入。我们也可以找一些方式来折中,采取一些替代的题型,比如采用句子填空,不一定非要用"四选一",可以用给出首字母填词的方式。考虑到考试作为"指挥棒"的作用太大,我们还是要深思。好多外语教学方面的问题需要反思。今天我来这里,也是向您求教的。

戴: 您的很多观点都非常有见解,我今天听了也有很大的启发。您考虑的许多都是中国外语教学方面的大问题。

包: 我对我国现有的英语教学体系,包括知识、理论抱有一种批判性的态度。我觉得作为一个英语教学工作者,这是做研究应有的态度。我们还是要在建设工作上多做实事,所以您提倡的"中国外语教学'一条龙'体系"还是应该早点做起来。我们也可以以中国为主成立一个英语外语教学国际组织。因为 IATEFL、TESOL 毕竟还是植根于英美国家,对于中国这样的外语国家的专门研究还太少,不成体系。其实我们进行的理论研究也很多我们应该自己成立起英语作为外语教学的国际组织,这是我的一个建议,有时间的话,我们大家可以共同探讨这件事。

戴: 这是一件很好的事情,有时间我们可以好好谈一谈。

包: 我在去年提出要建立一个外语教学的国际组织,许多专家也认为这是非常有意义的事情,在我国还没有这样专业的学术组织。

戴：我们可以召集一些人士来具体探讨一下这个问题。

包：我们需要有这样的平台，一个专业的、科学的、民主的平台。在学术方面让我们来"百家争鸣，百花齐放"。顺便问一句，您是从什么时候开始学英语的？

戴：我在一篇文章中谈过自己学习英语的经历，这篇文章发表在《外国语》2003 年第 3 期上。确切地说，我是从大学开始学英语的。

包：那您和我一样。您之前应该也学过别的语言吧？

戴：以前学过俄语，英语是从 1958 年开始学的。中学里学的也是俄语。但读大学时英语学得很快。

包：您也是过了所谓的"最佳期"才学的英语。我们本身就证明，只要坚持下来，英语就能学好。感谢您让我了解到一些您的思想。谢谢您！

戴：谢谢！

（本文刊发于《基础教育外语教学研究》2008 年第 1 期）

栉风沐雨，无私奉献

——戴炜栋教授访谈

张雪梅

为《外语教育研究》的正式创刊，我们有幸采访了戴炜栋教授。

作为中国外语界的知名学者，他曾经应邀撰文回忆学习外语的经历，也曾出版个人学术论著专辑。除了学术上的造诣与成就，自 1985 年以来，戴炜栋教授就开始参加教育部全国高等学校外语专业教学指导委员会的一些工作。2013 年外指委换届，他因年龄原因退出，前后任职近 30 年。他不仅见证了改革开放以来我国外语教育的发展历程以及外语学科建设与发展的过程，而且还参与和主持了一些重大改革项目，为我国外语教育的发展、学科建设做出了重大贡献。本访谈旨在了解和介绍他在此方面的工作，通过戴教授对一些重大事件的回忆，呈现其鲜为人知的一些侧面。

1. 您曾参加外语专业教学指导委员会很久，先后担任过 3 届主任委员，请问这是什么样的机构，对我国外语教育的指导作用如何？

戴：是啊，呵呵。我想是哪一年，（那是 20 世纪）80 年代中后期开始，1985 年。转眼间，快 30 个年头了。回想起来，这中间发生了很多事，能够亲自参与、组织一些项目和活动，见证中国外语教学事业的发展，自己也觉得很荣幸。特别是改革开放以来，我国的外语教育发展尤为迅速，取得了很大的成就。

我是 1958 年考入上海外国语学院的，当时俄语很热。我学习英语时没有一点基础，只有自己课内课外勤学勤练，下苦功夫，毕业后留校任教。后来我和学员们到"五七"干校一边劳动,一边学习。现在想起来那时很辛苦,但大家都很努力。也正是因为这样的历史背景,改革开放之后,外语教学百废待兴。1980年国家教委决定成立全国高等学校外语专业教材编审委员会,其主要任务就是推荐和组织编写优秀外语专业教材,制定外语专业教学大纲,对各类大学的外语专业教学进行指导。

我是在(20世纪)80年代后期开始参加一些工作的。受国家教委的委托,高等学校外语专业教材编审委员会英语组开始着手起草高校英语专业英语教学大纲。那时大家都很紧张,也很兴奋。(我们)编写英语专业基础阶段(1—2年级)教学大纲,高年级的(主要是指3、4年级)教学大纲由另一组专家负责。大纲审定通过,经国家教委高教司批准后,于(20世纪)80年代末和90年代初在全国实施,这就是《高等学校英语专业基础阶段英语教学大纲》和《高等学校英语专业高年级英语教学大纲》。这两个大纲在以后十多年的英语教学中发挥了很大的作用,特别在规范和指导我国高校英语专业的教学方面。

教材编委会的工作于1990年结束,国家教委认为其工作卓有成效。1992年国家教委决定成立高等学校外语专业教学指导委员会,并明确指出,该委员会为国家教委在外语专业教学方面的咨询机构,承担着调研、咨询、指导和服务等方面的任务。第一届指委会的主任是王佐良先生,那时我是英语组的组长(1992—1996)。自1997年(我)开始担任主任委员。

我很(有)运气,有幸组织那时英语新大纲的撰写工作。那时,英语教学的发展,改革开放的深入,我们国家经济的发展和对外交流的扩展和加深等,对高校英语专业人才的培养模式提出了新的要求。当时上外、北外、广外等一些院校都在积极尝试新的外语人才培养模式,如上外是"专业+语言"的复合型人才培养,这在当时得到了领导的积极肯定,培养了很多紧缺的外语应用型人才。因此,在这种背景下,在教育部的委托下,开始修订新的英语专业教学大纲。这个工作是在1998年开始的,主要由英语组的一些委员成员——何其莘、何兆熊、黄源深、姚乃强、吴古华、陈建平、朱永生、钟美荪、王蔷和文秋芳10位教授——组成了大纲修订小组,并于1999年6月起草了新大纲的征求意见稿。征求稿出来之后,大纲修订小组到全国其他院校听取意见,10月份,英语组年会上大家逐条讨论新大纲的内容,原则上通过了对新大纲的审定。年会之后,何其莘、黄源深和姚乃强3位教授根据各位委员的意见和建议,再次对大纲进行修订,并进行了文字上的润色。英语组于 1999 年 12 月将《高等学校英语专业英语教学大纲》送教育部高教司审批。

当时为了修订大纲,我们进行了大量的调查研究。指委会在 1996 年 6 月成立了"面向 21 世纪外语专业教学内容和课程体系改革"的北方和南方两个课题组,对全国外语院系的毕业生和主要用人单位进行重点调查,还召集一些外语院校专家、教授以及有关部委和一些用人单位人事部门负责人进行座谈,参考国外外语教学的成功经验,对比国内的情况。1997 年,北方和南方课题组都完成了课题报告。

为了更全面客观地反映我国外语教学的现状和存在的问题、为全国的外语教学提供一个更有指导意义的文件,高教司外语处决定成立一个文件起草小组,由外指委英语组的几名教授担纲。大约是在第二年,1998 年初,我记得好像是 4 月份,《关于外语专业面向 21 世纪本科教育改革的若干意见》完成了,这就是我们常说的《若干意见》。年底,这个文件经教育部审核,下发全国设有外语专业的本科院校执行。这个文件对全国各类英语专业均有指导作用,是高校英语专业组织教学、编写教材与检查教学质量的依据,在一定意义上保证了我国英语专业教学的质量。

类似这样的立项还有一些,基本都是紧跟国家经济政治和战略发展,服务于国家的战略发展,组织有针对性的研究。比如,中国加入 WTO 后我国外贸发展带来机遇与挑战,我们帮助西部地区外语院校(如四川外院)立项,研究西部大开发中外语教育如何积极发挥出更好的作用。

2. 如您刚才所说,您是主任委员,下面设有英语组,那么其他外语组都是哪些? 这些外语当时的情况如何呢?

戴:是的,当时外指委下面还设有小语种组,主要有法语组、德语组、俄语组、日语组和其他小语种组。西班牙语和意大利语都在小语种或者非通用语种组。改革开放之后,英语领先发展,其他语种发展也很快。1980 年(成立)教材编审委员会时,除英语组外还有日语、德语、法语和俄语组。

1996—2002 年,外指委建议把一些非通用语种纳入外语指导委员会,与其他语种如俄语、法语、日语、西班牙语、阿拉伯语成立专门的机构,指导非通用语种的发展。为了促进小语种和非通用语种的发展，我们做了很多工作，在我（担任）三届主任委员期间，就采取了很多措施。20年前，因为使用这些语言的人数有限，他们的情况较为窘迫。开始时，学生的招生和就业都有一定的困难；此外，这些语种教师的待遇也比较差，收入主要来自学校工资，当时的工资也是很低很低的。为了提高教师的积极性，让他们安心教学，鼓励小语种规模和教学的发展，我们积极到教育部呼吁，采取了一些鼓励措施，如非英语专业教师每人每月发放100元津贴，学校另配套200元/月，切实提高教师的待遇，让他们能留在学校教书。此外，提高非通用语种的地位，加快办学速度。

改革开放不久，小语种需求量骤增。为了满足对这些语言的需求，（我们）就尝试建立非通用语种本科生培养基地，评审了大约10个这样的基地，如在上外的、北外的和北大的等，这些措施收到了很好的成效，结果都令人鼓舞。举个例子，在广西民族大学建立了东南亚地区非通用语种基地。当时师资有限，教学资源不充足，于是选派老师赴周边国家如老挝、柬埔寨、泰国等国家（学习），老师和学生们边工作边学习，同时也开展师资之间的交流。另一个紧迫的任务是解决教材和音像资料的问题。当年没有小语种教材，音像资料也很短缺，对此，专家们也提出很多建议，切实帮助基地的建设，并积极与当地政府联系，帮助他们解决这些具体的问题。那时专家们多以建议和鼓励为主，尽可能地资助和帮助基地的建设。第一个基地建立之后发展迅猛，很快就获得了教育厅的资助。5年以后，在非通用语种基地评估时，分小组讨论，专家们积极联络教育部，并向地方教育厅呼吁，请他们支持基地建设，引导基地向着好的方向发展。

这些基地的建设得到了大学和当地政府的肯定，后来在2004—2008年本科教育质量评估中，很多外语院校（将）本科教育基地作为该大学的重点建设列在报告中，自豪地列出取得的成绩，作为评估报告中的亮点。缘于地方的付出、外指委的组织和协调，这些基地已成为我国非通用外语人才的培养摇篮。

此外，学生的招生和就业也得到了较好的解决。比如，为了满足对韩语人才的需求，韩语作为外语专业的特色专业来建设，在非通用语种中作为特色专业进行立项。立项之后，相对会较容易得到经费上的支持，帮助教学研究的提高。

现在来看，我国有些外语语种发展不均衡。有些语种发展很快，有的太快了，也有一些问题，比如现在全国居然有550个日语专业（教学点），要适当地控制规模了。与此同时，另外一些专业发展很快，但规模很稳，如俄语专业始终保持在120个（本科）教学点左右。近10年来，阿拉伯语、西班牙语、葡萄牙语专业发展很快。因为我国经济政治发展和改革战略上的需求，如拉美国家战略关系，一些学校乘机申报，现在居然有50—60所，而在改革开放之前，全国只有北外、上外、南大和北大4所院校开设。有些院校的师资条件实在很有限，一老一少两位老师或者一位老师就是一个专业。这些情况不容乐观。

3. 现在英语专业有四、八级考试，其他语种也设立类似的考试，这些考试情况如何呢？

戴： 我国幅员辽阔，地区差异大，为了确保和有效地监控教学质量，统一的专业测试是必要的。

1989年和1990年，《高等学校英语专业基础阶段英语教学大纲》和《高等学校英语专业高年级英语教学大纲（试行本）》相继出版，这两个教学大纲的颁布为各高等院校英语专业组织教学、开设课程和制订培养目标提供了依据。大纲明确指出"测试是检查教学大纲执行情况、评估教学质量、推动校际学习的有效手段，同时也能促进校际交流，提供改进教学的依据"。英语专业四、八级考试就是这么来的。从1990年到1992年，上外（那时还是上海外国语学院）和广外（当时叫广州外国语学院，即现在的广东外语外贸大学）的专家分头负责组织英语专业基础阶段和高年级阶段的教学水平统测工作（即现在的英语专业四级考试和八级考试）。他们为考试的顺利实施做了大量的工作，（如）考试总体设计、试题编写、预测和分析等等。1990年英语专业基础阶段统测开考，次年高年级阶段统测开始实施。这几年内，全国高校英语专业进行了三次四级统测和两次八级统测。在1992年首届外指委全体会议英语组会上，专家们认为这些测试是成功的，一致认为统一测试要坚持下去，决定在上外建立考试中心，长期负责统测工作。

接着，1993年外指委英语组的年会讨论了四、八级考试的考纲初稿。经会议审定并报国家教委有关部门批准，1994年初，英语专业四、八级考试大纲（试行本）就出版了，这也标志着英语专业考试的正式实施。考纲的制定为英语专业考试的命题、试卷编排和组织实施提供了坚实的科学依据，同时也对英语专业评估和教学质量监控等产生了深远影响。

后来为了检查考试的科学性，专家们对考试开展了全方位的效度验证工作，并对考试进行修订，这样修订版的英语专业四、八级考纲在 1997 年出版。新版大纲发表之后，英语专业测试也做了相应的调整。英语专业四、八级考试大纲（新版）于 2004 年出版，四、八级考试从 2005 年起开始按照新版考纲命题和实施。

英语专业的口试相对晚些。实施四级口试旨在了解学生英语口语水平，检查教学大纲执行情况，评估教学质量，推动教学改革。1994 年，外指委英语组决定在南京大学开展英语专业四级口试可行性研究。经过多年努力尝试，逐步解决了英语专业口试的形式、内容、评分标准和评分步骤以及大规模口试的组织与实施的具体操作等问题。1996 年高校英语专业四级口试大纲完成。1997 年全国英语专业八级口语与口译考试大纲正式出版。

值得一提的是，英语专业四、八级考试实施之后，在国家教委有关部门和外指委英语组的关心、支持下，上海外国语学院和英国文化委员会合作，进行了考试效度研究，上海外语教育出版社 1997 年出版了（该研究的报告）。该报告肯定了英语专业四、八级考试，对考试今后的发展方向、自身的完善以及配套文件的充实等提出了科学合理的建议，其中的大部分（建议）在之后的考试中得到了实施并取得了良好的效果。

目前，全国每年参加英语专业四、八级考试的考生近 50 万。

其他外语专业四、八级考试与英语的一样，都是在专业教学大纲的基础上开展的，旨在检查其他语种专业（教学）点教学大纲实际执行的情况和教学水平。正式开考之前，都进行了大量的准备工作，如大规模摸底调查、了解情况、制定考试大纲和规范、选取考试的形式与内容；考试开始之后，又积极进行考试效度和信度的研究。大部分语种的专业四、八级考试是在 2000 年后正式开展的。

日语专业四、八级考试是在 2002 年 6 月、12 月正式开始的，每年一次，参加对象为全国各高校日语专业二年级、四年级在校学生。开考第二年，外指委日语组对四、八级考试进行了项目分析研究，结果表明该考试达到了较全面评估全国各日语专业点水平和考生实际日语语言能力的目的。当然，研究也发现了考试大纲存在的一些不足，日语组在此基础上制定了新的考试大纲（2004），2005 年按新考纲实施四、八级考试。之后，日语组再次对当年的四、八级考试的答题情况进行了项目分析研究，并对其中的作文卷进行抽样分析。结果表明，按新考纲实施的全

审、社科后期资助等都参加过。除了每个项目的评审要求外，我自己一般秉持这样两个原则：一是认真选拔，公平，公正，帮助立项；二是把这些体会告诉老师，指导别人如何申报、如何积累、如何做科研，扶持一些年轻有为的老师了解情况，从整体上提高学科科研水平，提高立项项目水平。

6. 请问您如何评价现在的英语专业教学和发展？

戴：30年改革开放以后，英语专业发展迅猛，取得一定的成绩和进步，但也不能忽视存在的问题，而且问题不少。

外语教育最核心的是教育质量，其中规模与质量是一对非常突出的主要矛盾。例如，自1999年开始，英语专业开始扩招，到2003、2004、2005年，这一现象尤为严重。扩招一轮之后，一些问题也逐渐暴露出来。学生的基本功差，如英语专业四、八级考试就是最好的例证。最直接的表现就是学生的通过率下降。近几年，扩招现象得到一定的控制，规模相对稳定一些，但是规模稳定不等于质量稳定。现有的英语专业学生基数已经很大，每年参加四、八级考试近50万人（不包括高职院校近600个英语专业点）。总体上，我国约有1 000个英语专业本科教学点，教学质量极度参差不齐。现在学生的质量非常令人担忧，阅卷时出现的各种错误就是很好的例证。一篇300字的作文，意思表达清楚、语言表达优雅的几乎见不到，倒是常闹出很大的笑话。比如，在翻译中出现了"修女"，很多学生竟然不知道这个词，出现很多好笑的译法，如women priest, priest's wife等诸如此类的错误。

目前，很多专家都很关心英语专业本科生的教学质量，英语专业参加四、八级考试阅卷的老师对此也深有体会。自2007年以来，外教社已连续组织院长论坛近10届，每次参会的专家都会就一定的专题或主题进行讨论。随着时代的发展，人们对英语专业的设计和定位也有所不同，但有一点是可以肯定的，就是学生的基本素质和技能培训不能丢，这是英语专业立身之本。我每次参会时也都呼吁大家一定要做好基本功的培养，尽管现在学生的英语水平与以前相比，整体上有提高，英语学习的环境也有很大的改善，但学生英语表达的流利性、准确性和复杂性均有待提高，（要）切实提高学生的英语交际能力。这也是我对现在英语教学的希望吧。

（本文刊发于《外语教育研究》2015年第1期）

励精图治　再铸辉煌

——在《外语教学与研究》创刊 60 周年纪念会上的致辞

戴炜栋

尊敬的刘司长、韩书记,尊敬的各位领导、各位同仁:

我非常高兴应邀参加《外语教学与研究》创刊 60 周年纪念会。克非主编给我发邮件、通电话邀请我参加这次庆典活动。我因年事已高,现在很少离开上海去外地参加学术活动。但对克非主编的邀请我没有丝毫犹豫,我对他说"我一定来参加",这主要有两个原因:

一是向《外语教学与研究》60 华诞表示祝贺,感谢期刊长期以来为提升我国外语教学质量和研究水平、为繁荣和发展我国外国语言文学学科所做出的卓越贡献。《外语教学与研究》是我国创办最早的外语类学术期刊,水平高,影响大,在全国四大评价体系中均连续多年稳居本学术领域首席,是我国现有约 50 种外语刊物中公认的权威期刊。多年来这本刊物已形成学术性强、风格严谨、编排规范、文字流畅的特色,深受广大外语教师和外语研究工作者的厚爱。

第二个原因是我本人与《外语教学与研究》有不解之缘。例如,早在 20 世纪 60 年代,我在上海外国语学院英语系毕业后不久,就在《外语教学与研究》上发表了第一篇文章,至今已有半个多世纪。又如,20 世纪 90 年代末外语专业博士生培养进入了新时期,考生越来越多,招生人数也有较大的增加。如何处理好"质"与"量"之间的关系,把握好博士生的培养质量已成为一个迫在眉睫的问题。为此《外语教学与研究》审时度势,及时开设了"博士生导师访谈"专栏。刘润清教授邀我撰文,谈谈培养博士生的体会。这是一件好事,不仅有助于向广大读者介绍我国外语界博士生培养的现状，而且有利于广大博士生导师交流心得体会，以便更好地培养出高质量的博士生，一些决心报考的读者亦可从这个栏目中获取有关信息，做好考前准备。故我欣然从命，撰写了《潜心向学，勇于探索——谈博士生培养》一文，发表在进入新世纪后第一年的《外语教学与研究》上。

特别值得一提的是从20世纪80年代中期开始，我进入现在教育部外语类专业教学指导委员会前身——外语专业教材编委会任职，并在主任委员许国璋教授指导下工作。许先生从80年代中期起经常为《外语教学与研究》撰写"编者的话"，在我国外语学术期刊中独树一帜，我非常喜欢阅读这些评述。许先生的"编者的话"不仅推荐好文章，还以精辟的语言纵论古今中外，并对我国的外语教育提出许多中肯的评述。记得在80年代末、90年代初，教师的收入相对较低，当时社会上充斥着"造原子弹、导弹还不如卖茶叶蛋"之类流言。对此许老在"编者的话"中语重心长地写道："近来，人们多处听到弃学厌学之声，也听到教书所得不如某某行当的话，偏是我们五六十位教书先生来到会上不说这些，只说文化前途、教育前途之事。"这些话激励外语教育工作者认清形势，克服暂时的困难，砥砺奋进。

改革开放40年来，我国的外语教学和研究取得了举世瞩目的成就，我国的外国语言文学学科发展迅猛，但也碰到许多发展中的问题。今天的庆典活动，不仅是《外语教学与研究》创刊60周年纪念会，也是一次全国性的外语教学与研究专家论坛，使各位同仁有机会为解决这些问题建言献策，研究外语学科如何能更好地承担起输入和"走出去"的双重职责，如何更好地对接和服务"中国文化走出去"和"一带一路"等国家政策。

20年前，也就是1997年，在《外语教学与研究》创刊40周年之际，我曾应编辑部之邀撰写了贺词，其中有这样一句话，"学报是一所学校的教学和学术窗口，并同全国教学和学术的发展密切相关，具有一定的导向作用"，相信在今天的庆典活动后，《外语教学与研究》一定会更好地发挥这种窗口和导向作用，为繁荣我国外国语言文学学科，为加快我国的外语教育和教学改革做出更大的贡献。

谢谢大家！

2017年6月25日

（本文刊发于《外语教学与研究》2017年第4期）

在上海市外文学会六十年华诞庆典
暨第十二届会员代表大会上的发言

戴炜栋

各位领导、各位代表：

在上海外文学会六十年华诞庆典之际，在上海市外文学会第十二届会员代表大会召开之际，学会领导授予我"终身成就奖"，这对我是一个极大的鞭策和激励，对此我非常感谢。

我 1958 年考入上海外国语大学英语系，1962 年毕业，此后的半个多世纪我一直在上外从事外语教学和研究。改革开放后，我有幸成为首批由国家公派去西方国家留学的学者。学成回国后我继续在上外从事外语教学与研究，以后有幸进入学校领导班子，还参与教育部外语类专业教学指导委员会、国务院学位委员会外语学科评议组、教育部社科委员会语言文学学部、中国翻译协会、上海市文联和上海翻译家协会等学术团体的领导工作。在繁忙工作的同时，我始终牢记自己是一名普通的外语教师，坚持外语教学和研究是我的职责，并告诫自己要为繁荣和发展我国的外语学科尽一点绵薄之力。

改革开放四十年来我国的外语教学和研究取得了举世瞩目的成就。与此同时，外语学科也碰到了许多发展中的问题，这就需要我们广大外语教师和外语工作者为解决这些难题建言献策。长期以来，上海市外文学会组织并指导本市广大外语教师进行外语教学和学术交流，提高了上海市的外语研究和应用水平，取得了骄人的业绩。我虽然年事已高，但老骥伏枥，我会继续努力与各位领导和各位老师一起在外文学会的指导下，研讨外语学科如何能更好地承担起输入和输出的双重职责,如何更好地对接和服务"中国文化走出去"和"一带一路"等国家政策。

再次感谢上海市外文学会的领导。衷心祝愿上海外文学会六十年华诞庆典暨第十二届委员代表大会圆满成功。

2017 年 6 月 30 日

对接新时代人才需求，完善外语教材建设体系

戴炜栋

新时代我国大中小学教材建设关系到为谁培养人、培养什么人、如何培养人的问题，加强和完善教材建设体系至关重要。早在 2016 年 10 月，中办、国办印发了《关于新形势下加强和改进大中小学教材建设的意见》，这是中华人民共和国成立以来第一个关于教材建设的中央文件。2017 年国务院成立国家教材委员会，教育部成立教材局，其下设立专家委员会，在全国范围内遴选出 200 余名专家委员会委员。由此可见教材建设是传承中华优秀传统文化、推进教育现代化、建设教育强国的重要工程。因此，上海外语教育出版社（以下简称"外教社"）在中华人民共和国成立 70 周年，上海外国语大学建校 70 周年，外教社建社 40 周年之际，召开中国高校外语教材建设与发展高层论坛具有重要性和必要性。与会专家均为深耕外语教材建设领域的知名学者，从耄耋之年的资深专家到年富力强的学术骨干，就外语教材编写理念、价值导向、评估标准等进行认真研讨，这是一件非常有意义的事情。

笔者作为一位执教近 60 年的老教师，曾主编涉及大中小学等不同学段的 10 余套教材，对于外语教材建设也做了一些思考和探索。在此主要从高校英语教材视角扼要梳理中华人民共和国成立 70 年，特别是改革开放以来的教材建设发展阶段，分析所存在问题并提出相应建议。

一、外语教材建设发展阶段

笔者（2019）曾经把中华人民共和国成立以来的外语教育发展分为 5 个阶段，

教材建设也相应呈现不同特点。第一阶段是 1949—1965 年。英语专业教材除了借用前苏联的 Advanced English 等教材之外，主要是自编教材。1961 年 4 月全国高等学校文科和艺术院校教材选编会议召开之后，出版了英语专业统编教材《英语》等，教材建设得到一定发展。第二阶段是 1966—1977 年。但"文革"开始后，外语教育基本停滞，相应教材编写工作未能进一步发展。

第三阶段是 1978—1999 年。1978 年在北京召开全国外语教育座谈会，此后大学英语教学、英语专业基础阶段/高年级阶段的大纲相继制定发布。1979 年成立了外语教学与研究出版社、上海外语教育出版社，以专门编辑出版外语教材。1980 年，全国高等学校外语专业教材编审委员会成立。1981—1985 年共召开 33 次教材评审会并审定了 36 种 75 册教材（冯辉、张雪梅 2009）。在这一阶段，主要围绕大纲编写了一些主干教材，涉及语言、文学、翻译、文化等领域。同时引进了一定量的海外教材。

第四阶段是 2000—2011 年。随着外语语种专业的拓展，以及一系列教学大纲、课程标准和课程要求的出台，教材建设呈现出一纲多本的百花齐放态势。各大外语类出版社一方面组织编写不同学段的系列教材，另一方面系列引进国外原版教材。如外教社出版了《新世纪高等院校英语专业本科生系列教材》《新世纪高职高专英语》《新世纪少儿英语教材》《新世纪研究生公共英语教材》《高等院校英语语言文学专业研究生系列教材》等系列教材。

第五阶段自新时代始（2012 年至今）。新时代坚持立德树人，培养德智体美劳全面发展的社会主义建设者和接班人，注重发挥外语教材的核心价值引导和教育作用。

二、外语教材建设存在问题

如前所述，教材在不同的外语教育发展阶段呈现不同的特点，也发挥了重要作用。但面对新时代培养卓越国际化人才的需求，特别是"一专多能""一精多会"外语人才的需求，在教材编写、教材评估、教材使用、教材研究等方面仍有一定问题。

1. 教材编写的理论性与本土性有待提升

对接新时代人才培养目标，目前教材编写的理论性尚有不足，缺少不同学科之间,如语言学、应用语言学、教育学、心理学等方面的交叉融合。有的教材单纯照搬国外理念或模式,缺乏对本土学习目标的思考,对学习者需求的调研和试测,对信息技术的有效使用,导致教材在应用过程中实践效果不甚理想。

2. 教材使用的有效性和创新性有待提高

教材使用的效果取决于教师和学生对教材的领会和执行。在教材使用过程中,尚存在教师未能深入领会教材编写理念和育人目标,照本宣科,依赖参考书与课件,对于人工智能等新技术的应用不足,学生停留在执行教师要求层面、机械地完成相应作业,教与学的有效性与创新性有局限性等现象。

3. 教材评估的科学性与过程性有待加强

教材的评估体系建构对于确保教材质量,提高人才培养效果具有重要性。而目前教材评估多凭借经验或感性认识,且缺乏过程性监控。如何建设性地参考国外教材评估理论,结合新时代外语人才目标和教学实践,探索有效的评估指标,使编者、教师、学生在教材评估中充分发挥作用,最终建立一套科学合理、行之有效的高校英语教材评估体系,值得深入思考。

4. 教材研究的体系性与全面性有待强化

相较于蓬勃发展的外语教学方法研究,教材研究仍缺乏体系性和本土性。所研究教材多为大学英语教材,外语专业教材(包括英语专业)、专业外语教材等研究较少。所研究内容多聚焦于教材编写、教材建设、教材述评、教材使用等方面,教材评估方面的研究较少。研究方法不够多样化,实证研究较少,且量化研究和质化研究未能有机结合。

三、外语教材建设思路

在新时代国家对教材建设高度重视的背景下,我们有必要针对所存在问题,采取相应对策,以切实推动教材建设发展。

1. 明确定位外语人才培养目标

教材服务于人才培养,而只有明确外语人才目标,才能有效编写使用教材。2018 年《外国语言文学类教学质量国家标准》出台,明确指出"外语类专业旨在培养具有良好的综合素质,扎实的外语基本功和专业知识与能力,掌握相关专业知识,适应我国对外交流、国家与地方经济社会发展、各类涉外行业、外语教育与学术研究需要的各外语语种专业人才和复合型外语人才",并鼓励"各高校根据自身办学实际和人才培养定位,参照上述要求,制定合理的培养目标"。《大学英语教学指南》则指出大学英语教学旨在"培养学生的英语应用能力,增强跨文化交际意识和交际能力,同时发展自主学习能力,提高综合文化素养,使他们在学习、生活、社会交往和未来工作中能够有效地使用英语,满足国家、社会、学校和个人发展的需要",倡导多样性、差异性和灵活性,提供多种选择,鼓励各校办出特色,进一步落实和扩大高校办学自主权(王守仁 2016)。从两个文件可以看出,扎实的外语语言文化知识、跨文化沟通能力、思辨能力、自主学习能力均为人才目标的重要维度,相应教材编写也要围绕具体人才目标,针对教材使用群体精准定位,满足国家、社会、学校和个人发展的需要。

2. 提升教材编写的理论性与本土性

在教材编写过程中,一方面要以《外国语言文学类教学质量国家标准》(以下简称《国标》)和《大学英语教学指南》(以下简称《指南》)等文件精神为依据,另一方面要夯实相应的理论基础,提高教材的思想性和文化性,同时探索中国学习者的学习规律。

首先,要增强教材的思想性和文化性。根据《国标》和《指南》对学生的要求,在教材编写过程中,除了涉及相关专业知识以外,还应充分考虑教材内容的思想性与文化性,拓展学生的国际视野,提升其跨文化交流能力与思辨能力,更好地服务于国家和社会需求。

其次,要体现教材的跨学科和跨文化特点。2017 年国务院学位办公布了《学位授权审核申请基本条件(试行)》,设立了外国文学、外国语言学及应用语言学、翻译学、比较文学与跨文化研究、国别与区域研究五大学科方向。这就意味着相应教材也应突破单纯的语言文学特色,融合政治、哲学、历史、科学、心理、经济等不同学科知识,以在夯实学生语言专业知识的基础上,建构人文社会科学与自然科学等跨学科知识结构。

再次,应在教材中彰显中国优秀文化。《国标》指出,外语类专业学生在掌握外语类专业知识的同时,还应熟悉中国语言文化知识。目前,部分英语学习者对于其他国家的文学、文化、国情、社情等比较了解,而对如何精准表达中国传统文化和传统思想却存在诸多不足,导致"中国文化失语"现象。有必要在教材编写中,对接国家战略,增加中国元素,融入核心价值观,以培养学生客观分析不同国家文化的能力,讲好"中国故事"。

此外,应改编传统经典外语教材。守正才能创新,对于使用效果好的成熟教材,虽然有部分内容略显陈旧,但高校、出版社之间可以合作,对其进行改编,既保留传统优势,又融入新内涵。

最后,应注重以学生学习为中心。目前教材编写者多从教师、研究者视角去编写教材,对于学生的学习规律、学习动机、学习兴趣、学习风格、学习策略等考虑不够充分,有必要针对外语人才内涵的不同维度,编写符合我国不同年龄段、不同类型学习者学习规律的教材。

3. 加强教材使用的有效性和创新性

教材的使用与教学法密切相关,而《国标》和《指南》均注重教学法的选择和使用。为加强教材使用的有效性和创新性,一方面教师要明晰教学目标,对教学内容进行选择、补充、拓展和改编,且要基于外语教育理论,探索不同教学路径与教学策略,如体裁写作法、续写、续说、任务型教学、抛锚式教学等。教师还应根据学生的个体差异调整教学内容,体现教学目标和教学要求的适切性、教学内容的导向性和教学方法的有效性,促进学生对语言文化等知识的有效建构。另一方面学生要有创新思维,根据自己的学习需求和学习风格,选择恰当的学习策略处理教材内容,特别是练习内容,从而做到有效学习。同时需要注意的是,要培养教师的教材分析和使用能力。通过网络培训、校本培训、学术共同体等不同形式帮助教师掌握教材使用理念和使用方式,提升教师的教学能力。

4. 强化教材评估的科学性与过程性

如前所述,目前我国外语教材评估体系尚不够完善,需要客观规划,稳步发展。

笔者认为一方面要立足本国国情,建立科学的外语教材评估体系。教材编写者应对接我们的外语人才培养目标,在借鉴国外优秀教材编写理念的基础上,通过广泛深入的调查,提炼教材评估的要素,如编写原则、理论依据、题材、体裁、篇章、练习形式、排版印刷等,明确不同要素的权重,以客观评估教材质量。目前尚有个别教材出版机构资质不够,教材编者自身教学理念滞后,经验不足,水平有限的现象,因此也需要对编者资质进行审核。

另一方面要加强教材的过程性评估。一般教材在出版前会有编者、主编、出版社编辑等的层层把关,但投入教学或教育市场后,往往缺乏定期跟踪反馈,相应教师培训、教学案例打造、师生座谈等均需要有完善的机制保障。此后的教材改编调整等也需要编者、师生、出版社的共同参与。

5. 建构多维立体化教材研究体系

鉴于目前教材研究尚有很大发展空间,有必要从研究队伍、研究视角、研究内容、研究机制等不同层面构建多维立体化教材研究体系。

首先,加强教材研究队伍建设。教材编写队伍的质量决定了教材的质量。2018年5月,国家教材委员会专家委员会在北京召开的工作研讨会进一步强调了专家委员会作为课程建设的"设计师"、教材质量的"质检员"、教材政策制定的"智囊团"等重要功能。由此可见,专家学者,特别是教材编写者应该熟悉外语课程设计、教材评估体系、教材应用等相关领域。而教材编写队伍的构成应该多元化,不仅包括教材研究或课程设计专家、一线教师,还要包括出版社、教育技术人员等等,从而全面保障教材编写队伍的素质。

其次,关注教材的跨学科研究。随着"一带一路"的建设,对"一专多能""一精多会"人才的需求日益迫切。而相应教材也应具有跨学科性,有必要围绕人才培养目标和能力指标进行教材的跨学科研究。譬如探究语料库与语法学习的关系,分析生态教育学在教材评估中的应用,讨论计算机在"一带一路"教材数据库建构中的作用等。

再次,丰富教材的区域国别比较研究。因各国教育体制、机制的不同,教材也呈现出不同的编写理念、编写范式与呈现形式。有必要围绕能力指标,一方面挖掘我国传统优秀教材的特征与优势,另一方面分析其他国家或地区的教材特色,从而提取教材建设的共核部分,打造优秀教材。

此外,注重立体化、智能化教材研发。"互联网+"和人工智能时代,大数据、智慧教学、学习空间等概念逐步融入外语教育教学。传统纸质的教材逐步拓展为

"纸质+电子+移动 APP"等形式,一方面要开发电子教案、多媒体助学软件、网络课程(如慕课)等在线网络资源库,另一方面要将教学过程性监控与教材资源相融合,丰富教材资源,实现泛在(ubiquitous)学习。

最后,完善外语教材研究体制机制。目前教育部已经成立课程教材研究所,该所强调政策研究、基础研究、应用研究,发挥国家级研究机构的平台作用。同时提供课程教材咨询服务,开展课程教材人员培训、课程教材监测评估等。就外语教材而言,也需要相应研究机构和研究机制。各外语类高校也规划或者已成立外语教材研究中心或者研究院,加强教材编写和研究工作。笔者认为各高校有必要将教材编写和研究成果纳入教师考核体系,有助于鼓励教师投身教材建设工作中,进一步推动外语教材建设。

中华人民共和国成立 70 年以来,教育部一直非常重视外语教材建设工作,特别是教材政策的规划与落实、教材审核、教材的编写改编等工作。新时代我们广大外语界同仁更要积极对接和服务国家发展战略,打造优质教材,建构立体教材库,为建设金课、金专,以及一流外语学科做出更大贡献。

参考文献

戴炜栋.2019.70 年外语教育:回顾与展望[N].21 世纪英语教育,2019‐05‐01.

冯辉,张雪梅.英语专业教材建设的回顾与分析[J].外语界,2009(6):63‐69.

王守仁.《大学英语教学指南》要点解读[J].外语界,2016(3):2‐10.

(该文基于 2019 年 8 月 31 日在"新中国成立 70 周年
中国高校外语教材建设与发展高层论坛"上的发言整理而成)

教书育人实践篇

我在教书教人方面的一些体会

戴炜栋

我们外语教师的任务是贯彻党的教育方针,培养又红又专的外语人才。要培养学生在政治上和外语业务上都过得硬才行。过去,我错误地认为,思想政治工作是党委、共青团、政治辅导员和政治课教师的事情,没有考虑自己在这方面应当做些什么。无数事实证明,外语教学脱离了无产阶级的思想政治教育,就会把学生引入歧途。就外语业务来说,教师不进行细致的思想工作调动学生的积极性,学生也是学不好的。广大教师跟政治工作干部配合起来,把思想政治工作和教学工作拧成一股绳,这样才能扩大思想政治工作的阵地,促进学生的思想革命化,保证教育任务的完成。

一年来我在党的教育下,对这个问题有了初步的认识,在教书教人、挑两副担子、关心学生的全面发展方面做了一些工作。下面谈谈我在抓日常思想工作中的做法。

1. 深入学生,跟他们打成一片,及时了解学生的政治思想和业务学习情况,注意抓活思想。去年上半年领导上调我去教一个新的班。我对这个班的一切都很生疏。我就利用一切机会多跟学生接近,如上课前有时提早到教室跟学生谈谈,课间操活动跟学生一起参加,饭后到学生宿舍串门,适当参加学生的文娱体育活动、班级民主生活、团的组织生活等。这样做以后,我与学生们的关系就密切了,学生愿意把心中的话讲给我听。这样我就能及时知道本班同学的思想问题以及他们对班级工作、对教学工作的意见。这样就可以抓住活的思想进行工作。

2. 配合学校党委思想政治工作中心任务进行工作。如学校进行阶级教育时,班上的英语墙报就予以配合,写心得体会出专刊。

3. 帮助学生做好班级工作。去年有一个时期班级工作开展得不好,同学们意见很大,班干部也很苦闷。我发现问题在于班干部。有的班干部怕搞班级工作影响业务学习。有的认为当干部受气,做好不容易,做不好就得挨批评。有的认为班干部的工作琐碎没意思。针对这个情况,我首先组织班干部学习毛主席的《为人民服务》和《纪念白求恩》两篇文章,解决班干部的思想问题,然后帮助班干部以团小组为核心,发动全班同学一起开展班级活动。

此外,在开展外语课外活动中,也要贯彻思想教育。通过一个时期的工作,我有了以下几点体会:

1. 处处严格要求自己,以自己的实际行动去影响学生。教师要学好毛主席著作,改造自己的思想,努力以主席思想指导自己的行动和工作,在工作、劳动、生活中严格要求自己,这样来影响、教育学生。

2. 教书教人既能教好学生,又能提高自己。要做好教人的工作,教师必须加强学习。学生会向教师提出各种问题,教师要回答处理这些问题,这对教师也是一个锻炼和提高的机会。我深深体会到教育者必须首先受教育。

3. 每班的各个任课教师之间要互相通气,讨论和研究教书教人方面的问题,研究学生的情况,分头去做工作。

4. 教书教人工作要争取党组织的指导和帮助,并且跟政治辅导员保持密切联系。在教书教人工作中发现什么重大问题,我总要立即向党总支及系领导汇报,根据领导的指示来处理问题。在工作中跟政治辅导员密切联系,向辅导员反映情况,跟辅导员配合进行工作。

一年多来,我在教书教人方面做了一些工作,但离党对我的要求还相差很远。我决心加速自我改造,大学毛主席著作,在党的领导下,在政治辅导员同志的帮助下,进一步搞好教书教人的工作。

(本文刊发于《外语教学与研究》1965 年第 2 期)

适应市场经济　深化外语教改

戴炜栋

十四大明确提出建立社会主义市场经济体制,对教育改革提出了更新、更高的要求。教育要为经济建设服务就必须抓住面向市场、面向企业、面向社会的课题。人才的优劣及需求程度要在人才、劳务市场中得到检验。为此,外语院校应立即积极参与培育市场,主动介入市场。通过了解市场信息,输出人才,调整专业结构和课程设置,使培养出来的外语人才更加适应社会主义市场经济的需要。

一、近年来外语院校改革的回顾

长期以来,外语院校采用的是单一的外语教学体制,其培养目标是外语翻译和师资,教学内容以语言文学为主,着重培养听、说、读、写、译能力。但这种体制培养出来的毕业生尽管外语基本功较扎实,但有不少不足之处,例如知识面较窄,缺乏有关的专业知识等。在进一步改革开放的新形势下,随着国际交往日益扩大与增多,外商纷纷来华投资办企业,这些都对外语专业的毕业生提出了更高的要求,即他们应不仅能熟练掌握一二门外语,而且是具有某种专业知识,能运用外语这个工具独立从事某种业务活动的复合型外语人才。

鉴于长期沿用的传统的单一语言教学体制已显得陈旧过时,20 世纪 80 年代中期以来,各外语院校已采取不少改革措施,例如增设一些国家经济建设急需的专业和增设与经济、文化、社会等内容有关的课程,以扩大外语专业学生的知识面。不少院校对一些非通用语种实行双语教学体制,通过 5 年学习,学生毕业后能用两种语言从事翻译、教学和研究工作。

二、外语教学要适应市场经济的需要

通过前几年的改革,外语院校培养了一批既有较高外语水平,又具有某一专业的基础知识和基本技能的复合型人才,深受用人单位的欢迎,取得了良好的社会效果。然而,进一步改革开放和社会主义市场经济的建立对外语教学与科研提出了更高的要求。外语教学只有进一步深化改革,才能跟上时代的步伐。

鉴于外语是一门"热门"专业,社会需求量大,深化改革外语教育体制时首先要改变学校教育由国家包下来的旧格局,调动社会各方面办学的积极性,积极探索多形式、多层次的办学途径,并以此为指导思想来考虑外语教学与科研的进一步改革。

1. 改革招生和分配制度

在改革开放深入发展和国际交往与日俱增的形势下,社会对外语人才的需求越来越大。由于国家对教育经费的投入不足,影响了外语教育事业的进一步发展。为此,应改变学校教育由国家包下来的旧格局,建立以国家投资为主,学生缴费和社会集资为辅的多渠道、多形式集资办学的新格局。例如,可考虑对学生实行收取学费和提供奖学金、贷学金相结合的制度。这样既改变了大学生由国家包下来的旧模式,又引进了竞争机制和激励机制,促使学生向德、智、体方向发展。在为优秀学生设立奖学金制度的同时,对一些学习刻苦、经济确有困难的学生实行贷学金制度。随着社会主义市场经济的建立和劳动人事制度的改革,可逐步试行国家政策指导下毕业生自主择业的新的就业制度,各院校也可成立毕业生就业指导中心,指导外语专业毕业生的就业工作。

2. 优化组合,调整专业设置,改革教学内容

招生和毕业生分配制度的改革势必要带动教学内容的改革,按市场经济的需求建立多层次、多规格、多形式的人才培养模式。例如,在基本稳定语言文学专业的规模的基础上,要以国际型、涉外型、应用型为目标,适当发展新专业,重点发展应用专业。外语专科也要进一步加强与发展,以建立外语教育合理的层次结构、学科专业结构和人才培养的不同规格。为争取社会更多地参与外语人才培养工作,我们要采取多种形式大力加强学校与企事业单位、外事部门、科研机构的联系

和合作(如委托培养和联合办学等)。

根据国家经济建设的需要,外语院校可适当调整专业设置,优化组合,增加一些应用文科专业。例如,通用语种(英语、日语专业等)可增设方向(金融、贸易、旅游、涉外管理等方向),非通用语种在继续实行双语教学基础上应拓宽教学与研究领域(如阿拉伯伊斯兰文化等),把语言和文化、社会、历史等紧密结合起来。与此同时,可在本科生中实行主辅修制,由教务部门研究制订由几门主课与一些相关课程组成辅修课知识结构体系,使学生的知识结构更趋合理,毕业后更具竞争实力。

3. 实行完全学分制

随着外语教育体制改革的深化,实行完全学分制已势在必行。本科生按教学计划修满规定的课程并取得相应的学分后即可获得本科学历,提前毕业。学生在学期间如有正当理由要求中途休学,可以保留学籍、学分。当然,根据外语专业的特点,休学年限不宜过长。

4. 多层次、多形式发展成人外语教育

成人外语教育为各类专业人员和社会各界人士提供了学习和进修外语的最佳机会。夜大学、函授和自学考试、各类外语强化训练班等行之有效的办学形式要持之以恒,继续办好。广播、电视等传媒手段覆盖面广,只要组织得好,也能取得良好的社会效益。

为适应改革开放和市场经济的需要,外语院校的成人外语教育还应积极创造条件,增设结合某种社会急需专业(如旅游、外资、涉外管理、涉外秘书等)的外语班,以满足社会各界之需。

5. 科研工作也要适应改革开放需要

外语院校的科研历来以语言文学类为主,在新形势下,科研方向和科研内容都急需拓宽。要建立一支专职与兼职相结合的科研队伍,科研人员应充分发挥自己的外语优势,对主要国家和地区的政治、经济、法律、教育、文化、对外关系等领域开展研究。他们的研究成果可为有关部门开展外交、贸易和国际交往时作参考。外语专业的教师通过多方面的科学研究可更新和充实教学内容,并为今后开设新课和建立新专业创造条件。

6. 采取有力措施,充实和提高师资

外语教学改革的不断深化对师资提出了更高的要求。为此必须采取有力措施提高师资队伍水平,建设好学术梯队,培养学科带头人。要积极创造条件继续选送优秀的中青年教师赴国内外著名大学进修,学习新专业,调整他们的研究方向,拓宽他们的研究领域。

（本文刊发于《外语界》1993 年第 3 期）

为人谦和　治学严谨

——记上海外国语大学校长戴炜栋教授

黄　任

戴教授为国内外的学术交流做了大量工作。他 1985 年在上海主持第一届英语传播学国际会议,1986 年赴英国兰开斯特大学讲授英语语言学,1987 年获美国富布赖特基金奖,以富布赖特资深教授身份赴美国俄勒冈州立大学从事英语语言学与社会语言学研究并讲学,1994 至 1998 年连续 5 年赴新西兰维多利亚等大学参加语言学与应用语言学国际会议,向大会提交的论文涉及英语语言学、社会语言学、英语作为第二语言教学、语言与文化艺术、语言与社会关系等主题。

戴教授认为,高等学校的任务就是出人才和出教材,即为国家培养合格的专业人才,同时编写和出版高质量的教材和专著。为此,高等学校既要抓教学,又要抓科研。教学是基础,科研是动力。作为全国知名的教育家和语言学家,戴教授身体力行,他在担任繁重的领导任务以后,也从未脱离教学第一线,从未间断科研活动。他既是教学和科研的行家里手,又是贯彻党的教育方针和推动外语教育改革的先锋。其主要成就有:

1. 他是上外(20 世纪)60 年代初"听说领先法"试点的实施者,又是 70 年代复课试点班的负责人,对推动当时的全国外语教学和"文革"后的复课发挥了积极的作用。当时"左"的影响甚深,教学条件又艰苦,他作为年轻教师,敢于挑重担,冒风险,吃苦耐劳,任劳任怨,又善于因地制宜地开展教学试点,成绩突出,受到师生的好评,并以一位外语教育改革先行者的形象开始受到全国外语界的注意。1965 年我国最早的外语权威刊物《外语教学与研究》刊载了署名"商外英"的文章,介绍戴教授"听说领先法"的试点经验。

2. 运用国外语言学与应用语言学最新研究成果,结合我国国情,率先在(20世纪)80年代中期提出高校英语专业分级教学理论。该项目获1988年国家社科基金奖,其研究成果获1989年上海市优秀教学成果奖和1990年国家级优秀教学成果奖。该成果使我国高校英语专业用较少时间为国家培养大批优秀外语人才,大大提高了办学效益。

3. 根据英语专业分级教学理论,在1988年率先提出在全国高校英语专业组织实施四、八级考试。该考试在国内影响越来越大,每年有400所高校英语专业学生参加。该项目对提高我国英语专业教学质量、为国家培养英语人才等方面做出了一定贡献。

4. 受国家教委委托,运用国内外应用语言学最新研究成果编写《高等学校英语专业基础阶段教学大纲》。该大纲兼顾学生语言能力和交际能力的培养,同时率先提出英语专业教学还应重视对学生所学语言国家文化背景知识的传授。该大纲经国家教委组织的专家组评审后,已被定为我国高校英语专业教学的指导性文件。

5. 受上海市人民政府委托,以国内外英语专业最新测试理论为指导,组织实施上海市通用外语等级考试,并担任该考试项目专家组组长。通用外语(英语)等级考试每年有数十万上海市民参加,对提高上海市民的英语水平和满足上海市改革开放的需要发挥了积极作用。

在学术上戴教授博采众长,吸收不同学派的优点,形成了自己的特色,即把英语语言学同社会语言学结合起来,把语言研究同语言教学结合起来,把专业外语教学同普通外语教学以及提高全社会的外语水平结合起来,相互影响,相互促进,从而形成一个具有中国特色的语言研究与语言教学体系。戴教授认为,学术研究的首要原则是学以致用,学用结合,在基础理论研究中要避免玄虚,在应用研究中要力戒草率。

戴教授在教学、科研和教书育人方面都做出了显著的成绩。他的"英语专业分级教学理论与实践"项目获国家社科基金奖和1990年国家级优秀教学成果奖,他连续三次被评为上海市优秀教师,1992年被评为上海市劳动模范。他的名字已被列入英、美等国权威机构编写的世界名人录。

在成就和荣誉面前,戴教授始终保持清醒的头脑,保持两个不变:

一是艰苦奋斗的本色不变。他工作繁忙,经常废寝忘食,有时吃饭到食堂去晚了,饭盒里买点半凉不热的饭菜,回到办公室一边吃,一边看材料,或是在饭堂里边吃边和别人谈工作。他的妻子多年身体不好,他耐心照顾,今年年初动手术住院,他常常下班后到医院陪病人,同时抽空批改学生的作业,深夜回到家里还要备课或批阅文件。

二是谦虚谨慎的作风不变。他身为大学校长兼党委书记,仍然同普通教师和学生保持密切联系,大家有话愿"找老戴谈",有意见愿"向老戴提"。他总是严于律己,平等待人。我最近有幸见到蓝仁哲、廖七一和陆国强等兄弟院校领导,他们都认为"老戴为人谦和、厚道""有主见,但不主观""他虽然是全国外语教学指导委员会主任委员,但不论是发表意见,或是提什么要求,都是商量口气""大家都感到同他合作共事很愉快"。

文明、团结、求实、奋进,这是上海外国语大学的校风,也是戴校长的写照。

（本文刊发于《外语研究》1999 年第 3 期）

潜心向学　勇于探索

——谈博士生的培养

戴炜栋

《外语教学与研究》开设"博士生导师访谈"专栏,刘润清先生邀我谈谈培养博士生的体会。我认为这是一件好事。这不仅有助于向广大读者介绍我国外语界博士生培养的现状,而且有利于广大同仁交流心得体会,以便更好地培养出高质量的博士生。一些决心报考博士生的读者亦可从这个栏目中获得有关信息,做好报考的准备。故我欣然从命。迄今,我已指导过十几名英语语言学(特别是第二语言习得研究领域)的博士研究生,积累了一些心得,写成此文与广大同仁和读者交流。

我国自 20 世纪 80 年代初开始设立博士学位,至今已二十余年。其间对博士生的培养要求日趋严格和完整,除西方国家不具有的入学考试外,与西方国家的培养体系基本接轨。我国学位办对博士研究生在读期间的研究成果作出明文规定,要求发表一定数量的论文。此外,近年来还增加了撰写论文资格认定的中期考查和开题报告。对论文本身的质量和论文答辩的要求也愈来愈严格,对论文中出现的一些抄袭现象予以严惩,答辩表现不佳者,必须重新答辩,推迟毕业。由于层层把关,严格要求,我们培养出的博士生中的许多人已是其领域的专家和学科带头人。

然而目前仍然存在一些非主流问题,较为突出的是:部分在读博士生功利心重,抵制不住外界各种物质诱惑,在读期间不能潜心静坐,认认真真地读书,扎扎实实地搞科研。诚然,我们都不是生活在真空中,我们需要一定的物质生活,博士生生活津贴也不高,博士生们非常辛苦。作为导师,我们要尽量使经济创收和科研相结合,同时要教育他们主次分明,量力而行,适可而止。

因此,我希望博士研究生们能勇于抵制各种诱惑,潜下心来,多读书,勤思考,实实在在地做一些研究工作,培养严谨的治学态度,多写文章,写好文章。要做到这一点,博士研究生需要有本专业扎实的理论基础,所写的文章一定要能反映出作者对某一问题/理论/观点的思考,这样的文章才有内容,有深度,有思想的闪光点,不是为写文章而写文章。

写出这样的文章需要有一个厚积薄发和博学的过程,这也是攻读博士学位的精髓所在。在当今的信息时代,各种新的学科和边缘学科不断出现,单一的知识结构已远不能适应目前的形势。同时博士生层次的学习应在扎实的理论研究基础上,再充分体现出一个"博"字。在我看来,这个"博"字在量和质上都有特定的含义。这种"博"就如一个以自己专业为中心,向相关边缘学科辐散的网络;这种"博"不是一个百货商店,各种商品琳琅满目,它应是以一种名牌商品为主的精品店;这种"博"是以某一学科为主、其他学科为辅的开放式的有机结合,这样才有利于这些学科的融会贯通,打通多学科相连的经脉,使博士生兼收并蓄,博采众长,对自己的专业有全方位的深入认识,同时进一步拓展他们的独立、严谨的逻辑思维能力,发展他们的创造力、认识问题和解决问题的能力。如何做到这一点呢?以下三个建议可供参考:

第一,要有开放的接受新事物的积极态度。在当今信息时代,各学科的新发现层出不穷,研究方向一直处于动态变化之中。因此博士研究生不能满足于已获得的成绩和知识,不能故步自封,而是要时刻密切关注自己领域和相关领域的新发展、新动向,及时、不断地吸取各种新的知识。

第二,在"营养"丰富的前提下,还要注意吸收,即"融会贯通"。"博"的根本不是简单的"1+1"的罗列,而是触类旁通,认清关联,提炼其精华的"1+1>2"的反刍。这亦是勤思考、勤读书、探索不止的过程,是一个不断提高自己能力和认识的过程。有些博士生以为每一个话题能侃大山,谈起来口若悬河就是博学,这种想法是十分有害的。

第三,要有博大胸怀。我们都有这样的共识,即有时书读得越多,越觉得自己的知识有限。因此在未知面前,我们要勇于承认自己的不足,这样做不会丢面子。这是严谨治学的态度,是一种人格的表现。同时我们要戒骄戒躁,对别人的赞扬与批评都坦然处之。同学之间互相学习,取长补短,培养博大谦逊的胸怀。

基于上述看法,我在选取博士研究生时,首先注重的是其语言基本功。这一点非常重要,扎实的语言基础是博士研究生学习与研究的基础,没有这一点,以后的学习和研究会困难重重。其次我要考查考生是否具有从事本专业研究的科研能力。应用语言学,作为一个理论性与实践性很强的学科,本身有许多未知或有争议之处,这也正是它的魅力所在。国内对应用语言学研究的历史还不长,因此从事这方面的研究人员要求具有相当的理论功底。此外,他们还要有一定的实践积累,在理论指导实践的同时,能对现存的一些问题进行深入的分析,在解决问题的同时能丰富和发展理论。因此,一定的研究能力也是成功完成博士学习的另一个前提。

博士研究生录取进校后,我一般采用授课和自学辅导的方式指导他们的学习。在使他们加深、拓宽理论的基础上,鼓励他们根据自己的兴趣在实践中发现问题,解决问题,逐步提高他们独立的科研能力。同时我主张,他们应多参加一些与专业密切相关或有意义的学术交流活动。另外还要培养他们独立的社会工作能力,注重品质和为社会奉献精神的培养,使他们在"德"和"智"方面得到全面发展。

对于博士生学位论文的要求,我坚决反对鹦鹉学舌式地把各种理论拼凑在一起的大拼盘。在人家的框架里打圈子,写出的文章生硬、晦涩,甚至语料、例句也是老的。语言表达要流畅,组织结构应严谨,在理论上要有自己的独到见解,通过调查,获得充足的数据,这样的论文才是理论与实践的有机结合,才能达到博士生学业的要求。每位博士生对自己的选题应有全面深入的认识,对存在的问题有自己的分析和看法,对其解决方法有自己的建议。总的来说,论文要基本上达到学术专著水平。

最后,我希望我的学生毕业后能够在他们感兴趣的领域内进一步发展。他们不一定要拘泥于原来的专业。随着知识的积累,视野的不断扩大,社会实践的增多,人们对一些问题的看法和认识都会发生变化。只要他们能运用读博期间发展起来的科研能力和工作能力,在他们的工作岗位上,或在他们的专长上发挥出自己的热量,这对社会都是有益的奉献。

以上是我的一些体会与看法,与广大同仁、读者共勉。

(本文刊发于《外语教学与研究》2000 年第 5 期)

外语教学的"费时低效"现象

——思考与对策

戴炜栋

人类已进入新世纪。展望未来,我国即将加入 WTO,全球经济一体化日益加剧,信息技术日新月异。中国教育必须要适应这一社会发展趋势,无疑外语教育就特别重要,因为外语与计算机是 21 世纪人类"学会生存"和"适应生存"的两大基本需求。由此可见,新世纪伊始,我国外语教学将面临新的机遇与挑战。中华人民共和国成立以来,特别是改革开放 20 多年来,我国的外语教育取得了飞速发展,成绩斐然。例如,自 20 世纪 80 年代中期以来,根据国家经济建设的要求调整和制订新的教学大纲,调整课程设置,编写新的教材;在教育部领导下,高校外语专业教学指导委员会和大学外语教学指导委员会主持了国家级考试,以检查教学质量,推动教学大纲的实施。教育部的领导曾以"成绩巨大,有目共睹"来概括我国外语教育的成绩。但随着我国改革开放步伐的加快,社会对外语人才的需求不仅在数量上日益增大,而且在质量、层次和种类上均提出了更高的要求。然而,我国的外语教育如同其他发展中事物一样,也存在着一些问题,明显滞后于形势的要求。在众多的问题中,"费时低效"现象更是广受社会各界的关注。

现下,有条件的地区都从小学三年级起开设英语课,上海等沿海城市则在小学一年级使用引进或自编教材教授英语。学生在小学、中学和大学累计学习英语的周期已长达 12—14 年之久(这还不包括在研究生阶段选修英语课程的时间)。然而,不少学生的学习效果低下。中央领导同志曾用"费时较多,收效较低"指出了问题的症结所在。我国外语教学的现状中确实有种种与高速发展的经济建设

要求不相适应之处,例如:

1. 为片面追求升学率,把外语作为知识来传授,教学方法和教学手段落后,不重视培养学生的外语交际能力,其后果是"哑巴英语"的现象普遍存在,与新世纪对高、精、尖的外语人才要求相差甚远。

2. 从衔接这个侧面来分析,我国中小学与高校外语教学在知识面及质和量方面脱节现象严重,成为提高我国外语教学质量的一大干扰因素。现行的大中小学教材中有不少重复内容,且因种种原因各个阶段的教学重心不同,分工又不尽合理,中小学英语教学难与高等外语教学合理有序衔接。

3. 对外语教学的理论研究尚欠重视,教师凭经验教学,相信"跟着感觉走"不会错。外语教师的素质和队伍结构都不容乐观,制约了我国外语教育总体水平的提高。

调整视角,更新概念,把现行的小、中、大学英语教学视为一个有序的整体,从教师、教材、教学方法和教学手段四个角度总结成绩,找出不足,构建我国外语教学"一条龙"新体系,是克服"费时低效"现象一大对策。由于我国中小学和高校普遍开设英语课程,外语教学"一条龙"新体系主要是指英语教学"一条龙"新体系。根据我国外语教学的现状,可尝试做好以下几方面工作:

1. 调整和优化外语教学队伍和结构

要提高教学质量,师资是根本。我国中小学外语教师主要毕业于各类师范院校。由于种种原因,师范院校入学分数线要低于外语院校,影响了外语教师总体素质的提高。当务之急是要采取切实有效措施使师范院校能吸引优秀的高中毕业生,并从整体上提高师范队伍的理论水平、外语实践能力和创新能力。

2. 探索符合我国国情的外语教学理论与模式

英语作为外语(EFL)教学和英语作为第二语言(ESL)教学在本质上和语言教学环境上都有较大的区别。虽然英语是国际通用语言(EIL),但在我国英语是外语(FL),且学习环境完全不同于第二语言(SL)。因此,要研究如何依据我国的国情,有的放矢、合理有序地进行英语教学,并积极创造有利于英语学习的语言环境。要鼓励教师在借鉴国外先进的教学理论和第二语言习得研究成果的基础上,发展和探索符合我国国情的英语教学理论和方法,更新教学内容和教学手段,在系统、合理地进行语言知识积累的同时,促进学生外语交际能力的培养。这是创建具有中国特色外语教学"一条龙"的关键。

3. 科学、合理地处理好各教学段间的衔接

大中小学各个不同阶段的英语教学能否合理分工,衔接有序,避免不必要的重复与浪费是克服"费时低效"现象的一个重要对策。制订教学大纲和编写教材更应重视不同阶段教学内容的连贯,既不能提前,也不能滞后,而应当衔接有序、分工合理。

4. 加紧制订具有前瞻性的新世纪外语教学发展规划

根据我国加入世贸组织以后面临的新形势和国家对各类高、精、尖外语人才的需求,如何按社会需求来预测将来的发展,科学、宏观、全面地考虑和制订具有前瞻性的新世纪外语教学任务、内容、政策已成为一项刻不容缓的任务。这也为从宏观上克服"费时低效"提供了有力的保证。

5. 点与面、质与量有机结合,培养出广受社会欢迎的高质量外语人才

毋庸置疑,外语人才的培养要进一步加强与社会需求的联系,注意点与面、质与量的有机结合,根据社会需要,因材施教,培养出不同层次、不同专业和不同种类的外语人才。高级的多专业复合的高、精、尖外语人才固然受到各用人单位欢迎,但业务过硬的中级应用型外语人才也是必不可少的。我国地域辽阔,地区差异明显,不可能在一朝一夕之间就实现英语教学的全国性平衡发展。因此,英语教学改革应在"实事求是,注重差异,因地制宜,因校制宜"的原则指导下,有条不紊地进行。

6. 全面统筹规划,打破条块分割

为确保上述对策顺利实施,就要找出导致外语教学"费时低效"现象的所有干扰因素,并对每一类干扰因素提出相应的解决办法。值得一提的是,分管基础教育和高等教育的行政部门的协调和全面统筹规划,对抓好大中小学英语教学的衔接,打破各教学段间的条条块块,提高学生学习外语效率,克服"费时低效"现象无疑是至关重要的。

限于篇幅,本文仅从宏观上对外语教学的"费时低效"现象进行剖析,并提出一些对策。把这些对策付诸实施就会涉及一系列与政策导向、理论研究、师资培

训和教学安排有关的问题,例如:

1. 中学英语教学是否应实行一纲多本、多纲多本或一个班同时使用一本以上教材(如听说教程、读写教程)?

2. 大中小学英语教学要真正做到从语言知识积累到语言交际能力培养的转移或二者的平衡发展,将会对现行的教学大纲和课程设置提出哪些要求?

3. "应试"教育对中小学英语教学,尤其是对学生英语运用能力的培养确有负面效应,是一大干扰因素,制约了有利于交际能力培养的教学方法的实施和推广。如何改变英语教学中普遍存在的"应试"教育现象?

4. 现行的大中小学英语教学大纲和教材在衔接上有何弊端,如何改进?

5. 我国实施英语教学"一条龙"的理论依据是什么?

6. 中国特色的英语教学"一条龙"模式对教师的教学观和教学方法有何新的要求?师资培训如何适应和满足这些新的要求?

7. 对各教学段学生使用外语的能力培养如何量化,以方便科学评估?

使我们感到十分高兴的是教育主管部门已组织专家研讨这些问题,并将在广泛的调研后提出具体实施方案。创建有中国特色的外语教学"一条龙"体系的试点工作也在扎实进行。我们深信,通过努力,"费时低效"这个长期以来困扰我国外语教学的难题将有望从根本上得以解决。

(本文刊发于《外语与外语教学》2001 年第 7 期)

英语教学 构建具有中国特色的
英语教学"一条龙"体系

戴炜栋　杨　凡

我国英语教学发端很早,中华人民共和国成立50年来取得了长足进步,特别是改革开放以来更是发展迅猛,成为我国外语教学中规模最大、范围最广、人数最多的在学语种。但是,面对经济全球化趋势及我国加入WTO后对教育的冲击与影响,英语教学应如何应对,就迫切需要我们做出正确选择。

转变思路:构建我国的英语教学"一条龙"体系

我国英语教学改革并非今日始,从改革开放的新时期以来,英语教学界同仁就不断探索改革,以期适应形势变化的需要。以《大学英语》(公共外语)教材编写为例,从"以语法为纲"到如今强调"重视提高学生的英语应用能力",即是改革发展的轨迹。应当说,种种改革探索都取得了很多成果。但是这种种改革又都显得不足,因为到目前为止的大多数关于英语教学的改革探讨与实践都是局限于某一具体阶段性的论证,都是对微观教学阶段、教学环节或教学手段的思考,还没有将"我国"英语教学作为一个宏观整体进行规划,所以往往事倍功半,甚至无法明确起点。

我们认为,对英语教学改革一定要打破传统研究框框,转变思路,从"大外语"格局入手,站在国家英语教学的层面上来观照小学、中学或大学的英语教学,从而统一规划,构建体系。只看一个阶段或一个环节不行。为此,我校提出构建小、中、大学外语教学"一条龙"体系的三个行动原则。

　　一是系统化。即明确把小学、中学、大学的英语教学作为一个整体来进行设计，做好环节与阶段衔接，追求整体设计优化，梯度升级。首先是要合理设定培养目标。通过小、中、大学的"一条龙"体系学习，就可以设置两种目标，一是阶段目标，二是终极目标。阶段目标设计是：小学阶段——要求儿童掌握基本读音规则，正确识读国际音标，掌握单词和词组700—1 000个（不同发展地区可从实际出发制定相应标准）和浅显的基本句型，能够在学校和日常生活中与教师和同学进行简单对话，并借助词典阅读外语配图小故事；中学阶段——初中要求学生掌握基本语言技能、词法和句法，词汇积累达1 700—2 500个，能在课堂内外与老师和同学就熟悉的话题交流，能参与模拟情景表演和真实的交际活动，能借助词典阅读简易课外读物；高中要求学生掌握单词2 700—4 200个，熟悉常用词汇的合成、派生和词义辨析，熟练掌握基本语法规则，并有较强的读、写能力。终极目标设计是：通过"一条龙"教学，到大学毕业后，学生应具备较扎实的外语基本技能，能较流畅、准确地使用语言进行沟通，并具有较强的跨专业的交际能力，较宽广的知识面，还能具备一定的运用专业知识进行多角度分析、综合、抽象和概括的创新能力，具有一门以上专业知识和用英语进行较熟练的计算机操作能力。

　　同时，在教材和测试等主要教学环节上要做好"一条龙"的衔接。在教学目标和大纲的指导下，教材编写要统筹规划，从小学起，按新的教学目的、要求及重点进行编撰，在词汇、语法、内容等各方面做好递升关系，形成有机融合，循序渐进，避免不必要的重复。在测试上也要充分反映大纲和教材的内容，形成"一条龙"的升级式测试，特别是在各阶段衔接处的测试，要有内在联系，不能"另起炉灶"，从而使测试自然成为"转进"的重要载体。

　　二是层次化。"一条龙"是从纵向设计提出的思路。但我国地域辽阔，经济、社会与教育发展很不平衡，特别是改革开放以后，地区差异度还在进一步扩大。在这种情况下，只讲"一条龙"还不全面，还要讲"一条龙"的区域层次化。当然，由于层次性复杂多样，作为全国性英语教学要求，不可能搞出几十个版本，所以我们建议从大的方向上来划分"发达地区""欠发达地区"和"不发达地区"三种类型作为层次坐标，分别设计课程与标准幅度，并贯彻目标连续性与目标层次等级差异性的有效结合。

　　在"一条龙"培养目标上，我们需要贯彻连续性、一致性原则，即根据目标，在纵向坐标的课程设计上,应在中小学阶段以发展生活交际性功能为主、语言性知识为辅,在高中阶段逐步加强语言知识课程,而在大学阶段应强化专业英语文化知识教学,并同步抓紧专业英语交际功能训练。而在横向上,则应根据不同区域社会与教育发展水平,提出英语教学的平均水平要求。对发达地区学生要求应是"很扎实""很流畅",即力争所谓"无障碍沟通能力"(指在日常生活与本专业领域应用类知识的一般研讨),可达到熟练交流程度(90%及以上);对欠发达地区学生要求应是"较扎实""较流畅",即在日常生活交流中可以达到熟练程度和在专业领域的一般性研讨中达到70%的熟练程度;对不发达地区学生要求虽仍表述为"较扎实"与"较流畅",但在日常生活交流中只要求能达到基本熟练(70%),在专业领域中的外语运用只要求能达到一般熟练(即50%左右)。即使是这些层次性要求,要达到还须从起点做起,假以时日。

区域层次是客观存在的,学生之间存在差距,也是不争的事实。但是,问题不在差距,而在于如何根据实际确定有差异的科学标准,以及在培养上如何因人而教。比如发达地区,大学生入学时英语起点高,可以提高课程设计标准及培养要求,增加研究性、启发性学习课程;不发达地区,大学生起点相对较低,入学后应根据实际确定教材,还需紧紧抓住交际功能性训练为课堂教学主要手段,提高和扩大词汇运用能力。所以要明确提出"一纲多本"以及"一纲多层次"的要求,把层次化问题真正解决在实处。

三是复合化。"一条龙"教学是为了更有效地培养人才,而人才的真正定型化是在大学阶段。但是单一的语言教学显然不能满足形势对人才的多方面要求。为此,新时期以来,外语专业教学曾进行了更为深入的改革探索。面对如今加入WTO以后对外语人才的多方面需求,我们提出外语教学改革应在复合化方面进行更多的探索与实践,就目前来说,似应以如下四种模式为主导:

1. 专业英语。这一模式适用于大学非外语专业,用于夯实英语基础,着重加强听、说和跨文化交际能力的培养,大力推进专业课程英语教学,提高学生国际竞争能力,彻底摆脱"哑巴英语"的尴尬。

2. 英语学科。这一模式适用于大学外语专业。这一学科是与传统的语言学、文学与翻译学等的复合,应鼓励学生对所学外语进行高级研修,在专业方面开掘创新,运用最新交叉学科知识,推动外语学科自身的发展。

3. 英语+专业。这一模式适用于大学外语专业。将英语作为一种技能进行强化，同时运用英语开展其他应用类专业知识教学，(使学生)成为既懂外语，又有专业知识的复合型人才。如上海外国语大学的经济学、管理学和新闻学专业，它们培养的学生已基本达到英语专业八级水平，同时又具备一门专业应用知识，动手能力很强，深受社会欢迎，毕业生均有上佳去向。

4. 英语+另一外语。这一模式适用于大学外语专业。这是一种复语型人才，具有双外语的高级运用能力，旨在培养少数极具语言天分的高级双语翻译和多语种同声传译人才。

英语教学复合化问题，有两点需要特别强调：① 必须以语言能力为核心。培养以英语为基础的复合型人才，应以"英语能力"为本，不能倒置，否则就没有优势。② 必须以应用能力为抓手，突出应用性。在一定量的专业教学时数与学分值条件下，不可能将两种专业课程简单相加式教学，必须有所取舍，适当删削理论课和史论课程，保持应用能力课程。③ 必须以创新能力为动力，发展多向思维和自我学习、追求发展的能力。为弥补学生踏上社会后可能由于理论底子薄而缺乏后劲的不足，应当在教学中大力提倡创新式教学，改变灌输式教学，多用讨论式、案例式、启发式教学，扩大多媒体运用，组织学生较早参与课题并锻炼研究能力。这样才能真正教会学生"学会学习""学会研究""学会生活"。

做好选择：把"一条龙"真正打造成"中国龙"

我们要做好"一条龙"，还面临种种考验与选择，既有业界自己的，也有管理层面的。为促进"一条龙"早日腾飞，除了对教学环节的探讨之外，还应做好三项选择。

选择一：竞争战略。加入 WTO，各界在呼唤"狼来了"。冲击波正从经济向社会与教育层面袭来。首先我们可以清晰感觉到国外外语教学与培训机构开始大规模"登陆"的脚步声。他们具有雄厚的资金、语言国师资、先进的测试手段和较先进的教学理念，我们何以竞争？就用"一条龙"！并非所有欧美发达国家对外语教学都非常重视，因为他们有"经济自我中心主义"，虽然他们也创立过不少理论流派，产生过语言大师，但他们没有"一条龙"，外语教学是零碎的、边缘性的。日、韩及东南亚等国，虽较重视外语教学，也大多是停留在我国以前的阶段性外语教学老路上,且教学成果往往还不及我国。至于某些国家和地区英语环境较我国为好,那是因为早先殖民地留下的"遗产"。所以,我国英语教学完全不必自卑,我们有优秀的传统,有社会主义集中力量办大事的优越性,只要提高竞争意识,找准定位,取得共识,团结努力,把"一条龙"做起来,就是独创性成果,就将为非英语地区人民普及外语教育走出一条新路。

选择二:管理战略。英语教学"一条龙"体系建设是一项宏大的系统工程,涉及面广、政策性强,需要做的工作很多。目前全国普教系统和高教系统都在积极研讨此事,有的高校已开始进行实验,即把小学、中学到大学的英语教学作为连续的教学过程进行设计;在评价体系上,教育部考试中心、上海外国语大学等也在提出设计建议或在部分地区进行试点,等等。这些努力难能可贵,但又显得绵薄无力。这是因为目前尚缺乏一个统筹的组织形式,缺乏一种较广大区域性的、整体性的试点。面对 WTO,我们不能再"坐而论道"了,应该以大手笔来组建"一条龙"建设的管理机制,尽快实施组织创新。一定要统一组织领导,避免"政出多门",应建立国家级"一条龙"领导机制。建议成立由国家教育部领导的统一的"全国外语教学'一条龙'改革领导小组",下面可辖"高教组""基教组""网教组"和"秘书组"等。领导线条要一致,简洁高效,明确职责与人员,形成清晰的管理链条。在全国调研的基础上总体规划外语专才、兼才和普及型外语教育事业的发展要求与目标,还要建立和完善相关法规与规章,以及分级管理和监督机制,全面提升我国外语教育的质量与效能。

选择三:系统发展战略。加入 WTO,中国经济与社会要在大开放中求得大发展,机遇很多,问题不少:经济结构要调整,基础设施要改善,资源配置要优化,环境保护要加强,等等,但最大和最后的问题仍然在于人才。如何大规模地提高人才数量与质量,提高人才的外语素质,这是创建国际化环境,为中国可持续发展提供多方面人才动力的历史性课题。对此,仅仅从业内问题的基础上去谈创建"一条龙"体系还显得很不够。"一条龙"英语教学体系只是整个教育结构体系的一个子系统,而教育结构体系又是国民经济和社会发展体系的子系统。因此,研究和创建"一条龙"英语教学体系,就不仅仅要研究其与教育结构体系的互动关系,而且要遵循教育是社会发展形态反映和动力的原则,从中国经济与社会在加入 WTO以后面临的形势和发展态势的大背景下去考察,把"一条龙"教学体系放在更大的动态系统中来思考,从而真正从中国国情出发,兼顾历史,尊重现实,力求改革,开拓未来,创造性地制定出符合加入 WTO 社会发展系统要求的方针政策,提出具有对社会、经济发展不断适应的调适策略和弹性措施,以及全面反映社会主义大学教育本质特征的全面素质教育要求,为新世纪中国现代化建设发展源源不断地提供优质外语人才和各类复合型人才资源,把"一条龙"真正建成"中国龙"!

（本文刊发于《中国高等教育》2002 年第 11 期）

风雨沧桑四十年

——英语教学往事谈

戴炜栋

接到《外国语》约稿信后，回想起自己学习英语和从事英语教育这些年来的经历，我浮想连连，感慨万千。作为上海外国语学院第一届正式招收的英语专业学生，自己学习英语的经历和漫长的外语教学生涯，与我国的外语特别是英语教育的发展休戚相关，并有幸见证了 1949 年以来我国英语教育和其他外语教育发展历程中许多重要的历史事件，有些事件现在想来仍令人唏嘘不已，感触良多。

我选择学习英语以及学习英语的过程现在看来颇具戏剧性。我在中学时学的是俄语。1958 年夏考大学时，我报考的是俄语专业——这是当时第一届从高中毕业生中招考，但因家庭成分不好，却被录取到英语专业。这是当年上海外国语学院第一次正式从应届高中毕业生中招收英语专业学生。这个变化竟阴差阳错地决定了我后来的命运。

入学时，我对英语一无所知。然而，怀着不甘落后的冲劲和对英语学习日渐浓厚的兴趣，我刻苦钻研，发奋努力，利用课余、饭后、睡前等一切可利用的时间学习英语。还记得我先阅读英文报刊，把自己能找到的英语报刊从第一个字看到最后一个字，然后抱着收音机听英语节目。开始时一份报纸要看很久，自己硬是查遍所有不认识的词，就这样，阅读的速度渐渐提高，困难渐渐减少。我在第一年内就几乎读完了当时图书馆内所有的英语简易读物。一年后我成为全年级数一数二的好学生。为此，我受到许多次直接和间接的批评，说我不讲政治，不关心政治，在走"白专"道路。这些批评在一年后才慢慢减少。那时，全国盛行"大跃进"，

167

在各行各业都吹起了"浮夸风",外语教学也不例外。学校领导提出了英语专业要"二赶四"的口号,即两年内学会四年内容,提前达到毕业要求。我们这些没有丝毫英语基础的人被要求两天内完成所有语音阶段学习任务,两周内学完所有语法,每周要突击300个单词等,其后果可想而知。两年后全国进入调整期,教育领域也进入以检查教学质量为主线的整顿期,1958年入学的80名英语专业学生中有不少人被要求留级或退学。1960年夏,为了显示"大跃进"的突出"成绩",学校领导决定从英语系二年级学生中选出两位同学(我是其中之一)与四年级毕业班的四位同学使用统一试卷进行比赛考试。由于两位二年级同学是全年级成绩最好的,而四位四年级同学是全年级成绩最差的,考试的内容又取自二年级的课文,其结果自然是以二年级学生大获全胜而告终。我呢,也顿时成了学校的名人,那些关于我不关心政治的批评也自此消失了。有趣的是,当年暑假期间,在一位教师指导下,我这个二年级的学生竟然被要求参加编写三年级的阅读教材。

毕业时,虽然我与其他男同学一样提出申请支援边疆到西藏去,但因在"二赶四"中的表现被选中留校,担任英语教师。1963—1964年国家进入全面调整、恢复时期,外语教学也开始扭转浮夸冒进的影响,注重培养学生基本功和应用语言的实践能力。1964年初,我这个初出茅庐的青年教师被委以重任,进行听说领先试点。当时的条件非常艰苦,在既无老教师指点,又无理论基础的情况下,自己与其他教师一起摸索,搜集和利用有限的英语材料,一边编写教材,一边教学。从这些实践中,我摸索出以下几条经验:① 教学中强调听说领先,但读、写一定要跟上;② 多使用对话和操练;③ 上课时尽量少用母语;④ 借助对比分析(对比母语与目的语之间的差异)和其他研究成果来实现指导教学。现在看来,当年的做法实际上是在下意识地使用结构主义语言学理论和行为主义的一些观点。尽管当年条件艰苦,教学设施简陋,尤其是每天要编写教材,但师生对试点热情十分高涨。一年下来,学生的听说能力大大提高。1965年上半年我以此项目面向全国进行示范教学。

改革开放之后,通过选拔考试,我很幸运地成为第一批国家公派访问学者,自1979至1981年赴新西兰学习英语语言学和应用语言学。这些课程是我以前从没学过的,它们仿佛突然为我打开了一扇扇大门,向我展示了一个个美丽崭新的世界。我非常珍惜这个机会,如饥似渴地学习这些当时在国内难以学到的知识。在国外的时候，我还常常带着一个小本子，见到自己觉得好的用语或没见到的表达方式，就记下来，回去反复琢磨玩味。这样我回国时带回了整整几箱的书和笔记。

回国时，恰巧"赶"上改革开放的春风，它给我国的外语教学带来了勃勃生机。当时，我国英语教学百废待兴，没有统一的教学大纲，教材短缺，各地和各校使用教材的难易程度较为混乱。1983年，为确保我国外语人才培养的质量，国家教委决定制定全国第一部英语专业教学大纲，以指导全国英语专业教学。我有幸参加了英语专业第一部教学大纲编写的全过程。为了保证大纲能适应当时我国的英语专业教学现状，我与其他同仁运用应用语言学与英语教学理论，结合我们多年来的教学实践，用了近两年的时间调查研究，并通过各种类型的测试，较为准确地把握了当时我国英语专业学生的水平。经过近四年的努力，大纲通过专家评审后由国家教委在1987年批准颁布实施。

大纲的实施促进了我国英语专业的教学。然而，我国幅员广阔，各地英语教学水平差异甚大，学生入学时的水平也不尽一样，即使是同一所学校的英语专业的新生，他们的英语基础也参差不齐。为了调动学生的学习积极性，因材施教，让起点高的学生不"炒冷饭"，1988年我在上海外国语学院英语系启动了"英语专业基础阶段分级教学理论与实践"项目，该项目同时被批准为国家级社科基金重点支持项目。学生入学后进行英语水平测试，根据测评结果，他们可以分别进入第二级（一年级下）、第三级（二年级上）或第四级（二年级下）阶段的学习。这种尝试不仅缩短了学制，而且调动了学生的学习积极性。在当时计划经济一统天下的体制中，能这样做实属不易，需克服许多困难，如春季毕业生的工作分配问题即为一主要的现实问题。该项目由于实施成绩斐然，于1990年获国家级优秀教学成果奖和上海市优秀教学成果特等奖。

在英语专业教学大纲颁布执行两年后，如何检查大纲在具体实践中的执行情况、保证教学质量成了大家共同关心的大事，教学测试作为检查大纲执行情况的有效手段成为人们关注的焦点。1989年在与一些专家磋商讨论后，我向国家教委的外语专业教材编审组（即现在的外语专业教学指导委员会的前身）提出，在英语专业率先实施四级和八级考试（即英语专业基础阶段和高年级阶段测试）的计划，并获高教司的批准。1990年在全国范围内开考四级测试，1991年开考八级测试。参加考试的人数从当年的几千人上升到2002年的15万余人，考试的信度和效度不断提高,考务管理日臻完善,其社会影响也与日俱增。现在英语专业四、八级考试已成为英语专业教学中一项不可或缺的环节,对大纲的全方位实施,对教学质量的提高做出了很大的贡献。

英语专业四、八级考试的成功运作为其他语种提供了示范。2000 年教育部高教司发文同意在总结英语专业四、八级考试经验的基础上,其他语种条件成熟的也可开考基础阶段和高年级阶段的考试。如今,日语和俄语等专业都已实施四、八级教学测试。

另一项我所参与的与外语教育发展紧密相关的外语教学改革是外语类复合型人才的培养。长期以来,英语专业人才培养模式较为单一,无法满足社会对各种外语人才的需求。如何解决英语专业学生的就业,如何改革外语人才的培养模式,如何改进外语专业的课程设置,成了我国外语界共同关心的问题。1983 年,我任上外英语系系主任时,开始考虑这些问题,并进行了一些初步的尝试。我们从当年的三年级学生中选出一部分,让他们再学习两年新闻专业的主干课程,毕业时授双学位。这个试点非常成功,得到了社会、有关专家和学生家长的认可。于是我们克服许多困难,在 1984 年组建国际经济与贸易专业,并从应届高中毕业生中直接招生。1985 年,新闻专业单独设系。如今,这两个专业已分别发展为颇具规模的新闻传播学院和国际经济贸易管理学院。后来,这种模式也扩展应用到其他语种的教学。我们培养的双语学生不仅在所学外语,如俄语、西班牙语、阿拉伯语等语言方面达到本科要求,而且还具有比较高的英语水平,并能通过英语专业的四级考试。自 1984 年始,上外开始了以"人文专业+英语""外语专业+英语"以及"英语专业+人文专业"为主的三种类型复合型人才的培养。通过复合,在不影响学生英语技能基本功的前提下,扩大了他们的知识面,拓宽了他们的就业面,深受用人单位的欢迎。如今,这些模式已颇见成效,并广泛地为社会和学生们所接受。在本科生就业市场不景气的情况下,近三年来,上外学生的一次性就业率高达 99%。尽管在这一过程中,我们遇到了种种困难,甚至一些风言风语,但在从单科类外国语学院向多科性外国语大学发展的道路上,我们毕竟取得了很大的成绩。上海外国语学院现在已发展成一所文、经、法、理等多学科特色鲜明的外国语大学,拥有近 30 个专业,其中 17 个专业有硕士学位授予权,7 个专业有博士学位授予权。

　　经过近 10 年的努力,随着教学大纲的制定和教学测试的全面实施,我国外语专业的教学走上了良性发展的道路。进入 20 世纪 90 年代后,自编和引进教材大量出现,教学理论研究逐步深入,教学方法不断更新,我国广大学生英语水平得到普遍提高。但是在教学手段日趋现代化和多媒体日益广泛使用的情况下,我国英语教学中存在的问题也逐步暴露出来,并日渐突出。广大的英语教育专家仁者见仁,智者见智,一同探讨如何进一步发展我国外语教学事业。作为全国外语专业教学指导委员会主任委员的我,更觉身上的重担,义不容辞地做些事情。在 2000年夏,我和一些同事申请"我国大中小学英语教学'一条龙'"项目的研究。项目分析了我国外语教学的现状,客观地评介我国外语教学,特别是英语教学,在近年来取得的成绩。在总结经验的基础上,深入审视我国英语教学中较为突出的问题,如费时低效、"哑巴英语"、学生实际运用英语进行交际的能力较弱,并从外语人才培养最终规格、英语教材、课程设置、教学方法、师资培训、语言测试和多媒体教学手段的运用等方面对如何构建新的外语人才培养体系提出较为详尽和操作性强的建议。

　　回想过去,我自 1958 年开始学习英语和 1962 年任教以来,转眼间,40 年过去了。我深深感到,英语学习是一个勤耕不辍、不断积累和不懈努力的过程,做研究更是如此。从 1962 年起,我一直给本科生上课。除了文学课,其他课型如精读课、阅读课、听力课、口语课和语言学课等我全上过。直至 1995 年,由于我担任的行政职务较多,事务越来越繁忙,很难保证在相对固定的时间上课,才停止给本科生上课。但事情再多,我自 1985 年以来一直坚持给研究生授课。自 1990 年开始指导博士研究生以来,我一直以这些课为鞭策,坚持学术研究。我尽量利用到国外访问、讲学和参加学术会议的机会,自己购买一些新书,并长期订阅国内外专业期刊,确保及时了解国内外的语言学发展的新趋势和动态。时至今日,我仍然感激过去近 30 年的基础课教学——正是这些经历的锤炼,为自己的英语打下了坚实的基础,也为我这些年的课题研究和改革探索提供了充实的实践经验。

　　同时,我从自己 40 余年的教学生涯中,从我国英语教育走过的漫长的、不平凡的道路中深深认识到:英语教学的改革必须在尊重教学规律的基础上进行,切忌浮躁。如今,外语教育在新世纪中担负着意义更深远的重任。随着我国改革开放的进一步深化、中国加入 WTO 的新形势的发展,外语教学作为我国国民教育中的一个重要组成部分,应从我国的经济建设和社会发展对人才的需求出发,从我们所提倡的素质教育的综合考虑出发,并考虑到外语教学改革的深化。因此,外语教育不是脱离社会的象牙塔,而是要适应社会需求。我们的外语教学要发展,一定要不断地根据社会需求进行改革,更好地为社会服务。经历了种种挫折之后,我国的外语教育已取得了巨大成绩,蒸蒸日上。但我们仍要不断地努力,勇敢地面对存在的问题,克服种种困难,不断变革和发展。令人欣慰的是,这已成为人们的共识。我愿与众多同仁和专家一起共同探讨与努力,使得我们的英语教学在新时期取得更大的进步。

（本文刊发于《外国语》2003 年第 3 期）

解放思想，实事求是，
推动我国外语教育事业发展

——写在纪念改革开放三十年之际

戴炜栋

从 1978 年至今我国的改革开放已经走过了三十年的光辉历程。作为一名在外语教育管理和教学岗位上工作了近五十年的老教师，我不仅见证了我国外语教育事业的蓬勃发展，而且还积极参与到这一伟大进程之中，为之贡献自己的力量。今天，我从一个"老外语人"的视角写一点自己的感言，希望能为我国外语教育事业的进一步发展提供一些启示。

改革发展，成就瞩目

改革开放三十年为我国的经济、文化、教育等带来了巨大的变化，其中外语教育随着时代的变革，也经历了恢复发展、多元发展、可持续发展等不同阶段，在学科建设、人才培养、师资队伍建设、学术研究等方面取得了长足进步，为推动我国经济、文化的发展作出了重要贡献。

20 世纪 70 年代末至 80 年代初是我国外语教育恢复发展阶段。当时适逢改革开放初期，经济、金融、贸易、文化、教育等各个领域呈现出一派复苏景象，外语教育在专业建设、人才培养、师资培训等方面也得到相应的发展。教育部出台了一系列重要文件指导外语教育教学。例如，1979 年 4 月，教育部分别下达了外语学院英语专业、综合性大学英语专业和高等师范院校英语专业四年制教学计划的试行草案，以规范各类高校的英语教学工作，同时采取了一些切实有效的措施，不仅恢复、增加了以英语为主的外语教学点,扩大了外语专业招生数量,而且对大学外语教育和基础教育阶段的外语教育也予以了足够的重视。就高校外语专业而言,这一时期最值得一提的是,国际学术交流的开展、各种层次的外语师资培训以及一些外语学刊的创办或恢复(如《外国语》于1978年创刊,《外语教学与研究》于1978年复刊)。

在开展国际学术交流和多层次培养教师方面,我是受益者,且有一些切身体会。我国在1978—1979年向国外派出了第一批公派访问学者。经过层层选拔,我作为第一批出国留学人员中的一员到新西兰惠灵顿维多利亚大学访学,和当时走出国门的许多学者一样,吸纳世界先进教学理念,获得最新的学术资源,参加富有启示意义的学术讨论。我主要进行语言学、社会语言学和应用语言学理论方面的学习和研究。记得当时我不仅阅读了大量的理论书籍,而且提着录音机进行社会语言学方面的实地调查(field work),收获颇丰。1981年回国时,我带了整整几个箱子的相关理论书籍和资料,为之后的研究和教学工作打下了坚实的基础。屈指算来,我国的公派留学工作已经进行了近三十年,而大批学者在学成归国之后,在教学改革、学科建设等方面充分发挥了引领作用,尤其是在对国外先进理论的引介、评述、应用、完善等方面成绩卓著,进而推动了我国外语教育事业的发展进程。

20世纪80年代中期至90年代末是我国外语教育多元发展阶段。此时社会经济、金融、贸易、文化、教育等领域生机盎然,外语专业、大学外语(英语)、职业教育、基础教育等也蓬勃发展。譬如在外语专业教育中,传统单一的语言型人才已经不能满足国家和地域发展的需求。教育部领导及有关专家学者在广泛调研的基础上,拓宽思路,倡导高等外语专业教育培养复合型人才的理念,创新人才培养类型。我所在的上海外国语大学(当时为上海外国语学院)结合自身的多学科优势,于1983年尝试突破单一外语专业的限制,调整了学制和课程设置,率先进行了新闻和英语双学位人才培养的试点,取得很大成功;此后我和同事们又于1984年提出了以英语专业建设为龙头,尝试"外语专业(英语外的其他语种)+英语""人文专业+英语"以及"英语专业+人文专业课程"为主的三类复合型人才的培养,亦取得成功。目前上海外国语大学已经开设了新闻学、国际经济与贸易、工商管理、对外汉语、教育技术、会计学、金融学、法学、广告学、国际政治、信息管理与信息系统等复合型专业,所培养人才以其扎实的语言基本功和过硬的专业能力深受用人单位欢迎，相关人才培养经验也在全国广泛推介。比如，目前综合类院校、理工类院校、师范类院校的外语专业也根据自身特点，开设了新闻英语、经贸英语、法律英语、科技英语等专业方向，丰富了外语人才的培养类型，推动了我国外语专业人才的培养进程。同时，人才培养体系继续完善，实行硕博连读、设立复合型专业硕士学位点和博士学位点、建立博士后流动站等一系列措施有助于进一步建构专科、本科、硕士、博士、博士后等培养体系，切实选拔和培养高素质外语人才。

在这一时期，相应的教学大纲、教材编写、教学测试、教师培训、学术研究等工作有序开展，日益规范。譬如，早在 1987 年我们就在教育部的指导下，组织专家学者在反复论证的基础上制定了《高等学校英语专业基础阶段英语教学大纲》，后来又制定了《高等学校英语专业高年级英语教学大纲》，对英语教学起了很大的指导作用。同时，为了切实贯彻这些教学大纲，1990 年全国高等学校英语专业四级考试开考，1991 年全国高等学校英语专业八级考试开考。目前，专业四级和八级考试已经成为英语专业最权威、最有影响力的测试。同时，日语、俄语、德语、法语、西班牙语等专业在教学大纲制定、试题库建设、教材编写、教师培训等方面也做了大量工作，还定期召开学术研讨会，就相关工作进行研讨。至于全国性的教师培训工作、国际性学术研讨会（一般以学术方向和专题为主）、学术报告会等也继续有序开展，在职硕士研究生班与博士研究生班等丰富了研究生培养模式，也有助于提高教师的整体素质。

值得一提的是，随着人们对外语教育重要性认识的提升，基础教育阶段的外语教育也受到加倍重视。为了适应上海市基础教育的需求，我于 1990 年承担了上海中小学课程建设两期工程任务，主要负责英语教材建设。通过与国内外专家合作，第一期工程已经于 1998 年完成，而且工程成果——一系列高质量中小学英语教材已由上海外语教育出版社出版，并获得社会各方赞誉。这项工作也为我之后主持"大中小学外语人才'一条龙'培养模式研究"课题做好了前期的铺垫。

20 世纪 90 年代末至今是外语教育的可持续发展阶段。随着我国加入 WTO 和"申奥""申博"等的成功，社会对富有创新精神的高素质人才需求大增，高等教育迅猛发展。1999 年我国高等教育开始扩招，相应的外语专业类型更加丰富，大学外语规模不断扩大。譬如，经教育部批准，2006 年复旦大学、广东外语外贸大学和河北师范大学 3 所高校首次招收翻译专业本科学生。据统计,截至 2007 年设置英语专业的高校已经超过 900 所,约占全国高校总数的 70%以上;非通用语种本科人才培养基地已经发展到 9 个。据不完全统计,目前我国英语学习者仅在校大学生就有 2 300 多万人,社会各行各业外语学习者的数量也不断上升,各种类型的外语人才培训呈现蓬勃发展、欣欣向荣的局面。

在扩大高等教育规模的基础上,为了进一步提高教育教学质量,培养创新型人才,国务院颁布了《中共中央国务院关于深化教育改革,全面推进素质教育的决定》(中发〔1999〕9 号),倡导教育理念、课程设置、教材建设等方面的改革。就外语教育而言,教育部于 1998 年转发《关于外语专业面向 21 世纪本科教育改革的若干意见》,在 2000 年颁布了重新制定的《高等学校英语专业英语教学大纲》,以指导全国各类英语专业的教学工作;于 2004 年颁布了《大学英语课程教学要求(试行)》,作为各校实施非英语专业本科生英语教学的主要依据。同时,随着我国素质教育的广泛推进,基础教育也切实贯彻《国务院关于基础教育改革与发展的决定》(国发〔2001〕21 号),尝试建构新的基础教育课程体系。教育部基础教育司在 2001 年正式颁布了《英语课程标准(3—12 年级)》,对课程设置、教学内容、教学方法、培养目标等各方面进行调整,着力提高基础教育阶段的英语教学质量。

这一时期,现代教育技术的发展,尤其是网络多媒体的发展也为外语教育改革提供了资源和技术支持。网络/多媒体资源、音频资料等被广泛应用到不同阶段的外语教学中。人才培养更加注重以人为本和全人教育,使专业教育与通识教育相融合,注重学生的人文情怀、逻辑思维能力、创新能力等的培养,使其全面发展。教师培训强调以专业方向为特色,采取访学进修、国际研讨会、教师培训班等形式,通过科研立项等方式提高教师的科研能力。在教学测试方面,除了久负盛名的英语专业四、八级考试和大学英语四、六级考试之外,全国英语水平测试、雅思考试、上海市"中高级口译资格证书考试"等测试也对选拔人才发挥了重要作用。教育质量评估进一步规范,评估管理得到加强。譬如在教育部的统筹安排下,高等学校外语专业教学指导委员会于 2003 年制定了《高等学校外语专业本科教学评估方案(试行)》,并于 2004 年对 4 所不同类型的院校进行试评,于 2006 年开始对全国部分院校的英语专业本科教学进行了评估,切实促进了学科整体建设。

总之，这一时期外语教育进一步推进改革进程，更加注重学科的内涵建设，强调全面协调发展，优化课程体系，不断丰富人才培养形式，完善人才培养体系。

百尺竿头，更进一步

如上所述，三十年来，我国外语教育事业经历了恢复发展和多元发展阶段，进入了培养创新型外语人才的可持续发展阶段，取得了瞩目成就。然而，发展是无止境的，作为外语专业的一名老教师，更有责任为外语专业日后的进一步发展提出见解，因此，有必要在总结成绩的同时看到不足，以便克服困难或扬长避短，更上一层楼。

首先是我国外语教育的整体布局，我认为尚存在一定的不足。譬如，外语专业教育中存在缺乏科学论证、过分求大求全、重复建设专业点的现象。有的高校不考虑学科优势、专业特色、社会需求等，盲目申报新专业、新学位点（如硕士点、博士点），致使在区域范围内专业布局不合理、战略规划性不足、培养目标偏失等现象的产生。

其次，在外语人才培养过程中，仍然存在培养目标定位不够清晰、课程设置不够合理、教学方法相对单一、学生知识结构/专业能力尚需规范完善等问题。譬如在外语专业教育改革中，各校的专业特色不够突出，在如何根据本科生、研究生教育等不同阶段的要求培养具有创新思维的高素质外语人才方面还应进行更多的探索；在大学外语/英语教育改革过程中，网络、多媒体等教育资源尚未有效应用于教学实践中，教材选用方面存在一定的任意性，双语教育面临一定实际困难等；而在基础教育改革中，如何将新课程理念贯穿到教学实践中，如何切实解决不同地区基础资源差异性等问题，也需要深入的研究

另外，在外语教师素质方面，最为突出的问题就是，新设专业点教师资源相对缺乏，高学历、高职称的教师较少，学术能力相对较弱；有的大学英语教师教学工作相对繁重，缺乏进行教学研究的时间和资源。

在学术研究方面，外语专业的软肋是缺乏具有国际影响力的标志性成果，高层次、高水平的国际性学术会议、学术网站相对较少。同时，与中文、历史、哲学、教育等其他学科相比，外语学科学术成果的社会影响力较弱。作为教育部社科委员会语言文学学部召集人，我经常主持或参与教育部组织的学术评审活动。在评

国家级教学改革优秀成果奖、审定社科类科研项目或评审全国百篇优秀博士论文时，我和其他外语学科委员都发现外语类成果无论是数量、层次等都不大占优势，发展空间很大。

在教学评估方面，还需进一步完善不同层次教学工作的评估体系。目前英语专业本科教学的评估方案比较科学详细，也取得了预期效果。但是如何针对不同地域、不同高校、不同英语专业的实际情况，对其作出科学、合理的评价，还需进行深入研究。同时，对俄语、日语、德语、法语、西班牙语、阿拉伯语等其他外语专业本科教学以及对外语专业硕士和博士研究生的评估如何开展等，都是需要认真推敲的。评估在某种程度上是一把"双刃剑"，操作得当可以促进学科建设的日趋规范，并能有效提高教学质量；反之，则会为评估疲于奔命，甚至为评估造假，后患无穷。

回首我国外语教育三十年，有成就也有不足，所谓以史为鉴，知不足而后行，我们将总结经验，立足实践，在分析现状的基础上尝试解决存在的问题，从而走出一条具有中国特色的外语教育发展之路。

创新理念，继续发展

三十年的改革开放使我国在国际舞台上发挥越来越重要的作用，国际交流合作日益密切，中国的崛起令人振奋。记得今年8月8日晚在观看美轮美奂、震撼人心的北京奥运会开幕式时，我既为我国源远流长、博大精深的文明而深感骄傲，也为改革开放给祖国带来的巨大变化而感慨不已。据报道，约有八十多个国家和地区的领导人出席了北京奥运会开幕式，而奥运期间有数十万外国游客到北京体验中国的悠久文化，外语人才在其间所起的沟通与桥梁作用是不言而喻的。这使我在感叹之余，进一步认识到培养具有创新思维、高素质外语人才对于国家和民族的重要意义。中国的外语教育经过改革开放三十年的发展，已经站在了一个新的起点之上了，然而，如何使之继续得以发展，在我看来，至少应倡导以下三个方面的理念。

第一，务真求实，创新改革。三十年的改革开放见证了这样一个朴素而永恒的真理：没有创新，就没有发展。无论是外语教育管理，还是具体教学和研究工作，都不能墨守成规，拘泥于经验和形式，应结合国家和社会需求的不断变化，大力改革,以培养出适应时代需求的人才,提升学术研究的理论和实践价值。我教书近五十载,期间有幸主持或参与了国家级、省部级等不同层次的科研项目,而每次科研立项都是在充分考虑当时的教育教学实际情况、力求解决实际问题的基础上进行的。譬如早在20世纪60年代初,我就参与了上外的"听说领先试点"项目以切实提高学生的交际能力,后来该项目面向全国进行示范教学,获得广泛认可。20世纪80年代,我分别参与和主持了"英语专业基础阶段英语教学大纲"(1983—1986)、"英语专业基础阶段分级教学理论与实践"(1988—1990)的研究,前者为英语专业教学大纲的制定提供了实证支持,后者力求在考虑学生个体差异和因材施教原则的基础上进行分级教学改革。后来为了贯彻英语专业教学大纲的实施,我又参与组织全国高等学校英语专业四、八级考试。近二十年来,英语专业四、八级考试的效度和信度不断提高,社会影响力与日俱增。同时,为了适应经济发展对复合型人才的需求,我和上外的同事们又进行了复合型外语人才战略研究,并率先进行高素质、宽口径、复合型人才培养实验,拓宽了外语专业发展的思路。进入21世纪后,随着基础教育改革的蓬勃发展,大中小学外语教学衔接问题日益凸显,我于2000年对此进行了立项研究。随着语料库资源的发展,建设具有中国特色的语料库对于分析学习者因素、提高外语教育质量至关重要。因此,我和同事们又进行了"中国英语专业语料库建设与研究"(2007)。综合多年来的教育、教学和治学经验,我认为无论是个人专业发展还是学科总体规划,都需要充分考虑国家、社会的需求以及自身的专业定位,倡导创新思维,力求不断推陈出新,促进整体发展。

第二,统筹规划,有序发展。随着外语教育规模的扩大,有效的指导、监督、调控等至关重要,而教育部、各级教育行政管理部门、各高校、各院系等应充分发挥能动作用,促进外语教育的有序发展。1992年成立的高等学校外语专业教学指导委员会(简称"外指委")对于我国的本科外语教学发挥了有效的指导、监督作用。该机构前身为高等学校外语专业教材编审委员会,主要审订各种基础课和专业课教材。外指委成立后,下设英语、俄语、日语、德语、法语、西班牙语、阿拉伯语、非通用语等8个指导组,定期召开会议,根据不同时期的社会需求,明确各自的目标和任务。譬如,第二届外指委(1997—2001)要求各语种制定"面向21世纪外语专业课程体系和教学内容改革"方案,做好大纲研订、教材编写等工作,并大力扶植和支持非通用语种的教学与人才培养工作,在全国首次设立了9个非通用语种本科人才教学基地。第三届外指委(2002—2006)注重对复合型外语人才培养的探索,开展相关教师培训、外语教学/测试等研究。第四届外指委(2007—2011)则关注本科专业评估,注重精品课程建设、高师培训(如2008年起由外指委组织全国性高校骨干教师培训),并在教育部领导下,开展本学科发展现状调研工作,制定了外国语言文学学科发展战略报告和外语专业规范。作为外指委主任委员,我和其他委员深感责任重大,因此经常互相交流,探讨如何贯彻教育部的精神,促进外语专业教育的发展。我们建议各级教育行政管理部门要切实做到上传下达,坚持正确的教育管理理念,根据国家和地域需求,合理规划所在地域外语教育的布局和发展。而各高校则应该继承自身的传统特色和优势,立足社会实际,充分运用现代教育技术,建设特色专业和特色学校。只有各级教育行政管理部门和教育机构互相合作,才能保障我国外语教育有序发展。

第三,倡导和谐,全面发展。为了达到这一目的,在从事教育管理和教学工作过程中,我们应该注重平衡以下几方面的关系,即基础阶段教育与高等教育、所培养人才的数量与质量、教师的教学与科研、研究的理论性与实践性、学科的个性与特性等的关系。具体而言,基础阶段外语教学与高校外语专业、大学英语教学之间,在教学内容、教学方式等方面都要有密切衔接、互为补充,以确保人才培养的一体性。在所培养外语人才的数量与质量之间也要寻求一种平衡关系,既不能因为扩招而影响教学质量,也不要因过分注重精英教育而脱离教学实际,应使不同规格的人才(本科生、硕士生、博士生等)有序发展,满足国家和地域需求。教师的教学与科研也要均衡发展。事实上,教学能力与科研能力为教师专业发展的两个不可分割的维面,教学是科研的基础,科研对教学起着一定的指导作用,两者互为促进,不可顾此失彼,但可以有所侧重。同时,学术研究过程中既要注重所研究课题的理论意义,也要考虑其实践价值;既要避免空谈理论,泛泛而言,也要避免经验之谈,缺乏理论支持。而就学科发展而言,应同时具有个性和共性。所谓个性,即一方面结合所在院系、高校的传统,因校制宜,突出学科、学术特色;另一方面倡导学术交流、学术争鸣,乃至达到不同学术观点之间的融合,以求和谐与共同发展。所谓共性,即根据自身的学科或专业层次,采取各种有效措施,努力达到国家或所在省市对不同学科(国家级重点学科、省级重点学科等)或专业的评估要求,不断完善学科、专业的规范化建设。

　　三十年弹指一挥间,回首往事,深感欣慰的是,我们这代人还是赶上了改革开放的好年代。亲历改革,虽然也曾有过很多困惑,碰到过许多艰难,但是,也享受到了解惑和克服困难所带来的成功的喜悦。三十年的努力换得今朝一派靓丽,中国的外语教育事业无论是规模还是水平都足以让世人惊叹。然而,社会的发展总是在不断地对我们提出新的要求,唯有敢于挑战自我、勇于改革创新者才可能赢得机遇。我深信,只要我们坚持"解放思想、实事求是"的理念,共同携手努力,就必然能够推动我国外语教育事业的可持续发展,培养更多高素质、创新型的外语人才。

（本文刊发于《外语界》2008 年第 5 期）

他为后学者竖起了为学为师为人的楷模

——记上海外国语大学戴炜栋教授

佚　名

与时俱进，推动学校办学层次不断提升

与时俱进，改革创新，以崭新的教育理念，明确办学定位，不断推进学校办学层次的提升，是戴炜栋在担任上海外国语大学校长期间首先考虑的问题。

上海外国语大学的办学定位是以外语学科与人文社会科学研究和培养国际化、复合型外语人才为主，教学与科研并举。戴炜栋明确提出，上外经过几次大的改革，办学的定位标准必须进一步提升，培养人才的目标要"与时俱进"。因此他在不同的场合多次强调要对传统的外语教育理念和外语人才培养模式及目标予以大胆革新，要不失时机地走出一条培养适应社会需要的复合型外语人才的教学新路子。鉴于上外已改变了单一语种的传统教学模式，他率先在全校提出了面向21世纪的新的人才培养计划，重构课程体系，将基础知识教育、专业方向教育、专业知识教育和跨学科教育有机结合，由此组成新的教学模式，加大选修课比例，淘汰了一批内容陈旧的课程，完善学分制和弹性学制，在培养学生的完善人格和自学能力、构建复合型外语人才和拔尖外语人才应具备的知识结构与智能结构上狠下"猛药"，进而为学生毕业后的终身学习和发展后劲打下坚实的基础。

在戴炜栋和其他校领导的大力倡导下，上外教师队伍建设朝着抓好复合型外语人才和拔尖外语人才培养的目标推进。在课堂教学中，讨论式、开放式、案例式教学法得到有效的应用。

戴炜栋教授担任校长期间,大力倡导和热情鼓励学生的创新创业精神,支持学生积极培养动手和实践能力,学生的学习潜质和创新精神得到了开发和鼓励。在被称为"小联合国"的瑞士圣加伦论坛上,上外大学生代表中国大学生发表精彩演讲,其流利准确的外语表达能力、深厚扎实的专业功力和娴熟的电脑技能,展示了中国大学生走进知识经济时代的自信与才华。在上海召开的 HPAIR 哈佛亚洲商政双级会议上,上外学生在众多的申请者中脱颖而出被邀请参加。在全国、华东地区和上海市举行的各项外语演讲赛和论文比赛、创新创意大赛上,上外的参赛学生均取得了好成绩。上外的毕业生在高层次、高规格的人才市场上炙手可热,就业率一直以来在高校中名列前茅。上外复合型专业毕业生和拔尖的外语人才在国家部委、大型国企、外贸、外企、部队、院校等重要单位中如鱼得水,很受欢迎和重用。上外为国家培育了四万多名高级外语人才,他们中有的已成为国内外知名的外交家,外事外贸战线、外语教学与研究等领域的企业家、专家、学者和领导者。

重视教学科研,视教书育人为第一责任

桃李不言,下自成蹊。在带领学校发展的同时,戴炜栋始终不忘教学科研、教书育人是自己应尽的责任。

戴炜栋长期从事英语教学与英语语言研究,研究重点是"第二语言习得"和"以英语为第二语言教学",是我国外语教学与研究领域的主要学术带头人之一。他曾多次获得国家社科基金奖和国家级优秀教学成果奖,是国内最早从事高等外语教育改革实践和提出改变"哑巴英语"现状,实施大中小学外语"一条龙"教学新思路的学者和领导者之一。

在追求私利和实惠的社会风气蔓延的当下,戴炜栋为国家作奉献的信念从没有动摇过,他为我国外语教学和教育事业赶超国际先进水平甘作铺路石的精神四十多年始终不渝。

戴炜栋教学严谨,学风正派。作为全校英语学科的负责人,他承担着重要的管理工作与繁重的科研工作,白天的工作时间总是排得满满的,不是处理工作就是上课,有些工作常常要利用晚上来做。工作到凌晨两三点钟甚至通宵达旦对他来说是家常便饭。多年来,他很少完整地休息过双休日和节假日。有人在 2008

年曾帮他计算教学科研工作量,这一算,才知道他这一年干了三年的活,是一个"跑在时间前面的人"。

丹心一片育桃李

在承担大量繁重的管理与科研任务的同时,戴炜栋仍然坚持做好本科生和研究生的教学工作。他经常讲,大学应该特别重视本科生教育,这个基础打牢了,才能培养出高素质的硕士生、博士生。在课堂教学中,他注重启发,不断将科研中取得的成果应用于教学中。学生反映,听戴教授授课,能获取到最大的信息量和掌握基本的分析问题、解决问题的能力。

戴炜栋十分重视学术团队建设。他根据团队成员的研究方向与特点,充分发挥学科各自的优势,围绕共同目标,保证研究力量的集中和研究合力的形成。这样一来,团队犹如南来北往的雁阵,可以以任务为导向,自由组合研究队伍,实现"一字形"或"人字形"的灵活变阵。

这些年来,戴炜栋领导的学术团队始终坚持把推进学术发展摆在首位,定期组织高水平的学术活动,建立行之有效的学术激励政策,对团队进行科研绩效考核,明确奖励标准,规范过程管理,提倡严谨治学,做到公开透明,使每一位团队成员的积极性和创造性都能充分发挥。同时,学术团队按照研究方向设立研究单元,各单元设主持人,在主攻方向一致的前提下,加强协作。

为了加快培养创新人才,帮助他们在学术上尽快成长,戴炜栋倾注了极大的心血。他每周召集团队成员进行学术研讨,定期和团队成员谈工作交流思想。他鼓励青年教师积极申请科研项目,在科研工作中担当重任。在青年教师申报国家级、省部级项目的过程中,他不仅以敏锐的思路和对前沿研究方向的洞察力指导他们结合自身研究方向选题,而且在项目申报中主动提供实质性的指导和帮助。对青年教师在前期调研中遇到的具体问题,他不厌其烦地给予指导和协调。在他们准备基金申请文件的过程中,他抽取时间,认真阅读申请材料,提出建设性的修改意见,并与青年教师就其中关键问题反复讨论,直至满意为止。

为后学者竖起一座为学为师为人的丰碑

一分耕耘,一分收获。多年来呕心沥血的辛勤劳动换来了丰硕的成果。多年来,戴炜栋培养出了一批批高水平的研究生,有许多人成为博士、教授,很快成为高校和科研机构的骨干力量,一些人已取得重要科研成果。多年来,他培养的数十名硕士研究生多数留在国内并已成为科研第一线的栋梁,数十名博士研究生均在国内外科研领域有建树。

正如戴炜栋的学生张雪梅教授在《我的好导师》一文中所说的:

> 我不仅从戴老师那儿学到知识,更重要的是,他的言传身教对我的影响更大更深远。他总是在自己的岗位上恪尽职守、兢兢业业、认认真真地做好每一件事,任劳任怨,不计回报,默默无声地无私奉献。身为校长和评委,多少个周末,别人都在休息、享受闲暇的时候,他在仔细阅读,审核一些评审材料;他在绞尽脑汁地思考:怎样解决在校内外发生的种种事关学校发展的问题;他伏案耕耘,撰写教材和论文;多少个风雨之夜,他要远行,忙着评审、访学、进行校际交流;多少个假日,别人在享受天伦之乐时,他还在拜访、问候别人、在检查、在值班、在……

> 他为所有的后学者树立了一座为学为师为人的楷模!

（本文刊发于上海外国语大学学风建设专题网 xuefeng.shisu.edu.cn
《上外学人》栏目 2012 年 2 月 21 日）

坚持英语教育的重要性，
稳步推进高考外语改革

戴炜栋

《国家中长期教育改革和发展规划纲要（2010—2020 年）》提出"有的科目一年多次考试的办法，探索实行社会化考试"。党的十八届三中全会决定也指出要逐步推行普通高校基于统一高考和高中学业水平考试成绩的综合评价多元录取机制，提出"全国统考减少科目、不分文理科"。《教育部关于 2013 年深化教育领域综合改革的意见》明确阐述研究高考英语科目一年多次考试实施办法之后，北京、江苏、上海、山东等省市纷纷酝酿高考改革方案，讨论英语一年多考、降低高考英语分数等问题。教育部 2014 年的工作要点也包括"改革考试招生制度。探索全国统考减少科目、不分文理科、外语等科目社会化考试一年多考"。由此可见，教育部以及各省市相关政府部门十分重视高考英语改革，社会化考试成为改革重点。就外语（英语）在高考中的地位、社会化考试的具体方案等问题，学界和广大师生尚存在不同观点。在此背景下，笔者认为有必要坚持英语教育的重要性，多方调研论证，科学设计改革方案，结合区域层次差别，选择部分省份或高校试点，同时重视高考外语改革的研究工作，成立全国性的外语测试研究机构，提供专业指导和咨询，并推动测试评估领域的国际国内合作。

一、对接国家发展战略，坚持英语教育的重要性

建议对接国家发展战略，坚持英语教育的重要性。首先，英语作为一种国际通用语的地位已经被广泛认同。据统计，全球讲英语的人口达 17 亿，说英语的国

家国内生产总值占全球的 40%；全世界半数以上的科技书刊和译著都用英语，全球开设国际广播电台的 86 个国家中，只有 8 个没有英语广播；互联网上 80%以上的网页使用英文。其次，英语教育符合学习者的个体需求。学习者无论是申请到各类国外学校深造、参加国际交流，还是出国旅游、经商或者阅读原版文献、看原版影像资料等，均需要掌握英语。此外，我国公民的英语水平整体较低，需要进一步提升。根据 2013 年《英孚全球英语熟练度指标报告》对全球 60 个国家和地区中成人英语熟练度的排名，全球范围内，瑞典以 68.69 分稳居第一，中国以 50.77 分排名 34 位，属于"低熟程度"。最后，英语学习与汉语学习并不矛盾，也不是导致汉语水平下降的"罪魁祸首"。学习者汉语水平的降低与社会整体学习环境、年轻人的碎片化阅读习惯、英语教学内容、汉语教学方式、学生课业负担的影响等不无关系，并不能将其简单归因为"英语热"，更不能将社会、家长和学生引入"英语无用论"的误区。事实上，在英语教育中可以融入中国文化、文学、哲学等内容，提升学生对母语文化的认同感。

二、多方调研论证，科学设计改革方案

建议多方调研论证，即教育部、各省教育主管部门或教育考试院对业内专家学者、教师、学生及家长等进行调研、座谈。应该注意调研的全面性，譬如对专家学者的调研应涵盖教育界、外语界等专家学者，特别是从事外语教育、外语评估测试的专家。至于教师，应源于不同类型的大学、高职高专、不同层次的高中等。学生亦应根据其成绩、性别等进行抽样，家长应有一定代表性。建议科学设计改革方案，即从基础教育人才培养目标出发，结合基础教育的英语课程标准和要求，明确高考英语选拔性测试的定位，在广泛调研和深入研究的基础上拟定改革方案。教育部所出台的改革方案应具有宏观指导性，要考虑以下三方面的问题：一是该方案是否有助于选拔不同高校所需求的合格生源；二是该方案是否有助于推动基础教育改革，切实培养学生的跨文化交际能力；三是该方案是否体现教育公平原则，给予高校和学生更多选择权。各省高考改革方案应在教育部方案基础上，体现区域特色和层次差别，涵盖具体思路和措施。如高考外语是否只考英语？高考英语分值是否需要降？是否需要退出统一高考（听力、口语部分是否有必要独立出来进行一年多考）？如果实施社会化考试，由谁来实施（教育考试院还是第三方

评估机构？如何确保其公正性）？如何实施（具体组织和实施）？考试频次如何（一年考两次还是多次）？考试具体时间（是高二还是高三）？具体考试题型是什么（主观题与客观题比例如何）？是否像全国英语等级考试（Public English Test System，简称"PETS"）一样，实行分级测试？如何对接《高中英语新课程标准》四个级别的课程目标要求（6—9级）？如何建设题库？考试成绩如何计入总分，百分制还是等级制？如何与各高校自主招生对接（不同层次、不同类别的高校对于英语等级要求如何不同）？如何保证测试的信度、效度，使不同批次测试的难易程度一致？这些问题必须在方案中得以解决，从而提高其可操作性。

三、个别试点，稳步推进

建议教育部根据经济、教育、地域等指标体系，选取不同代表性省市进行分类试点。既可以包括东部经济发达省份，也可以包括西部欠发达省份，当然也要考虑直辖市和少数民族自治区的情况。同时，亦应选取综合类重点大学、外语类大学、师范类大学、理工类大学等不同类型的高校，或者"985工程"院校、"211工程"院校、省属重点高校、高职高专等不同层次的高校进行试点。而且试点省份和高校不宜太多。改革方案和试点省份与高校一经确定，应及时通过新闻媒体进行发布和正确解读，确保公众了解并且理解改革的动向、具体方案和实施步骤。

四、成立全国性的外语测试研究中心，关注高考外语改革

建议成立全国性的外语测试研究中心，汇聚高等教育、基础教育和相关考试机构的专家学者，对高考英语，英语专业四、八级，大学英语四、六级等各类测试进行一体化研究。借助网络平台等方式交流研讨，密切高校与中学、社会评估机构之间的合作，形成合力，对高考外语改革进行专业化研究，提交研究报告和咨询报告，使研究成果服务于国家考试改革和人才选拔的需求。高校的博硕士生也可以围绕高考外语改革，从理论和实践层面研究题型、信度、效度、反拨效应以及对基础英语教育变革、大学英语教育改革的影响等问题，学以致用。

五、树立国际意识，推介研究成果，提升国际话语权

鉴于目前基础教育实践缺乏理论总结与升华，建议鼓励更多研究者树立国际

意识,对基础教育进行深入研究,一方面向 *Language Testing* 等国际测试期刊投稿,通过研究报告、论文形式推介研究成果(包括对高考改革的探索),逐步提升国际学术话语权;另一方面鼓励我国测试研究学者加入国际语言测试协会,密切与国际同行的合作交流。同时,在国内以《外国语》《外语界》等知名期刊、《外语测试与教学》等测试类专业期刊、《中小学外语教学》等基础外语教育类期刊为媒介,邀请国际知名测试专家担任编委,搭建学术交流平台,推动高考改革、外语测试以及外语教育研究的发展。

(本文刊发于《外国语》2014 年第 6 期)

高校外语专业 40 年改革历程回顾与展望

戴炜栋

转眼改革开放已近 40 年。与其他领域一样,我国外语教育事业迅猛发展,取得巨大成就。作为外语专业改革的亲历者、倡导者和推动者,作为从事外语教学研究近 60 年的老教师,在这里我将撷取让我最难忘的事例,梳理 40 年来高校外语专业发展的历程,阐述改革开放对外语学科发展的影响,并展望外语教育发展的未来。

一、发挥外指委指导作用

我在 1997—2013 年间担任教育部高等学校外语专业教学指导委员会(简称"外指委")的主任委员。众所周知,这一委员会的前身是教育部高等学校外语专业教材编审委员会(简称"外语教材编审委员会")。外语教材编审委员会成立于 1980 年,王佐良先生任第一届主任委员,许国璋先生任副主任委员。屈指算来,我在这个机构工作了 30 多年,亲历我国外语专业的发展与变革,也见证了外指委所发挥的指导咨询作用。下面按照时间的脉络扼要梳理一下。

1985 年下半年我进入外语教材编审委员会,与胡文仲教授一起负责英语专业工作。当时许国璋先生一再告诫我们要抓好两件事,即外语教材和教学大纲,同时组织广大教师队伍使用统一的教学大纲和教材。为适应当时的高等教育发展需求,我们建立了英语专业教材编审体系,并尝试编写英语专业教学大纲。我负责基础阶段的教学大纲编写工作。在编写过程中,我们不仅学习国内外最新相关教育教学理论,总结外语教学经验,而且还深入调查,组织测试,收集数据,为大纲制订提供了可靠的依据。80 年代末,《高等学校英语专业基础阶段教学大纲》与《高等学校英语专业高年级教学大纲》相继完成。我曾就大纲的推广应用工作提出三条建议:第一,根据当时形势宣讲、贯彻大纲,提高教师落实大纲的水平;第二,启动英语专业四、八级教学测试,以检查大纲执行情况,提高英语专业教学质量;第三,根据大纲精神推行英语专业分级教学理念,并在上外试点(1990—1993年)。以上建议得到王佐良先生和许国璋先生的大力支持。1990 年全国英语专业四级统一测试开考,1991 年英语专业八级统一测试开考。我主持的"英语专业基础阶段分级教学理论和实践"项目 1988 年获国家社科基金项目立项。该项目尝试对上外英语专业入学新生进行英语水平测试,并将其分别纳入第二级(一年级下)、第三级(二年级上)或第四级(二年级下)阶段的学习。这一分层教学充分考量了学生的个性化发展需求,相关研究成果于 1991 年荣获高等教育国家级优秀教学成果一等奖。

1992 年,在当时的国家教委高教司领导下,外语教材编审委员会更名为"高等学校外语专业教学指导委员会",胡文仲任第一届外指委主任委员。我于 1992—1996 年任外指委副主任委员兼英语组组长,重点抓好英语专业教材编审,教学大纲修订,英语专业四、八级教学测试,四、八级题库,教务管理完善等工作。英语界一批德高望重的专家、学者都参加了英语专业四、八级教学测试的业务指导,包括李筱菊、陆国强、何其莘、黄源深、秦秀白、吴国华、钱瑗、姚乃强等。

1997 年成立了第二届外指委。1997—2013 年,我任第二、三、四届外指委主任委员。其中第二届外指委重点完成了以下工作:① 面向新世纪制定了我国外国语言文学发展规划、战略等。② 修订完成英语专业和各语种的新版教学大纲,做好各语种的专业四、八级教学测试工作。1999 年开始,英语以外的其他语种,如西班牙语、俄语、日语、德语、法语陆续开考专业四、八级统一测试。③ 大力扶植非通用语种专业发展,根据《关于批准北京大学等高等学校建立外语非通用语种本科人才培养基地及下达基地建设经费的通知》(教高函〔2001〕4 号)、《关于解放军外国语学院、国际关系学院建立外语非通用语种本科人才培养基地的批复》(教高函〔2001〕14 号)文件精神,在全国首批建立 10 个非通用语种本科人才培养基地。我们还从教育部争取到给非通用语种教师的补贴,即教育部给每位老师每月补贴100 元,学校另外再补贴 100 元,切实提高教师待遇。④ 世纪之初提出"中国外语教学'一条龙'"理念,旨在提高学生的外语应用能力,提升外语教学的有效性,减少"哑巴英语"现象。

在第二届外指委(1997—2001)期间,需要特别指出的是面向 21 世纪的教学大纲修订工作。1998 年英语组由何其莘、何兆熊等 10 位教授组建了英语教学大纲修订小组,1999 年 6 月起草了新大纲的征求意见稿,在听取 200 多所院校意见并在年会上逐条审阅修订后,1999 年 12 月将《高等学校英语专业英语教学大纲》送教育部高教司审批通过并于 2000 年颁布。该教学大纲不仅将基础阶段与高年级英语教学大纲合二为一,明确了英语专业必须开设的专业技能、专业知识与相关专业知识三类课程,还提出许多新理念,譬如跨文化交际能力、复合型外语人才培养以及在教学中要正确处理语言技能训练和思维能力、创新能力培养的关系等,这些理念至今仍没有过时。

第三届外指委(2002—2006)主要完成了以下工作:① 紧跟国家形势发展需求,支持指定学校对接国家战略,结合地域优势,进行立项研究。例如,对外经济贸易大学的"WTO 与中国外语教育",四川外国语大学的"西部大开发和中国外语教育"等项目均获得外指委支持。② 根据 2003 年启动的高校本科教学评估中所发现的外语教学不足之处(如学生思辨缺乏、创新不足等),建议教育部启动高校英语本科专业教学评估,明确评估标准等。外指委根据教育部的统筹安排,2003 年制定《高等学校外语专业本科教学评估方案(试行)》,2004 年对 4 所不同类型的院校进行试评,了解本科教学现状。③ 基于试评估的经验,2005—2008 年对 102 所院校本科英语专业进行评估,重以评促建、以评促改,规范英语专业办学和管理,保障教学质量。

第四届外指委(2007—2013)重点完成了以下工作:① 在组织形式上采取各语种教学指导分委员会制,以前各语种指导小组升格为分指导委员会,专家数量也有很大增加。② 起草了高等学校外国语言文学学科发展战略报告,包括教学质量标准、专业规范、专业设置、教学大纲、专业评估、人才培养、教师发展、学术研究、社会服务等。2009 年 1 月正式定稿并上报教育部高教司。③ 基于广泛调研制定了高等学校外国语言文学学科专业规范,包括英语、日语、俄语、法语、德语、西班牙语、阿拉伯语、非通用语等专业。④ 重视骨干教师培训工作。2008 年始由外指委组织全国性高校骨干教师培训,同时通过各类教学研讨会、科研立项、科研成果出版等提高教师的教学能力和科研水平。⑤ 完善外语专业教学测试体系。2009 年阿拉伯语开考专业四级统一测试。2010 年成立外语专业四、八级教学测试专家委员会，为测试提供咨询和指导。成员是各语种的资深专家，如何其莘（英语）、邹申（英语）、孙玉华（俄语）、谭晶华（日语）、曹德明（法语）、贾文键（德语）、陆经生（西班牙语）、周烈（阿拉伯语）、蔡伟良（阿拉伯语）等。

外指委作为教育部专业咨询机构，汇聚了全国外语学界的知名专家与学者。他们发挥专业优势，群策群力，为外语专业本科教学的研究、咨询、指导、评估等工作做出了重要贡献。

二、推动上外改革发展

我 1958 年进入上外学习，1962 年留校任教，此后历任英语系基础教研室主任、英语系主任、副校长、校长、党委书记等职。其中 1990—2006 年任校长，1995—2004 年任党委书记。1995 年获宝钢教育基金优秀教师特等奖，2002 年获上海市"员工信赖的好校长"荣誉称号。60 年来，我学于斯、教于斯、研于斯，与所有上外人一起，推动、参与了学校的改革发展，见证了上外如何从单一的俄文专科学校，发展成为多语种、跨学科，进入国家"211 工程"和"双一流"建设的全国重点大学。而今回望，不禁感慨万千。这里主要选取几件重大事例进行阐述。

首先，上外率先启动并深化了外语类院校复合型人才培养的教育改革。早在20 世纪 80 年代初，随着改革开放的发展，传统经院式人才已经不能满足社会对复合型人才的需求。1983 年，时任英语系主任的我与同事们在充分调研的基础上，在英语系率先开始"英语+新闻学"的双学位试点。为了确保人才培养质量，我们一方面聘请优秀师资，另一方面在选拔考试的基础上遴选部分三年级学生。他们通过两年新闻专业主干课程的学习，毕业时获英语和新闻专业双学位。这一试点取得很大成功。1984 年始，我们开始培养"人文专业+英语""外语专业+英语"以及"英语专业+人文专业"的三类复合型人才，从应届高中毕业生中直接招生。90年代中期，复合型人才培养已经得到国家教委和社会的广泛认可，其理念被纳入2000 年版《高等学校英语专业英语教学大纲》。此后上外一直在探索副修、辅修、双学位等机制，不断深化复合型人才培养改革，业内反响良好。

其次，上外在全国高校中首家实行收费改革。1993 年实行改革试点时我和学校领导班子成员感觉压力很大,担心每年 2 400 元的学费会影响学生的质量和学校的声誉。为了确保改革顺利,我们不仅广泛宣传,突出办学特色亮点,而且从课程设置、教材、人才培养方式等方面进行一系列的改革,提高办学质量,同时为学生设立新的奖学金、贷学金制度,实施"绩点学分制"和新课程基金制度等,坚决避免出现高玉宝现象(因家境贫寒辍学)。教育部、上海市政府给予我们很大支持。我还上电视、电台与广大家长直播讨论收费改革的重大意义。改革的结果是生源的质量和数量都很好,社会认可度也很高。1993 年底我代表学校在全国校长书记咨询会议中介绍了经验,并得到国家教委的表扬。

最后,上外在近 70 年的发展历程中,抓住了两次机遇。一次是从"上海外国语学院"升格为"上海外国语大学"。记得当时是 1994 年,我们基于学校建设基础和改革经验,向国家教委申报更名且很快获得批准。可以说,这为学校发展带来了更大的空间和更多的机遇。另外一次是顺利成为国家"211 工程"建设院校。这一工程 1994 年 5 月启动部门预审,我们当时积极申报并于 1996 年顺利通过预审。目前在全国外语类院校中,只有北外和上外进入"211 工程"。这也为 2017 年上外进入"双一流"打下了坚实的基础。

抚今追昔,不胜唏嘘。作为一个老上外人,我真心希望学校适应国家和社会需求,发挥学科传统优势,在人才培养、科学研究、社会服务、文化传承创新等方面取得更大辉煌,而对她的每一步发展,(我)都充满了期待和热盼。

三、促进学术交流发展

改革开放 40 年来,在高等教育国际化的发展趋势下,外语教育研究也得以不断深化。我认为对于教师而言,教书育人工作最重要。从教近 60 年,我教过本科生、硕士生和博士生等阶段的不同课程,做过班主任、导师,培养了近百位博士生,深感教师对于学生成长具有春风化雨的作用。而为了提高人才培养质量,做好学术研究,吸纳最新研究成果也至关重要。自 1965 年在《外语教学与研究》上发文以来,我已经在各类学术期刊上发表了 130 余篇文章,出版 20 余部语言学、语言教学、汉英百科等方面的著作、词典、论文集等,主编多套国家级规划教材,主持国家级、省部级课题多项,主要涉及外语人才培养、外语教育发展改革等,涵盖大中小学等不同学段,旨在解决实际问题,丰富相关外语教育教学研究。

在我所主编的学术丛书中,有两套具有重要的史料价值。这就是上海外语教育出版社出版的"改革开放 30 年中国外语教育发展丛书"(2008)和"新中国成立 60 周年外语教育发展研究丛书"(2009)。前者由前副总理李岚清作序,包括高校外语专业教育、大学外语教育、高职高专外语教育、基础外语教育、外语教育名家谈等内容。后者由我与胡文仲主编,入选 2009 年中国十大英语教育新闻,涵盖外语教育发展研究、外语教育发展战略、翻译研究、国外语言学研究、外语教学理论研究等领域。两套丛书都注重对历史的回顾、对现实的分析以及对未来的展望,总结了我国外语教育改革的成就与问题,并提出相应对策。所谓"读史使人明智",此类丛书有助于我国外语教育政策的制定与教育教学改革的发展。我在做好教学研究工作的同时,还积极参加各类学术组织和学术活动,促进学术交流发展。除了 1997—2013 年间担任外指委主任委员之外,我于 1998—2008 年担任国务院学位委员会外语学科评议组召集人,2003 年起担任人事部全国博士后科研流动站外语学科评议组召集人,2004 年起担任教育部社科委员会委员暨语言文学学部召集人。我曾担任中国翻译家协会副会长、上海翻译家协会会长、上海市文联副主席、迪士尼英语中国顾问委员会主席。多年来,我还一直担任国家社科基金评委和教育部长江学者会议评委,经常主持或参与教育部组织的评审活动,如国家级教学改革优秀成果奖、国家精品课程、社科类科研项目等,为推动外语学术交流贡献力量。2013 年我获得教育部高等学校英语专业教学指导分委员会颁发的"中国英语教育特殊贡献奖",2017 年获上海市外文学会首届"外语教育终身成就奖",我将之作为对我多年致力于外语教育改革发展与学术交流工作的鼓励。

四、展望外语教育未来

回顾 40 年来外语专业教育的发展历程,我深切感受到,随着国力的强盛和社会经济的发展,我们的外语教育环境更加优化,教学资源更加丰富,而相关理论与实践研究尚待完善。早在世纪之交,我就曾发文提出要建构具有中国特色的外语教育体系。而今在文化"走出去""双一流"建设的背景下,这一倡议更为重要和必要。下面基于历史经验,结合现实情况,就我国外语教育发展谈几点看法。

第一,对接国家战略,服务国家需求

2015 年 8 月,中央全面深化改革领导小组第 15 次会议审议通过《统筹推进世界一流大学和一流学科建设总体方案》，决定统筹推进建设世界一流大学和一流学科，促进我国从高等教育大国跨越到高等教育强国。2017 年 9 月 21 日，教育部公布了"双一流"建设学科名单，其中有六所高校的外国语言文学学科入围，分别为北京大学、北京外国语大学、上海外国语大学、南京大学、湖南师范大学（自定）、延边大学（自定）。在我看来，一流的外国语言文学学科建设无论是人才培养、科学研究，还是师资队伍建设，一定要对接国家战略，服务于国家的外交、外事、政治、经济、文化、教育等发展需求。其中人才培养为学科建设的核心。早在 2015 年 7 月，响应国家"一带一路"倡议，教育部、外交部、财政部等五部委就印发了《2015—2017 年留学工作行动计划的通知》，明确提出培养拔尖创新人才、非通用语种人才、国际组织人才、国别和区域研究人才、来华杰出人才等五类人才。我们外语教育改革也要发挥多语种、跨学科优势，紧密对接国家的战略需求，做好相关卓越国际化人才培养等工作。同时可针对中国企业"走出去"、孔子学院发展战略、"一带一路"沿线国家社会文化概况等问题，为国家相关部委提供决策咨询、政策建议、案例分析等，促进中外沟通交流。

第二，立足教育实践，适应社会需求

在高等教育国际化和"互联网+"的背景下，外语教育在多语种服务、咨商启民、知识共享等方面将发挥更加重要的作用。我一直认为，外语教育绝非空中楼阁，自娱自乐，而是要立足教育实践，适应社会对多语种人才、多语种服务的需求。各高校外语学科不仅要在人才培养、学术引领中有所作为，不仅要举办高水平学术论坛，培养全国骨干外语教师，还要考虑所在区域的外语需求，在跨文化培训、社区外语教育等方面有所贡献。譬如上外位于上海这一国际化大都市，早在 1995 年，我们就推出上海外语口译证书考试，培养紧缺翻译人才，而 2016 年则试点设立"上海外国语大学非通用语种教育基地"，在上海 12 所中小学开设希腊语、葡萄牙语、意大利语等非通用语种教学班，推动国际教育。同时，我们一直重视出版"文化走出去"系列精品，打造多语种网站，建设多语种数据库，为大型国际会议等活动提供一流的多语种服务，以实现外语学科的社会服务功能，推动社会经济文化发展。

第三，借鉴国际前沿成果，实现研究本土化

长期以来，我国外语学科的学术研究多强调与国际前沿的对接，注重国外成果的引用介绍,存在生搬硬套国外理论、削足适履的问题。这不仅表现在语言、文学、翻译研究方面,也出现在教学研究中。这在一定程度上导致我们一直在追踪国外的理念、范式、模式,研究也多停留在验证他人理论的适用性,而未能切实取其精华,为我所用。在我看来,为了将研究本土化(go local),首先要明确"真"问题,即在外语学科(如语言学、文学)发展中具有普遍性、前沿性的问题,或中国语境中外语学习与教学的实际困难和问题,问题可涵盖宏观政策性探索,以及微观教学策略研究;其次要借鉴国际前沿的研究理论或者方法,特别是利用具有跨学科性的统计软件、语料库、人工智能等,注意避免盲目照搬他人的理论框架或者范式;最后要进行扎实有效的调研和实证研究,特别是开展行动研究等,在反思评估中尝试解决问题。

第四,倡导改革创新,提升国际话语权

2016 年 5 月在北京召开了哲学社会科学工作座谈会。会议强调要着力构建中国特色哲学社会科学,在指导思想、学科体系、学术体系、话语体系等方面充分体现中国特色、中国风格、中国气派。这对我们外语教育发展也具有重要指导意义。前面我谈到了如何 go local,这里我想强调如何 go global(国际化),即建构具有中国特色的外语教育体系,打造标志性教学改革或学术研究成果,并向国际学术界推介。这里成果并不仅仅局限于在 SSCI、A&HCI 等期刊发表论文,而是以我为主,融入更多中国元素,产出译著、研究报告、咨询建议等各类学术产品。在这一过程中,我们除了强调与时俱进、创新改革,还要重视外语师资队伍的建设,打造一支国际化程度高、教学与研究能力强的教师队伍。可以说,教师是创新驱动的主体,他们应具备国际视野,跨学科思维,关注本土研究问题,并能将之凝练提升,用学术语言进行国际表达,提升我们的国际学术话语权。当然,我们学术地位的提升与高端外语学术期刊的建设、学术组织的设立、教学学术活动的开展是密不可分的,也离不开网络平台、虚拟空间等现代教育信息技术的支持。

总而言之,无论是改革开放初期,还是 40 年后推行文化"走出去""一带一路"倡议的今天,外语学科和外语人才对于国家和社会的发展都不可或缺。"老骥伏枥,志在千里",作为外语学人,我们应有责任感和使命感,立足中国,改革创新,不断推动外语教育事业的发展。

(本文刊发于《外国语》2018 年第 4 期)

新时代我国外语专业如何实现
可持续发展

戴炜栋

中华人民共和国成立七十年来,特别是改革开放四十年来,我国外语专业在语种布局、人才类型、培养模式、学术研究等方面迅速发展,为国家的外事外交、经济文化等做出积极贡献。面对经济全球化和教育国际化趋势,对接"文化走出去""一带一路""双一流"建设等国家需求,外语专业如何结合专业特色和学科传统,实现动态的可持续发展呢?

彰显特色,培养卓越国际化人才

2018 年全国教育大会明确提出培养社会主义建设者和接班人。就外语专业而言,人才目标不能局限于提升语言技能,而有必要坚持立德树人,在语言教学过程中融会相关领域知识,培养学生的专业能力、人文素养、跨文化沟通能力等。目前,各高校结合学校传统,在人才内涵和培养模式方面进行积极探索。譬如,上海外国语大学提出"会语言、通国家、精领域"理念,试点卓越学院,培养"多语种+"卓越国际化人才。北京外国语大学成立北外学院和国际组织学院,力求培养具有国际视野、中国情怀的高素质人才。在我看来,鉴于各外语专业所在区域和院校不同,应在明确人才基本规格的基础上,实现分层分类外语人才培养。具体而言,外语类院校和综合院校可发挥多语种跨学科优势,培养"多语种+"领域人才;师范类院校可强化外语教育和跨学科特色,打造卓越外语储备师资;理工类、财经类院校等可探索培养"一精多会""一专多能"的国际化复合型人才。只有明确人才目标,才能有的放矢地进行培养模式改革,从课程体系、教学资源、教学评估、教师发展、教学管理等不同层面创新,提高人才培养质量。

扎根本土,倡导多维学术研究

在国际化背景下,跨学科研究已经成为必然趋势。2017 年国务院学位办公布了《学位授权审核申请基本条件(试行)》,设立了外国文学、外国语言学及应用语言学、翻译学、比较文学与跨文化研究、国别与区域研究五大学科方向,这在一定意义上拓展了外语学科的研究领域。我认为,一方面要对接国际学术前沿,做好语言学、文学、翻译学、文化等传统研究,力求打造原创性成果;另一方面要强化跨学科意识,促进各学科方向、各二级学科,以及外国语言文学一级学科与新闻传播学、中国语言文学、教育学、法学、民族学、社会学等其他一级学科的交叉融合,围绕真问题,产出创新成果。需要指出的是,无论何种学术研究,均要考虑本土化和国际化的融合,即研究要解决本土问题,应用于本土实践,且在条件成熟的情况下,实现国际表达。目前在应用语言学领域,产出导向法(production-oriented approach)、读后续写法等都是有意义的探索,也有助于在国际学术界传递中国声音。此外,目前,在外语教育领域有一些争鸣,如学术英语与专业英语,外语专业的有用与无用,外语专业的工具性与人文性,外语专业如何服务于国家战略等,这也展现出学者的不同视角。我认为,学术研究可以"百舸争流""百花齐放",毕竟,真理越辩越明。

科学考核,打造国际化师资团队

在"双一流"建设背景下,学术共同体、优质资源共享等理念逐步得到认同。各大高校在引进国际顶尖人才方面纷纷出台不同政策,也取得一定成效。但在我看来,引进固然重要,培育更加关键。传统上,我们一方面严格入职要求,从学缘、学历等方面提高教师队伍素质;另一方面,"走出去"与"引进来"相结合,通过讲座、论坛、国际化工作坊等提升在职教师,特别是青年教师的国际化水平。同时,加强教学质量监控,发挥"传帮带"作用,提高在职教师的教研能力。面对新时代对教师队伍的新要求,特别是在"以本为本"(人才培养为本,本科教育是根)、"四个回归"(回归常识、回归本分、回归初心、回归梦想)、"克服五唯"(唯论文、唯帽子、唯职称、唯学历、唯奖项)大背景下,应进一步突出教学的核心地位,彰显国际化理念,通过优化教师评估体系提升教师队伍素质。以博导、硕导评估为例,有的高校仅以导师个人的项目、论文、奖项等为指标进行考核,但从学术传承和学生培养角度看,有必要将导师个人与团队的成果、导师与所指导学生的水平、导师与学生的国际化程度等相结合进行考核。同时,对教师的考核评估不仅限于科研、教学,还应包括学科建设和社会服务等维度。这样才有助于激励教师将更多精力投入到学生指导培养和学科整体发展中,而不是只关注自我提升。

立足多语,提供多元社会服务

面对国家"走出去""一带一路""双一流"建设要求,政、产、学、研、用相融合已是必然趋势。就外语专业而言,有必要继续发挥多语种、跨文化优势,服务于不同层面的要求。一方面加强高校智库建设,汇聚高层次外语人才,为国家外事外交、经济文化等发展提供咨询报告;另一方面加强区域国别研究人才、国际组织人才的培养,以服务于"一带一路"对人才的需求。同时组建产学研联盟,推进重要区域和领域的国际化语言服务体系建设,为政府部门、涉外企业、大型国际活动等提供语言翻译、语言培训、舆情检测等服务。譬如,上海外国语大学高级翻译学院一直承担《联合国纪事》等翻译工作,得到广泛赞誉。

运用技术,融合人工智能与外语教育

"互联网+"时代,大数据、人工智能、智慧教学、学习空间等概念与外语教育教学的发展密切相关。无论是设计慕课、私播课,还是开发学习者语料库、教学案例库、自主学习资源库、测试平台,或者是推介线上线下混合教学模式、手机翻译软件、数字班牌等,都体现出信息技术与外语教育不同程度的融合。在一定意义上,如何有效利用大数据,使之服务于外语教育教学值得探索和实践。当然,信息技术的发展也对教师的信息素养(information literacy)和整合技术的学科教学知识(technological pedagogical content knowledge)提出更高要求。各高校有必要采取相应举措,逐步提升教师的相关素养。教师也应及时更新理念,充分将智慧技术应用到教学科研中。需要指出的是,技术归根结底服务于人才培养需求,服务于师生互动交流,服务于教学质量保障,不必为技术而技术。

(本文刊发于《社会科学报》2019 年 1 月 17 日)

70 年外语教育：回顾与展望

戴炜栋

2019 年是中华人民共和国 70 周年华诞,也是我所工作的上海外国语大学(以下简称"上外")70 周年校庆。作为在外语教育一线奋斗近 60 年的老教师,我想结合自己的求学与工作经历,对中华人民共和国成立 70 年以来的外语教育进行回顾与展望,以此献给祖国和母校。

一、宏观规划指导,推动外语发展

纵观中华人民共和国成立以来的外语教育发展历程,我们发现,外语教育总是与国家战略紧密对接,服务于国家的经济、文化、外事、外交等需求,呈现出动态发展趋势。

一方面,国家的宏观布局与规划对高校具有重要意义。无论是"985""211"还是"双一流"建设,或者省部共建等政策,均为高校带来新的发展机遇。以上外为例,1993 年,时任上海市领导的徐匡迪、陈至立到我校来视察,同意上外作为第一批教育部和上海市委市政府共建的学校。现在虹口校区的最高建筑一号楼,就是当年上海市政府投资建造的,极大地改善了办学条件。

上外于 1996 年申报"211 工程"建设学校。教育部领导到学校预审后,认为我们的办学质量、师资、学生都是一流的,但办学的硬件条件相对较弱。入选"211"后,我们在教育部和上海市政府的支持下,不断优化办学环境,松江新校区建设也迎来了新契机。进入新世纪以后,市委市政府决定在松江建立大学学区。当时,市委领导征求我校意见,我们领导班子一致认为这是一个拓展办学空间的大好机遇,于是通过召开全校教职工大会、发放补贴等方式做好各项工作,特别是稳妥做好了对老师的说服动员工作。松江校区坚持融多元文化于校园环境中,建成后受到许多国家领导人的好评,也为2017年学校成功入选"一流学科"建设单位打下了坚实的基础。

另一方面,外指委等教育部专家咨询机构为外语专业建设提供科学指导。我1984年进入外指委工作(时为教材编写组,现在是教育部外语类专业教学指导委员会),当时的领导是北京外国语大学的许国璋教授和王佐良教授。1992年,教材编写组改名为外指委,我担任英语组组长,胡文仲教授担任主任委员,这是第一届指导委员会。第二届1996年成立,我担任主任委员。此后我又连任了第三届和第四届外指委主任委员。

外指委对接国家战略,做了大量专业指导性工作。20世纪80年代初期,我们在许国璋先生的指导下制定了《高等学校英语专业基础阶段英语教学大纲》和《高等学校英语专业高年级英语教学大纲》,90年代又进一步修订了这两个大纲,制定了面向21世纪外语类人才培养标准,提出要培养国际化、复合型、应用型人才,这一观点具有前瞻性和科学性,直到现在都没有过时。同时,我们组织了英语专业四、八级教学测试,以检验教学质量。后来外语专业四、八级教学测试逐步推广到日语、法语、德语等通用语种。此后,外指委拟定了外语本科专业规范,这实际上是《外国语言文学类教学质量国家标准》的前身。

外指委还针对西部大开发设立专项,帮助西部高校探索教学改革之路;结合WTO背景,组织对外经贸大学的相关专家就课程和人才培养进行理论探索和实践。

针对非通用语种人才的培养,教育部早在20世纪90年代就开始设置相应专业。当时非通用语种因使用面较窄,招生人数很少,就业难度也比较大,导致一些师生思想不太稳定。外指委配合教育部做了大量工作,特别是争取到相关补贴政策,即教育部给教授非通用语种的教师每人每月发放100元补贴,各院校也相应发放补贴。教育部还在全国各地建立非通用语种的本科教育基地,其中上外、北外、广外、广西民族大学等高校均建立了基地,有效推动了非通用语种专业的发展。

二、创新教育改革，培养多元外语人才

外语人才的培养一直紧密对接国家和社会的发展需求。我于 1958 年到上外读书，1962 年留校工作，教授过本科生、硕士生、博士生等不同层次的学生；1990—2005 年任校长，1995—2004 年任党委书记，见证了上外从单一学科的外国语学院发展成为多科型外国语大学，参与了相关教育和培养模式改革，切实领悟到人才培养目标一定要与国家需求相一致。就我所经历的教育改革而言，有以下几项改革举措令我印象最为深刻。

首先是 20 世纪 80 年代的复合型人才培养。1978 年的十一届三中全会之后，国家进入改革开放时期，外语教学也开始复苏并发展，原有单一的外语教师、翻译等人才培养模式已经不能适应国家需要，于是上外自 1983 年起试点培养复合型和复语型人才。我们开设了一些应用文科的专业，如经济、法律、法学、新闻学等，要求这些专业的学生兼修语言专业，同时鼓励英语专业学生辅修经济、法律、新闻传播、对外汉语等专业。此外，学校还针对一些非英语专业的语言类学生试点双语专业，譬如，主修西班牙语的学生可以辅修英语专业。这样培养出的学生更适合国家经济发展的需要，受到用人单位的广泛欢迎，外交部对这种复合型办学模式也非常认可。后来全国几乎所有的外语类院校都陆续采用了这种人才培养模式。

其次是 20 世纪 90 年代末全国外语专业教学大纲的统一制定。当时，我们邀请了很多国内知名专家参与编写大纲。大家在进行充分调研和反复论证后制定了这部大纲。该大纲具有前瞻性和科学性，有些理念即使到现在都没有过时。譬如，大纲提出进入新世纪后，要培养国际化、复合型、应用型人才，这一人才目标仍有现实意义，尤其是在目前国际化、智能化背景下，培养具有中国情怀、国际视野的高素质外语人才十分重要。

第三是大中小学"一条龙"改革工作。外语教学"一条龙"这个理念早在 20 世纪 90 年代中期就已经提出。1998 年教育部召开了"全国外语教学'一条龙'"第一届会议，后来，在上海外国语大学召开了第二届会议。当年提出"一条龙"这一理念主要源于我参与编写教材的经历。那时，我参加了上海市教材编写工作的一期和二期工程。两个工程时间跨度很长，包含各个学科。我主要参与了外语教材

改革部分(包括小学和中学)。此外,我还参与了上海外语教育出版社的高职高专以及中专教材、英语专业教材的编写工作。通过参与编写各种类型、各种层次的教材,我深刻体会到外语教学应该建立"一条龙"的发展体系,以提高教学效益和教学质量。我参与全国外语教学大中小学"一条龙"的研究课题后,相关成果得到各方认可。

2000年在北外召开的一次英语教学国际会议上我做了英文发言,第一次在国际会议上提出了外语教学"一条龙"理念。会议结束后,我在《外语教学与研究》上发表了一篇介绍外语教学"一条龙"理念的论文。这个理念强调本土性、多元性和发展性,而其贯彻落实在一定意义上取决于国家层面,即由教育部出面进行组织协调。例如,高等教育与基础教育的主管部门分别是高等教育司和基础教育司,这两个司的有效衔接有助于做好外语教学的"一条龙"工作。目前上外拥有一个上海市英语教育教学研究基地,该基地同时是上海市高校"立德树人"人文社科重点研究基地之一,由束定芳教授任首席专家。在大中小学相关专家的共同努力下,基地与中小学开展合作,在教材评估编写、教师培训、教学改革、教学学术平台搭建等方面做了大量工作。在我看来,小学、中学、大学乃至研究生外语教育,甚至幼儿英语教育也应进行有效衔接,而如何做到这一点还需要学界认真研究。

最后是上海外语口译资格证书考试项目。该项目是上海市紧缺人才岗位资格培训项目之一,1995年6月开考,每年两次。该项目旨在通过培训与考试,培养一批能胜任各类涉外谈判、文化交流、高层次会晤和研讨以及国际会议的外语口语或翻译人才,同时为社会上的外语学习者提供继续教育机会,提高其语言综合能力,特别是口语和口译的整体水平。20余年来,该项目的累计考生人数接近150万,考生来自全国各地及新加坡、美国等发达国家与地区。自该项目设立以来,我一直担任顾问,经常与相关专家进行专题研讨,参与试卷命题、定稿以及音频部分的审核等工作。此外,我还担任了英语中、高级口译培训教材的总主编,该系列教材也受到广大考生的欢迎。

在我看来,对接国家和区域需求,培养紧缺外语人才是外语学界应该关注的事情。目前22所院校正试点公共外语改革,以培养"一精多会""一专多能"的国际化复合型人才,这一人才培养模式试点与实践也符合"一带一路"倡议等对人才的需求。

以上改革项目均是我所主持或者参与的，符合不同历史时期国家对外语人才培养的战略需求。随着国际化、信息化、人工智能的发展，高校外语人才培养目标和方式也呈现动态变化，但无论如何变化，均应以国家和社会对人才的需求为核心。

三、优化体制机制，助力外语教育

外语人才培养的质量和外语学科的建设水平与相应体制机制改革密切相关。换言之，教育目标的实现需要体制机制的保障。

以上外为例，我们在 20 世纪 90 年代针对单一外语类学院资金比较紧张的问题，于 1993 年在全国率先试行了新生收费制度改革。众所周知，自 1949 年以来，高等教育一直是免费的，教育部尝试收费改革可以说是一大突破。当时教育部在全国挑选了三所大学，分别是清华大学、东华大学和上海外国语大学。

我们进行这项改革需要很大勇气，因为当时还没有高校收取学费，有的教师担心上外带头收学费可能会影响生源。况且，在 20 世纪 90 年代初，人民收入还比较低，2 400 元的学费对很多家庭而言是一笔很大的支出。然而，学校经过充分讨论后，领导、老师和工作人员达成共识，一致认为我们应当跨出这一步。我们强调，收费改革绝不是单纯收学费，而是在教育教学和人才培养方面出台相应的改革配套措施，包括设立奖学金、贷学金、助学金制度等。这是因为收费改革后，家长对学校的教育质量、人才培养质量的要求更高，我们必须全方位做好相应工作。

当时我们还专门到电视台、电台去宣传收费改革事宜。我在宣传时着重阐述了我们的教学改革与教学质量提升举措，同时请各位家长放心，学校绝不会让任何一个优秀学生因为付不起学费而失学。事实证明，第一年我们的改革很成功，生源基本上与往年相同；第二年比第一年更好，还受到了教育部的表扬。教育部举行的部属高校校长书记咨询会议上，我们有两次被指定介绍收费改革方面的成功经验。1997 年全国高等院校全面实行收费制度。

目前，上外对接"一带一路"倡议、人类命运共同体建设等，努力建构专业集群，建设国际化慕课，推行完全学分制改革，实施挂牌上课、全员聘用、教学质量监控等制度，推出智慧校园和智慧空间，打造卓越学院、人才培养实验班等。在我看来，只要是有助于激发教师积极性、提高人才培养质量的制度和举措，都是值得推介的。

四、新时代新使命，外语教育再出发

中华人民共和国成立 70 年来，我国外语教育经历了不同的发展时期。按照时间跨度和发展特点，我认为大致可以分为以下五个阶段。

第一阶段是 1949—1966 年。该阶段外语教育逐渐起步，且受政治、外交影响较大。当时全国高校共教授 41 种外国语，74 所高校开设了英语专业。第二阶段是 1966—1978 年。该阶段外语教育基本处于停滞状态，但在 1970 年 11 月 20 日，周恩来总理作了《关于外语教学的谈话》，指导外语人才培养工作。第三阶段是 1978—2000 年。该阶段外语教育恢复发展，1978 年全国外语教育座谈会在北京召开，此后分别颁布了针对大学英语教学、英语专业基础阶段／高年级阶段的大纲，以及《关于外语专业面向 21 世纪本科教育改革的若干意见》(1998)。第四阶段是 2000—2012 年。该阶段外语教育快速发展，外语语种专业得以拓展，且出台了一系列大纲、课程标准和课程要求。第五阶段自 2012 年至今（下称"新时代"）。新时代对外语教育与人才培养均提出了新要求，外语教育需要进一步聚焦内涵式发展。

新时代以来，教育部出台了一系列指导高校工作的文件。2014 年 3 月，教育部印发《关于全面深化课程改革　落实立德树人根本任务的意见》；2018 年 9 月，习近平总书记在全国教育大会上明确提出要培养德智体美劳全面发展的社会主义建设者和接班人；此后，教育部印发《关于加快建设高水平本科教育　全面提高人才培养能力的意见》等文件，实施"六卓越一拔尖"计划 2.0 等一系列举措，坚持人才培养要立德树人，德智体美劳全面发展，服务于社会主义建设需要。就外语教育而言，我们要培养国家和社会需要的外语人才，他们不仅要有丰富的专业知识和跨文化沟通能力，还要有中国情怀、全球视野，在"一带一路""文化走出去""人类命运共同体"等建设中发挥重要作用。

对接这一新要求，从人才培养角度出发，外语学界应从以下四方面做出努力。

第一，坚持本科为本，建构一体化人才培养体系

在高等教育体系中，本科是最重要的阶段。《成都宣言》中明确提出"以本为本"（人才培养为本，本科教育是根）和"四个回归"（回归常识、回归本分、回归初心、回归梦想），这也体现出高校本科人才培养的核心地位。在外语界，本科人才

的培养也同样是核心和根本。

随着外语人才培养目标的多元化，相应课程体系、培养模式、教学质量保障体系等均需要进一步优化调整。目前不同学校的人才培养仍然存在同质化、水平低等问题，希望外语教育工作者们在教学研究方面多下一点工夫，多设立一些项目，深入研究，逐步实践，特别是要探索不同院校、不同学科、不同类型人才的培养问题。

同时，大中小学、本硕博应建构一体化人才培养体系，确保不同阶段的有序发展，避免人才培养的同质性。换言之，大中小学"一条龙"在新时代仍有其现实意义和价值，其内涵是动态发展的。2018 年，教育部颁发了《外国语言文学类教学质量国家标准》和《普通高中英语课程标准》(2017 年版)，我们有必要围绕相应"国标"做好不同学段人才培养的衔接工作。当然，相应的高校外语专业和学科评估体系也要不断完善。

第二，坚持多元发展，推动学科交叉原创性研究

外语学科的传统研究主要集中于语言学、文学、翻译等，2017 年国务院学位办公布了《学位授权审核申请基本条件(试行)》，设立外国文学、外国语言学及应用语言学、翻译学、比较文学与跨文化研究、国别与区域研究五大学科方向，这在一定程度上丰富了外语学科内涵，也符合国家的战略需求。从科学研究的内容来看，无论是本体研究还是应用性研究，均应强调原创性和多元化。长期以来，我们在理论引进介绍应用等方面做了大量工作，但在挖掘本土概念，向世界介绍中国等方面做得不够。我认为，一方面国际先进理论引进应与本土理论探索相结合，另一方面，科学研究与教学实践应相辅相成。外语教学与相关研究不可分割，研究不仅是发现或者建构新的知识体系，更要服务于人才培养。新时代的外语人才培养需要学科交叉的原创性研究，特别是自然科学、人文科学、社会科学之间的融合发展。同时可分层分类举办学术研讨会，如海峡两岸外语教学研讨会、外语院校协作组年会、外语学科发展联盟年会等，促进学术交流合作。

第三，坚持潜心育人，营造教学相长生态环境

百年大计，教育为本；教育大计，教师为本。一支国际化的高水平师资队伍是建设"双一流"、培养高端人才的必然要件，特别是青年教师队伍，更是我们人才培养的主力军。随着外语教育规模的扩大，数量和质量之间的矛盾也随之产生。以

前,高校外语专业学生数量很少,比如,上外最初只有两千多名学生,现在本科生、研究生与留学生加起来已达上万人。因此,如何保障人才培养质量至关重要。从师资队伍结构来看,目前外语专业中青年教师比例较大。这样的师资结构有利有弊。青年教师朝气蓬勃,精力充沛,专业水平也不错,但是教学经验有所欠缺。因此我们要坚持"传帮带",指导年轻教师不断提升自己的专业素养。作为一个老教师,我真心希望青年教师能够对接国家和学科发展的要求,积极学习,提升自我。

另外,我想强调一下师生关系的良性发展。教师潜心育人,学生勤学不倦,师生教学相长、亦师亦友非常关键。我从教近 60 年,与学生相处十分融洽。现在,我在 20 世纪 60 年代初教过的本科生还时常跟我联系。他们没有忘记我,我也没有忘记他们。后来教过的本科生中也有很多人和我保持联系,研究生就更多了。

这里有几点关于学生培养的思考想跟各位同行分享。首先,教师要有责任心。学生进校以后,教师应担负起责任,兢兢业业把课教好、把学生带好,充分发挥引领和榜样的作用。其次,教师要有终身学习精神。教师不仅要严格要求自己,不断优化知识结构,而且要虚心向自己的领导、同事和学生学习。我一直认为,教师只有一个人,面对数十乃至上百名学生,必定有不如学生之处,因此一定要虚心学习。最后,教师要谦和。教师应当保持自己的尊严,但只有师生互相尊重,良好、融洽的师生关系才得以建构。

第四,坚持绿色共享,推动人工智能+外语教育发展

随着信息技术的发展,人工智能从不同层面改变着我们的生活和学习,也深刻影响着外语教育。但技术的应用不能代替教师的作用,不能取代情感体验和互动交流。我们应努力使教师和技术密切融合,显性和隐性课程共生,促进跨界融合,提升学生的个性化学习体验,提高教学质量。

70 年如白驹过隙,如今我已是耄耋之年,抚今追昔,不胜感慨。我自 1958 年考入上外后从未离开母校,对上外充满了热爱之情。我觉得,这一生如果说在外语教学上做过一点点贡献的话,主要是得益于国家、党和学校的培养。这是我永远铭记在心的。今年是祖国 70 华诞,上外与祖国同龄,我真心希望母校早日建成世界一流外国语大学,也衷心祝愿我们的祖国更加繁荣富强。

(本文刊发于《21 世纪英语教育·致敬 70 年特刊》,2019 年 5 月 1 日)

服务国家战略，培养高端人才，推动外语教育发展

戴炜栋

今年是中华人民共和国 70 周年华诞。所谓"知史以明鉴，查古以至今"，有必要追溯我国外语教育的发展历程，回顾成就并展望未来。前段时间接到出版社的约稿函，让我从院校领导视角谈一谈如何服务国家战略，培养国家人才。作为深耕教书育人一线的老教师，多年来我参与见证了上海外国语大学（以下简称"上外"）的教育改革发展进程，承担了教育部高等学校外语专业教学指导委员会（以下简称"外指委"）的相关工作，对国家战略如何影响我国外语教育、人才培养有比较深刻的认识和感悟，对新时代我国外语教育的内涵式发展也有一定思考。下面进行扼要梳理，希望对进一步推动我国外语教育发展有启示意义。

一、外语教育服务国家战略

外语教育一直与国家战略密切融合，服务于国家经济文化、外事外交等发展需求。无论是外语学科布局、语种分布，还是人才培养、科学研究，以及社会服务、国际合作等，均对接国家战略，呈现动态发展趋势。这从外语教育的发展阶段可见一斑。

我认为基于时间跨度、发展特点等因素，外语教育 70 年发展可大致分为五个阶段，即 1949—1966 年，1966—1978 年，1978—2000 年，2000—2012 年，2012 年至今（以下称"新时代"）。从语言文学到语言学、文学、翻译，再到外国文学、外国语言学及应用语言学、翻译学、比较文学与跨文化研究、国别与区域研究五大学科方

向,从最初的 41 种到现在近 100 种外语专业,从主要翻译国外著述到中华学术精品外译,从强调国际前沿理论的推介到具有中国特色原创性理论的挖掘凝练,从单一语言技能人才到复语复合型人才,再到"多语种+"卓越国际化人才、"一精多会、一专多能"人才等目标,均体现出外语教育与国家战略紧密相关。

为了做好外语教育服务于国家战略的工作,外指委等教育部专家咨询机构发挥了重要作用。外指委的前身是教材编写组,1992 年改为外指委。第一届外指委主任委员为胡文仲教授,我当时是副主任委员兼英语组组长。后来第二届、第三届和第四届外指委我均担任主任委员。多年来,外指委对外语教育做了大量专业指导性工作。例如,20 世纪 80 年代初期外指委制定了《高等学校英语专业基础阶段英语教学大纲》《高等学校英语专业高年级英语教学大纲》,90 年代对其进行修订。同时,外指委组织了英语专业四、八级教学测试,并将测试逐步推广到日语、法语、德语等通用语种。此外,面向国家的西部大开发、加入 WTO 等战略,外指委设立专项,鼓励相关高校进行理论探索和教学改革。为满足国家对非通用语种人才的需求,外指委为非通用语种教师争取到每人每月发 100 元、各院校相应配套100 元的补贴政策,有效提高了非通用语种教师的获得感。针对"大中小学一条龙"问题,1998 年教育部召开了"全国外语教学'一条龙'"第一届会议,此后,在上海外国语大学召开了第二届会议,并展开了一系列教学研究工作,有助于促进大中小学外语教育的整体发展。2008 年"改革开放 30 年中国外语教育发展丛书"出版。该丛书由中共中央政治局常委、国务院副总理李岚清同志作序,全面总结了改革开放 30 年来我国高校外语专业、大学外语、高职高专、基础外语教育等的发展历程。2009 年"新中国成立 60 周年外语教育发展研究丛书"出版,我和胡文仲教授担任主编,梳理了外语教育发展进程、发展战略以及教学理论、语言学、翻译研究等不同领域取得的成就。大量的资料和史实是外语教育服务于国家战略的充分佐证。

二、人才培养服务时代需求

高等教育的重要任务之一是培养专门人才,而我国高校的外语教育一直顺应时代发展的不同需求,坚持培养国家、社会急需的高端人才。

国家与社会对人才的需求具有一定阶段性和动态性。譬如 1970 年到 1972

年,我国与 30 多个国家和地区建交、恢复建交或者发展友好关系,恢复我国在联合国的合法权益并与美国联合发表《中美上海公报》。外交事业的发展需要培养更多高素质的外事人才。毛泽东主席 1971 年 10 月和 11 月就外事干部培养做出重要指示,强调外事干部学习外语的重要性,并指示学校扩大英、法、俄、西、日、德和阿拉伯语这 7 个语种的容量,各高校采取储备和培养相结合的办法培养外语专业人才。又如,1978 年召开的全国外语教育座谈会指出,为了实现"四个现代化",加强我国与世界各国人民的友好往来,迫切需要加强外语教育,培养"又红又专"的外语人才。此后的大中小学外语教学改革都相应围绕这一目标进行。随着改革开放的稳步发展,国家与社会对外语人才的需求呈现多元化趋势。《关于外语专业面向 21 世纪本科教育改革的若干意见》(1998)在广泛调研的基础上,明确指出 21 世纪的外语人才应该具备扎实的基本功、宽广的知识面、一定的专业知识、较强的能力和较好的素质。《高等学校英语专业英语教学大纲》(2000)在充分调研论证的基础上,提出培养从事翻译、教学、管理、研究等工作的复合型英语人才这一目标,强调了复合型理念。《大学英语课程教学要求》(2007)则针对非外语专业学生,提出教学目标是培养学生的英语综合应用能力,特别是听说能力,增强其自主学习能力,提高综合文化素养,以适应我国社会发展和国际交流的需要。进入新时代以来,随着"一带一路"倡议、人类命运共同体、"双一流"等建设的推进,高等教育强调坚持立德树人,培养德智体美劳全面发展的社会主义建设者和接班人。2018 年教育部颁布的《外国语言文学类教学质量国家标准》《普通高中英语课程标准》(2017 年版)等进一步明确了外语人才和课程目标,而此后进行的"建金专、建金课、建高地"等建设任务也提出新要求。目前各高校外语学科围绕这些任务进行的战略语种拓展、课程体系建设、课程思政、慕课、线上线下混合式教学等改革,都有助于培养符合新时代需求的外语人才。

　　鉴于人才的培养质量涉及基础教育和高等教育等不同阶段,无论是教学理念、教学策略、教学资源,还是教学模式、评估方式等均需考虑不同学段的衔接性与系统性。早在 20 世纪 90 年代参与上海市小学、中学以及全国高职高专、英语专业等教材的编写工作时,我就深刻体会到外语教学要有"一条龙"体系,以优化课程体系,丰富教学资源,提高人才培养质量。后来我的一个国家社科项目也是以此为论题的。2001 年我在北外召开的英语教学国际会议上提出外语教学"一条龙"的具体理念,基于这次发言写成的论文于 2001 年发表在《外语教学与研究》上。该文从语言和语言教学的本质、课程设置、教学大纲、教材编写、英语教学方法和师资培训等方面提出建构英语教学"一条龙"。这一建议对于我们今天培养国家需要的专门人才仍有借鉴价值。在一定意义上,为谁培养人、培养什么人、如何培养人等问题贯穿人才培养的全过程,人才培养目标、培养规格、培养模式等问题不仅要从纵向的学段、时间跨度来看,还要从横向的宏观因素、中观因素、微观因素进行分析,从而保障人才培养质量。

三、上外探索人才培养创新

上外 1949 年建校,与中华人民共和国同龄。70 年筚路蓝缕,学校从仅有单一文学门类的外国语学院逐步发展成为文学、教育、经济、管理、法学多科并存的外国语大学。作为 1958 年入校读书、1962 年留校工作的老上外人,我亲历上外的发展历程,深刻体会到学校一直秉持"格高志远、学贯中外"的校训精神,创新改革,锐意进取。在学校从注重培养传统语言技能人才到打造复合型人才、国际化人才的进程中,一些理念与举措值得一提。

首先是 20 世纪 80 年代的复合型人才培养改革。随着改革开放的发展,传统单一的外语教师、翻译等人才培养模式已不能适应国家需要。1983 年起上外试点培养复合型和复语型人才。学校开设一些应用文科的专业,包括经济、法律、法学、新闻学等,要求以上专业的学生兼修语言专业,同时试行英语专业学生辅修经济、法律、对外汉语、新闻传播等专业,非英语专业的语言类学生试点双语专业等举措。该模式受到学生、家长、用人单位的认可,并在外语类院校推介。

其次是新生收费制度改革。20 世纪 90 年代,上外作为单一外语类学院,办学经费比较紧张。在教育部的支持下,我们 1993 年与清华大学、东华大学一起率先试行新生收费制度改革。因为当时所有高等教育是免学费,2 400 元的学费对于普通家庭而言又是很大的一笔支出,所以学校面临较大压力,既担心影响生源,又担心影响学校声誉。为了解决这一问题,我们配套了奖学金、贷学金、助学金等制度,同时到电视台、电台去宣传,说明收费改革后,教学质量会更高。后来证明收费改革制度很成功,生源质量并未下降。1997 年全国高校全面实行收费制度。

此外是上海外语口译资格证书考试项目。该项目 1995 年 6 月开考,每年两次。上外负责这个上海市紧缺人才岗位资格培训项目，旨在借助培训考试，培养一批胜任各类涉外谈判、文化交流、高层次会晤研讨以及国际会议的外语口语或翻译人才，并为广大外语学习者提供终身教育机会，提高其口语和口译水平。自开考以来，来自国内外的参考人数累计近 150 万，产生了良好的社会影响力。作为该项目的顾问、试卷审读专家以及相应培训教材总主编，我深刻体会到对外语类院校而言，对接国家和区域需求，培养紧缺外语人才至关重要。

最后是"多语种+"卓越国际化人才培养的理论与实践探索。进入新时代以来，上外进一步提出"诠释世界、成就未来"的办学理念，坚持以"服务国家发展、服务人的全面成长、服务社会进步、服务中外人文交流"为办学使命，以培养"会语言、通国家、精领域"的"多语种+"卓越国际化人才为目标，致力于建成国别区域全球知识领域特色鲜明的世界一流外国语大学。"会语言、通国家、精领域"这一目标引发了教学理念、课程体系、教学模式、评估方式等相应变革，学校稳步建构专业集群，建设国际化慕课，推行完全学分制、全员聘用制、教学质量监控等制度，推出智慧校园和智慧空间，打造卓越学院、人才培养实验班等，相关成果 2018 年获国家教学成果二等奖。

需要注意的是，任何创新改革均需要政策制度、硬件设施的支持和保障，在一定意义上，"985""211""双一流"等均为高校带来发展机遇。1993 年，时任上海市领导的徐匡迪、陈至立到上外来视察，同意将我校作为第一批教育部和上海市委市政府共建的学校。在上海市支持下，我们建设了虹口校区 1 号教学楼，改善了办学条件。1996 年学校申报"211"工程建设学校并顺利通过预审。入选"211"后，我们在教育部和上海市的支持下，不断优化办学环境，2000 年至 2003 年陆续完成松江校区的建设，为 2017 年学校成功入选"一流学科"建设单位夯实了基础。"211"工程、"双一流"建设等项目为学校的科研、人才培养等提供了经费、政策等大力支持，推动了学校的全面发展。

四、新时代外语教育内涵式发展

新时代以来，我国高等教育的内涵式发展已经成为重要任务。2018 年全国教育大会上，习近平总书记明确提出要坚持立德树人，培养德智体美劳全面发展的社会主义建设者和接班人。此后教育部出台《关于加快建设高水平本科教育全面提高人才培养能力的意见》等文件,实施"六卓越一拔尖"计划 2.0,一流本科专业建设"双万计划"等,以贯彻落实全国教育大会精神。就外语教育而言,我曾经在《70 年外语教育:回顾与展望》一文中提出培养卓越国际化人才,推动学科交叉原创性研究,营造教学相长生态环境,推动人工智能+外语教育发展等举措,现在结合国家需求与外语学科特色,提出以下发展建议。

第一,对接国家战略,实现特色发展

如前所述,外语教育服务于国家战略需求。外语学科在"一带一路""文化走出去""人类命运共同体"等建设中发挥重要作用,无论是中外文明交流互鉴,优秀中华文化与原创成果的国际传播,还是国别区域研究,全球治理人才培养,均需要外语学科做出积极贡献。目前为培养"一精多会""一专多能"的国际化复合型人才,22 所院校正在试点公共外语改革。外语教育的重要性可见一斑。但目前仍存在不同学校的外语学科同质化现象,人才培养存在低水平重复等问题,各高校有必要结合自身办学传统特色,明确发展定位,探索多元人才培养、特色学术研究与社会服务、文化传承创新等论题,同时可综合考虑是否服务国家和地区重大战略需求,是否发挥智库作用,是否弘扬传播优秀中华文化等维度。

第二,坚持立德树人,建设质量文化

就外语教育而言,在新时代背景下,有必要坚持立德树人,培养国家和社会需要的卓越国际化人才。他们不仅要有丰富的专业知识、扎实的人文素养和跨文化沟通能力,还要有中国情怀、全球视野。教育部高教司吴岩司长 2019 年 6 月在高等学校专业设置与教学指导委员会第一次全体会议上讲话时提出"中国本科教育的三部曲",即在 21 世纪的前 30 年,从树立高等教育的"质量意识"走向"质量革命",最后达到"质量中国"。我认为建设质量文化一方面要强调对标对表,2018年教育部颁发了《外国语言文学类教学质量国家标准》和《普通高中英语课程标准》(2017 年版)等,有必要围绕国标、专业认证体系等指标,加强思政课程和课程思政建设,丰富各类教学资源,培养高端专门人才;另一方面要注重多元需求,针对不同人才培养目标,凸显个性化教育理念,不仅进行高等外语教育、基础外语教育课程体系、培养模式、教学评估的改革创新,而且进一步完善大中小学、本硕博一体化人才培养体系。

第三,运用信息技术,促进共建共享

随着人工智能的发展,大数据、云平台、流媒体、智慧空间等与教育密切融合。慕课、翻转课、自主学习平台、SPOC 及各类学习 APP 迅速发展,有力推动了优质教育资源的共建共享。2018 年教育部发布《教育信息化 2.0 行动计划》,强调要积极发展"互联网+教育",要全力推动信息技术与教育教学深度融合,鼓励教师利用信息技术提升教学水平、创新教学模式,利用翻转课堂、混合式教学等多种方式用好优质数字资源。2019 年中国慕课大会召开且发表了《中国慕课行动宣言》,提出要充分发挥互联网+的作用,用优质慕课资源补齐区域和校际人才培养质量差异短板,进一步融合人工智能、虚拟现实等技术,创新慕课学习内容、模式和方法等。由此可见,有必要促进信息技术与外语教育的融合,探索移动互联网下的外语教育教学规律,不仅打造智慧教室、智慧校园,而且建设智慧空间、智慧平台,促进智慧教学和优质资源共享,推动外语教育全面发展。

第四,立足本土需求,树立国际视野

无论是人才培养、科学研究,还是社会服务、文化传承创新,均需要立足本土需求,强调中国情怀,同时树立国际视野,提高国际声誉和影响力。我认为,外语一流学科建设与外语教育发展在对接国际前沿领域的同时,一定要挖掘打造自身特色,实现全球本土化(glocalization)。具体而言,在人才培养方面,要探索中国学习者的外语学习规律,建构具有中国特色、符合中国学习者需求的教育教学模式。在科学研究方面,要注重解决本土问题,挖掘本土理论,推动学科交叉和跨学科研究,加强中国学术的国际表达。在社会服务方面,要在资政咨商启民育人、提升国家外语能力等方面发挥作用。在文化传承创新方面,要在弘扬中华优秀文化的同时,讲好中国故事,推动中外文明互鉴。

2019 年,我已近耄耋之年。作为奋斗在外语教育一线的老外语人,抚今追昔,不胜感慨。70 年来,外语教育为我国的政治经济文化发展做出重要贡献。相信在新时代背景下,在业内各位同仁的努力下,外语教育会有更大发展,为民族复兴、国家富强做出更大贡献。

(本文来自《民族复兴的强音——中国外语教育 70 年》,

外语教学与研究出版社,2019 年)

师生情深篇

身正为范、学高为师的典范

庄智象

日前,我接到王雪梅老师的电话,得知学校准备今年 12 月为戴老师的八十寿辰举行一个庆贺活动并出版一部纪念文集,邀我为这部文集写点文字。承蒙同门厚爱,我深感荣幸,但是否能圆满完成任务,实无把握,因既不敢造次,又怕力不从心,一时忐忑不安,迟迟不敢动笔,然往事却历历在目,恍如昨日之事。

我与戴老师初识于 20 世纪 70 年代初,确切地说是 1972 年 12 月。那是在安徽的上外凤阳"五七"干校。当时戴老师和上外的一批教师在干校接受"轮训"和"改造",我作为上外"文革"中首批从中学生中招收的 200 名外语培训班学员之一,去"五七"干校接受"锻炼":边劳动,边学习,边改造。200 名学生被编为 10 个班,其中英语专业有 4 个班,我在英语 4 班。其间,戴老师们一边接受"劳动改造",一边教授培训班的学生。戴老师是教英语 3 班的专业教师。那时要求"三同",即教师与学生同吃、同住、同劳动。干校生活条件非常艰苦,食品短缺,几乎所有物品都是配给制,凭卡或凭票供应,而干校的伙食也几乎实行配给制:每餐的副食是统一的,品种统一,量也是统一的;主食量可以选择,但品种几无选择。劳动强度大:农田挖泥开沟,挑担,肩扛,都是重体力活;搞基建,搬运砖石、水泥、石灰更是脏累的劳动。夏天还可以到塘里洗泡一下了事,冬天可就惨了,弄脏了洗不了澡,常常是灰头土脸,尤其是搬运石灰后,常常是除了眼睛,全身上下全白,而且粉尘还时常吃到嘴里,吞进胃里。教师和学生一起劳动也常常是蓬头垢面,也没地方洗澡。当时住宿条件极差,英语 4 个班级 50 多名男生挤在一间由仓库改造的平房内。屋内简单用墙分隔成 4 间,中间一条通道;没有地板,没有水泥地坪,原色的泥土地,常常是晴天尘土飞扬,雨日泥泞;白天麻雀飞翔,晚上老鼠游玩。睡的是清一色的高低床。床沿没设防护栏,有的睡上铺的同学晚上睡着后从上面掉了下来。戴老师们就住在我们隔壁,十几个人挤在一间同样用仓库改作宿舍的平房内,条件一点不比学生的好。上课没有教室,我们只能挤在寝室上;凳子不够,有的同学只能坐床沿上。每次戴老师去3班上课必会经过4班的房间。尽管我在4班,与戴老师直接交流不多,但3班同学对戴老师的赞美之词,在我的脑海中留下了深刻的印记。他们都认为戴老师关爱、呵护学生,而且教学认真、耐心,平易近人,与学生亦师亦友,劳动课余时间还常常去学生宿舍答疑解惑,等等。这在当时的高校环境和氛围中是不多见的。大约半年后,戴老师"轮训"到期,返回了上海。

1977年2月,我们这批经过4年多边劳动、边学习、边改造,经过"广阔天地"磨炼、有着特殊生活经历的毕业生,被分配到所需要的岗位,我有幸留校工作。从此,无论是在英语系,在《外语界》期刊编辑部,还是在上海外语教育出版社工作;无论是从事教学、期刊编辑、进修、攻读学位,还是图书编辑出版、出版社经营管理工作,戴老师一直是我的领导和导师。戴老师先后担任过上海外国语学院英语系基础教研室主任,英语系主任,上海外国语大学副校长、校长、党委书记等职。他对学校的期刊和出版社的工作都非常重视,但凡我们遇到困难,只要有可能,他总是不遗余力,鼎力相助。一些重要的出版项目戴老师都亲力亲为,不取报酬,以他的学识和号召力,集聚人才和资源,保证了这些项目的顺利进行,如戴老师担任了《新世纪高等学校英语专业本科生系列教材》、《高等学校英语语言文学专业研究生系列教材》、《新世纪高职高专英语系列教材》、"改革开放30年中国外语教育发展丛书"、"新中国成立60年外语教育发展研究丛书"等数套教材和学术著作的总主编,并受上海市教委委托,出任《新世纪中学英语教材》主编等。这些项目都取得了圆满成功,获得了很好的社会效益和经济效益,促进了上外的学科建设、学术交流和人才培养,有力地推动了出版事业的发展,实在是难能可贵。上外的很多老师无论大事小事都愿意找戴老师交流,寻求建议和帮助。戴老师的学识、修养、人格力量和为人为学、做人做事在上外和外语界有口皆碑,让我们这些后辈晚学高山仰止,深深折服——他是我们为人、为学、为事业的楷模。弹指一挥间,与戴老师相见和相识已有近半个世纪。一生中能遇到戴老师这样的导师、指引人和领导可谓是一大幸事。

戴老师是著名英语学者，在语言学习与教学研究，特别是二语习得研究方面成果丰硕，著作等身。无论是在英语系主任的岗位上，还是任职上外校长和书记二十多年的岁月里，戴老师带领系和学校的领导班子，始终坚持党的教育方针，坚持正确的办学方向，积极开拓进取。他根据系和学校的实际情况，针砭时弊，勇于改革，善于创新，将英语系的学科建设、教学科研、师资队伍建设、人际关系、工作和学术氛围带入了一个崭新的阶段。可以这么说，那时，是英语系历史上发展最好的时期之一，所取得的成绩和成果令全国外语界刮目相看。在校长和书记的任上，上外的改革和发展取得了很多历史性成果，实现了标志性的转变。例如：上海外国语学院由单科性外语院校转型升级为多科性外国语大学，率先进行了招生改革，创新了人事制度，充分调动了广大教职工干事业的积极性和主动性；他调整学科布局，率先在全国进行外语复合型人才培养模式的探索，使上外数个学科成为国家和上海市的重点学科；他领导的学校校舍和松江新校区的建设让上外焕然一新，旧貌变新颜；他运筹帷幄，使学校成功入列"211"建设行列；等等。这些成绩的取得是戴老师和他的团队带领全校师生不懈努力、奋力拼搏和辛勤劳动的成果和结晶，功不可没。

戴老师是我国新时期外语教学改革的倡导者、探索者和践行者，在英语专业教学大纲制定，英语专业本科教学评估，外语专业四、八级考试工作中均发挥了不可替代的重要作用，成为外语教育改革的先行者、示范者和引领者，尤其在课程设置、教材建设、教学模式、教学评估、教师发展等方面做了大量的探索，取得了不少可复制的成果。这些成果不仅推动了全国范围内的重大外语教学改革，而且有效地促进了上海外国语大学教育、教学的改革与发展；不仅提升了英语专业本科教学，也促进了大学英语教学与英语专业研究生培养，探索了具有中国特色的英语教学理论与实践。这些探索与改革，不仅在当时有很好的针对性和较强的操作性，而且对于今天的外语教学也有很好的借鉴意义，尤其是对借鉴国外理论、结合中国实际、探索和解决现实问题、构建具有中国特色的外语教学理论和实践体系更是有特殊的价值和意义。

戴老师是我国外语教育发展的领路人与推动者，为外语专业建设和外语学科发展做出了重要贡献。戴老师在 1997—2013 年担任教育部高等学校外语专业教学指导委员会主任委员期间高瞻远瞩,高屋建瓴,科学规划,与其他委员共同努力,团结外语界的各种力量,使这一专家咨询机构,无论是在对接国家战略、服务国家需要、推动和深化外语教育改革发展方面,还是在大纲制订、人才培养、课程设置、教材编写、教学方法和手段创新、教师培训、外语测试、外语专业评估等方面都做了富有价值和意义深远的指导和咨询工作;在 1998—2008 年担任国务院学位委员会外语学科评议组召集人时,戴老师为外国语言文学学科建设和研究生培养做出了重要贡献。

戴老师是杰出的学者型领导,平易近人,乐于助人,深受广大师生爱戴。给我印象深刻的是,戴老师任校领导期间,坚定贯彻党的教育方针,尤其是针对上外和外语教育的特点,锐意改革,开拓创新。他还经常深入基层进行调研,了解一线教职工的工作、生活和学习,千方百计调动教职工的积极性和创造性,全方位地推动了上外各项工作的开展和事业的发展,为上外教育质量的提升做了大量的工作,做出了不可磨灭的贡献。他 1990 年就荣获了国家级优秀教学成果奖,1996 年获宝钢教育基金优秀教师特等奖,2002 年获上海市"员工信赖的好校长"荣誉称号,2007 年获"首届中国杰出社会科学家"称号。上海外语教育出版社也一直得到他的关怀和关心。可以说,外教社从一个 6 万元起家的小型出版社逐步发展成为我国最大、最重要、最具权威和国际知名的外语出版和教育综合服务基地之一,这一成绩与戴老师的支持和帮助是分不开的。

时光飞逝,戴老师已进入耄耋之年,但他仍然关心、关注着上外的发展,思考和支持全国外语教育的改革和发展。我们能有戴老师为自己的导师、领导实在是人生的一大幸事。无论是做人、做事,为人、为学、为事业,戴老师是实至名归的楷模,是身正为范、学高为师的榜样。在戴老师八十华诞到来之际,恭祝他老人家身体健康,诸事顺遂,生活幸福!

师恩重如山

邹 申

一直以来我对恩师戴炜栋教授心怀感恩之情，但戴老师为人谦逊、做事低调，所以平时我也没有机会向戴老师袒露我的心声。借本文集出版之机，写点鲜为人知的点滴回忆，以了结夙愿。

还是从给戴老师著作作序的事说起，开始我曾踌躇过。记得2015年11月底的某一天，戴老师打电话请我去他办公室，说有事请我帮忙。我一口答应，放下电话时心想戴老师总是那么谦逊。作为晚辈、学生，我协助戴老师做点事是应该的，责无旁贷。然而那天当戴老师告诉我他的想法后，我却犹豫不决，不知能否完成他交给我的任务。原来戴老师打算请我为他的书《中国知名外语学者学术研究丛书——戴炜栋学术研究文集》（以下简称《学术文集》）作序。当时我的第一反应是听错了，但当戴老师又说了一遍并开始介绍即将出版的著作的内容时，我才领会了戴老师的意图。这时我的本能反应是推辞，觉得自己在学术和资历上都没达到为戴老师作序的层次。在我的认知里，书序的作者往往是前辈或同辈中与作者旗鼓相当的人物，而我无论从哪个角度来说都不具备作序的资格。我向戴老师如实说了自己的想法。他听后先是看着我，然后微笑着说："请你为我的书作序是经过考虑的，你完全有资格。"戴老师掷地有声的话语和殷切的目光打消了我打退堂鼓的念头，我硬着头皮接下了作序的任务。

随之而来是如何写序：是按照通用规则，中规中矩地构思撰写？我觉得我来评价戴老师的著作还欠火候。我更愿意通过拜读戴老师的文章来回忆往事，并从今天的视角来探讨以往经历的意义和价值。

序写完后我反复看了几遍，做了多处修改，但仍感不甚满意，主要是担心未能准确地向读者介绍戴老师的学术成就，清晰地勾勒出戴老师的大家形象。后又想，戴老师的学术成就和对中国外语教育的贡献不是一两页纸能说清楚的，戴老师像一本书，需要仔细阅读，细细品味，方能汲取其精髓；我的这些话就权作开场白吧，敬请读者从文集中去认识戴老师，了解他的学术成就，领略大家风范。

我第一次见到戴老师是在 1982 年初春，那时他刚从新西兰学成回国。戴老师是 1979 年改革开放后首批由国家公派去国外的访问学者，回国后即担任英语系基础教研室主任并教授二年级英语精读课。我当时也在二年级精读组，只教了一个学期课，是二年级精读组里年纪最轻、教学经历最短的教师，对课文如何处理、课堂教学环节怎么安排等基本上是白纸一张。记得当年英语系有个好传统：每个教学小组每周都有专门时间集体备课。教学经验丰富且多次使用该教材的老师都认认真真地讨论新课教学方案以及教学难点和注意事项，这对刚入职的青年教师来说，是提升自身教学水准的极好机会。记得每次集体备课时戴老师都很关照我，总是耐心给我答疑解惑，毫无保留地传授自己丰富的学识和经验，还手把手地教我如何写教案。戴老师的渊博学识、学者风范给我留下深刻印象，他对年轻人的提携和厚爱使我深受感动。后来在戴老师的带领下，二年级精读组整理并出版了整套精读课教案。当我第一次看到自己的名字出现在书上时非常激动。在以后的日子里戴老师身居高位，身兼数职：他曾担任上海外国语大学校长、党委书记，教育部高等学校外语专业教学指导委员会主任委员，国务院学位委员会外语学科评议组召集人等职。然而在我的眼中，戴老师还是一如既往的温文尔雅、谦逊和蔼、雍容大度。与他交往过的人常说，戴老师留给他们最深刻的印象是睿智、学识和学者风范。戴老师曾说过，由于自身的教学科研经历，在新西兰留学期间，他对社会语言学、二语习得以及英语作为第二语言教学等领域产生浓厚兴趣。三十年过去了，戴老师学术兴趣不减当年，笔耕不辍，不断有学术论文见诸刊物。《学术文集》第一部分"二语习得"收集的文章是戴老师二语习得学术研究的最好印证。这些文章涉及二语习得研究的方方面面，既有理论问题研讨也有实践教学探究，足以体现戴老师深厚的学术功底。这部分文章留给我一个深刻印象：戴老师特别注重二语习得研究与中国外语教学的结合，即如何运用先进理论来解决中国外语教学中存在的问题，做到理论联系实际。戴老师学术成果的一个重要启示就是学术研究(特别是外语教学研究)要脚踏实地,善于从教学实践中发现问题,然后借鉴和吸收现有理论和观点,探索或找到解决问题的路径。这样的研究成果才具有真正价值,成为后来者必读的学术经典之作。这也是为什么当我们今天重温戴老师多年前撰写的论文时,感到文中诸多观点对当下外语教育而言仍是金玉良言的原因所在。

戴老师主持制订了《高等学校英语专业基础阶段教学大纲》。大纲于 1989 年出版,是自 1949 年以来第一部全国性英语专业教学大纲。这部大纲与之后颁布的《高等学校英语专业高年级教学大纲》改变了英语专业无全国统一教学大纲的状况,在当时对指导全国的英语专业教学起到积极作用,对英语专业的可持续发展具有深远影响。2000 年在两个大纲的基础上,高等学校外语专业教学指导委员会英语组颁布了《高等学校英语专业英语教学大纲》。2013 年成立的新一届外语专业教学指导委员会启动了《外国语言文学类教学质量国家标准》制定工作。该标准已于 2018 年初由教育部颁布并正式实施,成为新时期我国外语专业发展与改革的纲领性文件。今天回过头来看,1989 年问世的《高等学校英语专业基础阶段教学大纲》实际上标志着我国高校英语专业改革的启动,英语专业从此进入一个全新发展期。《学术文集》的第二和第三部分都有文章分别阐述该时期作者的精辟观点、战略思路和对策。另外,这两部分文章还涉及外语专业改革背景、规划等,堪称研究我国高等教育外语专业教学的珍贵史料。

那时有两件事对后来英语专业发展与改革产生重大影响,值得在此一提。早在 20 世纪 80 年代,戴老师就开始关注英语学习者的个体差异。他在上外英语系主持了一项国家社科基金重点项目——"英语专业基础阶段分级教学理论与实践",探究通过教学改革提升学习和教学效果和效率。这个项目的意义在于,它打破了以往四年制本科专业学生统一管理、统一修课模式,运用以人为本、以学生为中心的理念,建立弹性的课程体系和教学计划,为高效率、高质量培养英语专业人才提出了切实可行的思路和做法。20 世纪 80 年代上外英语系在戴老师的领导下锐意进取,在外语类院校中首次系统、科学地提出分级教学模式,开了英语专业教学改革的先河。我记得当时英语系对入学新生进行分级测试,综合考量学生各方面的成绩和表现后,把学生编入跳级班和普通班。跳级班有跳一个学期(即三年半毕业)和跳一个学年(即三年毕业)的。分级教学模式以学生发展为中心,优化教学,因人施教,取得良好效果。我那时曾教过两个新生班级:一个是直接进入二年级学习,另一个是进入一年级下学习的。两个班级的许多毕业生后来成为各自领域里的佼佼者。原外交部翻译司司长、现中国驻捷克大使张建敏,上海外语教育出版社现任副总编辑谢宇等都曾就读于跳级班,是分级教学模式的直接受益者。后来该模式在兄弟院校进行推广,获得广泛认同和好评。现在分级教学模式已得到广泛认可,成为大学教育的一个重要理念和实践。从现在的角度审视当年的分级教学模式,我们不能不佩服戴老师当时高瞻远瞩的战略眼光。

另外一项由戴老师主导的国家级外语教改项目是关于外语类复合型人才培养的研究。早在20世纪80年代初,戴老师就已敏锐地感到传统英语专业人才培养模式比较单一,单纯的学院式翻译或教学人才已远不能满足快速发展的社会和经济需求。1984年上外英语系在当时系主任戴老师的领导下,提出以"外语专业+英语""人文专业+英语"以及"英语专业+人文专业"的复合型人才培养模式。这一改革举措在国内尚属首次,所面临的困难、阻力可想而知。但戴老师以超前的眼光、锐意进取的改革意识、强烈的社会责任感以及人格魅力,带领英语系披荆斩棘走出一条改革之路。现在回过头来看,复合型人才培养模式尽管当时曾受到非议,但经实践证明是一项成功的改革举措,符合高等教育为国家社会、经济发展服务的要求。如今,复合型人才培养理念已被普遍接受,成为一种共识,并且已派生出符合学校特色、地方社会与经济发展特色的多种模式。星星之火,已经燎原。

《学术文集》的第二部分收录了几篇关于英语专业四、八级考试的文章,读完后我的思绪又回到过去。英语专业大纲颁布两年后,戴老师在征求一些专家意见的基础上,向当时的国家教委外语专业教材编审组(现外语专业教学指导委员会的前身)建议,在全国范围内实行英语专业统一测试,检查各校执行教学大纲的情况。我当时担任上外英语系副主任,分管基础阶段教学。从戴老师处接受任务后我开始涉足语言测试领域。起先是英语专业四级考试,1992年底接手英语专业八级考试。那时我们的专业背景大都是语言学和文学,鲜有人具备语言测评或心理测量方面的专业背景,更无大规模考试研发经历。开考之初,各种问题和困难随之而来:从测评专业知识、考试研发人员队伍到考试方案、考试实施等。为了英语专业考试的健康发展,戴老师亲自联系语言测试研究专家和外语界资深教授,组成专家咨询委员会。委员会曾多次开会,为我们考试小组出谋划策,对考试定位和方案的确定作出了巨大贡献。戴老师还在百忙中抽出时间，与我们一起讨论考试大纲，并逐字逐句修改。为了引进和借助国外语言测评方面的研究和成果，戴老师牵头，成功申请到英国文化委员会的 TEM 考试效度研究项目。这个为期三年的项目培养了一支具备语言测评专业知识和专业执行能力的队伍，为考试的可持续发展奠定了坚实基础，在英语专业四、八级考试的发展史上具有里程碑式意义。对我本人的学术成长来说，这个项目也具有特别意义，因为从那以后语言测评成为我的学术"主业"，我在之后二十余年里发表的论文和成果都与语言测评有关。回想起来，我的学术成长离不开戴老师的精心呵护。可以说，戴老师是我的学术领航人和护航人。

戴老师为英语专业四、八级考试的起步倾注了大量心血。后来尽管公务繁忙，他还总是定期抽出时间听取考试工作汇报，关心考试发展，提出改革建议，为考试的健康、有序发展保驾护航。除了考试研发这块，戴老师还十分关心来上外参加年度阅卷的各校老师，多年来坚持每年两次到阅卷场地看望阅卷老师，与他们亲切交谈。戴老师亲切和蔼、谦逊大度的风范给人留下深刻印象。

自戴老师提出开考建议已经过去 28 年了，现在英语专业四、八级考试已发展成一个权威性考试，得到学校、学生和社会的广泛认可，并且成为专业教学评估体系的重要指标之一。回首往事，我非常佩服戴老师的远见卓识。

从第一次在上外 3 号楼原英语系大楼见到戴老师，迄今已有 37 年了。岁月流逝，但老师当年的音容笑貌仍清晰地留在脑海里。斗转星移，不变的是老师的大师风范。祝老师健康长寿！

（本文在《中国知名外语学者学术研究丛书——
戴炜栋学术研究文集》序的基础上修改定稿）

新时代中国基础外语教育
发展战略的思考

束定芳

引言

近年来,我国的外语战略研究由于研究者多为高校学者,研究话题集中在语种布局、高校外语人才培养等方面,对中小学阶段的外语教学关注不够。本文首先对我国基础外语教育领域存在的一些突出问题进行分析,然后根据国内外相关领域的研究,参考某些发达国家的一些实际做法,针对我国基础外语教学领域的具体情况,提出一些建议和设想。

一、中国基础外语教育目前存在的问题

1. 缺乏整体规划和科学的顶层设计

我国的外语教育整体上缺乏规划和顶层设计,基础外语教育更是如此。除了教育部组织制定的"课程方案"和"课程标准"外,并没有专门针对外语教育的"行动方案"。

应该说,中国政府非常重视基础外语教育,特别是专门外语人才的培养。20世纪60年代初,为了培养国家急需的外语外交人才,周恩来总理和陈毅外长决定创办一批外国语学校。1963年7月,教育部发布的《关于开办外国语学校的通知》提出,要"开办一些从小学三年级开始学习外国语的外国语学校""采用与普通中小学校相同的学制,即小学六年,初中和高中各三年"。除北京外,在上海、南京、

长春、广州、重庆、西安6市各新建一所外国语学校,共7所学校。这些外国语学校为国家培养了大量的高级外语外交人才。例如,杨洁篪、崔天凯、王光亚等就毕业于上海外国语大学附属外国语学校。

但是,近年来,外国语学校出现了"无序发展"的现象。全国冠以"外国语学校"名称的学校不下千所,仅上海一地就有数十所公办或民办的外国语学校,包括外国语小学。有些外国语学校由于聘用了较好的外语师资,比如外籍教师,外语教学质量相对于一般学校要好,有的外国语学校除英语之外,还开设了法语、德语、日语、西班牙语、俄语、葡萄牙语等语种,但很多外国语学校并无"外国语"学校之实——它们冠以"外国语"之名的主要目的是高价收取学费,它们其实也就开设英语一门外语,与其他学校相比外语教学也并无多大的优势,没有形成真正的"多语种、高质量、一条龙"的特色。

在全国绝大多数学校,英语是唯一的一门外语。虽然学校、家长和学生极为重视英语这门学科,但各校的教学质量很不平衡。有的学校学生高中毕业时基本掌握了英语,有的基本放弃,有的虽然考分不错,进了大学,但几乎无法真正使用英语。

到目前为止,我国还没有一份从国家层面制定的关于外语教育的重要性、语种选择与布局、水平与程度、教学方式方法要求、资源配置、外籍教师管理等方面的文件。学校、家长和学生对外语的重视主要是从实用的角度出发的,为了考试,为了升学,为了出国,为了个人更好的前途,并没有真正与国家的需求和未来社会发展的需求挂起钩来。政府和学校也没有特别的政策和举措吸引和支持学生选择学习对国家发展战略来说非常重要的非通用外语语种。对照一些发达国家对中小学阶段外语教育的政策规划和支持,我们在这方面的问题显得更为突出。

2006年,时任美国总统的布什发布了"国家安全语言计划"(National Security Language Initiative)。该计划贯穿了整个学校教育阶段,注重培养各个急需语种人才,如阿拉伯语、汉语、俄语、印度语、波斯语等。为了实现美国的长远战略目标,美国政府还制定了外语教育从幼儿抓起的外语政策,资助美国儿童从幼儿园到高中(12年级)学习国家需要的关键语言,即"K-12"计划。此外,美国政府还成立"K-16管道项目",在27所学校设立从幼儿园到大学的关键外语教学计划,把外语教学从幼儿园一直延伸到高等教育阶段。美国政府还为高中生提供到海外学习关键语言的奖学金资助,并聘请外国人到美国教授关键语言(陈新仁 2017:25)。

2002 年,英国教育与技能部(Department for Education and Skills)发布了一份旨在提高全国国民外语意识与能力的文件——《外语教育发展战略》(*Languages for All: Languages for Life — A Strategy for England*),提出了三个战略目标:① 促进全国外语教学,为基础教育阶段的学生提供外语学习机会;② 引入新的认证体系补充现有语言认证制度;③ 增加外语学习的人数(Department for Education and Skills 2002)。2013 年,英国文化协会(British Council)正式发布《未来的语言》(*Languages for the Future*)研究报告,对英国未来长期语言需求进行了战略分析,并确定了未来 10—20 年对于英国最为重要的 10 种语言,按重要性顺序依次是:西班牙语、阿拉伯语、法语、汉语、德语、葡萄牙语、意大利语、俄语、土耳其语、日语。

2002 年 7 月 12 日,日本文部科学省公布了《培养“能使用英语的日本人”的战略构想》(以下简称《战略构想》);2003 年 3 月 31 日,又公布了《培养“能使用英语的日本人”的行动计划》(以下简称《行动计划》),确立了今后 5 年的教育制度,明确了至 2008 年英语教育改革的目标和方向。《行动计划》确定的目标包含两个方面。一方面,提高全体国民的英语能力,培养“能使用英语的日本人”,全体国民应具备用英语进行日常会话和简单信息交流的能力。初、高中毕业生要能够用英语交流。第二个方面是提高专业人士的英语能力和从事国际社会活动人士的英语能力。各种职业和研究等工作上需要英语的人士,要掌握相应领域的专业英语。

到目前为止,我国还没有一份对新时代外语教育进行全面规划和布局的纲领性、指导性文件。2010 年颁布的《国家中长期教育改革和发展规划纲要(2010—2020 年)》只有两处提到外语,一处在第十六章,与来华留学生的语言教育相关:“实施来华留学预备教育,增加高等学校外语授课的学科专业,不断提高来华留学教育质量。”这里外语授课仅仅与来华留学生的学习有关。另一处在第二十一章“重大项目和改革试点”的“教育国际交流合作”中提到“实施留学中国计划,扩大来华留学生规模;培养各种外语人才;支持孔子学院建设”。显然,其中的“培养各种外语人才”放在一个很不显眼的位置上(文秋芳,苏静,监艳红 2011:9),对中小学、大学的外语教育的定位和举措没有任何的说明。

2018 年 1 月,教育部颁布了新修订的《普通高中英语课程标准》(2017 年版)。

根据教育部基础教育课程教材专家工作委员会主任委员王湛的解释,新课程方案进一步优化了课程结构。考虑到高中学生多样化的学习需求及升学考试要求,在保证共同基础的前提下,适当增加了课程的选择性,为不同发展方向的学生提供有选择的课程。这样的变化包括:一是保留原有学习科目,在英语、日语、俄语的基础上,增加德语、法语和西班牙语;二是将课程类别调整为必修课程、选择性必修课程和选修课程——"必修课程全修全考,选择性必修课程选考。选修课程,学生可以自主选择修习,可以学而不考或者学而备考,为学生就业和高校自主招生录取提供参考。"(钟启泉,崔允漷 2008)

但是,有关外语课程的要求是在总体的课程框架中提出来的,而且主要出发点是"增加课程的选择性",没有根据国家未来发展对外语人才的需求来布局外语语种,未对外语教学的目标和方法提出要求,也未考虑到对特殊外语人才培养的特别支持政策。

研究表明,外语学习最有效的年龄段是中小学阶段。虽然,我国的部分外国语大学已开设了多达 70—80 种外语,但是中学开始就开设的外语语种不超过 10 种。从大学开始学习外语与从中学、小学就开始学习,对高水平的特殊外语人才的培养结果是不一样的。

2. 学校外语教学不能满足多元化的外语需求

从整体上来看,改革开放以来,我国的基础外语教育取得了巨大的进步,学生整体外语水平和师资质量不断提升。但是,近十几年来,外语学习的需求已发生了巨大的变化。尽管绝大部分学生学习外语的主要目的是升学,即升入国内高一级的学校继续读书,因此,他们一般都愿意跟着学校的教学节奏,按部就班地参加课堂外语学习和复习考试;但是,有相当一部分中学生,特别是一些名校或办学条件比较好的民办学校,包括初中学生,学习外语的目的并非为了国内的升学,而是为了到海外学校读书,包括海外的大学,或者海外的高中。因此,国内现有的外语教学内容和方式往往不能满足他们的需求,他们需要到校外机构,甚至海外学校或机构,选择就读相应的课程。还有部分学生,由于外语基础好,对平时的考试并不在意,但特别喜欢外语,喜欢外国文化,因此希望阅读大量的原著,包括经典名著等,但绝大部分学校的外语课堂教学根本不能提供这样的课程。还有一些学生,由于外语基础差,升入好的学校希望不大,但希望中学毕业后从事有关涉外的工作,因此想获得一些与职业有关的外语交流能力。但是,就我们现在的课程标准和教学目标,以及学校的外语教学实际情况来看,各个学校的外语教学还远不能满足不同学生的不同要求,还基本停留在为学生升学而教授外语的层面。

3. 外语教学发展极不平衡

全国范围内,不同区域、不同层次的学校外语师资、教学水平和学生外语水平差距巨大。沿海地区与内陆地区有巨大差异,城市与农村学校有巨大差距。在上海,就是同处中心城区,好学校与一般学校之间的差距,也非常巨大。在上海,英语特级教师有60多位,基本上都分布在名校,有的学校甚至有2到3名特级教师,而有的学校只能勉强开出英语课,教学效果无法保证。

邹为诚(2017)在一次针对上海市的基础阶段英语教育现状的调查中发现,学生的学习成就分别和学生的家庭经济状况、文化背景状况有显著的相关性。由于英语学习成就在升学中的作用极大,英语学习中自然形成的人际差异可能会被学生的经济背景和文化背景差异强化(科学结论是50%左右,甚至更高),弱势群体会处于更加不利的境地,从而影响到上海市整体的人才结构平衡。调查还发现,多数教师在课堂教学中以传统的讲授为主的教学方法占主导地位,只有少数教师注意发挥学生的主体地位。在讲授过程中,多数教师能够使用英语进行教学活动,但都是英语和汉语交叉进行,少数教师主要使用汉语进行课堂授课,在教学中,教师的课堂英语运用能力比较薄弱。在教学手段方面,多数教师采用粉笔加黑板的传统教学,能够掌握教学设备的用法并熟练使用多媒体设备进行授课的教师只有47.37%,这种落后的课堂状态对学生学习英语是不利的。

4. 教学资源不足,现有教材不能满足课程要求

相对于丰富的网络外语学习资源,学校课堂外语教学资源十分有限,往往就是学校或上级部门指定的一套教材。大部分学校的课程也十分单调,课表上就只标有"英语",课堂教学也就基本上是一套教材上的内容。

目前,根据教育部规定,我国实行"一纲多本"的教材政策,不同地区可以根据课标编写不同的教材。但是,一些教材的编写缺乏明确的理论指导,缺乏充分的资源和时间保障,教材的素材、练习等都无法保证达到课程目标的要求。

　　根据韩宝成(2014)的一次调查,接受调查的半数教师认为,现行英语教科书死板、枯燥乏味。新课程改革以后,英语教科书基本采用"话题—功能—结构—任务"模式。为了教会学生学习某种语言结构和交际功能,编者通常从"生活"和"实用"出发,围绕某一话题"编写"语言学习材料。这种语料照顾了结构和功能,但对学生的情商和智商关注不够。在部分教师眼里,现行教科书也是"权威"的象征。在他们看来,英语教科书像"老人",是"刻板的说教者"和"百科全书"。他们认为,现行教科书"给我们提供的是知识、经验""从许多方面介绍了西方国家的历史等内容,扩大了学生知识面,但离学生太远,打击了学生的积极性"(韩宝成 2014:57–58)。此外,英语教材编写过程中长久以来存在编造语言素材的现象,无法保证语言素材的真实性(程晓堂,康艳 2009:40)。

　　而且,在中国当前实行的教材审核体制下,一套教材经过审核之后,往往会使用较长时间,教材的内容、理念无法与时俱进。新教材无法及时获得使用许可。早在1985年,吴沄就提出中学外语教学改革的一个趋势是外语教学手段的现代化,这就需要外语教材由"书面型"升级为"立体型",充分运用现代信息技术的优势来进行教材编写,满足教师教学和学生学习的需求。但是,到目前为止,英语教材仍然不能真正做到"立体型"或"多模态型"。

　　另外,随着学生语言水平的提升,对教材的阅读量和练习质量也有了新的要求,但是现行的教材语言输入量比较有限,无法满足学生学习需求。根据教育部《义务教育英语课程标准》(2011年版),整个基础教育阶段的英语课程设九个级别,一至五级为义务教育阶段的目标要求,六至九级为普通高中的目标要求。六年级应完成二级目标,二级对词汇的要求为学会使用600—700个单词和50个习惯用语。现有教材的语言输入显然是不够的,这种情况在经济欠发达地区和农村地区则更加严重。由于视听资源及阅读辅助资源缺乏、教师对信息技术掌握和应用现代教学技术手段的能力普遍较差及学校信息化软件硬件设备配置落后等原因,许多学校的教学基本上等同于一支粉笔加一本课本,除了教材学生并没有其他语言输入的途径,既无法保证语言输入的质,也无法保证语言输入的量。

5. 缺乏科学的外语教学评估,应试教育盛行

　　长期以来,学校课程安排和课堂教学内容与课程标准脱节。尽管2011年版

的《义务教育英语课程标准》等都提出了形成性评价的要求,但实际执行过程中遇到了很大的困难。外语课堂教学功利化,教材内容成为课堂教学目标,课堂教学为考试服务。

教学评估是语言教学中不可分割的一个环节,其主要目的是了解教学的有效性。评估首先要评估教学的过程是否科学,是否符合教学规律,是否符合课程要求;同时,通过对学习者实际的语言能力的评估,检测教学效果,发现问题,为教学提供反馈。然而,现在对外语教学的评估缺乏对教学过程的评估,基本上是通过考试来了解学生的语言水平,通过学生的考试成绩来评价教师的教学水平和效果(束定芳 2012)。许多学校面对高中升学和高考的双重压力,把初三和高三整整一年的时间用于复习迎考。这种应试活动的直接后果就是使语言运用能力的培养让位于应试能力的培养,课堂教学满堂灌,学生课前课后陷入题海战术,不可避免地出现"高分低能"现象。

二、新时期基础外语教学的改革与发展

中国的发展处于一个全新的国际化环境里。中国历史上从未遇到过像现在这样的发展机遇和挑战。中国需要走向世界,深度融入世界。因此,我们需要了解世界,与世界交流。了解世界的第一步是学习世界各地的语言。学习什么语言,谁学习,什么时候学,用什么方式学,国家和地方政府、学校和社会如何支持,这些都需要政府层面组织专家进行调查研究,制定科学的规划和设计。

1. 理论研究

首先,应加强基础阶段外语教学理论的研究,包括学生的学习情况、教师的教学情况、教师发展问题、课程标准问题、教学评估问题、教材问题,等等。目前有关基础阶段外语教学的研究更多地聚焦在具体的课堂教学方法方面,缺乏针对全局性、根本性问题的研究。一些高等学校的研究机构更多地关注高校层面的外语教学,对基础阶段外语教学缺乏深入的调查研究和了解。

国家和各省市应该设立专门的外语教育研究基地,研究基础阶段外语教育问题,提供咨询报告和教学建议,指导学校和教师科学地实施外语教育。上海市教委的做法值得其他省份或地区学习。2016 年,上海市教委在上海市部分高校成立

了基础教育阶段各学科的教育教学研究基地,赋予它们研制课程标准、编写或审核教材、开展教师培训的职能和责任。上海市英语教育教学研究基地设立在上海外国语大学,自成立以来通过深入调研、建立基地实验学校、组织高端学术研讨会和教师培训等,为上海市中小学英语教学教研活动注入了活力。目前基地正按照市教委的要求,根据教育部颁布的《普通高中英语课程标准》编写新的英语教材,与国外高校和专家进行合作研究。

2. 顶层设计

（1）多元化

我国公民的外语学习需求已从"实用"转变为"多元化",外语教育成为素养教育和素质教育的一部分。在互联网时代,人们不需要走出国门也能使用外语,在信息技术构筑的虚拟空间进行交流沟通、工作和学习,外语服务成为社会的新需求。个人、社会、国家对外语的需求进入一个全新的阶段,必须系统梳理外语观念,根据时代特点和国家发展,全方位地做好国家的外语教育规划,满足个人需求、社会需求和国家发展需求。

（2）"一条龙"

国家还应从宏观层面制定一个中长期的外语教育发展规划,明确我国外语教育的定位和目标,并对外语语种、外语人才培养规格、培养方式、人数、资源建设、师资队伍建设和经费支持进行规划和布局。

基于"一贯制""一条龙"原则,我国中小学基础外语教育关键语种布局上应该尽量开设跟大学语种相一致的"通用语种+非通用语种+关键语种",条件好的地区和学校可以让学生在学习一门通用语（比如英语）的基础上,根据实际情况再学一门或两门其他通用语或非通用语,形成与大学相互衔接的有效语言课程。文秋芳（2016）建议,有关部门应尽早设立学习非通用语"'一条龙'专项奖励基金"。

（3）多语种

除了"一条龙"的顶层设计外,还应该考虑多语种。多语种不仅意味着根据国家需要开设多个外语语种,同时还意味着一个学生可以同时选修两门或以上外语。通过6—7年的学习,只要学习得法,学生高中毕业时同时掌握两门外语并非难事。例如,上海外国语大学附属外国语学校有个双语班,学生从6年级开始同时学习英语和另外一门外语,如德语、法语、西班牙语、日语或俄语,高中毕业时这些同学两门外语都完全过关,每年都有学生参加两门外语的演讲或能力竞赛且两门外语同时获得全国冠军的情况。我们这里说的不是个别的案例,而是一批学生能达到这个水平,已成为一个比较成功的模式。这说明,中学阶段掌握一门外语,甚至两门外语,是完全可能的。这一方面取决于学校的课程安排和师资质量,另一方面取决于学生的学习能力和家长的支持。但是,也由于这两方面的原因,有些学生甚至在小学就无法跟上教学进度,慢慢放弃外语学习。

(4) 多渠道

基础教育国际化的背景下,如何构建国际课程体系,满足学生出国深造的需求;如何打造具有国际视野的师资队伍;如何借助多元文化的社团活动,提升师生对各国文化的理解力? 打造国际化的师资队伍,除了引进优秀外籍教师,还要给本土老师提供出国学习或交流的机会。要提升外语教学的质量,基础教育阶段,尤其是小学阶段,聘请一定数量的高质量外教是非常必要的。一是这个阶段的外语教学主要目标是培养学生的基础交流能力,在这方面外籍教师显然有独到的优势;二是可以通过外教与本土教师的交流,提升本土教师的语言能力和教学实践能力。国家或地方教育与外事管理部门要制定统一的准入门槛或培训要求,规范外籍教师聘用与课堂教育行为,提升效益。

国家有关部门也应该制定相关政策,对中小学学生学习相关的关键语种予以项目和经费支持。例如,美国国家安全局(National Security Agency)就制定了一项新的暑期语言教育的国家计划 STARTALK。该计划主要由暑期语言学习"提供者"项目、基金资助以及与 K – 16 教育机构相关的项目组成。STARTALK 计划向暑期学生和教师提供沉浸式教学、普通课程、学习科目以及其他关于冷僻语言的外语教育资源。该计划 2007 年就开始实施夏令营项目,由 5 个州的 400 名高中生以及 400 名高中和专科学校的教师参加。该计划将逐渐发展为包括各年级参加的项目。根据有关统计,从 2007 年到 2016 年,美国国家安全局资助了 842 个语言项目,50 981 个学生参加了这些语言项目。[①]

---

① https://startalk. umd. edu /public /find-a-summerprogram /? solrsort = ds _ created% 20desc&f% 5B0% 5D =im_field_program_year%3A255

3. 分类指导,加强管理

外语教学是个复杂的系统工程,涉及的各方包括政府、学术界、出版社、学校、教育机构、教师、家长、学生,各方有各自的义务和责任。国家有关部门应深入挖掘学校语言教育的潜能,提高学校外语教育的容量与质量,为学校语言教育提供专项经费支持和政策支持,切实保障课程标准和国家规划的执行和实施。同时,对不同类别的学校,应该提出不同的要求,实施分类指导。例如,针对作为国家队的一批外国语学校,教育部应该要求它们开设尽可能多的外语语种,为培养高水平的外语、外交和外事(包括国际问题研究)的后备人才而做准备。教育部有关部门应该为这些学校提供专项资助经费并牵线搭桥,鼓励并帮助这些学校与相关国家的学校和机构建立学生和教师的交换互动机制。

对一些重点地区、重点城市的重点中学,特别是像北京、上海、广州、深圳、广西、新疆、云南等地区,当地教育部门也应该鼓励和支持它们开设尽可能多的外语语种,根据"多语种、'一条龙'和高质量"的要求布局外语人才和高精尖国际化人才的培养。

对于不同地区的不同特色的学校,包括民办学校,应该鼓励他们根据国家和地方的发展战略和社会发展要求,因地制宜,形成各自的外语教学特色。

对大部分学校而言,教育主管部门应该要求它们根据国家制定的课程标准,通过外语教育,提升学生的综合素养,获得基本的外语交际能力,为升学或职业发展打好基础。

4. 加强外语教师师资培训,提升外语教育管理水平

外语教育水平的提高,师资质量是关键。当前我国中小学英语师资队伍总体状况不容乐观,尤其在新一轮课程改革背景下,中小学英语教师学历低、教学能力和科研能力不强的问题愈发凸显(李辉 2011:50)。对于中小学英语教师而言,在职培训语言能力和教学能力应该并举。首先,就教师自身而言,教师应转变教学信念,主动寻求自我职业发展的机会,实现教学能力和科研能力的共同发展。其次,学校应为教师提供定期培训课程和职业发展机会,完善教师绩效考核机制,鼓励教师教研能力的发展和提高。教师在职培训应该转变培训方式,推动信息技术与教师培训的有机融合,实行线上线下相结合的混合式研修。教师主动适应信息

化、人工智能等新技术变革,积极有效开展教育教学。此外,教育主管部门应为中小学教师制定长效发展机制,为教师职业发展提供优良的软硬件条件和资金保障,使教师职业能力的提升制度化和规范化。

从学校的层面,通过我们在上海浦东外国语学校、江苏省华南实验学校和上海市海桐小学进行的实验项目,我们得出这样一个结论:一个学校外语教学的好坏,或者说是否有特色,取决于三个重要因素。一是是否有一个对外语教学、教学管理和教师培养有特别认识的校长。凡是外语教学有特色的学校都毫无例外有一个特别重视和支持外语教学的校长。二是外语学科是否有一个优秀的学科带头人(教研组长)。这个学科带头人不但自己专业素养高,教学能力强,还要有宽阔的胸怀,很好的管理能力,能够带出一个有共同追求的教学团队。三是能否形成一套符合本校特点的外语课程体系,也就是有特色的外语课程。

基础外语教育中一个有中国特色的方面是教研室和教研员制度。他们在整个教学体系中起着承上启下的作用,负责把最新的教学理念和管理部门的要求及时传达给一线教师,同时把一线教师的好的经验迅速传播到更大范围。国际外语教学理论界早就提出,在外语教学理论研究者或专家与一线教师之间应该有一批"中介",即所谓的应用语言学家。在中国的教育体制内,英语教研员实际上担当了这一角色。所以,研究和总结教研员制度的经验,提升教研员的素养和能力,充分发挥他们的作用将对提升中国基础阶段外语教育水平和质量,缩小地区和学校差别,起到特别重要的作用。

5. 教学资源库建设

针对地区和学校的差异,有必要建设不同规模和用途的外语教学资源库,供学生和老师选用。网络化时代应该怎样进行教学资源库建设呢?首先,应确定教学资源库的筛选原则,应坚持优先性、适应性、科学性的原则,优先选择对学生终身发展具有决定意义的素材性资源,符合学生实际情况,满足学生学习需求,并保证资源的真实性和可靠性(吴刚平 2009:20)。其次,资源库应该实施分库管理。在对素材类教学资源进行收集整理时,应该对其分类分级。"分类分级"的专业教学资源体系强调资源间的内在逻辑关系,以及资源应满足不同类型学习者的个性化学习的需求,为不同的学习主体提供全方位的教学资源支持。再次,应规划教学资源的开发和利用。从国家的层面来看,政府应提供相关政策指导,满足不同地域的差异性发展需求;从学校层面来看,学校应根据教师和学生需求,鉴别和利用各种教学资源,建设校本资源库,满足学校自身发展需求;从教师层面来看,教师应拥有一定的信息素养,能熟练选用资源库素材,熟练运用相关软件进行课件制作和教学活动设计,并进行跟踪评价(吴刚平 2009:20)。

结语

本文讨论了我国基础阶段外语教学存在的一些突出问题并提出了相关的建议和设想。外语教育,重在基础。外语教育需要国家和地方层面的统筹规划,包括语种布局、师资培训、资源开发和建设、科学评估等。科学的规划需要建立在不同层面调查研究的基础上,将顶层设计和底层需求有效结合。希望有更多的语言学者和外语教育专家关注基础阶段外语教育,为基础外语教学的改革与发展摇旗呐喊,出谋划策、贡献力量。

参考文献

陈新仁.2017.美国语言政策的历史沿革与启示[J].外语研究(1):22-26.

程晓堂,康艳.2009.中小学英语教材编写的若干问题探讨[J].课程,教材,教法(3):39-45.

国家语言资源监测与研究中心.2007.中国语言生活状况报告[M].北京:商务印书馆.

韩宝成.2014.从一项调查看中小学英语教科书存在的问题及编制原则[J].外语教学理论与实践(2):56-63.

教育部.2010.国家中长期教育改革和发展规划纲要(2010—2020 年)[Z/OL].[2018-12-18] http://www.moe.edu.cn/srcsite/A01/s7048/201007/t20100729_171904.html.

教育部.2012.教育信息化十年发展规划(2010—2020 年)[Z/OL].[2018-12-18] http://www.moe.gov.cn/srcsite/A16/s3342/201203/t20120313_133322.html.

李辉.2011.对英语教育专业建设的思考及其改革策略[J].外语教学(6):49-52.

日本文部科学省.2002. Developing a strategic plan to cultivate "Japanese with English abilities"—plan to improve English and Japanese abilities[Z/OL].[2018-12-18] http://unpan1.un.org/intradoc/groups/public/documents/APCITY/UNPAN008142.htm.

束定芳.2012.中国特色外语教学改革探索[M].上海:上海外语教育出版社.

文秋芳.2016."一带一路"语言人才的培养[J].语言战略研究,1(2):20-25.

文秋芳,苏静,监艳红.2011.国家外语能力的理论构建与应用尝试[J].中国外语,8(3):4-10.

吴刚平.2009.中小学课程资源开发和利用的若干问题探讨[J].全球教育展望,38(3):19-24.

吴沄.1985.尽快实现中学外语教材的"立体化"[J].外语电化教学(2):16-18.

钟启泉,崔允漷.2008.新课程的理念与创新[M].北京:高等教育出版社.

邹为诚.2018.上海市中学英语教学现状调查报告：在上海市英语教育教学基地成立一周年工作汇报上的发言[R].上海：上海市英语教育教学基地.

British Council. 2013. Languages for the future：which languages the UK needs most and why [Z/OL].[2018-12-18] https：//www.britishcouncil.org/organisation/policy-insight-research/research/languages-future.

Department for Education and Skills. 2002. Languages for all：languages for life — a strategy for England[Z/OL].[2018-12-18] http：//dera.ioe.ac.uk/6364/.

后记 此文为庆贺戴炜栋老师八十华诞而作。戴老师曾任上海外国语大学校长、书记，教育部高等学校外语专业教学指导委员会主任委员，国务院学位办外语学科评议组召集人等职务，对推动中国的外语教育改革与发展做出了巨大的贡献。外语界凡与戴老师接触过的专家、学者和老师无不称赞他为人的热诚、谦和、虚怀若谷和对他人的无私帮助和指导。作为戴老师众多的学生之一，作为一位外语教师，本人受惠于戴老师的教导，为中国的外语教育事业鼓与呼，同时做一些力所能及的具体工作，也是对戴老师毕生从事的重要事业——国家教育事业的发展做一点微薄的贡献吧。

戴炜栋教授与上海外语口译

齐伟钧

戴炜栋教授作为我们的导师和领路人,不但学贯天人,德高望重,是名副其实的宗工,而且平易近人,为人师表,是我们大家(不管是中青年教师,还是中老年学者)真心敬重的楷模。关于这些,相信你们和我一样,都有着亲身经历和终生难忘的体会,并且始终怀着感恩的心情。除此之外,我在此还想和大家分享的是:戴炜栋教授对上海外语口译考试项目的开拓与发展所做出的重要贡献。

上海外语口译考试(原上海外语口译资格证书考试)是上海市紧缺人才岗位资格培训项目之一,旨在通过培训与考试,造就一批能胜任各类涉外谈判、文化交流、高层次会晤和研讨以及国际会议的外语口译或笔译人才。同时,它也意在提高广大外语学员的语言综合技能,特别是口语和口译的整体水平,进一步探讨高层次岗位培训和大学后继续教育以及外语教学的理论与实践。该项目经过专家研讨和论证,于1995年6月首次开考,每年两次,至今已实施了20余年,累计参考人数近150万,考生来自全国各地及新加坡、美国等发达国家或地区。该项考试由于层次高、难度大和通过率低,得到了大批已经通过大学外语等级考试,或者已经具备相应大学外语水平的学员的青睐。其培训和考试合格人才受到了政府各部门及合资和外资企业等急需中、高级外语人才的用人单位的欢迎。

戴炜栋教授作为国内外知名学者和外语界的泰斗,对本项目的开拓、实施和发展起着极其关键的作用,重点体现在命题、考试与培训教材等方面。

20世纪90年代该项目首次开考,戴教授全程指导并亲临考场坐镇。我至今仍清晰地记得他当时对试卷的精辟点评。此后20多年,每一次考试的命题和试卷定稿,都经过他认真、仔细的审阅。近年来,随着数码技术的普及,戴教授还亲自审阅考试项目中的音频部分,加大了对本项目的指导和监控力度。

戴教授始终关注上海外语口译项目的发展与壮大,定期会同有关领导、专家和命题老师一起进行专题研讨,指出方向并提出具体的实施方案——他年年如此,次次都全力以赴。我还能记得当年在安徽和江苏开设一批新的考点时,就得到了他及时和无私的大力支持。

戴教授除了担任本项目的顾问外,还是英语中、高级口译培训教材的总主编。该系列教材(中级5本,高级5本)在他的领导和指导下,1996年8月由上海外语教育出版社出版发行。为了使这套教材做到常用常新,适应时代发展的需要,编委会根据当初每隔三五年修订一次的设想,于2000年底推出了经全面修订的第二版。这套口译教材自问世起就以其原创性和高质量,受到了广泛的欢迎和好评,并于1997年荣获"华东地区大学出版社第三届优秀教材、学术专著二等奖"。至今,英语中、高级口译培训教材已发行至第四版,第五版也即将上市。该系列教材累计发行量已达数百万册,销路遍布全国各地及相关英语国家,如澳大利亚、新加坡、美国等。

日前,第48届上海外语口译考试刚刚举行。如果一届考试算一个年头的话,上海外语口译考试1995年诞生,现已俨然步入了成熟的中青年。她的成长,离不开广大考官和考生的大力支持(在采用计算机阅卷之前,最多时有来自全国各地的300多位高校外语教师参加该项目的封闭式人工阅卷),更离不开像戴教授这样的外语教学领军人物的指引。我有时候会想:如果我们的考官和考生是"在前线作战的将士",那么,戴教授就是我们"运筹帷幄的总指挥",是我们上海外语口译考试的顶梁柱和主心骨。相信在他的指导下,上海外语口译考试一定能够进一步发展壮大,再创辉煌!

我认识的戴炜栋

龚龙生

戴炜栋教授长我十几岁。20 世纪 70 年代，我在上海外国语大学英语系求学时，他已经留校任教了。毕业后，我留在英语系工作，我们成了同事。后来，他历任英语系主任、上海外国语大学校长、党委书记，又是我的上司、领导。2004—2007 年，我在职攻读英语语言文学博士学位，戴炜栋教授正是我的导师。回首过去 40 多年，岁月如流。戴炜栋教授无私的支持和鼓励推动着我人生的航船不断激流勇进。他的学人风姿、高山景行激励着一代代 SISUer 在求学、治学的道路上砥砺前行，上下求索。

戴炜栋教授潜心科研，著作等身。20 世纪 80 年代，他在出国交流、访学的间隙，主持翻译了《英语交际语法》。这是英国著名语言学家杰弗里·利奇等学者为具备一定基础的外国学习者编写的一部新型英语语法，首版于 1975 年，反映了当时英语语法研究和教学的前沿发展。中文译本的迅速面世不仅引进了最新的语言材料和研究资料，而且对国内英语学界了解学术动态、加速与国际接轨产生了积极的影响。这一切都离不开戴炜栋教授独到的学术眼光和孜孜不倦的勤勉耕耘。与此同时，他还出版了多部词典和论著，完成了"英语专业基础阶段教学大纲""英语专业基础阶段教学理论与实践"两项国家级课题，凭借累累硕果和突出的贡献荣获国家社科基金奖和国家级优秀教学成果奖两项殊荣。80 年代末以后，戴炜栋教授先后担任了上海外国语大学副校长、校长、党委书记，一方面为学校发展呕心沥血，另一方面仍笔耕不辍，相继出版了《汉英综合辞典》《英语常用衔接词例解词典》《英语国家背景知识词典》《现代英语语言学概论》等一系列标志性研究成果,主持完成了国家级课题"培养高、精、专业复合型外语人才战略研究",并于 1991 年获评为上海市劳动模范,1995 年、1996 年先后获得宝钢教育基金优秀教师特等奖和上海市哲学社会科学优秀成果奖。进入 21 世纪以来,戴炜栋教授的研究视野进一步延伸到了英语教育的各个阶段。他主持完成了"全国大中小学外语教学'一条龙'研究""培养复合型外语人才的理论研究"等多项国家级课题,并组织编写了一系列英语教材,完整涵盖了从幼儿、小学生、中学生、本科生乃至研究生各个学段的英语教育,为推动外语教育改革、推进外语教育事业的发展做出了重大贡献。此外,他还牵头编著了《新编简明英语语言学教程》《新世纪英汉多功能词典》等多部书稿,在花甲之年又迎来了一个新的学术高峰。

戴炜栋教授将毕生心血倾注于外语教学与研究中,几十年如一日,在外语词典编纂、二语习得、社会语言学、外语教学等领域都取得了丰硕的成果。然而,他从不赞成躲在象牙塔里做学问,而是致力于运用科学探索的成果促进外语专业建设,积极推动外语教育走好改革之路。直到最近,他仍在反复思索:在全球化和国际化的新形势下,外语专业教育应该如何明确定位,调整和优化布局,寻求可持续发展。在他的倡导下,我校英语学院在巩固已有优势的基础上大力打造具有贯通性、系统性和进阶性的英语专业人文通识课程体系,支持精品课程建设,鼓励教师开设文学、文化、历史、哲学、心理学、政治学、艺术类等多种专业延伸课程和通识课程,带领学生在课内外研习原著、独立思考,为培养人文学养扎实、具备批判性思维和创新思维能力的通识型、复合型外语专业人才探索出了一条切实可行的新路。作为外语教育工作者,戴炜栋教授高度重视外语专业人才的培养。他强调外语专业教育应主动对接"中国文化走出去"国家战略,发扬"多语种+"优势,努力培养国际化复语型、复合型人才,包括高端研究人才和具备跨学科知识、跨文化交际能力的专业应用型人才,如优秀的经典著作翻译人才、国际会议同声传译人员、国际组织工作人员、金融法律外语人才等,以满足全球化和国际化新形势的需要。为了实现这一目标,他认为外语专业教育要尽快改变过去语种设置相对单一、结构失衡等不利之处,同时避免盲目设点、无序扩张;逐步规范专业建设,加强过程管理,突出质量内涵;通过修订完善专业教学大纲和专业教学质量国家标准,带动课程、教材和评估体系的建设,以学科、科研、人才三位一体形成合力,从而实现长期可持续发展。在深入探索外语专业教育改革路径的过程中,戴炜栋教授一边加强理论研究，主持完成了"培养高、精、专业复合型外语人才战略研究""培养复合型外语人才的理论研究"等相关国家级课题，编著出版了《高校外语专业教学改革理论与实践——改革、教学、测试》等高水平论著；一边脚踏实地，在校内率先推行了一系列改革举措，以理论指导实践，在实践中检验理论、积累经验，为进一步深化改革、促进国内其他高校外语专业的发展提供了有益的引领和借鉴。

另一方面，戴炜栋教授十分注重外语专业师资的培养，尤其对年轻教师的成长关怀备至，提携俊才，奖掖后进，不遗余力。作为导师，在讲台前他为我们梳理学术脉络、剖析原典精义，善于驭繁以简，深入浅出；在研究中他为我们指引方向、排解疑难，对问题核心洞若观火，分析、解决问题的思路更令人深获启发，受益匪浅。在我撰写博士论文期间，戴炜栋教授自始至终不厌其烦，悉心指导：从我最初确定选题、设计研究方案，进而收集整理材料、开展研究，直到撰写成文，每一步都是在与导师讨论、斟酌的过程中完成的。尽管那时戴炜栋教授除身为学校领导外，还担任教育部高等学校外语专业教学指导委员会主任委员、国务院学位委员会外语学科评议组组长、教育部社科委员会委员暨语言文学学部召集人、中国翻译家协会副会长、上海市翻译家协会会长等学术职衔，可谓身兼数职，百务缠身，但他仍然时时关注我的研究进展，对我的困惑、求助总能在第一时间给予回应，和我一起对论文进行反复推敲，精益求精。即使在我顺利通过答辩、取得博士学位以后，戴炜栋教授还常常关心我在学术上的发展，鼓励我进一步拓宽视野，勇于创新，申报高水平课题，在科研上做出更多、更大的成绩。戴炜栋教授博学洽闻，视野广阔。他常常告诫后来者不要安于现状、盲目跟风，而要善于抓住学术前沿，研究那些具有理论意义和学术价值的真课题，做好真学问，尤其要善于独立思考、自主创新，找到适合自己的学术发展道路。在戴炜栋教授看来，这不仅关乎年轻人自身的成长，同时也是为外语教育事业的可持续发展培养高素质、专业化青年师资力量的关键所在。他不止一次指出，加强师资建设、提升外语教师整体素质必须从外语专业硕士生、博士生的培养抓起；导师不仅要指导研究生开展科研、完成论文，也要尽力做好"职业教育"，发挥"传帮带"的作用，帮助年轻人在学识、思想、行动等各方面为将来投身外语教育事业做好准备。戴炜栋教授自己正是这样做的——他把对外语教育事业的毕生热爱化为指导学生的一言一行，为人师表，言传身教；他把探索真理、孜孜以求的精神注入科研、教学工作中，严于律己，以身作则;他把高瞻远瞩的愿景和对未来发展的坚定信念融入对年轻一代的殷殷期望中,春风化雨,深入人心。

戴炜栋教授于我既是师长,也是同事、领导,亦师亦友。在我求学、科研、从教的方方面面都可以看到他的影响。如今我自己已过耳顺之年,重回校园,想起之前与戴炜栋教授朝夕相处、合作共事的点点滴滴,总会抑制不住地心潮澎湃。时光荏苒,一代代莘莘学子前赴后继,沿着戴炜栋教授引领开创的道路奋力前行,在这片他曾经辛勤耕耘、无私奉献的校园里学习、成长,令外语教育事业薪火相传,发扬光大。每每与人谈起戴炜栋教授,对方无不表现出衷心的崇敬,感佩之情溢于言表。然而在我心中,他却总是宽厚诚恳的平常模样,低调处事,乐于助人。桃李不言,下自成蹊。或许,这正是一代上外学人的大师风采。

和蔼可亲的长者，严谨博学的学者

陈坚林

记得 10 年前，我们一帮同学聚在一起庆祝恩师戴炜栋校长 70 岁生日，转眼又是 10 年过去了。戴老师是上海外国语大学的老校长，其当政的 16 年是学校蓬勃发展、蒸蒸日上的时期：上外不仅从一个单一的语言类学院发展成为具有多种复合型专业的文科综合类大学，而且教学质量、人才培养、教师结构、教学科研梯队等，都达到了建校以来的最高水平。这一切都与戴炜栋校长的智慧、学识、能力、为人、胸怀分不开。作为学生和部下，能在这样一位校长的领导下学习和工作，我感到无比荣幸！也正是如此的际遇使得我与戴校长相处的点滴如同一张张生动的照片，将刹那的美好印刻成永恒。

20 世纪 90 年代末我被调至音像出版社任总编辑。那时由于数字技术的发展，基于模拟技术的音像制品已逐渐被市场淘汰。为使音像社的产品跟上时代，我们开发了一些新品，但要使其在市场上立足，就必须对各层级学校的教师进行宣传和培训，更需要有外语界德高望重的专家学者协助出版社的工作。于是，我们决定向戴校长求助。作为一校之长，戴老师的日常事务非常繁忙，因此他是否有时间施予援手，我们没有把握，这让我们惴惴不安。但当我把想法告知戴校长时，他不仅当即爽快答应，还提出了一些很好的建议。在戴校长的大力支持下，我们在上外会议中心的英国厅举行了小型学术研讨和产品培训会，邀请了全国各地的基础教育教研员以及部分中小学骨干教师与会。会议期间，戴校长做了精彩的主旨发言，从外语教学的发展历史讲起，详述了二语习得研究的来龙去脉，不但把较为深奥的学科知识讲得通俗易懂，而且还就这些知识如何融入出版社的新产品、新产品如何辅助教师教学、学生怎样利用新产品实现课下自主学习等问题一一加以说明,讲得既有理论内涵又有接地气的操作实践,真是精彩纷呈。那次培训会非常成功,与会者聆听大学者的讲座后都感到非常兴奋,纷纷表示上外的出版社能与时俱进,开发好产品,是给广大教师和学生的福利。这次宣传的圆满结束也让我深深地感悟到,戴校长作为一名大学校长,毫无架子,为一个出版社的新品宣传都能如此倾情助力,令人感佩!感谢老校长用炽热的心和无私的奉献定格住部下孜孜以求、勇攀高峰的美好时刻。

2006年戴老师从校长的岗位上退了下来。尽管已不在领导岗位,但戴校长仍然非常关心学校的发展,尤其关心我们学生辈的发展和进步。记得那时我刚被任命为音像出版社社长,整个出版社处于一个发展的瓶颈期,非常困难。一天下午,我去见戴校长,向他谈起了出版社的情况。戴校长非常热情地与我攀谈,详细地了解了情况,此后又不遗余力地给了我好多建议;对于出版社遇到的困难,他也都会尽心尽力地给予帮助。他的许多建议和帮助都为出版社日后的发展起到了举足轻重的作用。在学生心里,戴校长真是位和蔼可亲的长者、严谨博学的学者。

谈起往事,真是历历在目,记忆犹新。如今作为学生的我也年入花甲,恩师戴炜栋校长更是80岁高龄。感怀恩师温良宽厚、质朴纯真的方家品性,唯愿吾师矍铄康健,福寿延年!

学高为师　身正为范

杨连瑞

2018 年秋季学期快结束了,我开始准备本年度各种总结和收尾工作。青岛这两天刚下过一场大雪,天气较前些日子冷了许多。傍晚,我顶着寒风,踏着余雪,在小区旁的李村河边散步时,接到了上海外国语大学王雪梅教授的来电,说我们敬爱的导师戴炜栋教授将过八十大寿,弟子们正计划着届时为戴老师庆祝寿辰。"谆谆如父语,殷殷似友亲。"从十多年前在上海外国语大学拜师求学,到毕业时博士论文的撰写,再到工作后的学术研究和学科建设,恩师戴炜栋教授对我的殷切鼓励和教诲伴随始终。一幕幕回忆在脑海中愈发清晰,愈发温馨,终汇成一股暖流涌上心头。于是,我迫切地想写下些文字,以恭贺我的导师戴炜栋教授八十寿辰。

一

2003 年初,我从临沂师范学院调来中国海洋大学工作。在海大工作的前几年,我一心扑在教学和科研工作上,特别是结合自己的教学和研究生培养,主持了多项教育部人文社科和山东省社科规划研究课题,组建了"第二语言习得研究"教学和科研团队。我一方面庆幸自己当年在美国攻读硕士学位时学到的知识有了用武之地,但同时也深感自己在学术研究方面的不足,不能适应未来高水平人才培养的需要。为此,我一刻未松懈,始终怀揣着继续攻读博士学位来提升自己的理想。2006 年 3 月,我刚刚结束在澳大利亚堪培拉大学为期一年的访问,便向上海外国语大学提交了在职攻读博士学位的申请。作为已经当了五年教授又在职攻读博士学位的"老博士生"，2006 年 7 月，我来到位于大连西路 550 号的上海外国语大学。在上海酷日难耐的暑期里我们开始集中学习"第二语言习得研究""当代语用学""英汉对比研究专题""语篇分析""美国文学研究""英国文学""翻译学""研究方法与论文写作"等近十门博士研究生课程。我们班二十余人，均为来自全国各高校的青年骨干教师，其中也有几位像我这样已经当上教授的"老博士生"。我们班的张权教授，自己的女儿都在上外读本科了，父女同时在同一所大学读书，这并不多见。大学的魅力在于拥有一批在学问、学品、思想、人格上有魅力的大师和著名学者，他们既是景致，又塑造了学生。当时为我们授课的老师都是我国外语界大名鼎鼎的人物，如戴炜栋教授、何兆熊教授、许余龙教授、李维屏教授、虞建华教授、冯庆华教授等。能够集中亲沐其教，领受他们渊博的知识、开阔的视野和睿智的思想，我们异常兴奋，而教授我们"第二语言习得研究"这门课程的正是外语界德高望重的戴老师。

戴老师在二语习得课上精心为我们选编了国际上二语习得研究的一些重要文献，并带领我们逐一研读和讨论。他从二语习得研究的发端开始，为学生梳理了二语习得研究从对比分析、错误分析到中介语研究的发展历程，针对国际上一些研究热点和重要研究课题，常常结合中国学生和国内教育的情况进行批判性思考，令我们这些已经有了多年教学经验的学员大开眼界。在课堂上戴老师用纯正的英语就这门在中国才刚刚起步的学科侃侃而谈，从学科建设的高度论及二语习得研究的宏观和微观、理论和实践、问题和出路、国内继承和国外借鉴等各层面的问题，涉于繁，出以简，概念清晰，内容翔实，层层展开，脉络清晰，往往一讲便是一个上午。在课下戴老师话却不多。我们这些学生常在课间急切地凑上前去请教，戴老师一旦开口，虽寥寥数语，却能一语中的。

戴老师 1962 年毕业于上海外国语学院英语系后留校任教，担任英语教授、博士生导师，并长期担任教育部高等院校外语专业教学指导委员会主任委员、国务院学位委员会外语学科评议组召集人、人事部全国博士后科研流动站外语学科评议组组长、教育部社科委员会委员暨语言文学学部召集人等学术职务。他对中国人学外语和中国的大学外语教育高屋建瓴，见解独到，常常用通俗平实的语言为我们讲述那些晦涩的学术思想与概念。这是戴老师的学术功力与人格魅力所在。作为我国高校外语教育事业的领航者，戴老师担任上海外国语大学校长达 16 年之久,领导上海外国语大学投身于我国改革开放初期外语院校的改革与发展,走出了一条以外语教学与研究为特色的多学科、国际化外国语大学发展的新路子。作为我国高校外语教育改革的先行者,戴老师在国内率先启动我国外语教学改革,并在教育部领导下,制定了外语学科发展规划,制定了外语专业评估方案,确立了英语专业教学规范,保障了研究生教育质量等,为推进我国外语教育的发展作出了重要贡献。戴老师学识渊博,治学严谨,在长期潜心钻研下硕果累累。他在二语习得、社会语言学、语言教学等领域取得了一批标志性研究成果,是我国二语习得研究领域的开拓者之一,他的外语教育思想对我国的外语教育政策有着很深的影响。戴老师作为学者的为人为学风范,作为学校领导的勤恳敬业精神和胸怀宽广的领导智慧,都潜移默化地影响着我。

二

攻读博士学位的主要任务是完成一篇过硬的博士论文,而做好博士论文的关键在于选好博士论文要研究的问题,用科学的研究方法,在学术上有所创新。我在澳大利亚做语言学访问学者期间,对西方二语习得研究的文献作了充分收集和整理,也想着在读博期间尽早确定要研究的选题。但是在选择戴老师作为我的博士论文指导教师时,我还是颇不自信,担心跟随这么有名望的大家做博士论文,若论文做不好,该如何交代?不过我还是鼓起勇气,在 2006 年 11 月 26 日给戴老师发去了第一封电子邮件:

尊敬的戴老师,您好!

我是上外博士班的学生杨连瑞,很荣幸听到了您关于二语习得研究的课程讲座,并在课下同您讨论了我想跟您做论文写作的问题。

后来我打电话给上外学位办,他们说在职申请博士学位的要求是,学员入学时就应该差不多基本达到博士要求,不同于一般博士生,所以论文指导教师不事先指定,主要由学员自行联系。

由于我在澳大利亚时做了博士论文的前期工作,特别是了解国内外的相关研究,所以很想提前进入博士论文的写作,计划本学期把论文的前两章完成并设计实证研究的具体问题,下个学期进行实验、语料的搜集和分析工作,争取明年暑假完成论文初稿。我真诚希望选您为我的导师,在论文写作和今后学术研究上得到您的指导。

顺便附上我的论文的大体计划和个人情况,博士论文将在这些思考的基础上做深度的研究和探索,敬请指导。

此致

敬礼!

杨连瑞

两天后,我很高兴收到了戴老师用英文给我的回复,他答应担任我的博士论文指导教师。

Dear Professor Yang,

Many thanks for your email. I am very happy to advise you on the completion of your doctoral dissertation. I have looked at documents that you attached and I think you can go ahead along the line you have proposed. One thing that I want to remind you is that at this stage you need to go through all the necessary procedures, including, for example, the consent from our Graduate School regarding the choosing of your dissertation supervisor. As such, please visit the website of our Graduate School and find those procedures. You may also call Ms Xu Qiuyuan to make inquries. Her contact phone number is 021 - 65311900, Ext. 2282.

All the best for you.

Dai Weidong

自此以后,围绕博士论文写作和学术研究问题,我与戴老师的电子邮件和电话联系不断。戴老师每每强调:读书和做研究必须要有问题意识,要从大处着眼,小处着手;在学术研究上要敢于怀疑,敢于大胆怀疑才能有所创新。戴老师以自己的博学多识指导学生,却从不限制学术研究自由。

戴老师在谈到博士论文选题时强调过三点。一是选题要有恒久的理论意义和学术价值,不选那些跟风赶潮、就事论事、没有学术生命力的题目。二是选择国内外学术界没有涉猎过的论题,起码是没有系统研究过的,这样自主创新余地更大。博士生认真完成论文就能够站在一个学术制高点上,在该论题及其相关问题上就有发言权。三是选题要能够通过撰写博士论文,进入问题语境,洞达理论思想,把握研究方法,扩大学术视野,为后续研究奠定坚实的基础。戴老师认为我的博士论文题目《中介语发展的话题突出类型研究》基本符合以上几个原则。戴老师认为,目前国际学术界对于中介语的研究有两种趋势:一种认为中介语的发展过程不受母语影响,对所有学习者来说都是相同的;另一种则认为中介语发展受学习者母语特征的影响,第二语言习得在不同程度上受到学习者母语类型学迁移的影响和制约。戴老师认为,这个问题在二语习得和语言类型学理论的关照下,使用句法—语用相结合的方法,研究中国英语学习者话题突出和主语突出类型特征习得和语用限制之间的相关性,非常有意义。

在我博士论文写作期间,戴老师对我精心指导和悉心关怀,从选题、构思、写作到最后定稿,处处凝结着他的汗水和心血,尤其在撰写的最后阶段,先生不厌其烦地提出修改意见,使研究日臻完善。戴老师高风亮节的师德表率和笔耕不辍的严谨治学精神时时鞭策着我,使我不敢懈怠。我博士论文沉淀了三年,又经过反复修改,准备由北京大学出版社出版。戴老师欣然为之作序,对我在两年读博时间内完成了不错的论文表示了极大的鼓励:

　　……连瑞曾经教过中学、大学,指导硕士研究生,乃至博士生,他自己的学历也是从中专、专科、本科、硕士学位、博士学位一步一步提升起来的,如今他担任中国海洋大学外国语学院的教授、院长、博士生导师,2008年入选教育部新世纪优秀人才支持计划。他自己始终潜心于探讨新知,传授知识,培养学生,与学生共同成长、边教学、边学习、边研究。作为他的博士论文指导教师,我对他的严于律己的态度、勤学苦学的毅力、好学乐学的境界和不断进取的精神,表示钦佩。……

　　……他于2006年进入上海外国语大学攻读博士学位,选择二语习得研究方向,边工作边攻读博士学位。在上外,他阅读了大量的理论书籍,聆听了诸多名家的教诲,跟随我做博士论文。经过两年的不懈努力,他提前完成了博士论文。这篇博士学位论文整体框架合理，概念准确，思路清晰，层次分明，史论结合，逻辑性强。此外，全文论证严谨，叙述流畅，语句通顺，我认为这是一篇比较好的博士论文。……"

我的博士论文答辩从早上 8 点 30 分持续到接近 11 点，由已故我国著名语言学家、复旦大学教授陆国强担任答辩主席，华东理工大学戴炜华教授，上海外国语大学邹申教授、陈坚林教授、张雪梅教授、张烨教授作为成员，他们都对论文给予了充分肯定并提出了宝贵意见，其真知灼见和严谨治学给了我很多启迪。

戴老师为人谦和，即使对待我这个晚辈学生从来都用"您""杨老师"等相称。对此，我很不适应，多次建议老师直呼学生名字即可，但戴老师却不肯。戴老师就是这样一位潜移默化影响学生的大家。他对自己的研究生强调：做人和做学问是一个学者一生中的两件大事，做人靠事事克己，做学问靠天天积累；克己能产生智慧，积累才能有学问；做学问要先做人，二者要统一起来，且都应该求真务实，注重创新。戴老师对为人为学的阐释既简单又高深，是我们这些晚辈学生用之不尽的精神财富。

三

我在获得博士学位后不久，于 2010 年担任起中国海洋大学外国语学院院长的职务，在一些学术活动场合经常见到戴老师，每一次向他请教都使我受益良多。

近年来我先后主持两项国家社科基金课题，均得到戴老师的宝贵指导和帮助。戴老师认为我的国家社科基金课题"中介语语言学的多维研究与学科建构"选题非常好，也极为关注整个课题研究进展，并在本课题成果行将出版时再次欣然作序，肯定、鼓励、提携之意跃然纸上，令我倍受激励。

我的"中国英语学习者中介语语用能力发展研究"在第一次申报国家社科基金课题时，没有成功。戴老师开导我，一次不成功不要气馁。他建议我把题目中"中介语语用能力"改为"二语语用能力"，因为在英语作为国际通用语背景下，"二语语用"要比"中介语语用"更易被广泛理解和接受。果然，在 2017 年，"中国英语学习者二语语用能力发展研究"作为国家社科基金重点研究课题顺利立项。

戴老师担任国务院学位委员会外语学科评议组召集人多年，因而对外语学科建设十分重视,对我所在学校的外语学科建设工作始终给予极大帮助和指导。早在2007年11月,应时任我校外国语学院院长的张德禄教授邀请,戴老师莅临我校为广大师生举办了学术讲座,并被聘为中国海洋大学客座教授。他在和老师们座谈时强调,外语学科建设要做好规划,确定自己的特色和优势研究方向,其关键是加强师资队伍建设,尤其是学术带头人队伍的建设。他对中国海洋大学外语学科的发展成绩给予了充分肯定。

2013年11月,学校支持我们依托我校工商、经济、法学三个一级学科博士点,在外国语学院建设自设交叉二级学科博士点。那段时间我们先后在国内和校内听取三十余位专家意见,六易其稿,最后将博士点确定为"国际商务语言与文化",下设三个研究方向:国际商务语言学研究、国际商务翻译学研究和国际商务跨文化研究。在我校学位委员会会议评审之前,需要请国务院学位委员会外语学科评议组的部分专家提出推荐意见。我联系了戴老师,又专程从青岛到上海拜访了他。戴老师从头至尾看过我们的论证报告后认为,学院现有师资队伍和学科基础符合这一交叉学科博士点的需要,同意推荐设立交叉学科博士点。他强调自设交叉学科博士点建设中"外语+商务+管理+法律"不是简单叠加,而是一种有机统一的生成关系,它生成的是具有语言学属性的"商务外语"、具有管理学属性的"商务管理"和以语言学为基础的"法律外语";同时,由于"外语"这一元素在生成中所起的重要作用,国际商务语言与文化学科又具有突出的人文内涵,它强调的是从语言学的角度研究国际商务活动中的外语交流现象。后来,该博士点顺利通过,目前已经招收四届共十名博士研究生。更有意义的是,通过申报和建设自设交叉二级学科博士点,学院在办学理念、师资队伍、研究水平、博士生培养等方面为后来一级学科博士点的建设奠定了坚实基础。

2008年国家增加了一批博士点后,博士点增列工作停顿了近十年,于2017年再次启动。各个高校各个学科点都为此做了充分准备,竞争异常激烈。因此整个2017年,我都主要忙于国家这第四轮学科评估材料的准备和我校外国语言文学一级学科博士点增列申报表的填写。我又将填写好的申报表发给戴老师,恳请他提出批评指导意见,然后又得到他对我们申报博士点工作的莫大鼓励和鞭策。终于,2017年12月28日,国家第四轮学科评估结果公布,我校外国语言文学一级学科评估为B,位列全国前20%—30%位次。2018年3月28日,国务院学位办正式公布了 2017 年审核增列的博士、硕士学位授权点名单,中国海洋大学外国语言文学一级学科博士授权点赫然列于其中。

"八秩耕耘成就精彩人生辉煌路,桃李满园砥砺外语教育后来人。"戴老师著作等身,桃李满天下,堪为学界典范,为人敬仰。作为戴老师的学生,我怀着十分崇敬和感恩的心情,记录下过去向戴老师学习和请教以及戴老师关心和帮助我和我校学科发展的些许片段。纸的篇幅、笔的功力远远不足以表达我对师恩的感激,唯有在今后的为人治学路上,秉承导师真诚待人、潜心治学的精神,发扬导师求真务实、勇于创新的学术作风,积极进取,不断探索,以更好的成绩回报先生的培养和教诲。

谨以此文向导师致以崇高的敬意和诚挚的祝贺,衷心祝愿导师生日快乐、健康长寿、阖家幸福!

贺戴老师八秩华诞

赵永青

恭逢华诞八方贺，
祝颂耆英共尽觞。
戴仰高山常惕厉，
师出名宿须自强。
生辉熠熠德识备，
日华昭昭桃李香。
快意耕耘文脉永，
乐山乐水寿福长。

师 恩 难 忘

戴运财

第一次与戴老师比较深入的交流是通过"第二语言习得研究"这门课程。在课堂上,老师讲解非常详细,不仅以渊博的学识来引导同学们不断更新知识,紧跟本领域的国际发展趋势,而且尤其注重启发同学们对学术、学科问题的深入思考和宏观把握;在课后的小组辅导过程中,老师则着重帮助同学们提升动手能力,解决学习和研究中的实际问题。这种教学理念一直伴随我以后的教学。

与老师更亲密的接触是通过博士论文的写作。从论文的选题、谋篇、论证以及实际写作和修改等方面,老师都给予了大量的指导,并在学术范式上严格把关,确保研究顺利进行和研究成果达到学术水准。毕业后,我将博士论文整理成专著,在复旦大学出版社出版,老师欣然为我作序。后来,该专著获得了浙江省哲学社会科学研究成果三等奖。这些成绩的取得,都离不开老师的提携和帮助。老师严谨的治学态度和广阔的学术视野也深深影响我后来的研究。

在工作上我也曾多次寻求老师的支持。我在浙江农林大学工作期间,学校庆祝五十周年校庆之际,我邀请老师出席"名家讲坛"系列之一;我在重庆工商大学工作期间,邀请老师前往重庆指导,多所大学获知消息后也想"搭便车"邀请老师去作报告,老师不辞辛劳,又赴另一所高校做了讲座;我去年调回杭州(浙江传媒学院)工作,在电话中向老师报告此事时,邀请老师给传媒学院的师生做一次指导报告,老师又欣然应允。教学和科研之外,管理上的诸多问题我也多次请教老师,老师每次都帮助我详细分析,提出了很多富有成效的建设性意见。

老师的指导和教诲让我受益匪浅。长期以来,我以老师为榜样,秉承师门传统,极尽所能关爱学生,持之以恒追求善美。虽然做得不够,但一直在努力。

祝福老师日月昌明、松鹤长春!

七律·为戴老师耄耋之年而作

赵 硕

不计辛勤一砚寒,教之以事而喻严。
讲台粉笔染白发,无私奉献泪始干。
一言一行显魅力,谆谆教诲细无言。
桃熟流丹遍天下,英才济济笑开颜。

What Comes from
the Heart Enters the Heart

徐海铭

　　第一次有幸见到戴老师是在 1993 年,即我就读上外英语硕士的第二年。其时,硕士生需要跟自己的论文指导老师见面,互相认识一下,并汇报自己的学业进展。戴老师就是我的导师。当年戴老师是上外校长,而且那时恰逢上外在全国外语院校中率先进行大幅度的教育教学以及行政管理改革,也就是说,作为一校之长,作为外语教育改革的设计师和实施者,戴老师在那个时期极其忙碌。但是,在我跟戴老师当时的秘书冯辉女士说明情况之后,很快就获知跟戴老师的见面时间。记得第一次见面是在某个星期四的上午十点,地点是在行政楼五楼校长办公室。我在门口等着,戴老师行色匆匆地从走廊过来,边走边说:"刚散会,对不起。"之后,他便让我坐下,给我泡茶——这是戴老师多年来的习惯,可能是他对待见面的每一个学生的习惯。我真的有点诚惶诚恐:戴老师毕竟是中国外语教育界的名人,而且又是大学校长,对待区区硕士生却是如此谦和。我当时内心就充满感慨和敬仰。很快,我说明了自己的论文写作计划和学业进展情况。戴老师说,章节写好了就送过来,如果他有事不在办公室,就直接交给冯辉。见面只有十来分钟,虽然简短,但对我而言却是永久的温馨记忆。

　　后来又见过戴老师几次。最后一次大概是在 1994 年 6 月,也就是暑假之前吧。我到戴老师办公室去取他对我论文的反馈。戴老师当时已经出差,但是把用英语手写的反馈交给冯辉,托她交给我。戴老师反馈说我论文的观点蛮新颖,鼓励我把它整理成中文去投稿发表。反馈用蓝色钢笔写了整整一页纸。我拿着它走出五号楼，在潮湿的地面上站了好久，心想，戴老师在如此忙碌之际，还不忘给我写好论文阅读反馈，而且反馈还多以鼓励表扬为主——他这么对待学生，是怀着怎样的一颗善心啊！

后来硕士毕业，我到南京工作。虽然工作很忙，但是我没有忘记戴老师的鼓励，抽时间整理、修改硕士论文，不少文章很快在外语类核心期刊和省级社科期刊上发表了。后来我接着读博士，评副教授。再后来，看到戴老师招博士后参加合作研究，我便报名到了上外做博士后研究，有机会继续接受戴老师的指导。

特别要提的是，为了解决我的生活后顾之忧，戴老师真是费尽了心思。我真的觉得戴老师为我付出了太多，为此我感到十分内疚，觉得这辈子难以回报他对我无微不至的关怀，难以回报他帮我创造更好的工作和生活条件的良苦用心。无论从学业上、生活上，还是从个人职业规划和发展上，戴老师真是为我操心太多。他用他的智慧、大度、厚德和胸怀启发学生、勉励学生、引导学生，帮助他们走出一条充满阳光和玫瑰的人生之路。

最后我用《纽约时报》(*The New York Times*)专栏作家托马斯·弗里德曼(Thomas L. Friedman)在其著作《谢谢你迟到》(*Thank You for Being Late*)中经常被引用的一句话来描写戴老师对我的影响：What comes from the heart enters the heart.

恰逢戴老师八十寿庆，我写上这些，以表谢忱——衷心感谢戴老师，师恩毕生难忘！

我的导师戴炜栋教授

宋海燕

2018 年圣诞节,BBC 正在播放女王圣诞致辞。她说:"……圣诞故事依然迷人,是因为它并未对生命之谜进行理论阐述;相反,它是在讲述 2000 年前一个婴儿的诞生及其为世界带来希望的故事……"据隔壁的英国邻居说,圣诞节这一天总会有惊喜,我于是琢磨着今天的惊喜究竟是什么,随手点开电子邮件,映入眼帘的居然是恩师的新年祝福和小师妹发来的庆祝恩师八十华诞的约稿信息。惊喜之余,恩师慈父般的音容笑貌浮现在眼前,让我禁不住想起了那感人至深的第一课。

那是 1995 年,经过几轮紧张的笔试、面试,我终于幸运地成为戴老师的博士生。

那年的 9 月,从太原到上海的火车还远没有现在这么频繁快捷,又赶上开学潮,火车票特别难买,一票难求。不知道我大舅用了什么办法弄到一张票,我带着亲人的希冀和担忧站了一天一夜,终于从太原站到了上海。

记得第一堂课是在戴老师的办公室上的。戴老师向我这个来自北方的学生简明扼要地介绍了课程安排和学习计划,下课时居然变戏法儿一般,变出来一罐肉松给我,令我恍惚间回到童年:坐在一小板凳上,听我父亲给我上完一节古文课后,他的手中总是会变出一个惊喜,要么是一颗糖,要么是一只苹果,要么是……场景如此相似,令我欢欣鼓舞,禁不住暗自讶异又十分感动。戴老师和我父亲是同龄人,那一刻我对那句老话"一日为师,终身为父",有了十分奇妙的全新的理解。

　　已有六年高校英语教学实践的我对教学、对二语习得十分感兴趣,所以我的专业研究方向很快就确定了下来。戴老师还请了王彤福教授、王璘教授等德高望重的老师给我授课。欣喜之余,我很快就发现保质保量完成老师们开出的阅读书单比较困难。从老师处和图书馆借来的英文原版专业理论原著枯燥无味、晦涩难懂,一字一句查清楚精读一遍,时间根本不够用,书单上的书是没办法读完的;若所有书目快速通读一遍,水过地皮都不湿,上课时和老师们的深度讨论无法进行。戴老师很快就发现了这个问题,推荐我去找李观仪教授。李老师当时在给硕士生上一门课:学习技巧。她很热心地给我推荐了一本书:《学习技巧》。仔细读完后,我很快调整了读书的方法,到上课时不仅能和老师们详尽探讨书中作者的某些观点,还能提出问题、进一步思考和探索,效率大大提高。

　　戴老师不仅是我学业上的导师,也是我的人生导师。1995 年从太原到上海,南北方差异对我产生的冲击不亚于 7 年后从上海到伦敦时东西方差异所产生的冲击:在伦敦至少我听得懂别人在说什么,而在 1995 年的上海,普通话远不像现在这么普及,上外校园于我犹如世外桃源,但一出校园,满街的上海话一句都听不懂,基本没法与当地人交流。入乡随俗,连语言都听不懂,又如何能随俗? 于是,到上海的第二周,我就赶紧出去买了两盒学说上海话的磁带,读英文原著读累了,就听磁带学说上海话,和当初学英语和日语一样,一个音一个音地学。还好,上海话比英语和日语好学得多,掌握了发音要领后不久,我居然也可以说几句不知人家能否听懂的上海话,但人家说什么,我大致是听得懂了,可是有些语言习惯却并不是很快就能改掉的。比方说,我们家所在的那一区域,没有说"谢谢"的习惯;有次上课,记不起来是讨论一个什么话题,聊起了这个语言习惯,记得戴老师说,语言是用来交流的,感谢人家,不及时说出来,别人怎么会知道呢? ……就这样,渐渐地,我不仅学会了上海话,而且也努力学会了入乡随俗说"谢谢"……谢谢老师!

　　不断阅读、认真思考、努力探索、课堂讨论、教学实践、收集资料、问卷调查、学术会议、文章撰写、学说上海话……学习生活忙碌而充实,转眼就到写论文的时间了。经过和导师、诸位教授的多次沟通和商榷,我的论文题目(Evolution of Language Teaching Approaches and an Enlightened Eclectic Method in Chinese EFL Classrooms)终于定了下来。论文的写作目的在于探求什么样的方法更有益于中国的英语教学,以及如何进一步提高高等院校的英语教学。论文基于前人的研究成果,在实践的基础上分析了国外最富有影响的几种语言教学法的演变,发现各种教学法各有千秋,在实际的教学过程中,特别是在中国的英语教学环境下,实在难以断言哪一种教学法更行之有效,因为教学法与其他教学变量密切相关,如教学对象、教学目的、教学环境或条件等,绝不能生搬硬套,比如,在西方盛为流行的"交际法"到中国来却并不那么尽如人意,似有"橘生淮南则为橘,生于淮北则为枳"之感。中国有中国的具体情况,但"他山之石,可以攻玉",论文基于自己的教学实践以及和学生的谈话、同行的讨论,发现并分析了中国英语教学中易引起争论的四个论题,建议将英语教学视为课堂交往,因为英语教学中的人际交往主要是在课堂里,而课堂交往本身就是一种交际活动,应当涵盖交际活动的所有要素——SPEAKING,教师可以这些要素为参数,视具体情况选择较为合适的教学法。所有这些要素密切相关,若其中一个要素发生了变化,相应地,所采用的教学法亦应当有所变化。论文还从实践的角度回顾和比较了国外富有影响的教学法诸流派之后,提倡教师不仅仅要因"材"施教,而且要因"SPEAKING"施教,结合具体教学环境,博采众家之长,采取一种综合型的教学法。

记得戴老师当时是校长兼校党委书记,公务十分繁忙,但每一章节交上去,戴老师都会仔细评阅,并就论文的观点、结构、语法、词汇等提出修改意见,而且每个章节修改都不止一次,有的章节甚至反复修改,直到满意为止。

在戴老师的悉心指导下,我的论文顺利通过评审,进入答辩的准备阶段。戴老师考虑得十分周到:论文答辩的海报早早就贴了出来,专家们也已早早预约,甚至连论文答辩后的午餐也早早预定。正是在戴老师和其他老师、同学的帮助下,我才能信心十足,从容面对几个小时本专业校内外权威专家学者的轮番提问,圆满通过答辩。

在我以后的教学生涯中,综合型的教学法不仅对中国学生行之有效,而且对英国学生同样如此。当然,下课时,我也会时不时像戴老师那样给学生们变出来一个"惊喜"。跟随戴老师学习的三年,我在做人、做事、做研究等方面都有了很大的提高。转眼之间二十多年就过去了,恩师的谆谆教诲早已深深刻写在我的生命中,那慈父般温和而充满深深期许的眼神与年年的节日祝福,鼓励我不断前行。

贺戴老师八十华诞

陈夏芳

一转眼戴老师八十华诞了。毕业至今二十多年过去了,但戴老师给我上课的情景还历历在目。我是 1994 年考入上海外国语大学英语学院攻读英语语言文学博士学位的。当时招收英语语言文学专业的博士生名额和导师很少,我非常幸运地成为戴老师的学生。上外 1994 级博士生中我和周雪林同学是戴老师的学生。

戴老师教学和科研非常认真。我们修读的课程中有戴老师给我们上的英语语言学课程。戴老师当时担任上外校长,工作繁忙,但是给我们上课从未耽误过,很是难能可贵。

在戴老师的指导和帮助下,我们的科研能力有了很大的提高。在上外读博士期间,我参与了《现代英语语言学概论》的编写,在《外国语》上与导师合作发表了论文,还积极参与了英汉大词典的校对工作,等等。通过学校的课程和这些科研合作,我的科研能力逐渐得到提高,1997 年我在《东北师范大学学报》独立发表了论文。

戴老师对学生很负责。在我的论文写作过程中,戴老师还请了王璇老师和邹申老师对我的学习进行指导。戴老师对自己博士生的教学和科研十分关心,不因自己繁重的领导工作而有所松懈。有一段时间戴老师由于公务出国不在学校,我的学习过程还得到了冯庆华老师的关心,我知道这也是戴老师对我论文进展的关心。

我所接触到的戴老师是作为博士生导师的戴老师,而不是作为校长的戴老师。戴老师体现了中国教师的优良传统:和蔼可亲、关心学生、爱护学生、为学生着想。他为学生付出那么多,但自己却从不麻烦学生,没有让学生为他做什么事。有一段时间戴师母身体不好,戴老师请了保姆照顾她,从来没有让我们学生去帮忙。

  如今戴老师八十华诞之际已经是桃李满天下。衷心祝愿敬爱的戴老师身体康健!

淡泊明志，宁静致远

张红玲

我与戴炜栋教授的师生缘始于 1989 年，至今正好 30 年。30 年里，我们虽然都身在上外，但见面机会并不多。不过，老师为人、为师、为学的精神一直像座灯塔，温暖着我的心灵，指引着我前进的方向。

1988 年，我从华中师范大学本科毕业，考入梦寐以求的上海外国语大学攻读硕士学位。一年的课程学习之后，我们十余名研究生要选导师了。几位上外本校毕业的同学因为熟悉各位老师的专长和个性，很快选定了导师，而我和张爱玲等几个外地高校毕业的学生很纠结。临近时间节点，我终于鼓起勇气，找到与我研究兴趣契合的戴老师。当时已是副校长的老师放下正在处理的行政事务，热情接待了我，毫不迟疑地答应做我的硕导，并给予我很多鼓励和建议。这是我与老师第一次近距离接触，谦和、温暖的印象至今难忘。

硕士毕业留校任教是 20 世纪 90 年代顺理成章的一个选择。做了几年英语教师后，我逐渐感受到缺乏挑战导致的内心空虚，于是决定考博，毫不犹豫继续选择戴老师为导师。当时，戴老师每年招收两名博士。虽然学生少，工作忙，但戴老师非常重视对我们的教学，每次上课前都为我们准备大量相关阅读材料，帮助我们打下扎实理论基础，增强文献阅读能力；课堂上，一对二的研讨教学模式虽有压力，但在老师的鼓励下，我们沉浸在学术交流氛围之中畅所欲言，充分表达思想观点，最后经过老师的评述和提点，形成了对相关理论和研究领域的深刻理解和认识。戴老师的这种授课方式培养了我们批判思维的意识，这也是博士课程带给我的最大收获。

1999 年博士毕业后，我正式踏上学术研究之路，专攻跨文化外语教育研究和跨文化教育与培训研究，取得了一定的成绩，顺利晋升教授，当上博士生导师。同时，我接受了学校的任命，担任学校国际合作交流部门负责人，成为一名"双肩挑"干部。教学、科研、行政三重责任陡然降临，随之而来的焦虑、压力、疲劳、委屈等各种困难需要去面对和克服。我不由想到了老师：多年来，他身兼数职，不仅是一所国家重点高校的掌舵人，还是全国外语学科的带头人；他既是一位在教书育人岗位上默默耕耘的好老师，也是一名潜心钻研、著作等身的科研工作者；他承担的责任之重非常人能及，他的学术造诣和影响力令人高山仰止；是什么力量使得老师在负重前行之中还能保持定力和平和之心，还能心怀善意和包容之情？

带着崇敬和好奇，我与老师有过几次交流，他语重心长、寥寥数语的点拨让我茅塞顿开。原来，成就老师德才兼备、功勋卓著的是其由内而外焕发出来的一种淡泊宁静的力量。诸葛亮有云："夫君子之行，静以修身，俭以养德。非淡泊无以明志，非宁静无以致远。"淡泊宁静的人抛去万千浮华，志存高远，沉潜己心，专注于事，低调谦和，善于反省，更加宽容。这些正是老师人格魅力的真实写照。

顿悟后的我带着满满的正能量投入到紧张忙碌的工作中。开拓国际合作交流，提升学校国际化水平，是我当前的首要任务。像老师一样，我以强大的责任感和使命感，主动而为，积极谋划，务实推进，实现了多个合作项目的重大突破。行政工作之余，我不忘教书育人和科学研究的本行。我以老师为榜样，要求自己善待学生，对学生有求必应，让他们在艰辛的求学道路上，能够时刻感受到来自老师的温暖和力量。作为戴老师的学生，在恩师精神的感召下，我在科研上自然不能懈怠，坚持笔耕不辍，每年都会有所产出。

当然，行政管理和教学科研并行的道路上难免荆棘密布，困难重重。我时常会因为心力交瘁而萌生退意，是老师淡泊宁静的精神力量一直鼓舞着我砥砺前行，至今还能在教书育人中感受快乐，在国际交流中历练成长。谢谢您，亲爱的戴老师！

行为世范　学为人师

李　明

　　时光飞逝,转眼间我们即将迎来恩师戴炜栋教授八十华诞。在这喜庆的日子里,作为曾经有幸领受恩师教诲的同门,我们个个兴高采烈,共同祝福我们的恩师:福如东海,寿比南山。恩师为人为学,皆为楷模,令作为弟子的我们永世难忘。恩师犹如一盏灯塔,时刻照耀并指引着我们,让我们在学习中、生活中、工作中不断向上,不断进取,不断前行。

　　我同恩师之缘,结于1985年。那一年,本科三年级的我,买到了至今仍然珍藏在案头的那本1984年出版的《简明英语语言学教程》。是恩师的这本小书将我带入神圣的语言学殿堂。从此,我便有了对恩师的景仰,这种景仰也让我一直向往着一所大学——上海外国语大学。1997年9月,硕士研究生毕业两年的我,终于以博士研究生身份进入这所我梦寐以求的大学,师从我一直景仰的恩师从事社会语言学及第二语言习得领域的学习和研究。在求学的三年时间里,我深受恩师在为人为学方面对我产生的影响。在我的眼中,恩师是这样的人:

　　一位卓越的外国语大学校长。

　　他有着远见卓识,有着开阔视野,因而能够高屋建瓴、运筹帷幄,能够把握机遇,把母校建设成为国际知名、国内一流的外国语大学,让所有在他精心建设的外国语大学里学习的莘莘学子感到无上光荣和自豪。

　　一位出类拔萃的外语教育家。

　　他在外语教学上锐意改革:英语专业教学大纲的制订,分级教学的实施,英语专业四、八级考试的开展,从小学到中学到大学"一条龙"外语教学的实践与研究,外语学科的发展规划,外语专业的评估方案,精品课程的建设,高素质师资的培训,英语专业的教学规范,研究生教育质量的保障,等等,无一不是在他领导下取得的硕果。

他学识渊博,专业水平精湛,在社会语言学、第二语言习得、外语教学等学科领域造诣深厚。他有着高超的领导艺术,带领上外领导班子、教师团队,团结和睦地把母校打造成一所国内顶尖的外国语大学。

他有着高超的处事艺术,在单位里作为校长、作为教师、作为同事,在家里作为丈夫、作为父亲,他把各种关系协调得炉火纯青。

他有着高超的育人艺术:授业、解惑、启迪、传道是他成功育人的秘诀;对学生的学习他严格要求,对学生的指导他一丝不苟,对学生的生活他关怀备至。他当时所打造的博士生导师团队(包括黄茨栋教授、邹申教授、王彤福教授、陆国强教授、冯庆华教授、戴炜华教授、张伊兴教授、王璨副教授等)中各位教授的学术精神,至今对我的学术产生深远影响。

他对自己的专业无限热爱,对学术、对真理不断追求。在担任大学校长期间,他总要从忙碌繁重的行政事务中挤出时间,孜孜以求,发表和出版各种研究成果。即使在荣休之后,他仍然笔耕不辍,活跃于外语教育战线,为我国外语教育事业的发展做出了卓越的贡献。在《外国语言文学领域学者期刊论文综合指数排行榜(2006—2018)》中,恩师以综合指数 714.19、论文数量 52、被引频次 2 060 在全国外国语言文学领域学者中位居第八。

一位当之无愧的导师。

他不仅是我学业上、学术上的导师,也是我生活上、人生中的导师。在我求学期间,他时刻关心我的学习,要求我多读书,读好书。他多次将上海外语教育出版社赠送给他的样书(包括一本大部头词典)送给我,还告诉我,若需要阅读其他专业书籍就告诉他。正是在恩师的关怀和教诲之下,我大量阅读了社会语言学和第二语言习得方面的一系列理论著作并于求学期间在《外语教学与研究》《外国语》和 *Teaching English in China* 上发表学术论文四篇,在武汉大学出版社出版著作一部,毕业时还是 2000 届毕业研究生中唯一获得"宝钢教育基金奖优秀学生奖"的学生。

在我工作的广东外语外贸大学校园里,我最希望见到的就是曾经同恩师一道去新西兰留学并同住一间宿舍的龚华基老师。每次相遇,我们都要情不自禁、滔滔不绝地谈起恩师,盛赞恩师的为人。龚老师不止一次地告诉我,他在新西兰留学时曾经生过一场大病,是恩师多次把他背到医院看医生才得以慢慢恢复的,当时的情景至今仍令他非常感动和感激。

多年来,我给我院本科生开设"语言学导论"课,选择的教材就是恩师和何兆熊教授编写的《新编简明英语语言学教程》。这是本大道至简的语言学教材,我非常喜欢,也通过教学让我的学生喜欢上它,喜欢上语言学。因为移情,"语言学导论"这门课成了我最为激情澎湃的课程,也让我的绝大多数学生们激动、惊喜。是恩师通过这部教材润泽着我,也润泽着一代又一代莘莘学子。作为教授这部教材的老师,我从字里行间里读到的是我的恩师——我恩师的笑容,我恩师的形象,我恩师的智慧……

恩师生于斯、长于斯,对自己工作的大学充满无限热爱。他把满腔热血洒在了终身从事、终身热爱的教育事业上,书写了作为教育工作者最为灿烂、最为美丽的华章。恩师的生活犹如一支歌,唱响了对于生活的热爱和执着;恩师的事业犹如一首诗,蕴涵丰富,韵味悠长。恩师的辛勤耕耘,恩师的辛勤付出,换来了今天恩师的桃李莘莘满天下、遍世界。

八十年风风雨雨,八十年春华秋实。恩师在自己的职业生涯中,给予自己的弟子许多许多,教他们怎样做人、怎样为学。恩师那亲切的教诲,犹如一股股清泉,永远流淌在弟子们的心田。

人们常说,人生要有三要:

第一是要遇到某个人。他引导你走过一段有意义的人生路,他左右你的思维,改变你的习惯,成就你的未来。他是你人生的关键点和转折点,你的道路因此而不同凡响。你所遇到的这个人就是你的贵人,恩师就是我们遇到的贵人!

第二是要遇到一群人。这群人点燃你的激情,唤醒你的自尊,带给你希望。这样的一群人就是一个精诚合作的团队。作为恩师的弟子,我们已形成一个团队。也正是因为恩师,我们才有了这个团队。从此,我们既有了缘,又有了分。

第三是要遇到一件事情。它唤醒你的责任,赋予你使命,成就你的梦想。这件事情就是值得一个人终生追求并为之付出的事业! 恩师所从事的外语教育事业,就是需要我们传承、追求并为之付出的事业!

感谢恩师! 愿恩师健康长寿!

学　问

蔡龙权

《辞海》释"学问"为"各种知识"。我从学汲取知识,已历经学士、硕士、博士,却苦知识积累尚少。《易·乾》有云:"君子学以聚之,问以辩之。"我思,学而不问,岂能洞察是非？放任疑惑,只露知之半间。欲聚积真才实学,得辩诘咨审觑问。

提问的要旨有二:问什么,怎样问。前者针对内容,后者关注方式。无论问什么还是怎样问,均涉及提问人,受问人,提问目的、时间、地点等语境变化。譬如,问路与博士生入学考试的面试,两类提问内容差别迥然。同样是教学提问,课内与课外提问方式径庭存异。但当设定若干语境牵制,问什么的内容构造自行凸显分量。

"问什么"可以直陈为"问什么问题"。该"问题"与英文 question 成对译。盘问 question 的意思,可泛指"获取信息的询问",专指"测量受问人对相关信息把握的询问"。这专指意思恰好吻合 question 和 quest 的同根拉丁词源 quaerere"寻求"和"探索"的意思。如何着手测量受问人已知相关信息的范围？这个疑问和探究直接影响问题的内容构造。

博士生入学面试的提问显然用以测量受问人对相关信息的把握程度。由于受问人(即考生)自认为学业水平已经达到相应考试的知识水准,故面试试题的内容选择和设计非同小可,行内通认要彰显一定的难度。

博士生学业更多关注专业研究的深度,形成深度即难度的信条,鼓励小题大做的劳作。但是,忽视广度可能造成难入深度的局促。见不多识不广,让挖掘进程时不时缺这少那,令挖掘者不得不心烦气短。反之,拿捏广度而不携深度又可能流于走马观花式泛谈虚空。难度应结合深度与广度。

我面对的 2000 年上海外国语大学英语语言文学专业外语教学研究方向博士研究生入学面试中的几多提问便是难度结合深度与广度的范例。在此举一为证：

"Would you please say something about *New Concept English*?"

这个英文问题的核心在 *New Concept English*。作为英语教材,它在 20 世纪 70 年代进入我国。1977 年我考入上海师范学院外语系,英语专业使用的读本便是《新概念英语》(*New Concept English*)。由于当时鲜有原版教材,又因为它内容结构优于美国的《英语 900 句》(*English 900*),加之标准的英伦发音,《新概念英语》迅速流行于我国各层次的英语教学课堂。20 世纪末,作者 L. G. Alexander(亚历山大)与北京外国语大学何其莘教授合作出版修订本,致使"新概念英语"几近家喻户晓,老少皆知。至此,这个问题的答案似乎简单明了,大可一言蔽之。

然而知晓作者名字缩写"L. G."的原词全拼的人肯定不那么多。年前我同一位研究功能语法的大学教师谈论语言学家韩礼德(M. A. K. Halliday),纳闷对方全不知"M. A. K."的由来。西方人为图亲近,姓名使用上倾向直唤其名而舍其姓。熟稔于姓而木然于名,大有让自己成为外行而离失内圈之虞,难以融入情切挚真的交流。

倘若知作者姓名纯属一回小事,知《新概念英语》作者成就该书的历程则可能是大事。亚历山大就学何处? 师从何人? 学界惯有"名师出高徒""名校出高才生"之谈。探寻这样的背景信息有助于了解作者何以成功著就那么多套英语教材:《看,听,学》(*Look, Listen and Learn!*),《跟我学》(*Follow Me*),《英语听力入门》(*Step by Step*),《直捷英语》(*Direct English*)。进而想之,亚历山大的处女作是什么? 他在教材中如何贯彻他的"功能-意念"设想? 后期写作中他为什么特别关注语法? 这些思考有助于理解亚历山大为什么三十多年始终用心良苦地投身貌似平凡简单的教材写作。

回到《新概念英语》,读过的人几乎都知道全套有四册:第一册《英语初阶》(First Things First),144 课;第二册《实践与进步》(Practice and Progress),96 课;第三册《培养技能》(Developing Skills), 60 课;第四册《流利英语》(Fluency in English),48 课。课文数量随册而下,语言难度肯定随册而上,两者逆向对应,可以在面上迎合学习者的承受能力。所以,熟读第一册的众多,看过第四册的人少。

四册书的课文结构分为两类。第一册 144 课,奇数单元新课,偶数单元复习,一课一练,有温故知新功效。第二至第四册合 204 课,一页一文,以惯常课时设置,速教速学,不显拖沓。

四册书的课文语言结构也分两类:第一册,对话;第二至第四册,短文。先行口语,后随文章,符合语言能力发展的自行规律。有心的是,第一册在百课左右穿插个别短文,而在第二至第四册又偶尔安排一二对话,不失为前后学习和练习的交叉提醒。

口语语句通常简短,文章话语滋势漫长。每课平均词数第一册课文 90 左右,第二册 150 词左右,第三册 370 词左右,第四册 360 词左右。就句子长度而言,第一册多在 10 词以内,第二册 20 词上下,第三册 30 词有余,第四册 40 词不足为奇,其中有 10 课之多在 60 词以上,最长达 75 词。这种设计大多是亚历山大有意为之。长句信息量大,语句结构趋向复杂,有利练就面对诸多信息心不烦的处理能力,也有利练就廓清成分逻辑关系的处理能力。

第二至第四册的短文又分两类。第一和第二册肯定由亚历山大自己撰写,证据来自其中句型和语法要点的交叠式衔接设计。第三册虽然不循第四册通篇摘录他人发表的各种题材和体裁的文章,但是两册不少课文的内容和语句结构彼此接近,可能是亚历山大对他人文章稍作改写后形成,以迎合教材设定的循序渐进原则,引导读者接触文章的基本章法,欣赏效仿原汁原味的自然行文。

概观上述,"Would you please say something about *New Concept English*?"这样广泛的提问初看轻易简单,细辨则察其率意精心。它大,则可以让受问人随意说事。如果受问人局促寡言,则此问不伤大雅,因为提问本身的宽宏大量自会仁慈地包容受问人的些许表皮应答。它深,则可以在提问本有的揣摩中期盼受问人述说自己曾刻意追究的那事。如果受问人慷慨陈词、刨根探底,那学术提问苦苦寻找才学的初衷岂不圆满?虚神静思,好样的提问广阔而引向深邃,博大而蕴藏精致。

我受问后自当作答,虽无上述数据陈列,但欣蒙认可赞许,如愿中年入学。求学中、完学后乃至今日,我反复觑问、咨审、辩诘:学而不问难以洞察是非,问而不当则可混淆是非。欲图学聚,得行问辩;欲行问辩,得学提问。提问也是学问,提问本是学问。

话说到此,有心的看客可能会问:"那提问人是谁?"

他是上海外国语大学原校长、我的博士生导师、学聚能事的戴炜栋教授。

眼　神

冯　辉

1999 年的秋天对我来说是暗无天日的,因为在那年学校组织的教职工例行体检中,我被查出患了腮腺混合瘤。主检的医生一脸严肃地告诉我,肿瘤的个头比较大,有恶变的可能,因此需要马上住院进行手术。我当时就哭了,我那时还不到30 岁,刚成家并有了一个可爱的儿子,学业和事业正朝着既定的方向前进——幸福似乎就在眼前,却突然被医生的一句话击碎了……

怀着忐忑不安的心情我住进了华山医院。尽管那里的主治医师以及我家的一些医师朋友在仔细查看病灶后,都宽慰我说那肿瘤绝大多数情况下是良性的,但为了那不能肯定的极小可能性,我还是异常沮丧。在等待手术的日子里,因为医院压抑的氛围,我甚至开始考虑自己的身后事了!

手术被安排在清晨。一大早,护工就来推我去手术间。因为没打到车,本来说好来陪我的父亲和丈夫都没及时出现。我一下子崩溃了,哭着不肯上手推车。幸好,在折腾间,父亲和丈夫来了。于是,像做最后的交代一样,我匆匆地和他们说了几句就被推去做手术了。因为肿瘤的部位是在右耳后,为了避免伤及面部神经,手术采取的是全身麻醉。麻药从输液管流入身体的一瞬间,我的意识就模糊了……仿佛睡了一个无梦的觉,等我醒来时,已经是在病房里了。我费力地睁开眼睛,一张熟悉的脸映入了我的视线——是戴老师!他正一边和身边的同事以及我的家人说话,一边关切地注视着我。他的眼睛因为夜以继日地工作而略显憔悴和疲惫,但他的眼神却又是那么的温暖。看到我醒来,他的眼中流露出一丝笑意。但看到我激动得有点想哭的样子,他赶紧俯下身来,好声叮嘱了我几句要安心休息、好好养身体等就匆匆离去了。一直在他身边工作的我知道那时的他有多忙，因此，他的第一时间出现对我来说不啻是一剂良药——一股暖流涌上了我的心头，我突然觉得生活又充满了色彩。事后，我才得知他之所以会及时出现，一方面是因为他事先询问了我的手术安排，另一方面他也随时通过我丈夫了解我的手术进展。知道真相的我在感动之余不禁为老师的这份体恤所折服！"日理万机"的他能这样细致耐心地关心身边的同志，怎不令人钦佩？

2010年的秋天我又一次见到了那眼神。这一次，戴老师的爱人因为严重的颈椎病而不得不进行手术治疗。考虑到他子女不在身边，手术又有比较大的风险，我和丈夫特地请了假，陪老师一起等候手术的进展。在休息室等待的时间漫长而难耐，这不由让我体会到了十多年前我手术时等候在外的亲朋好友们的心情。每每有手术结束的消息，我们都赶紧起身前去打探。戴老师却一直坐在那里，显得从容而镇定。

终于，手术结束了。戴老师立马站了起来，大步流星地走出休息室，向病房走去。走进病房的一瞬间，他的眼中透出了深深的关切。他一边和主刀医生交流着手术情况，一边随时用殷切的眼神注视着病中的妻子。当得知手术非常成功时，他的眼中不由自主地露出一丝笑意，刚才还坚强的身形也顿时柔和了下来。我知道，这一刻，他终于如释重负了；而这一刻，我也再一次感受到了他坚毅的外表下那一颗柔软的心。

戴老师是我攻读硕士和博士学位期间的指导老师，亦是我大学毕业到校长办公室工作后服务的第一位校长。工作中、学习上，他指导并帮助我前进；生活中他也如一位长辈般给予我温暖和关怀。施恩如春雨，润物细无声。在此，谨以此文感谢我的恩师。

恩师戴老师

孔燕平

我是戴老师 2002 届的博士研究生。戴老师留给我最深刻的印象就是——平易近人。他没有一点校长的架子,每隔一周的专业课,除非他出差不在,否则雷打不动地进行,并且总能一语中的地对于我们做的"展示"做出评论并给出建议。

戴老师对每一位学生都非常关心,学习上、生活上都是如此。我记得在每一学年开始的时候,他总要给我们每一个人布置适合我们的任务,这让我在每一个阶段都有清晰的目标。我家在外地,每次新学期开始第一次上课见面,他总要亲切地询问家里人是否安好。

2019 年,戴老师走过了 80 个春秋,经历了风风雨雨,但他仍然像灯塔一样照耀着每一位同学前进的道路。我以为,这就是"桃李不言,下自成蹊"的最好阐释。

在此,我要向我的恩师——戴炜栋先生——献上我最诚挚的祝福:愿他老人家身体安康、福如东海!

长 者 风 范

刘春燕

  戴老师任上外校长 16 年之久。在他人眼里，他是外语界名校的校长、国内著名语言学家、国务院学位委员会委员、外语学科评议组组长等，有着各种头衔与光环。但在我们这些学生的眼里，他是一位可亲可爱的长者。

  记得我 2001 年考虑读博选择导师时，曾到华东师大向当时在读的魏博士咨询。在博士生宿舍的书桌边，他把北外、上外、广外、南大等外语高校的博导如数家珍般地盘点了一番，很有煮酒论英雄的模样。那时戴老师是外语界学子心中的男神，《外语教学与研究》恰好刊登了戴老师对博士生招生和培养的访谈，我向往上外这片学术圣地，便决定要报考戴老师的博士。

  在经历了"考状元"般严格的博士生入学考试后，我梦幻般如愿以偿地考取了戴老师的博士。以前在书上看到无数遍的可望而不可即的名家就在我面前，成了我的导师。入学时我诚惶诚恐、小心翼翼，而戴老师则和蔼可亲。虽然身为校长，他却和其他导师一样定期和我们见面，按时给我们上课，从未因为忙而取消一节课。戴老师给我们上两门课：二语习得前沿研究和社会语言学。他讲课采用讨论式，每次就某个专题让我们先看资料进行准备，上课时要我们就这个专题进行文献综述和发表自己的看法。讨论的时候我们不再拘束，自由地发表自己的看法，尽情地吸收着学术养分。老师还偶尔和我们说起他在新西兰留学时曾不时地走上街头去做社会语言学的田野调查，说起他作为上外的一名普通教师如何解决上外的实际教学教育问题，如何为外语学科的发展出谋划策。我们似乎逐渐明白名师成长的轨迹，是这个伟大的时代赋予了这一代人使命，而我们的老师不负使命，奋发前行。

印象最深的是戴老师应江西师大外院的邀请,两次来到江西讲学的情景。第一次是 2004 年 5 月。当时的副院长饶振辉教授来到上外参加学术会议,邀请戴老师去南昌指导。那时正逢师大外语学科的发展爬坡期,也是学院紧锣密鼓准备 2005 年申请博士点的关键时期。戴老师欣然答应,在百忙中抽空来到师大。戴老师和师大当时的校长游海深入地交流了外语学科的发展思路,提出中肯建议,还欣然答应做师大的客座教授。当时的师大外院还在青山湖老校区,在狭小的会议室里他还为我们做了外语学科建设的讲座,外院的教师和在读硕士生总共 30 余人聆听了他的讲座。他为我们如何建设外语学科指出了方向,还饶有兴致地参观了我们在建的新校区。他的来访给师大外院注入了发展的新动力,我们从此开始了与外语界广泛的交流。

第二次是在戴老师退休后的 2015 年 11 月。时隔 11 年,戴老师此时已是 75 岁的长者。他仍然在指导博士生,只是已经辞去了很多兼职,专心治学。他为师大的教师做了如何申报国家社科基金课题的讲座,将自己作为课题评审专家时发现的规律和问题毫无保留地传授给我们的年轻老师。他还为全院研究生作了题为"中介语石化现象研究"的专题报告。此时我院的在读研究生规模已达到近 400 人。研究生们像追星似的围着戴老师签字、合影留念,而戴老师依然那样和蔼谦逊,为师生们耐心解答各种问题。他的到来为外院带来了好运,第二年(即 2016 年)江西师大外院前所未有地获批 5 项国家社科基金项目立项,创了历史新高。

戴老师对学生的关心,有时像老母鸡爱护小鸡似的关爱。记得在读博士时,戴老师经常自己拿出讲学的钱请我们吃饭,常去的地方就是学校对面的锦江之星。借吃饭的时间,老师和我们拉家常,询问我们的课题、论文进展,或解答我们遇到的问题。那时同宿舍的同学都非常羡慕我们,因为我们常把剩菜打包带回宿舍,和同学们分享。还有一次,我带着行李去火车站,途中下起倾盆大雨,正巧碰上戴老师,他立即让自己的司机专门送我到火车站,让我感动至深。

自 20 世纪 80 年代至 21 世纪初,戴老师带领上外在全国同类院校中率先探索培养复合型外语人才的新模式,实施招生制度重大改革,使上外进入"211 工程"行列,从而实现了上外办学史上的飞跃。我常想,身为上外的校长 16 年而能功成而退,且始终令人爱戴、给人以正能量,戴老师是如何做到的? 老师的性格中有包容、豁达之美。老师给人的印象是睿智、宽厚而不失上海人海纳百川般的大气象。当拿掉所有外在的权力、财富之后，老师就是一个具有长者风范、仁者之心的学者。老师赋予了我们珍贵的记忆和精神传统，这些传统成为我们进入工作岗位非常重要的核心竞争力。

探索有中国特色的外语教育发展之路

——戴炜栋外语教育观述论

周大军

引言

在中华人民共和国和上海外国语大学成立 70 周年双庆之际,戴炜栋教授在他辛勤耕耘近 60 个光阴的外语教育这片热土上,即将迎来他的 80 华诞。作为上海外国语大学教授、博士生导师,他教书育人,桃李满天下;作为曾经的上海外国语大学党委书记兼校长,他办学治校,成就斐然;作为外语界知名学者,他在第二语言习得、社会语言学、外语教学等研究领域造诣深厚,建树突出;作为外语教学资深专家、曾经的教育部高等学校外语专业教学指导委员会(简称"外指委")主任委员,他为中国外语教育顶层建设筹划协调,积极作为。戴炜栋教授一生致力于探索有中国特色的外语教育发展之路,为推动我国外语教育事业的发展殚精竭虑。他在几十年外语教育实践中积累形成的外语教育观,对我国的外语教育理论与实践产生了一定影响。这一教育观以改革与创新为核心,以探索有中国特色的外语教育教学模式为理论贯穿主线,以戴炜栋教授在外指委的外语教育顶层建设和在上外的教学与管理工作为实践途径。

一、理念核心:改革与创新

改革与创新始终是中国外语教育发展的原动力,因此也是戴炜栋教授外语教育观的核心。在戴炜栋(2007:xvii)看来,教学不能局限于"教",而应在"学"的基础上"改",即教学不能因循守旧,固守传统,而应以一定的教学理论为依据,根据社会需要不断创新改革,探索培养外语人才的理念、模式和策略。

1. 外语教育改革观

早在 1964 年初,戴炜栋作为上外英语系基础教研室主任就牵头进行听说领先的教改试点,取得显著效果,并在次年面向全国进行示范教学试点。这次教改显示出戴炜栋教授早期的改革开拓意识。20 世纪 80 年代中期,单一的英语专业教学体制面临改革开放急需大批外语人才的挑战。针对这一形势,戴炜栋(2007:3)指出,必须适应新形势的需要,改革陈旧单一的语言教学体制,从调整专业结构、加强基础教学、培养一流师资等几方面探索英语教学改革路子,为对外开放的进一步实施培养新型外语人才。20 世纪 90 年代前期,戴炜栋(2007:25)提出要适应市场经济的需要,深化外语教育改革,外语院校应立即积极参与培育市场,主动介入市场,通过了解市场信息,输出人才,调整专业结构和课程设置,使培养出的外语人才更加适应社会主义市场经济的需要。

中国加入世贸组织对提高全民外语素质提出了迫切要求。戴炜栋提出了"如何充分认识外语教育在'科教兴国'中的地位和作用""高等外语教育如何面对 21 世纪并且能否适应急剧变化着的形势需要"等重要命题。他清楚地看到,我国高等外语教育的改革与发展面临着新的机遇和挑战,不进则退,甚至"缓进也是退",压力和动力同在(周承,缪迅 2003)。因此在新世纪到来之际,戴炜栋(2007:29 - 31;43)提出,要全面推进外语教学改革,使外语教学能适应国家跨世纪发展的需要。改革的关键是转变教学观念,即从传统的知识传授转变到全面提高学生的知识和能力素质;教学内容上要改造那些固定的、单一的过时材料,代之以新鲜活泼的、实用的材料;教学方式上要从以教师为中心转变为以学生为中心,培养目标上进一步确立和完善培养面向 21 世纪复合型高级外语人才的发展战略。

在新时代"双一流"背景下的外语学科发展构想中,针对一流人才培养,戴炜栋等人设计了国际化、信息化的改革新思路:一是开设多种课型,设置海外实践平台和基地,开拓学生视野,提高其解决实际问题的能力;二是结合学生多种学习方式和教学模式,倡导新理论、新知识、新技术,培养学生的创新能力和批判性思维;三是改进评估机制,提高教学评估的客观性与公正性;同时重视对学生责任感、使命感与核心价值观的培养(戴炜栋,王雪梅 2016)。在迎接时代发展对外语教育提出的不断挑战过程中,戴炜栋教授改革进取的作风始终如一。

2. 外语教育创新观

在创新人才培养方面,早在 20 世纪 80 年代初,戴炜栋(2007:xxi-xxii)就认为,学校在培养人才并将其推向市场时必须考虑到社会实际需求,否则这样的人才培养机制是不完善的。1984 年戴炜栋教授率领上外英语系团队尝试"外语专业+英语""人文专业+英语"以及"英语专业+人文专业"的三类复合型人才的培养,后来这一人才培养模式在上外全面推开。这一改革举措当时在国内尚属首创。

创新能力培养是提高人才质量的关键。戴炜栋教授指出,如何培养具有创新知识和创新能力的创新型外语人才,使他们符合国家经济发展和改革开放形势的需要,这是一个根本性、全局性的大问题(李雪林,余倩倩 2008)。因此,教学中要倡导创新思维,教学方法的改革应着眼于培养学生的创新精神和创造能力,探索创新型人才培养模式(戴炜栋 2009)。他非常注意训练自己的研究生发现问题、提出问题的能力,特别强调和本科生相比,研究生更需要创新能力的培养,不要一味重复那些大师、前辈的东西,要有挑战权威的勇气(陆静斐 2003)。这种人才创新观被纳入他培养复合型高级外语人才的理念,即以创新为动力,发展多角思维和自我学习、追求发展的能力,这会使学生在将来的社会竞争中适应力强,有所作为(戴炜栋 2007:45)。

在创新研究方面,戴炜栋教授倡导在外语教育研究中跳出学科与经验的限制,合理吸收其他学科的研究成果,尝试在理论研究和实践层面有所创新,且开拓创新应以求真务实为基础,只有立足我国国情、教情和学情,结合自己的兴趣进行研究,才能在研究内容、研究方法、研究结果等方面有所突破,并使研究成果对教育教学的理论发展和实践应用有一定的价值(戴炜栋,王雪梅 2006)。在戴炜栋(2009)看来,创新不是凭空而来的,而是在扎实的知识积累和反复思考中产生的,需要有深厚的语言功底和理论基础,需要有问题意识和发散性思维,需要恪守研究规范,而且其研究成果需业内同行、实践和时间的考量。倡导求真务实、开拓创新的科研精神是戴炜栋教授所构建的有中国特色的外语教育体系的重要理念之一。

创新意识还反映在戴炜栋教授领衔编写的一系列大中小学英语教材的编写原则中。戴炜栋(2007:86)强调,英语教学在教材方面应体现学科的融合性、知识的时代性和人文理念的融入性,这就需要兼容并包、科学合理、注重前瞻性和创新性的教材。这一理念体现在《新世纪高等院校英语专业本科生系列教材》和《高等院校英语语言文学专业研究生系列教材》两套教材中。前者强调打造培养创新精神的平台,扩展教师创造性使用教材的空间和增强学生创造性自主学习能力,采用国家最新有关体例标准,力求科学严谨地呈现新知识信息模式(戴炜栋2007:88-89);后者着眼于研究生教育持续健康发展,注重培养学生创新思维能力和独立研究与应用能力,全面系统地加强基础理论与基本方法的训练,有别于纯引进的国外同类原版教材(戴炜栋2007:48)。

二、贯穿主线:探索有中国特色的外语教育教学模式

探索有中国特色的外语教育教学模式是我国外语人才有效培养的必然途径。戴炜栋教授先后主持了"高等学校英语专业基础阶段分级教学""外语教学'一条龙'体系构建""复合型高级外语人才培养""全社会外语水平提高""有中国特色的外语教育发展途径探索"和"外语教育规划与学科发展战略"等几大教改和理论构建,这几个方面内容有机联系,已经形成了一套比较完整的教育理论体系。其中"基础阶段分级教学"为提高教学质量与效益的教学策略,"一条龙"体系是对外语教育实施的科学规划,"复合型高级外语人才培养"和"全社会外语水平提高"是外语教育的终极目标,而"中国特色的外语教育发展途径"和"外语教育规划与学科发展战略"则是对外语教育教学模式和体系的理论建构,属于外语教育的顶层设计。

1. 英语专业基础阶段分级教学

英语专业基础阶段分级教学是基于学生的个体差异和因材施教原则的教改举措。20世纪80年代前期,时任系主任的戴炜栋牵头在上外英语系尝试实施分级教学,把英语专业基础阶段分为四级,一个学期为一级。学生入学后,经过水平测试编入相应的等级开始学习,从而改变因传统方法编班而产生的学生英语水平

参差不齐的现象,缩短了部分学生的培养周期。戴炜栋教授和英语系师生克服计划经济管理体制下的种种困难和阻力,坚持改革,从英语系 1984 级秋入学的学生开始试行分级教学,实行两年后就取得了明显实效。后来戴炜栋(2007:22-23)将基础英语分级教学进行了理论概括:一是在继承部分传统教学经验的基础上引入了功能、意念、交际等新观点,使之既具有现代语言学学科的理论基础,又具备中国特色;二是充分反映了我国英语专业为适应国家现代化建设人才培养需要,必须加速英语教学改革的迫切性和可行性;三是摸索出一条正确处理基础阶段英语教学中个性和共性、普遍性和特殊性的新路子,从而在理论上充实和丰富了因材施教的论述。1988 年,戴炜栋教授主持的以此教改为基础的研究课题获批国家社科基金重点项目,后来此项教改成果荣获国家级优秀教学成果奖,分级教学模式也在其他院校得以推广。

2. 外语教学"一条龙"体系构建

针对外语教育中存在着的费时低效、重复分割等突出问题,戴炜栋(2007:64)在世纪之交提出构建具有中国特色的外语教学"一条龙"体系的设想,指出我国外语教学改革的出路在于按小、中、大学外语教学一条龙来设计与实践,系统、连贯地培养和提升学生实际外语应用能力,这样才有助于从根本上解决外语教育中的问题。2000 年,外指委委托戴炜栋教授领衔上外专家组开展外语教学"一条龙"改革专题研究。该项目立足国家"大外语教育"的立场,提出以下构想:调整和优化外语教学队伍和结构;探索符合我国国情的外语教学理论与模式;科学、合理地处理好大中小学各教学阶段间的衔接;加紧制定具有前瞻性的新世纪外语教学发展的规划;全面统筹规划,打破条块分割;"点"与"面",质与量有机结合,有条不紊地进行改革(戴炜栋 2007:60-61)。后来,戴炜栋教授对这一思想又有了进一步的阐述,他指出,英语教学"一条龙"体系首尾相连、环环相扣,为了使这条"龙"舞起来,英语教学改革需要注意把握好(中小学)初始阶段和(大学)提高阶段的特点,解决好中小学和大学之间的教学衔接(戴炜栋 2007:44-45);在实际操作中,要作深入细致的调查研究,把语言理论与中国国情有机结合起来,突出不同阶段的教学特点并协调其间的衔接贯通,从而逐步完善"一条龙"外语教学体系(缪迅 2006)。这一观念被纳入他所建构的外语教育体系中,强调了我国外语人才培养的系统性,即在人才培养过程中,我国大中小学(包括高等职业院校)外语教学在相关理论研究和教学实践中应密切配合,紧密衔接(戴炜栋,王雪梅 2006)。

3. 复合型高级外语人才培养

戴炜栋教授对外语人才培养的认识是,我们的外语人才是代表着中国同外国人打交道的,不能仅仅懂外语或某一方面专门知识,更需要的是懂得政治、经济、金融、外交、法律、文化等等知识的人,是有高度民族自尊心和责任感的人,这才是高层次的人才,是大学所要培养的人(赵弨 1997)。他对复合型外语人才的概念是这样界定的:复合型并非是两种专业的简单相加,而是指针对一定市场需求,对某一专业课程的特殊调整与设置,所以"复合型"更准确地说是表现为一种新的、区别于传统教学方式与课程设置的专业教育模式,从外语来说,复合型人才主要是指具备掌握了两种专业实用技能的人才(戴炜栋 2007: 44)。他认为,复合型外语人才应当具备以下基本要素:在知识基础上具有宽厚性、系统性,在学习能力上具有能动性、持续性,在道德品质上具有全面性、发展性;其人才培养的基准点一是要以语言能力为核心,二是要以应用能力为重点,三是要以创新能力为动力(戴炜栋 2007: 41 - 42)。他还指出,培养复合型高级外语人才要注重差异,因地、因校制宜,探索发展新路。实践证明,复合型高级外语人才培养这一举措是成功的,具有人才培养的竞争优势(戴炜栋 2007: 42 - 46)。

4. 全社会外语水平提高

20 世纪 90 年代初期,针对我国外语总体水平不高的问题,戴炜栋(2007: 146 - 151)提出了提高全社会外语水平的系统思路:要使全社会认识到英语作为一种通行的国际交流语言的重要地位,选择符合我国国情的教学方法,狠抓中小学英语教学质量,多层次、多形式地发展成人英语教育,引进和编写符合我国国情、适合各层次使用的新教材,制定成人教育的英语教学大纲,建立可对社会人员英语水平进行认证的权威性英语水平测试,加强教师队伍建设。基于这一精神,上外在培养外语专业人才的同时,积极面向社会,服务社会,为提高全社会外语水平做出了应有的贡献。例如,上外建立成人教育教学点,为本市各类人员提供不同层次的外语培训,组织实施上海市通用外语等级考试和上海外语口译考试等。后来戴炜栋(2009)这一理念又有了新的发展,主要有两点:一是要切实认识到全日制教育与业余教育之间的互补关系,加大继续教育和成人外语教育的工作力度,密切与各外语用人单位的联系,加强对公职人员、企业人员等的岗位培训,提升其外语能力;另一方面要为全民外语教育营造良好的条件和氛围,充分挖掘相应的教学资源,加大网络教学资源建立,密切国际交流与合作,进一步提升全民外语水平。

5. 有中国特色的外语教育发展途径探索

探索符合中国国情的外语教育发展的有效途径是戴炜栋教授在其外语教育生涯中矢志不渝的追求。对于外语教学理论模式的建构,戴炜栋(2007:161)提出的原则是:在积极吸取国外先进的外语教学理论的同时,依托现有的、丰富的教学实践资源,在理论的指导下,从我国的外语学习与需求的实际情况出发,有目的、有针对性地改进教学法,进行不同的"整合"与"磨合",积极探索和丰富符合我国国情的外语教学理论模式。戴炜栋教授曾经探索研究建构了不同层次的外语教学模式,譬如他曾提出英语专业研究生教学中的协作探究模式,它以小组为单位,以任务为基点,具有平等合作、互动创新、互补高效的优势,有助于从知识层面、实践技能和科研能力等方面对英语专业研究生产生积极影响(戴炜栋 2007:191-200)。

戴炜栋教授从中国外语教育发展全局的高度,提出要建构具有中国特色的外语教育体系(戴炜栋,王雪梅 2006),该体系以本土性、多元性、发展性为原则,包含了外语教育研究、教师教育和人才培养三个子体系,主张进行有本土特点的外语教育研究,切实培养反思研究型教师,培养具有学习能力和创新能力的复合型高级外语人才。随后,戴炜栋(2009)又基于国家教育战略,进一步提出了外语教育可持续发展的战略性思维,强调一要实现全国外语教育管理一体化,注重各专业、各地区协调发展;二要明确定位,注重大中小学有序衔接,抓好外语人才培养的质量;三要促进教师专业发展,倡导创新研究,繁荣学术交流;四要进一步丰富外语教育形式,全面发展,提高全民外语水平。戴炜栋教授从宏观、微观等不同层面对中国特色外语教育发展的有效途径进行了不懈探索。

6. 外语教育规划与学科发展战略

近十年来,戴炜栋教授一直致力于对我国外语教育规划、外语专业建设以及外语学科发展战略的宏观思考。譬如针对《国家中长期教育改革和发展规划纲要

（2010—2020 年）》，他指出了外语教育科学规划的必然性和必要性，并提出制定外语教育规划的战略性建议（戴炜栋 2009）。随后，他又进一步阐释了外语教育规划的原则和方法，从语言规划、学科规划、人才培养、教师教育、学术研究等划分了外语教育规划的主要层面（戴炜栋，王雪梅 2011）。为破解外语专业教育规模的扩大所带来的学科定位、规划布局、质量监控、社会需求、师资队伍等方面的问题，他从定位、布局与发展等层面提供了外语专业建设的原则，认为外语专业具有人文学科属性，其布局体现在不同语种在不同区域、院校、学历教育层次等方面的分布，应在需求分析的基础上，考虑区域性、传统性与合理性，应从专业规范和评估、教学大纲和国家教学质量标准、人才培养、课程设置和教材建设、教师教育等方面制定对策，以进一步推动外语专业的建设与发展（戴炜栋 2013）。

国家实施"一带一路"倡议，推进"双一流"建设，为外国语言文学学科发展提供了机遇和挑战。为此，戴炜栋教授从"文化走出去"和"双一流"视角分析了外语学科的发展战略。针对外语学科如何助力"文化走出去"以及学科本身如何"走出去"，戴炜栋等人提出的战略要点是，整体规划外语学科发展，培养多元跨文化人才，打造国际化教学科研团队，获取国际学术话语权，提高文化产品外译质量，丰富文化资源与传播途径，提升外语学科的国际影响力。针对"双一流"建设，他提出的外语学科发展战略主要包括：围绕学科人才培养目标、人才类型、语种专业和教学改革，谋划培养一流外语人才；围绕学科研究定位、内容、人员和评估，谋划开展一流学术研究；围绕学科教师职责、教师发展和教师评估，谋划打造一流师资队伍；围绕学科为国家与地区政治经济与发展的智库作用和高水平教学学术的社会引领辐射作用，谋划提供一流社会服务；围绕学科建设规范、学科服务型管理、学科管理的国际化和信息化原则，谋划实施一流学科管理（戴炜栋，王雪梅 2016）。戴炜栋教授从外语教育战略视角进行的系列论述丰富了我国外语教育规划和外语学科发展研究。

三、实践途径：顶层教学指导与上外办学治校

1. 外语教育顶层建设

戴炜栋教授 1985 年进入外指委的前身外语教材编审委员会，而他最早参与我国外语教育教学的顶层建设始于 1983 年。当时受原国家教委委托，他作为大

纲工作组上海组负责人参与组织编写了《高等学校英语专业基础阶段教学大纲》。20世纪80年代末,他提出在高校英语专业实施四、八级教学测试,推行英语专业分级教学。1992年外语教材编审委员会更命名为高等学校外语专业教学指导委员会,戴炜栋教授作为第一届外指委副主任委员兼英语组组长,主抓英语专业教材编审,教学大纲修订,英语专业四、八级测试与题库建设等工作。从1997至2013年,他连续担任第二、三、四届外指委主任委员,外指委汇聚全国外语学界的知名专家学者,群策群力,为外语专业本科教学的研究、咨询、指导、评估等工作做出重要贡献。这期间外指委的主要工作成绩是(戴炜栋2018):① 制定面向新世纪我国外国语言文学发展规划和战略,起草高等学校外国语言文学学科发展战略报告;② 制定高等学校外国语言文学学科专业规范,修订完成各语种的新版教学大纲;③ 开展各语种的专业四、八级测试工作,完善外语专业教学测试体系;④ 大力扶植非通用语种专业发展,在全国建立首批外语非通用语种本科人才培养基地;⑤ 提出并论证"中国外语教学'一条龙'"的理念,提升外语教学的有效性;⑥ 制定高等学校外语专业本科教学评估方案,对102所院校本科英语专业进行评估;⑦ 支持指定学校对接国家战略,结合地域优势进行立项研究;⑧ 开展骨干教师培训工作,提高教师的教学能力和科研水平。这一时期我国外语专业教育所取得的成绩,凝聚了戴炜栋教授和外指委其他成员在教学指导工作中所付出的心血。

2. "全球化"的人才培养

1990至2005年任上海外国语大学领导期间,戴炜栋教授忠实遵循和践行党和国家的教育方针,积极适应新形势,不断探索高校改革创新之路。早在20世纪末他就指出,大学教育的目的并不主要是为了增进学生的谋生能力,而是要使他们从人类文化的丰富遗产中求得知识,增进理智和创造能力,成为讲人道、富有责任感的人;大学要造就有广博的知识基础、高层次的人;因此上外不仅仅是要训练专业人才,更是要造就全方位的人才(赵弢,1997)。他明确指出,为更好地服务于我国的现代化建设事业,上外办学的定位标准必须进一步提升,培养人才的目标要与时俱进。因此在新世纪,上外确立的办学定位是以外语学科与人文社会科学研究和培养国际化、复合型外语人才为主,教学与科研并举(缪迅2002)。本世纪初他又认识到,全球化背景下的中国经济与社会发展状况要求大学提供具有国际视野和跨文化交际能力的人才,上外要充分运用自己所长,着力打造新型的国际化办学模式,培养具有特色的适应国际需求的世界公民(戴炜栋 2007:399)。本世纪以来,上外通过进一步吸纳和派遣留学生、引进新的教育理念和教学方法、开展国际校际合作和开拓国际网络教育等一系列措施,适应高等教育"全球化"的新趋势。进入新时代后,戴炜栋教授又阐发了对一流大学"全球性"的认识,指出一流大学的主要特征就是汇聚人才,共享资源,有效治理,其所研究的问题应具有全球性,所建构或传授的知识应具有跨学科性和创新性,所解决的问题应具有非营利性和全球性(戴炜栋,王雪梅 2017)。

3. 上外锐意改革的历史跨越

戴炜栋教授亲历了改革开放 40 年上海外国语大学三次大的改革,后两次改革由他主导和推动。第一次改革始于 20 世纪 80 年代前期,上外提出把单科性外国语院校转变为多科性外国语大学,时任英语系主任的戴炜栋教授在英语系推行变单一的英语专业教学为双语种教学或主辅修教学,增设复合型英语新专业,成为上外转型的样板,上外由此创立了复合型外语教育模式。第二次改革始于 20 世纪 90 年代前期,戴炜栋校长和上外领导一班人大胆提出两项改革试点。其一是在全国率先进行以收费招生为龙头,推动教学与学生管理的全面改革。其二是率先进行原国家教委和上海市人民政府共建共管上外的改革试点,使上外实现了重点高校由服务全国为主改为服务区域社会、经济发展需求为主。90 年代后期上外又深入推行以学科建设、人事制度和后勤社会化三大改革为标志的学校综合改革,从而使学校在学科建设、人才培养、办学规模和教学质量等方面得到进一步提升(戴炜栋 2007:390–391)。新世纪开局之年,戴炜栋校长带领上外人拉开了意义更加深远的第三次改革大幕,旨在建立基于新的办学理念和机制的崭新大学(初曦 2001)。其总思路是,抓住新校区建设的机遇,把上外办大、办活、办好,并主张新校区要尝试符合时代要求的运作机制和办学体制,从而带动学校的超常发展(曹继军 2000)。改革使得上外松江校区占地比原校区大大增加,在松江大学城内可以充分发挥资源共享的优势,最大限度地提高办学效益;上外与企业、区县、外省、外国合作开展多元化办学,开拓办学新领域,提高了学校辐射力。这次改革成为上外发展史上一个新的里程碑。

结语

戴炜栋教授的外语教育观是他长期外语教育实践与研究的理论结晶,其中既有对我国几代外语教育人智慧经验的继承与融合,又有对探索有中国特色外语教育发展之路的思想创新。我们应当认真、系统地梳理总结这一外语教育理论体系,更好地学习、研究、传承和发展以戴炜栋教授为代表的外语教育前辈们的教育思想和治学理念,充分发挥这些宝贵理论财富在中国特色外语教育体系建构和高素质外语人才培养中的借鉴和指导作用,以求实创新的进取精神,共同推动中国外语教育在新时代的跨越发展。谨以此文献给戴炜栋教授诞辰 80 周年,衷心祝愿恩师健康长寿,继续为我国的外语教育事业贡献新的智慧。

参考文献

曹继军.2000.拓展办学空间实现新飞跃[N].光明日报,2000 - 6 - 25(5).

初曦.2001.改革与创新:高校发展的永恒主题[J].上海教育(5):9.

戴炜栋.1994.以收费招生为龙头,推动教学与学生管理的全面改革[J].上海高教研究(2):24 - 26.

戴炜栋.2007.戴炜栋英语教育自选集[M].北京:外语教学与研究出版社.

戴炜栋.2009.立足国情,科学发展,推动我国外语教育的可持续发展[J].外语界(5):2 - 9.

戴炜栋.2013.我国外语专业教育的定位、布局与发展[J].当代外语研究(7):1 - 5.

戴炜栋.2018.高校外语专业 40 年改革历程回顾与展望[J].外国语(4):101 - 105.

戴炜栋,王雪梅.2006.建构具有中国特色的外语教育体系[J].外语界(4):2 - 12.

戴炜栋,王雪梅.2011.对经济全球化背景下我国外语教育规划的再思考[J].中国外语(2):4 - 11.

戴炜栋,王雪梅.2015."文化走出去"背景下的我国外国语言文学学科发展战略[J].解放军外国语学院学报(4):1 - 11.

戴炜栋,王雪梅.2016."双一流"背景下的我国外国语言文学学科发展战略[J].北京第二外国语学院学报(5):1 - 12.

戴炜栋,王雪梅.2017."双一流"背景下外语类院校的发展定位、特征与战略[J].北京第二外国语学院学报(1):1 - 17.

李雪林,余倩倩.2008.外语人才培养呼唤创新[N].文汇报,2008 - 4 - 17(11).

陆静斐.2003.研究生更需要培养创新能力[N].文汇报,2003 - 10 - 22(7).

缪迅.2002.改革与创新是永恒主题[N].联合时报,2002 - 8 - 16(1).

缪迅.2006.英语教学"一条龙"要舞起来[N].文汇报,2006 - 3 - 31(7).

赵斅.1997.戴炜栋:一个大学校长对"大学"的思考[J].中华英才(17):40 - 44.

周承,缪迅.2003.上外如何面对新世纪[N].中国教育报,2003 - 2 - 28(3).

我 的 恩 师

杨仙菊

2003 年，我报考了上海外国语大学博士研究生且有幸被录取，师从国内著名学者戴炜栋老师。考试、复试、入学的场景和曾经紧张、不安、兴奋的心情至今记忆犹新。转眼十多年过去了，心中依然怀念老师的谆谆教诲和慈父般的关爱。

感谢老师成为我学术路上的引路人，带我进入二语习得和英语教学领域。老师不仅是上外的著名学者，更是国内外语界的元老。老师从事外语教学几十载，和其科研团队基于中国英语教学的实践，提出了外语学习"一条龙"理论，致力于解决中国英语学习者"哑巴英语"等问题。而我在进入上外之前，对第二语言习得这门学科的了解非常粗浅。老师当时身兼国家外语专业教学指导委员会主任委员和上外校长等数职，常常因为工作关系奔波于全国各地。但是老师只要在上海，便坚持给我们上课，组织二语习得的专题讨论课。正是在老师的课上，我同师兄师姐们从相识到熟知，共同学习国内外语言学家的学习理论。而且，由于多年来丰富的行政和教学经历，老师常常在理论讲解和探讨中给我们联系中国外语教学中的实际问题，培养了我们理论联系实际的态度和能力。

老师对于我们几位背景各异和科研水平参差不齐的学生一视同仁。他态度和蔼、平易近人，从未过分苛求学生，总是鼓励我们，从而增加了我对学术研究的信心。不仅如此，老师在学术视野上非常宽容。记得我在选题阶段，对自己博士论文的方向摇摆不定，直到了解到语用学和外语教学的一个交叉学科——中介语语用学。自己对它比较感兴趣，想听取老师的意见。老师在听取我简短的汇报后，非常赞成我探索这个新的领域并支持我去参加学术会议，以加深对该领域的了解。

老师不仅有高屋建瓴的视野和开放的学术胸襟,其治学态度也十分严谨。记得我在 2005 年春节前将论文初稿交给老师,寒假过后,老师返还了我的初稿,同时附上十多页的 A4 纸,上面工工整整地列出了我的各种问题,包括用词不准确之处,并标出了所在页码。老师在春节假期依然对我的毕业论文亲力亲为,逐字逐句阅读修改,我无比感动。

感谢老师在生活上对学生无微不至的慈父般的关爱。虽然他行政、学术事务繁忙,但是每次我们上课见面,老师总会先把每个人的生活近况询问一番,还不忘关心我们食堂的饭是否吃得舒心、是否合胃口,然后才讨论学习上的问题。每次我们和老师面谈后,他都亲自将我们送至电梯口。老师的低调和细腻的关爱令我难忘。

老师为人虚怀若谷,为其赢得桃李满天下。我为人生中遇到如此令人敬重的导师感到自豪,也为自己在茫茫人海中拥有和老师的师生缘分感到幸运。身为人师,希望自己能像恩师那般用爱去培养每一个学生。在老师八十华诞之际,祝老师身体康健! 永远步伐矫健、精神矍铄!

上海精神的缩影

蔡君梅

一直不敢提笔,怕自己辞藻贫乏、水平有限,写不好老师对我们的关爱、帮助和扶持,写不透老师学识的博大精深和为人的谦逊善良。思索良久,感觉戴老师的一生和上海的城市形象最为契合:海纳百川、追求卓越、开明睿智、大气谦和。

老师的大气谦和,在我与老师未谋面之时就有了深刻的体会。世纪之初,考博还未蔚然成风,只有少数的人尝试。喜欢教学的我,在高校工作三年后有种被掏空的感觉,希望学习深造,但对报考的方向却茫然没有目标。浏览了全国知名高校的博士点方向,觉得第二语言习得和英语教学的关系最为紧密,当时只有中山大学和上海外国语大学有这个方向。我就根据官方的联系方式,贸然给戴老师写了信,表达了希望报考的愿望。让我惊喜的是,没过多久就收到了老师的回信,肯定了我的勇气,鼓励我认真准备,并且推荐了最基本核心的二语习得书目。之前我对这个方向只停留于概念,有了书目就有了明确的准备方向,对一些核心理念和基本的理论框架可以通过自学有些了解。当时的我,对戴老师的身份和影响力一无所知。直到在校长办公室进行面试时,我才意识到老师竟然是赫赫有名的上海外国语大学的校长!我既兴奋骄傲,又倍加感动——老师是这么的德高望重和位高权重,对我一位内地的小老师竟然亲笔回信给予指导和鼓励。他的大气谦和给我留下了终生难忘的印象,老师的回信也成了我压箱底的珍贵资料。

时光荏苒,白驹过隙。从读博时的悉心教导,到毕业留校工作后的点滴指导,老师在我的事业成长中都起到了至关重要的作用。老师也渐渐年长,步入古稀之年,纵观老师一生的成就,"追求卓越"和"海纳百川"是最贴切不过的总结。老师毕生的心血都奉献给了中国的英语教学事业和上海外国语大学的发展。他走访世界各地,遍寻合作机会和改进中国英语教育的经验,励精图治把上海外国语大学打造成了国内首屈一指的外国语大学,造就了上外最辉煌的历史发展时期。

海纳百川的阅历、追求卓越的精神、开明睿智的心胸和大气谦和的品质,相信上海的城市精神来源于卓越的上海人,而我的导师戴炜栋正是这些精神的生动体现。这些精神成就了老师的一生和上外的发展,也鼓舞着我们新上海人继承和发扬它们,笃志前行,不枉老师的教诲和栽培。

栉风沐雨，下自成蹊

王雪梅

岁月如水般流逝，回想 2009 年戴老师 70 寿辰时同门共聚，恍若昨日。转眼老师已近耄耋之年。2019 年是老师 80 华诞，上海外语教育出版社拟出版一部文集，记载他近 60 年的所教、所研、所为。作为受老师教诲多年的学生，我一直想写些文字表达敬仰和感激之情，又恐才疏学浅，无法全面呈现老师高风亮节、谦谦君子的大家形象，所幸有其他同门从不同角度进行阐述。我这里就不弃笔拙，记录跟随戴老师学习、工作的所学、所感、所思，希望能够以小见大，一叶知林。

在人才培养方面，戴老师一直栉风沐雨，潜心育人。自 1962 年留校工作以来，他历任助教、讲师、教授，所教学生包括本科生、硕士生、博士生等。他一方面要求学生不断提高学术素养，另一方面关心学生的全面发展。早在 1965 年，他就在《外语教学与研究》上发表《我在教书教人方面的一些体会》一文，其中提到外语教师的任务是贯彻党的教育方针，培养又红又专的外语人才。这一论述在今天看来仍有现实意义。2019 年 5 月 1 日他在《21 世纪英语教育》上发表《70 年外语教育：回顾与展望》一文，提到从教近 60 年，他始终认为教师要有责任心、有终身学习精神、要谦和，特别强调只有互相尊重才能建构良好的、融洽的师生关系。在我看来，老师一直以身作则，做好教书育人工作，为后辈做出表率。还记得 2004 年有幸成为戴老师的博士生后，他为我们同年级的四位同学教授二语习得、社会语言学课程，定期给我们复印国际学术期刊文章，推荐最新学术专著或词典，与我们一起探讨前沿研究课题，分享国际学术会议报告等。他坚持个性化教育理念，根据学生的不同专长，布置相应的学术研究任务，同时要求上下届的同学定期研讨交流,建构学术共同体。令我印象深刻的是在项目申报、论文撰写和修改方面,戴老师一直鼓励学生根据自己的研究兴趣申报相关项目或者撰写论文,并不硬性规定学生的论文题目,还经常给学生推荐相关学术文献等。无论是小论文还是大论文,他都及时修改并反馈。修改反馈内容不仅涵盖框架结构、逻辑层次,而且包括措辞、文献规范等。最让人钦佩的是,戴老师对学生一直是和颜悦色、谆谆教诲。这在我看来,是很难做到的。我做研究生导师也有近 20 年了,虽然力求心境平和,但每每看到学生逻辑不顺、层次不清、啰唆累赘、文字不通等问题时,常有恨铁不成钢之感,亦有急躁情绪。可见在潜心育人方面我还应多向戴老师学习。

在学术研究方面,戴老师一直严于治学,硕果累累。首先,他博学强记,勤于学习。还记得我们读博士时,看到他办公室有各类书籍,涵盖外语教育、二语习得、教育管理等不同领域。他虽然工作繁忙,但总会抽出时间速读相关领域的前沿文章和书籍,并与学生分享最新研究发现。其次,他坚持创新,笔耕不辍。1965 至 2019 年,他在《外语教学与研究》《外国语》等权威期刊发表学术论文 140 余篇,出版《新编英语语言学概论》等专著、辞典 20 余部,研究领域涵盖二语习得、应用语言学、外语教育等。最后,他强调对接国家和社会需求,将前沿性与本土性研究相结合,力求解决中国外语教育中的真问题和急问题。他主编《高等院校英语语言文学专业研究生系列教材》等国家规划教材近 10 套,主持"英语专业基础阶段教学大纲""英语专业基础阶段教学理论与实践"等国家级课题近 10 项。他在上海紧缺口译人才考试、复合型人才培养、大中小学"一条龙"等方面亲力亲为,做出重要贡献;在培养"一带一路"背景下国家紧缺的卓越国际化人才方面论著丰硕,对人才的内涵、规格、培养模式、评估测试等提出自己的创新观点。戴老师 2007 年获"首届中国杰出社会科学家"称号,这与他多年来在外语教育教学研究方面的深耕细作密不可分。

在教育管理工作方面,戴老师一直是学者型领导。他历任上海外国语大学(以下简称"上外")英语系主任、副校长、校长、党委书记等职。戴老师坚持抓大放小、创新改革。无论是 1983 年的复合型、复语型人才培养试点,还是 1993 年在全国率先试行的新生收费制度改革,无论是 1996 年上外申报并入选"211 工程"建设学校,还是 2000 年建设松江校区,戴老师均是主导者和亲历者,发挥了重要作用。今年上外建校 70 周年,我们在采访一些中青年骨干专家时,他们均提及戴老师做校长时，关心青年教师的住房和学术发展问题，深受员工爱戴。戴老师一直关心学校的学科建设与教育改革发展，我们在学科评估、教学理念、教改思路等方面有困惑时，也经常跟他请教。他总是不厌其烦，提出指导性意见。2019 年是上外 70 华诞，我在梳理学校历年年鉴时，看到上外通过"211 工程"项目验收、45 周年校庆、50 周年校庆、国家领导人视察松江校区、亚洲大学校长论坛等珍贵的历史照片，也看到戴老师从英姿飒爽到两鬓染霜，不胜感慨。戴老师在《21 世纪英语教育》所发表的文章中谈到"自 1958 年考入上外后从未离开母校，对上外充满了热爱之情……真心希望母校早日建成世界一流外国语大学"，这也是一个老上外人的赤子情怀和肺腑之言。

在外语专业指导方面，戴老师一直发挥着专家作用。他自 1984 年进入教育部外语专业教学指导委员会（时为教材编写组，以下简称"外指委"）工作，1997 至 2013 年任主任委员，1998 至 2008 年任国务院学位委员会外语学科评议组召集人。其间，他与其他委员共同努力，不仅在许国璋先生指导下制定了《高等学校英语专业基础阶段英语教学大纲》和《高等学校英语专业高年级英语教学大纲》，还在 20 世纪 90 年代进一步组织修订了这两个大纲，设立了外语专业四、八级教学测试，制定了面向 21 世纪外语类人才培养标准的规格以及外语本科专业规范等文件，在外语教育规划、教改立项、教材编写、教师培训、教学评估等方面做了大量工作。相关工作回顾和展望均刊登在《外语界》上，这些也是了解我国外语教育发展历程的重要资料。目前每年一次的外语专业四、八级教学测试仍是外语专业的重要测试，得到广大师生的认可，产生良好的社会影响。在一定意义上，中华人民共和国成立 70 周年来的外语教育发展，特别是 21 世纪以来的外语教育成果，无论是语种的拓展、师资队伍建设，还是教材教法、评估测试等的改革，均有戴老师的积极贡献。正是由于这些贡献，2013 年戴老师获外指委颁发的"中国英语教育特殊贡献奖"。

在为人处事方面，戴老师一直虚怀若谷、谦和友善。他 2002 年获上海市"员工信赖的好校长"荣誉称号。我读过 1999 年黄任老师的一篇文章，提到戴老师一是艰苦奋斗的本色不变，二是谦虚谨慎的作风不变。文中还讲述了戴老师拿饭盒到食堂买饭菜，在食堂与同事交流，深夜备课或批阅文件的故事。对于戴老师的朴实作风，我印象深刻的是 2006 年的 6 月酷暑，当时戴老师应邀到曲阜师范大学做学术讲座。飞机停落济南已经很晚，结果来接专家的车空调坏了，一路上戴老师虽然舟车劳顿，酷热难忍，但未曾抱怨半句。这与当今有些学者动辄抱怨招待不周可谓天壤之别。我在外参加学术会议时，经常遇到一些老专家和学者，他们在赞叹戴老师与人为善的同时，也嘱我一定要代他们跟戴老师问好。戴老师非常谦和，无论是对同事还是对晚辈，甚至对学生也都用"您"这一称呼，与我们谈话也总是用协商口吻，这都是值得我学习的。记得2003年我曾给戴老师写信申请报考他的博士，后来收到老师欢迎报考的回信，信中提及非典时期，事务繁忙，未能及时回信，等等。我现在都还记得当年读信时的感动之情。现在想来，感激与惭愧之心同存。现今我收到考生报考邮件后，因各种原因，很难做到及时回信，与戴老师相比，差距何止一星半点。戴老师一直关心后辈成长。儿子凯凯八岁时，我曾带他拜访过戴老师。戴老师关切地问他的学习情况，鼓励他要努力学习。后来凯凯在英语教材上看到戴老师的名字，总是非常骄傲的。若考试未考好，他一定嘱我千万不要告诉戴爷爷。我至今记得，上小学的凯凯一本正经地告诉我，一定不要忘记戴爷爷的光荣传统，也就是与人为善、乐于助人的传统。如今他已是一名大学生，所学的许多教材也是戴老师主编的，对戴爷爷充满敬仰之情。可以说，戴老师对我们的影响是潜移默化的。我做研究生导师以来，一直坚持每周和硕士、博士研讨交流，关心他们的生活，强调学品与人品兼修，这与老师的教导是分不开的。

梅贻琦在《大学一解》中曾曰："古者学子从师受业，谓之从游。……学校犹水也，师生犹鱼也，其行动犹游泳也，大鱼前导，小鱼尾随，是从游也。从游既久，其濡染观摩之效，自不求而至，不为而成。"费凡亦指出，"导师者，品学端纯，足为表率，学生倾心相从，熏陶日久，自被感化于无形。是故人其作业，亦即同时受其陶冶。可以身教，正不必复以言教。师生相喻于无形，潜移默化之功，在不知不觉之间。"桃李不言，下自成蹊。戴老师无论为学、为人、为事，对我们这些学生都有春风化雨、润物无声的影响。今生有幸，能够做戴老师的学生。在老师80寿辰之际，衷心祝愿他老人家福如东海、寿比南山、身体安康、吉祥如意！

难忘恩师情

陈莉萍

日月如梭，光阴荏苒。2019 年迎来了恩师戴炜栋先生八十寿辰。八十年的时间，戴老师走过春华秋实，用毕生的精力和付出诠释了一位人民教师的慈爱、一位长者的无私、一位耕耘者的孜孜不倦。每当回想起十几年前自己在母校学习的那些日子，想起恩师对我们的教诲，许多令我非常感动的往事依旧历历在目，仿佛就在昨天。

记得 2004 年 1 月，我在南京师范大学外国语学院任教快 20 年，出于对英语教学工作的执着和兴趣，决定利用工作之余的时间攻读博士学位。经过反复考虑，我决定报考上海外国语大学戴炜栋教授的博士。不过，这些仅仅是想法，要想实现自己的想法对于一个没有任何背景的外省青年教师谈何容易。根据招生简章的规定，必须有两位以上专家推荐才能报考。在寻找推荐专家时，很多专家因为戴老师的学术成就和在外语界的威望和影响，不敢写推荐信。经过一番努力，推荐手续总算完成了。在面试的当天，一位温和慈祥、年过半百的老者来到候考室，让我们几名排在后面的考生可以先做其他事然后再来考试，以免耽误时间。我在报考前从未见过戴老师，后来才知道那是戴老师本人。身为著名专家，能这么体贴学生，让我万分惊讶。老师的那份爱生如子的亲切和体贴，更是远超我的想象，面试的紧张一下子缓解了很多。

经过推荐、笔试、面试几轮考试后，我于当年 4 月初赴英国牛津大学教育系访学。那时考试结果还不知道，我怀着忐忑不安的心情离开祖国飞抵英伦。在初到英国的日子里时常惦记自己的考博成绩，但由于当时通讯不便，一时也无法得知结果,十分焦虑。到了5月下旬,我抱着试试看的心情,发信让我丈夫在国内帮助打听成绩,他在南京按照招生简章中留下的联系电话试着联系。当他联系上研招办的老师,说明了来电的原因后,接电话的老师对照姓名、准考证号码经过仔细查找后,告诉家里人我的考试成绩名列前茅!当家人把这个喜讯告诉我时,我在英伦激动不已!

后来我听研招办的老师说,也许是因为我当年刚刚考试结束即去牛津大学访学,可能因不确定的因素很多这个缘由吧,戴老师就对我这名考生比较关注。当年9月从牛津大学回国后,我按时来到上海外国语大学报到。从南京带着行李一路风尘仆仆赶到上外时已是中午,当我出现在报到处老师面前时,负责报到的老师说:"你终于来了!""戴老师刚刚还在关心你是否来报到了!"接下来,我还听研招办的老师说,我在国外时,有一天戴老师去研究生处了解当年考博的各位考生的情况时,问到了我的情况。当他听说我在国外无法得知自己的考试成绩而让家里人设法打听时,他带着一丝丝责备的口吻说道:"你们看看,成绩出来后不及时通知考生,人家在国外,还让家里人来电话打听,这样做工作怎么行?"德高为师,学高为范,桃李开了一茬又一茬,学生走了一届又一届,戴老师严中有爱的工作作风、宽厚待人的处世之道让我们铭记在心。

老师对我们的关心关爱不仅仅在于生活上,而是更多地体现在我们的科学研究方面。读博期间最重要的是博士论文的选题,因为在一定程度上这决定了今后很长一段时间学生的科研方向。戴老师认为科研方向的选取最好是将国家的需求与学科的前沿相结合,并同时考虑到原有的基础和实际情况,以自由和开放的心态去思考。铭记老师的教导,我最终选择了计算机语言学领域中一个相当前沿的话题——语篇结构标注。2005年上半年,除了上课以外我的所有时间都在南师大华夏图书馆度过,浏览藏在那里的数万册汉语言方向文献。5月中旬的一个中午,在去华夏图书馆路上,我偶然看到南师大大草坪拐角处一个会议指示牌,按照指示牌我来到了由南师大文学院和中国科学院计算机语言信息研究中心联合举办的"人工智能及机器翻译研讨会",时任中国科学院计算机语言信息研究中心主任的黄河燕教授的主旨报告一下子启发我找到了博士论文选题的切入点。当时,随着平行语料库的不断扩大,机器翻译在词和短语的层面上已经非常准确,但长句翻译的准确率很不令人满意,段落翻译的质量则更不必说。这不是计算机硬件的原因，而是由于语言学在句法和篇章层面的理论跟不上硬件的发展，特别是汉语语言学。那时国外的句法树库已经有相当的规模，由美国南加州大学信息技术学院领衔的篇章结构标注树库也在建设中，而国内篇章结构标注还没有起步，因为汉语的句法理论和篇章结构理论相对滞后，阻碍了句法和篇章结构标注。会后，我立即给戴老师打去电话，报告了这一会议的主旨内容，并说出了自己打算攻克这一难题，为我国机器翻译、人机对话等领域的发展贡献一份力量的想法。其实，确定"英汉语篇结构标注理论与实践"作为博士论文的题目，这对老师以及对我本人来说都是非常大的挑战，但老师非但没有阻止我，反而给我很大的鼓励。该选题在 2006 年被遴选为上海市哲学社会科学规划课题。2006 年 12 月博士论文答辩时，这篇论文得到答辩委的高度肯定，文中提出的汉语篇章结构理论得到同行专家的首肯。博士毕业后，戴老师还继续悉心指导，鼓励我攀登百篇优秀博士论文这一高峰。很遗憾，就在我申报的那一年，2007 年，国家出台了最新规定，论文作者必须是中级以下职称才能申报百篇优秀博士论文。2008 年我的博士论文被北京大学出版社出版。由于文中提出的"汉语篇章结构理论"的独创性和先进性，2011 年该专著获得江苏省政府颁发的哲学社会科学优秀成果奖和江苏省高校哲学社会科学优秀成果奖。没有老师的高瞻远瞩，没有老师的指点和鼓励，这些成绩是不可能取得的。老师对我们学生的关心关爱，对学术的科学严谨，激励着我们为人民教育事业辛勤耕耘！

戴老师数十年如一日，把毕生的精力无私奉献给人民的教育事业。八十年的风雨历程，他在平凡如斯的岁月里坚守着自己的责任，践行着自己的信仰，用精诚不息的奉献捍卫着一位人类灵魂工程师的声望与荣光！自从走上神圣的讲台，他便与责任和奉献为伴，收获了厚重人生。

在戴老师的八十寿辰之际，我觉得似有千言万语要说，但又愧于自己的语言能力不足，感觉所有这些言语都无法准确地表达出我对戴老师的敬意。也只有通过今后更加勤奋地工作，用更好的成绩来回报导师对我们的厚爱。

师 恩 如 水

宋丽娟　邓劲雷

蓦然回首,我们已经从上外毕业十年了。上外三年的求学生活是我们人生当中最为幸福、难忘的岁月。这三年里,最令我们难忘的是我们的恩师戴炜栋先生。先生是二语习得领域的著名专家,学识渊博、成果丰硕;先生是关爱学生的良师,无微不至地关怀我们生活中的点点滴滴。有幸能聆听先生的教诲与指导,是我们求学路上最大的幸运。先生给予我们的不仅仅是专业领域的知识,还有生活中的点点滴滴所展示出来的人格魅力与光辉。

初次见到先生是 2006 年考博面试的那个春天。先生是知名的大学者,而我们当时才疏学浅,心中不免忐忑惶恐。见到先生时,发现先生是一位慈祥的长者,态度和蔼、面带微笑、平易近人,我们的心情才稍稍平静一些。

入学后,与先生的接触不断增多,对先生渊博的学识和高尚的人格也了解得更为深刻。读博第一年跟随先生学习二语习得研究与社会语言学。一上课,先生独特的教学方式就让我们耳目一新。课堂上,先生通常请一位同学按照自己的思路介绍指定章节的内容,再由其他同学补充讨论预习的收获与体会。先生静静地听着,从不打断我们。等我们讨论完了,他再补充相关内容的发展脉络和国内外最新的研究现状。先生总是不急不慢、娓娓道来。博士学习是硕士研究的延续,也是今后漫长的学术生涯的开端。因此,独立阅读文献,独立发现、思考和研究问题,具备提纲挈领的逻辑归纳能力和批判性思维能力都是做研究不可缺少的素养和能力。先生的教学方法将这些教育理念很好地融入了两门课的教学中,使我们在理论学习的同时,无形中提升了自己的学术研究能力。

在完成理论学习后,论文写作无疑是攻读博士阶段最大的挑战。幸运的是,先生虽然工作无比繁忙,却总是在论文写作的各个环节和阶段都给予我们细致入微的指导和及时的反馈,使我们在艰苦的论文写作过程中少了很多迷茫,多了几分自信和笃定。在论文选题环节,先生充分尊重我们每个人的研究兴趣,鼓励我们大胆探索新的研究领域和研究方法,并和我们一起讨论研究的可行性,督促我们用严谨的数据去验证假设。在论证研究设计可行性的过程中,先生不管工作多繁忙,都会认真帮我们检查,和我们一起讨论研究的可实施性,并给出很多切实可行的意见。在论文写作的攻坚阶段,每改一稿,老师都给予及时、认真的反馈。先生身兼多职,除繁重的科研工作外,还承担着大量的行政工作。可是无论先生身处何地,都会把我们的论文随身带着,利用各种机会帮我们修改。每每看到论文上先生密密麻麻的修改意见,大到行文逻辑,小到打印错误,都仔仔细细地罗列出来,作为学生,我内心充满了感激和感动。

在和先生相处的三年时光中,除了学业上满满的收获,先生谦虚和蔼、体恤晚辈的人格魅力也时时感动着我们,影响着我们。记得我们同门三人每次去先生的办公室上课,先生总是提前给我们泡好茶;下课出门时,先生也会把我们送到电梯口,直到我们进了电梯他才回去。先生理解读博期间没有收入的清苦,主动帮我们联系兼职工作,让我们在读博之余能够自食其力,同时也积累了宝贵的教学实践经验。毕业之后,先生依然关心我们的工作和生活,无论是在教学还是在研究工作中遇到什么困难,只要向先生请教,先生总是尽自己所知提供宝贵的建议和帮助。先生桃李满天下,却能在学生毕业多年后脱口说出他们的名字和工作单位。他不会忽略任何一个学生,把每一个学生都当成自己的孩子去呵护。带着先生对我们满满的爱护和关心,我们踌躇满志地奔赴各自的工作岗位,在遇到工作上的困难时,想起先生鼓励的话语,就会感到内心充满了力量;在教学遇到瓶颈时,想到先生是如何对我们孜孜不倦、循循善诱,就会重新打起精神,用无比的耐心和认真的治学态度教导和鼓励自己的学生;在取得一些小小的成绩时,也会想到先生谦虚低调的高尚品德,提醒自己戒骄戒躁、继续努力。

先生于我们的意义,不仅仅是传道、授业、解惑。他严谨的治学态度和高尚的人格品质更成为我们人生中的一盏明灯,在我们迷茫无助时,给我们前进的动力和方向,指引着我们在人生的旅途中不断前行。

恰值先生八十华诞之际,谨以此文表达对先生深深的感激与敬意。祝先生身体康健、一切顺利!

成熟的麦子会弯腰

刘秋芬

法国文艺复兴后期人文主义作家蒙田曾经讲过："真正的学者就像田野上的麦穗，麦穗空瘪时，它总是高傲地昂着头。麦穗饱满而成熟的时候，它总是低垂着脑袋。"我的博士生导师戴炜栋教授就是这样一位真正的学者，他以温厚谦和的言行默默地影响和激励一批批的年轻学者脚踏实地治学、谦虚谨慎做人。

我和戴老师结缘于一本书。大学四年级我们开设了普通语言学课程，所用教材便是戴老师和何兆熊教授主编的《新编简明英语语言学教程》。在区区 200 页的篇幅内，戴老师和何老师用简单明晰的语言为我们绘出了语言学研究的鸟瞰图，这薄薄的一本书是他们多年苦读、把书"读厚"再"读薄"的成果。恰如一叶体态轻盈的小舟，这本语言学教程引领无数学子从此开启语言学研究的追梦之旅。至今，这本教程仍然是英语专业本科生和研究生的必读书目。而当时的我，是做梦也想不到自己将来有一天不仅能和戴老师见面，而且还能幸运地成为他的学生。

2007 年 9 月，在经历了笔试、政审、面试等一系列考验后，我幸运地成为戴老师的学生。此后三年戴老师以他的言行谈吐让我真切地感受到了什么是"谦谦君子，温润如玉"。

博士一年级时，戴老师为我们开设了二语习得这门课。不同于传统的教师主导型课堂，戴老师鼓励我们在自主阅读指定教材及相关延伸材料的基础上梳理二语习得研究的发展脉络，关注研究问题和研究方法的变迁，并多次组织主题式小组讨论，让我们进行头脑风暴和思想碰撞。戴老师就是以这种"读中学，思中悟，辩中明"的教学方法将我们引入了学术研究的严肃殿堂。至今我还严格遵循追根溯源、顺藤摸瓜的研究习惯,而我们同一届的四位同门虽然毕业后分别供职于不同高校,但却十年如一日地通过邮件或者微信频繁地就学术问题进行讨论和交流。

戴老师不仅引导我们脚踏实地开展学术研究,更以自己的言行教育我们谦虚谨慎做人。记得一次课下闲聊时,戴老师说到盐虽然看似最为寻常的调味料,却最是有用,任何珍馐美味,少了盐的调剂,便索然无味,因此做人要像盐一样,不起眼但却有用;当一个人对家人、对朋友、对社会来说是有用的,这个人才是有价值的,所以别人找我们做事情,说明我们对他们而言是有用的,对此我们一方面应该心存感激,另一方面也应该加倍努力地学习,以提升自己的内在价值,真正做到名副其实。

2009 年暑假我正式开始博士论文的写作,从动笔到完成历时 8 个月。而当年那个少不更事的我竟然为了自己的方便,以写完一章就发送给戴老师一章电子稿的方式,请他老人家为我修改论文(时年戴老师已经年届 70),对此戴老师不但毫无怨言,还每次都帮我把论文打印出来,耐心地为我指正研究和写作中存在的问题。如今想起我真是觉得无地自容,但戴老师就是这样以大海般宽广的胸怀容忍了我的自私和散漫。

毕业工作后不久,我便结婚生女。虽然我一直在高校任教职,对于科研,却因为之前二十余年不间断的求学生涯生出了惫懒之心,更因为家中稚女生出了懈怠之意,所以毕业至今竟无甚建树,每次回母校都觉得愧对戴老师当年的谆谆教诲。但是每次见到戴老师,他却总是安慰和鼓励我:要沉得住气,扎得下根。两年前和戴老师的见面尤其让我印象深刻。当时戴老师的办公室已经搬迁到了新址,担心我找不到地方,他不仅提前一天在电话中向我详细地描述了办公室的位置,更是比约定时间提前五分钟在楼梯口等我。记得当我走上二楼楼梯,看到面容清癯的戴老师时,内心一阵感动,不禁自问:我何德何能,竟然劳动他老人家屈尊相迎?

如今,戴老师已至耄耋之年,但他却坚持笔耕不辍,始终奋战在科研第一线,关心外语专业改革和外语学科发展。戴老师就是这样一位良师,他用渊博的学识、丰富的阅历、谦和的言语、亲切的举止点亮了无数青年学者的追梦之旅,也点亮了他们的人生之旅。

严谨治学、言传身教的典范

杨滢滢

2007 年 9 月,我启动了博士阶段的学习生涯,师从戴炜栋老师,开始了在二语习得领域的探索。经过两年的专业学习,2009 年 8 月一个偶然的机会,我获悉中美富布赖特联合培养博士生交流项目的信息,心里又激动又紧张。激动,是因为感觉到这是一个十分难得的出国交流学习机会,如果能够和国外相关前沿研究领域的学者有一个长期学习沟通的平台,对自己即将着手的博士毕业论文和日后的专业素养提升都大有裨益;紧张,是因为这是一个高水平的学习交流项目,对自己入选的可能性无甚把握。怀着一颗忐忑的心,我找到了戴老师,和老师深入交流了想要尝试申报的愿望和种种顾虑。戴老师得知我的意愿时,表示十分高兴和支持,因为戴老师本身曾经获 1987 年中美富布赖特高级访问学者基金资助赴美交流,这样的荣誉在当时那个年代,是十分让人钦羡和景仰的。戴老师和我描述了当时的申请状况及访问交流期间心得,鼓励我积极申报,努力争取获得这样一个难得的机会。更为可贵的是,戴老师还帮我详细分析了该项目中美双方所关注的要点,即研究课题对促进中美文化交流的意义,提醒我对研究计划的陈述一定要有针对性,要能有效地体现这一关注点。申请过程中,各种繁杂的表格填写也得到了戴老师耐心、细致的指导和支持。戴老师对填写内容逐字逐句的推敲和斟酌让我印象十分深刻,从中看到了作为一名学者的大师风范——严谨治学,言传身教。

经过几轮的筛选,我幸运地拿到了去北京面试的机会。这时候,戴老师仍记挂于心,对面试中可能出现的问题为我指点迷津,给我加油打气。2009 年 12 月中旬,我来到了北京。零下十度的冬天让我感受到北方冬季十足的寒意。面试前的一晚,我紧张又兴奋,心里十分没有底气。情绪焦灼之时,戴老师不忘在繁忙的工作之余给我打来电话,叮嘱我千万不要紧张,从容应对,这让我感动不已。语句虽短,但足以给予我行动的力量。放下电话,我感慨万分,庆幸自己能够遇到这样一位人生导师,在人生的关键时刻送来温暖和勇气,让我可以放下包袱,勇往前行。第二天,面试过程一切顺利。虽然当时结果尚未可知,但是我觉得自己已经做到最大努力,无怨无悔。几天后,在得到被录取的消息那一刻,我立即想到了给戴老师分享成功的喜悦,戴老师在电话的另一端也十分高兴和欣慰。

戴老师对学生的关心和帮助俯拾即是,这里记录的只是其中的一个短小片段。但正是这些不经意的细节最让我感受到恩师的人格魅力,让我终身受益,我也因此深刻体会和领悟到为师者对学生春风化雨般的教育的意义。

我的导师戴炜栋

朱晓申

"春满江山绿满园,桃李争春露笑颜。东西南北春常在,唯有师恩留心间。"在这庆祝戴炜栋教授八十华诞之际,我要跟戴教授说一声"导师:您辛苦了!"

《太公家教》有云:一日为师,终身为父。对学生而言,导师既是老师,又是父亲,更是师父。师父是学生成长过程中的引路人,是学生生活中的贵人。在漫漫人海中能够遇到像戴老师这样的好导师、好师父、难得的贵人,是我一生的荣幸!

记得我在上海外国语大学攻读英语语言文学博士的时候,刚获得加拿大新不伦瑞克大学(University of New Brunswick)的硕士学位不久。2002—2003 年,我获得国家留学基金委的全额资助,以普通访问学者的身份赴加拿大新不伦瑞克大学公派留学一年。留学期间,我参加了该校的教育学硕士专业(二语习得方向)学习。回国后能够师从德高望重的戴老师继续探讨中国学生的英语语言习得问题,我无比欢喜、无比激动。作为中国知名专家、学者,戴老师学识渊博却平易近人,严谨治学却虚怀若谷、宽以待人。他的每一次指导都会给我带来新的信息、新的知识和启迪。他的耐心指导和谆谆教诲可见于我的博士论文选题、研究目标、研究内容和研究方法等的确定以及语言表达的字里行间。戴老师深厚的语言学和教育学功底及其对二语习得问题的洞察力、对解决外语教学问题的独特见解等深深地影响着我。因此,我博士毕业之后分管学校的大学外语教学工作,带领教师实行大学英语分层教学、分类指导,开发设置了通用英语、跨文化交际英语和专门用途英语三大类课程,满足不同语言水平学生的英语学习需要。我曾多次获得浙江省高等教育教学改革研究项目立项、多次获得校教学成果奖,所指导的青年教师在第二届"外教社杯"全国大学英语教学大赛中荣获全国总决赛视听说课组三等奖,所指导的研究生获得第二届全国全日制教育硕士学科教学(英语)专业教学技能大赛一等奖,所指导的本科生完成国家级大学生创新创业训练项目等。我这些成果的取得,以及学术研究和工作等方面能力的提升都与戴老师的教导密不可分。

"痛并快乐着",是我在攻读博士期间最深刻的感受。攻读博士真可谓是闻鸡起舞、穿壁引光、刺股读书、冬寒抱冰、夏热握火、攻苦食淡、志坚行苦、埋头苦干、砥砺前行。为了完成学业,我几年里没有双休日、没有节假日,无论走到哪里都书不离手、目不离书,通宵达旦是我的家常便饭。对于我来说,读书期间最难熬的时刻便是颈椎和腰椎疼痛但仍然得咬文嚼字赶着时间完成学位论文的定稿。此时,"放弃"两个字常在心头萦绕。然而,导师的鼓励让我坚持了下来。因我在家做论文,戴老师常常跟我约定晚上七点通电话,他要跟我讲论文的修改意见。记得我曾在电话中跟老师抱怨"我的头都要裂了,做不下去了"的时候,老师回答说,师母正在住院治疗颈椎病,他在医院陪师母,但会抽空评阅我的论文;我的论文写得不错了,只要咬紧牙关坚持一下,这一关就过去了。师母的身体和戴老师的健康也成了我的牵挂。每当我去上外接受课程面授时,会想着去看看师母,老师总要设宴款待并把一些菜打包让我带回宿舍吃。

求学之路充满艰辛,但恩师的教诲、父亲般的关怀激励着我志坚行苦、砥砺奋进。当时若没有戴老师的耐心教导、鼓励与支持,"博士"早已与我擦肩而过。攻读博士是辛苦的,但又是快乐的!衷心感谢戴老师和所有帮助我进步的同门!

光阴易逝,年华易老,转眼戴老师迎来了八十华诞。年高如此,戴老师仍旧希望把自己的知识传授给我们,分享给更多的学生。去年11月,戴老师在他的办公室亲切接待了我们人文学院一行四人,为人文学院申请博士点及外语与中文学科融合等计划和行动听诊把脉、出谋划策。戴老师曾于2008年做客我校罗山讲坛,接待他的几位老师说他们像是在做梦,常在书上读到名字的这位教授现在竟然就站在他们的身旁。

教育的本质是"一棵树摇动另一棵树,一朵云推动另一朵云,一个灵魂触动另一个灵魂"。戴老师辛辛苦苦操劳半辈子,像对待自己的子女一样教导学生以及学生周围的求学者们,所培养的弟子遍布五湖四海、大江南北。他们也以自己的才学和人格魅力教导各自的弟子,影响着自己身边的学弟和学妹们。作为一名人民教师,我也应当像恩师以及他的弟子那样身体力行来摇动、推动和触动其他人——既教书,又育人。

白居易说得好:"令公桃李满天下,何用堂前更种花。"戴老师桃李满天下,何须用自身来宣扬?桃李不言,下自成蹊。

祝我的导师戴炜栋教授:生日快乐、安康如意、福如东海、寿比南山!

您领我叩开了二语习得的大门

张素敏

成为戴炜栋老师的学生,我三生有幸。老师所授二语习得是我毕生的追求。老师春风化雨,使我的追求插上了飞翔的翅膀。可谓:父母给了我们 biological life,戴老师则给了我们 academic life。

在先生八十寿辰之际,重翻 2012 年我毕业之际献给先生的这首诗,更是百感交集,不能自已!

先生立功、立德、立言,超凡入圣,仰之弥高;为官清、慎、勤、仁,堪称圣贤完人;为师燃薪传火,尽显大儒本色。

今附毕业之际和先生八十寿辰之际所写拙诗二首,略表对尊师敬仰感恩之意。

忆……
——于毕业之际

回忆!回忆!回忆!
回忆是我对美好瞬间的提取,
点点滴滴。
璀璨了路边的花花草草,
点亮了心海的无悔痴迷。

萦绕耳畔的啊，
是恩师如父般的牵挂叮咛，千丝万缕……
不绝如烟的啊，
是同您共同走过的足迹，惺惺相惜……

我不知道，
恩师您鬓边的白发，哪根是因我而起，
我只知道，
路上有您！无论是星光还是晨曦。

我不知道，
同学你匆匆的脚步，丈量的时间距离，
我只知道，
书山中有梦，不管是南北还是东西。

回忆！回忆！回忆！
回忆是我对春华秋实的珍视，
珠玑粒粒。
璀璨了路边的花花草草，
点亮了心海的无悔痴迷。

（素敏写于 2012 年 6 月）

感恩的心……
——于戴老师八十寿辰之际

每当我失意受挫，
我会想起您。
那颗疲惫的心，
蓦地，就变得坚韧刚强。

每当我金秋收获，
我会想起您。
那颗自豪的心，
蓦地，就更加进取顽强。

每当我倦怠蹉跎，
我会想起您。
那颗慵懒的心，
蓦地，就尤为拼搏自强。

您的双眸，是指路明灯，
照亮我前行的路，任它荆棘！
您的铁肩，是兴邦重任，
教诲我不辱使命，初心牢记！

恭贺恩师，
喜看今朝，花满园春满园欢笑满园满园桃李芬芳盛开！
乐追往昔，教无悔育无悔奉献无悔无悔鸿儒旷世奇才！

（素敏写于 2019 年 2 月）

贺戴老师八十华诞

韦晓保

恩师八十华诞之际,学生致诗一首,祝导师青春永驻,身体健康,开心快乐!

不忘恩师谆教诲,求学往事跟前陈,
循循善导育新苗,润物无声待苗壮,
而今继步四十载,更悟当年教诲深。

先生之风，山高水长

边立志

我 2011 年考入上海外国语大学英语语言文学专业，投到戴炜栋教授门下攻读二语习得方向的博士学位。从此，戴老师在为人处世、治学育人等方方面面都给予我很多指导，带给我潜移默化的影响。唐代的韩愈在《师说》中讲到，"师者，所以传道授业解惑也。"（见吴楚材，吴调侯 2009）。下面我就从传道、授业、解惑方面谈一谈我对戴老师的印象。

一、戴老师的为人处世之道

我对戴老师的第一印象是他 2010 年春到大连讲学的时候，身穿一件深灰色的棉布风衣，手拎一个防雨布黑包。当时戴老师已经年逾七旬，但看上去精神抖擞，走起路来健步如飞，回答台下听众的问题时思维敏捷，而且无论提问者是教师还是学生，他对每一位都以"您"相称。坐在我身边的一位五十多岁的同事问我："戴老师有多大年龄了？"我说："应该快七十了吧。"她很惊讶地看着我说："真的吗？我感觉比我还年轻呢！"当戴老师讲座结束的时候，很多听众围过来继续向他请教。虽然他当天上午刚乘飞机从上海抵达大连，而且下午已在另一学校讲过一场报告，但是对于每一位提问者他都耐心回答，循循善诱。

我正式入学之后，很快迎来了戴老师给我们上的第一堂课。上课的地方就在戴老师的办公室。没进门之前我还有一点忐忑，等进去坐下之后，发现面前的茶几上摆着两个白瓷杯子。戴老师说："这个季节的上海还有些炎热，我刚给你们两位泡了一杯绿茶，如果不习惯那边还有咖啡。"听着戴老师平和的话语，我的心中油然而生一丝敬意：以他古稀之年的高龄以及德高望重的学术地位，居然还会在课前亲手为学生泡茶。时光飞逝，一转眼三年就过去了，同样是在那样一个阳光明媚的春日，戴老师邀我们几个在读的学生共进晚餐。席间我特意半开玩笑地问他有什么养生秘诀，他微笑着说其实没有什么，主要就是生活有规律，早睡早起。饭后我送戴老师出门，帮他去拿外套和拎包，突然意识到这不就是三年前老师经常穿着的那件风衣和拎着的那个黑包吗？由于使用时间过长，黑包的拎手都有些磨烂了。

二、戴老师的求学治学之道

从研究生时代开始，戴老师的文章和著作就伴随着我的学术成长。其实早在读本科的时候，我就用过导师编写的词典和教材，但当时对于学术研究完全没有兴趣和想法，所以也没有太多关注里面的内容，不过导师的名字却深深地印在了我的脑海里。到了读硕士研究生的时候，我刚刚开始接触学术期刊，经常是拿起一本期刊随手一翻就能看见戴老师发表的文章。从此我每次翻阅学术期刊的时候，只要发现戴老师的文章，我就会格外关注并认真研读一下。我研究生毕业后在高校工作，起初由于教学任务繁重和硕士刚毕业的偷懒心理，把学术研究完全忘在了脑后。随着教学工作的深入开展，我开始感到了继续学习和研究的重要性，可是生疏了几年想捡起来还是有些困难的。恰巧这时候我在书店看到了一本《戴炜栋英语教育自选集》，顿时感到眼前一亮，立即买下回去开始认真研读。这本书涵盖了戴老师多年来从教学改革到英语教学法，从二语习得理论到外语学科建设等各方面的主要学术成果。虽然那时候利用教学之余的休息时间读完这样厚厚的一本著作有点辛苦，但真是醍醐灌顶、受益匪浅，于是我萌生了报考戴老师博士研究生的想法。

戴老师在这本自选集的开篇序言中讲到了自己的求学和工作历程，可以说历经坎坷，困难重重。首先，戴老师是上外招收的第一届英语专业本科生，但是因为中学学的是俄语，所以是一名英语"零起点"学生，最初的学习困难可想而知。不过，他以惊人的毅力后来居上，在一年之内几乎读完了图书馆所有的英语简易读物，每天都在图书馆学到闭馆，对着镜子练习发音直到嗓子沙哑。一年之后他成为全年级第一名，并一直保持到毕业。改革开放以后，戴老师被选为第一批公派国外的访问学者,在国外学习三年没有回国,与家人只能通过书信联络。他在国外学习期间,不仅成绩优异,而且一直坚持向国外的师生宣传中国的正能量,在回国之前还拿省吃俭用攒下来的学费复印和购买了大量图书资料带回国内。

三、戴老师的教书育人之道

戴老师自 1962 年留校开始在上海外国语大学工作,至今已有五十多年。在这半个多世纪的教书育人生涯之中,他所教过的本科生以及硕士研究生可以说不计其数,只算指导过的博士研究生就有近九十人。这些学生如今都活跃在全国外语教育管理、教学实践、学术研究等各个领域,其中好多位也已成为全国知名的教授、博导。戴老师对于学生的培养总是因材施教、与时俱进的。他教授各类本科生课程近三十年,在教学过程中"非常注重内容讲解的透彻性和课堂气氛的互动性,同时充分考虑到学生的个体差异""在课堂提问时总是通盘考虑,给予每个学生平等的机会"(戴炜栋 2007)。正是由于在教书育人方面长期大量的付出和所取得的辉煌成就,他在 1995 年获得了"宝钢教育基金优秀教师特等奖"。

对于研究生,尤其是博士生,戴老师一向要求严格。在我读书期间,他就经常告诫我们要勤奋读书、严谨治学、厚积薄发。当他知道我每天从早到晚大部分时间都坐在图书馆里读书时,非常高兴,鼓励我要抱着兼容并蓄、博采众长的态度,融会贯通相关学科的知识,这样才能有所创新和突破。当他听说我还时常跑到复旦大学去听历史、哲学、宗教等方面的报告时,告诫我博士学习的时间有限,广泛涉猎各方面的学科知识是好的,但是还得方向明确,集中自己的主要精力放在兴趣点上,深入思考,多写文章,写好文章。读到博士二年级的时候,由于单位教学人员紧张以及自己也存在一定的经济压力,我跟戴老师请假,打算回去工作一段时间。他虽然同意了但也表示有些忧虑,要求我必须开题之后才能回去,同时提醒我作为博士生一定要以学业为重,一方面应抵制物质诱惑,安心读书研究,另一方面应耐得住学术寂寞,选定某一切入点之后,认真思考,要在掌握并研读大量资料的基础上形成独到的见解。

时至今日,虽然已毕业多年,但我时刻不敢忘却戴老师的教诲。他的言传身教一直提醒我在生活中要与人为善、谦虚低调,在学习上要坚持不懈、与时俱进,在工作中要踏实肯干、任劳任怨。戴老师的为人风范和为师之道让我油然想起范仲淹在《严先生祠堂记》中赞美严子陵的高风亮节时讲的"云山苍苍，江水泱泱，先生之风，山高水长"（见吴楚材，吴调侯 2009），这句话用来表达我对导师的印象非常贴切。当然，戴老师的为人风范和学术成就是我望尘莫及的，但容我作为学生再借用司马迁在《孔子世家赞》中的一句话来表达我的崇敬之情："虽不能至，然心向往之。"（见吴楚材，吴调侯 2009）戴老师永远是我心中最崇高的榜样！

参考文献
戴炜栋.2007.戴炜栋英语教育自选集［M］.北京：外语教学与研究出版社.
吴楚材，吴调侯.2009.古文观止［M］.北京：中华书局.

戴老师给予我的

秦丽莉

成为戴老师的学生对于我来说是一件很神奇的事情,直到今天我也依然觉得我真的很幸运,幸运到自己都不敢相信。作为老师的学生,老人家给予我很多,而我唯一能带给老师的恐怕只有每逢节日的那一则问候和祝福的短信而已……

缘生

记得那是 2010 年的 4 月,大连外国语大学(那时还是大连外国语学院)承办了一次中国教学法国际研讨会。会议主办部门有幸请到戴老师做主旨演讲。我作为大外的青年教师,在会上做志愿者,负责给老师播放 PPT。别看任务简单,但是要配合上专家讲解的速度,弄得默契合拍也是不容易的。等到下午老师来到会场酒店的时候,我凑到他面前,战战兢兢地跟戴老师小声说:"戴校长,您好!我是秦丽莉,是替您播放 PPT 的,您什么时候方便把您的 PPT 文件发给我?"老师非常非常谦和地跟我说:"谢谢您哦,我马上到房间就可以给您。"令我惊讶和受宠若惊的是,自从老师知道我是帮他弄 PPT 的志愿者那一刻之后,每次在会场里面见到我的时候,就会很谦和地跟我说"谢谢哦",前前后后一天半的时间,跟我说的"谢谢"不下二十次。此时,我第一次感受到,老师给予我的是他那种虚怀若谷的做人之道。

老师演讲当天,PPT 播放一切顺利,我也总算松了一口气。可是,听了老师的讲座之后,我心情其实非常沉重,觉得自己真的好无知,对教学法和课程设计理论一无所知。此时,老师给予我的不仅仅是高大上的学术知识,还有对未来懵懵懂懂的奋斗动力。所以会后经过仔细的思量，并与家人和朋友商量之后，我就斗胆给老师写了一封邮件，表明了要跟老人家读博的愿望，并附上了自己的简历。邮件是当天中午之前发的，可是让我没想到的是，傍晚五点多，我竟然接到了老师从上海家里打来的电话。那一刻，我简直不敢相信自己的耳朵，更不敢相信这么大的学者，竟然会给我一个小老师打电话呢！可这就真的发生了！老师给予我的是他那种对待晚辈的和蔼可亲和悉心关怀。这更坚定了我要跟随他老人家读博的信心和决心。

缘起

在老师的鼓励下，我经过了八个多月的二外法语从零开始学习的痛苦煎熬，以及研习二语习得理论知识的艰苦过程，如期参加了上海外国语大学博士入学考试。本以为自己考得非常不错，加上老师对我的鼓励，我坚信自己能够在当年就如愿考上老师的博士。可惜，成绩公示出来之后，我的翻译竟然没有合格。看到成绩的那一刻，我的大脑一片空白。正在我万念俱灰之时，电话响了，对面传来的是老师慈祥的、带着上海口音的温柔问候，至今我仍然记忆如新："丽莉，你的成绩我知道了。你不要气馁，不要放弃，要有信心来年再考……"简单的几句话，瞬间让我热泪盈眶，泣不成声……我是为能遇到这么好的导师而感动。老师给予我的是他的那种体贴入微和慈父般的温暖。

终于又经过一年痛苦的复习煎熬之后，我被上外录取了。那一天我又哭了，但绝对是高兴的泪水，因为我终于成为老师的学生了，终于可以跟他学习我热爱的外语教学研究了！

结缘

2012 年 9 月，我终于如愿踏入了上海外国语大学博士生入学典礼的礼堂，成为一名真正的博士生。至今还记得上外研究生处的杨老师第一次叫我"秦博士"的时候，我还很不习惯。而最让我无法忘记的是，第一天上课的时候，我们前后左右座位的同学都会互相介绍，彼此认识。当有人问我导师是谁而我回答"戴炜栋老师"的时候，所有的同学都投来羡慕的眼光。我的自豪之情油然而生！直到今日我都觉得自己有缘成为戴老师的学生实在是太幸运了。关于他的学术头衔，老师从来都没跟我提过半个字，他也从来没有嫌弃我这个"愣头青"。所以，老师给予我的是他那种"作为学者最重要的是做人，做一个低调的人"的人生准则。

之后三年的读博生活中，老师给予我的则更多：有学术上的答疑解惑，有在因自身事业发展迷茫而不知所措时的鼓舞和打气，有评职称期间焦虑万分时候的安慰，还有很多无法用语言描述的慈父般的照顾。

我清晰地记得每到大闸蟹成熟的季节，老师总能找到时间请我们几个学生一起吃大闸蟹，而且还不允许我们 AA 制请老师，严格要求我们必须服从他的安排，由他来负责结账。就连每一次答辩之后那一顿请专家的聚餐，老师都坚决不允许我们自己付账。当时我们几个同门博士生要多幸福有多幸福。不仅仅是吃大闸蟹的季节，还有圣诞节、元旦、教师节等重要的节日我们都会聚在一起跟老师一起享受美食，一起分享博士学习的心得，聊聊自己的事业发展前景，说说当时自己在学术上的疑惑和解决的办法。老师总会用最最慈祥的眼神看着我们每个人讲自己的故事，用最最支持的语气跟我们说："你们就好好做，学术的发展不是一蹴而就的，要坚持不懈地走下去。"其实我们最喜欢听的就是老师跟我们讲他这一生的传奇故事。他老人家总有讲不完的故事，到如今，我、李绍鹏、袁慧、边立志、韦晓保、景婧、小陈、周文岭和于涵静等几个兄弟姐妹都非常怀念那段幸福的博士学习时光。

那时候，大家最在乎的就是科研论文的产出，而我们几个也是博士期间成果产出比较多的。每当跟其他博士同学一起谈论"谁谁在某某期刊新发表了一篇论文"的时候，我们总是最幸福的。直到这个时候，我们才真正明白，作为戴老师学生的真正意义：他老人家给予我们的，不仅仅是上面说的爱与呵护，还有对于一个青年学者最重要的学术提携；没有戴老师，我们每一位弟子，都不可能会收获这么多。而老师对我们的提携也鞭策着我们不断地前进，不断地努力，在学术的道路上砥砺前行。

转眼三年，我如期毕业。参加毕业典礼戴博士帽的那天，我、李绍鹏和袁慧一起邀请老师跟我们一起照相。记得那时候上海热到 40 度，但是老师丝毫没有推辞的意思，早早就打电话给师弟李绍鹏，让他把衣服借好，早点儿给他送过去。就这样，我们留下来很多宝贵的照片，每一张都书写着老师的慈祥和我们幸福的微笑。

续缘

虽然毕业了,但是老师给予我的关爱丝毫没有减少,不论是申请国家社科项目还是发表论文,我依然习惯把申请书和学术论文发给老师审阅。而老师从来都没有拒绝过我的要求,每次看完了都会打电话过来,详细说明他的指导意见。这些虽然看上去是小事情,但是作为我来讲,我时刻都铭记着老师给予我的这些无微不至的关怀和指导。而我能为老人家做的,只是每逢节日发过去的那一则问候的短信,和每当自己在事业上取得些许的进步之后,给老师报喜的电话而已。

惜缘

正因为有了与老师的师徒之谊,我才更加珍惜与他老人家相处的日子。老师的人格魅力深深地打动着我,也不断地鞭策着我。用《道德经》中为人处世的名言来总结戴老师的为人最为贴切:"上善若水,水善利万物而不争。处众人之所恶,故几于道。居善地,心善渊,与善仁,言善信,政善治,事善能,动善时。夫唯不争,故无尤。"

老师为人若水,虚怀若谷。有道是"水往低处走",但是水却让身边所有的"花花草草、万物生灵"保持旺盛的生命力。然而水从来都不期待世人的嘉奖、赞扬和认可,而是非常谦逊和低调。但如果没有"水"的奉献,生命可能不复存在。老师的谦逊告诫我在学术的道路上,在日常的工作中,要以谦逊的态度处世待人。老师之所以能够做到"海纳百川",是因为他能做到如"海水"般谦卑。谦虚给人的不是弱势,而是更多的力量。

老师为人若水,以和为贵。水面对岩石高峰的时候从来都是绕道而行,从来都不会生气、愤怒、暴跳如雷,而是找到迂回之路,解决困难,继续前行。不用武力,不用冲突,以"和为贵"的处事原则让我在日常工作中找到了内心的平静,让我更加关注生活环境的平和,工作中的焦虑自然就少了很多。有道是:道恒无为,而无不为(nature does not hurry, yet everything is accomplished)。

老师为人若水,视野开明。水永远都不介意变化:根据温度的变化,可以为水、为石、为气;根据容器的不同,可居于壶、于杯、于瓶。事实上,水的顺其自然使得水不论身处何境,都能适应变化,处变不惊。同样,我们也生活在一个不断变化的世界中,必须不断地更新自己的知识和技术,才能在世间立足。

值此戴老师八十大寿之际,写下以上"缘生、缘起、结缘、续缘和惜缘"五段随笔聊表心意,祝老人家身体安康!

鹤发银丝映日月，丹心热血沃新花

李绍鹏

  上海外国语大学戴炜栋教授是我国外语界德高望重的著名学者、外语教育家。他在我国外国语言文学学科发展、外语教育研究、二语习得研究以及社会语言学研究等领域成就卓越。在最近的几十年间，对于英语专业的学生来说，戴老师的名字可以说是无人不知，无人不晓。我在本科阶段学习过很多戴老师主编的教材，在研究生阶段拜读过戴老师很多学术论文。因此，当时戴老师在我心目中是一座山，一座遥不可及的高山，没想到后来我能见到戴老师本人，更没想到能有幸成为戴老师的学生。

  初识戴老师是在 2008 年秋，那时我还在中国海洋大学读硕士。当时戴老师受邀到海大做学术报告。从得知消息的那一刻起我就心怀期待，期待能亲眼见到这位在外语界具有传奇色彩的大师。就在报告开始的前一天我又接到通知，在戴老师作报告时需要我帮助他播放演示文稿。我收到通知的时候真是激动万分——想不到能有和戴老师如此近距离接触的机会，但同时又诚惶诚恐，生怕自己操作不当有所闪失。所以在报告开始前我将演示文稿看了一遍又一遍，做到熟知每一页文稿上的具体内容。在报告进行过程中我一刻也不敢放松，认真聆听戴老师的每一句话，努力做到报告内容和演示文稿一一对应。但由于戴老师学识渊博，报告过程中经常引经据典，报告内容时常超越准备的内容，让我好生紧张。每当这时戴老师就微笑着给我提示，让我不至于乱了阵脚。报告结束以后我长出了一口气，手心里全是汗水。这次学术报告给正在攻读硕士学位的我留下了很深的印象——没想到作为学术界德高望重的著名学者，戴老师竟是如此的平易近人、和蔼可亲。戴老师儒雅的学者风范让我崇拜不已,他诚敬的学术态度深深地感染了我,我暗下决心一定要成为戴老师门下弟子,也正是在这次报告后我决定硕士毕业后就报考戴老师的博士。但由于自己才学疏浅,准备不够充分,再加上报考戴老师的学生多,竞争特别激烈,我硕士毕业当年的第一次考博并未成功。

硕士毕业后刚刚参加工作的两年由于工作繁忙我没有继续考博,但我一直没有放弃读博的念头,偶尔也会和戴老师邮件联系。戴老师在邮件中鼓励我继续报考,还经常推荐一些学术著作给我阅读。终于,2012年我如愿以偿,被戴老师收入门下,进入上外攻读博士学位。时至今日,我依然清晰记得当年得知录取结果时那种欣喜与惶恐相交织的心情:欣喜的是我有幸成为戴老师的学生,惶恐的是怕自己的无能辱没了老师的英名。实际上,这种欣喜与惶恐一直陪伴我至今。

戴老师对待自己的学生像对待自己的孩子一样。他对自己学生的好在上外是出了名的,这也让上外其他博士生对戴老师的学生总是心生羡慕。还记得我们每一次到戴老师办公室去上课前,他总是给我们准备好茶水,还将我们要读的书和一些参考资料直接买好或复印好发给我们。和戴老师一起吃饭他从来不让学生买单,他总是体谅我们说读博期间我们收入低,生活很辛苦。戴老师对我们学术上的指导更是尽心尽责。博士入学以后,戴老师就鼓励我申请国家留基委的"联合培养博士"项目去国外进修。在申请阶段他帮我反复修改科研计划书,并找来他往届的学生给我介绍经验,确保我最后一举成功。在博士论文写作过程中,每当我遇到问题,老师总是在第一时间向我伸出援手。当我们遇到数据分析等一些技术性问题时,他也会联系往届的相关学生,及时给我们提供帮助。我论文初稿完成时正值2015年春节假期,我将论文交给老师就回家了。没想到就在临近春节的前几天我收到了老师的快递,他将批阅完的论文寄给了我。打开论文时我吃惊地发现上面密密麻麻全是用铅笔所作的批注,大到某些学术观点表达的精准性,小到标点符号使用的规范性,老师都一丝不苟,精益求精。另外,老师还单独用几页纸做了一个索引,好让我方便根据索引找到相关需要修改的内容。在我收到论文后,老师还打电话给我,用将近一个小时的时间给我讲解论文的主要问题,以便我在假期中有足够的时间进行修改。每每想到老师年届八旬还每天花费大量的时间来批阅论文,为了学生的学业呕心沥血,我心里满满的都是感动。读博的时光是辛苦的,但也是幸福的,实感自己三生有幸能入得戴老师门下。和别人总是盼望着博士赶紧毕业不同，我们是不愿意毕业，总希望能多一些和戴老师相处的时光。

> 黑发积霜织日月，粉笔无言写春秋；
> 鹤发银丝映日月，丹心热血沃新花；
> 春播桃李三千圃，秋来硕果满神州。

戴老师不仅教会我们如何做学问，更教会我们如何做人。戴老师愿意把自己毕生的精华心得都传授给学生，引导学生运用正确的思维方法，选择正确的科学道路，树立正确的人生理想，而这也正是他培育出那么多优秀外语教育人才的原因。老师对学生真心真意爱护，全身心投入培养。在老师的培育和影响下，他很多弟子如今都已成为学界的翘楚和骨干，可谓"润物无声五十年，遍宇桃李争芳艳"。

岁月悠悠，2019年在上外建校七十周年之际，我们敬爱的戴老师也迎来八十华诞。虽已八十高龄，戴老师依然坚持阅读、写作，关心我国外语教育事业的发展。戴老师勤奋不懈的工作精神、高尚儒雅的学者风范、宽厚仁慈的人格魅力永远是我们学习的榜样。

衷心祝愿戴老师身体安康、平安幸福！

锦绣文章傲群伦，精博学问育桃李

王　欣

　　初闻先生大名是在十五年前，那时自己读大三。学校为英语专业学生开设了语言学课程，而所用课本正是戴炜栋先生编写的《简明英语语言学教程》。当时只觉得，能把英语语言学这样一门深涩又抽象的学问讲得如此入木三分，又深入浅出，编者一定是一位在做学问上精益求精的学者。后来我才知道，自己当时的见识多么浅薄！原来先生不仅已是英语学术界著作等身的大家，更是我国高校外语教育事业的领航者、高校外语教育改革的领导者。那时，作为普通高校里的一名英语专业学生，我对先生的敬仰自是难以言表。

　　机缘巧合，硕士求学我来到上海。进入高校工作数年后，我日益感到在学业上继续深造的紧迫感。在将目标定为上海外国语大学后，学生时代就已萌生的敬仰之情让我把目光投向了戴炜栋老师。虽然深感自己的实力与戴老师的招生要求还有差距，但我十分渴求能有一个向大师学习的机会。经过几个月仓促的复习，我奔赴了考博的考场。结果在意料之中，也在意料之外。意料之中，是二外严重拖后腿；意料之外，是其他几门学科基础课分数不错。仿佛有了一些底气，我鼓起勇气第一次与戴老师取得联系。令我万万没有想到的是：老师居然如此亲切与和蔼！他不仅肯定了我的专业能力，更鼓励我好好准备二外，今后再做尝试。可以想象老师的这番话对于一个考博失利的人来说多么鼓舞人心！也是从这以后，先生在我心目中从一位遥不可及的学界泰斗变成了一位平易近人的仁慈先生。

　　之后我荣幸地成为戴老师的学生，在与先生点点滴滴的接触中，我越发深刻体会到了他对学生的关心和爱护。每次去上课，先生必是准备好了茶水等我们；

次次讲义必是帮我们悉数打印好；逢年过节给先生发祝福信息，必能收到他的亲切回复。可想而知，年逾古稀的先生捧着手机一笔一画地给众多弟子回信息绝不是易事一桩啊！

在学术上，先生给予我的帮助更是令我难忘。由于边工作边读博，难免遇到学术思路被打断的情况。跟先生诉说这个困惑后，先生教我可在一个时间段的写作或者思考结束后，把这一时期的心得写在书稿旁，以便下次继续做研究时较快拾起当时的思路。这个方法在我撰写博士论文时帮了大忙！上到学习方法、学习状态，下到论文修改、项目申请，每一次面对学生的求助，先生从来都是不吝赐教，毫不保留地与我们分享他的经验与智慧！

师恩难忘！师从先生的几年间，我不仅在学术上聆听他的教诲，了解学术前沿，更在做人方面受益匪浅！在恩师八十华诞到来之际，我衷心祝福他福如东海长流水、寿比南山不老松！

高山仰止，桃李争香

周文岭

老师之名气，凡英语学子无人不知；老师之学生，桃李绽放，百花争香；老师之德行，高山仰止，芳满人间！与老师结缘，实乃前世注定，此生修福！

回想我的考博之路，虽不算崎岖，但亦小有波折。考博之心自大学三年级起便已有之，限于诸多阻碍，一直未能如愿。2010年曾有一次考博经历，然无功而返。其后几年，也曾瞄准多个院校，但始终未敢企及上外，更未有一刻奢想拜在老师门下。幸有硕导多番鼓励，备言老师之仁厚博学、爱惜后辈，方鼓足勇气书信自荐。不想老师很快回信，欣然同意报考，并开出书单以备复习迎考之用。以我本科之出身，忝居老师诸生之列，但老师丝毫未有鄙视之意，反而对我关怀备至，体恤入微。

还记得2014年新年伊始，上外招生政策突变，非全脱产考生受限。初闻此政策，我心下慌乱，惴惴不安，欲致电细问端详，又恐老师事忙不便接听，遂发短信问及此事。不想老师竟致电于我，详述政策初衷，并抚慰我曰："政策未定，不必惊慌，安心复习"。方才心下大定，一心备考。

进入上外之后，每次去老师办公室上课，老师必先沏好茶水，冲好咖啡，静候我等到来。师生围坐，娓娓道来，既有知识传授，亦有趣事入耳。余音绕梁，回旋不绝；谆谆教诲，沁人心脾。

2016年我有一部书稿即将付梓，向老师提及，老师欣然作序，引介拙作，力推后辈。此情此意，使我感念于心；其言其行，亦令清华社赞叹不已。博士论文撰写期间，每每致电老师，必谆谆告诫我身体为要，论文可缓缓为之。寥寥数语，赐我力量，与我温暖。今生得此良师慈父，我心无憾！

　　值此恩师八十寿辰之际，祝愿老师喜享遐龄、福寿安康，生活之树常绿、生命之水长流！

为人师表,大家风范

于涵静

落笔时,思绪一下子回到了 2015 年 9 月。经过不懈的努力,我终于成为戴老师的学生,并且幸运地成为戴老师的关门弟子。入学后,我怀着兴奋和忐忑的心情,盼到了老师的第一次授课。来到老师办公室时,老师已为我们准备好茶水和点心。老师讲课思路清晰,抑扬顿挫,娓娓道来。下课后,老师一直把我们送到电梯口,并且抢先帮我们按了电梯键。我十分惊讶,这位以前只在教材封面上见过名字的学术大家竟是如此平易近人,待人周到! 近距离的接触,让我感受到老师既和蔼可亲,又具大家风范。

博士学习进入第二年,面临大论文选题。之前在老师的二语习得研究课程中了解到语言学界的最新研究成果——复杂动态系统理论。我对此非常感兴趣,想利用该理论作为博士大论文的理论框架。由于该理论在国内外语言学界尚处于起步阶段,学界对该理论的研究尚存在一定的争议。我跟老师探讨这些问题,得到了老师的积极肯定和支持。老师鼓励说,尽管这一理论在语言学界还不为众人所知,但这并不影响该理论未来的发展。博士研究生只有放手大胆地去开展相关的理论研究,才能逐步验证这一理论在语言学领域中的适用性和有效性。国内相关研究虽然相对较少,但是自主创新的余地也大,沿着这条线索做下去,会给国内二语习得研究输入一些新鲜血液。

老师建议我要多多查阅国内外关于该理论的最新研究动态,并鼓励我积极申报国家留学基金委的联培项目,去国外进行更深入的学习,以便更好地完成博士论文。在申请外方学校时,老师认真修改我的研究计划,并将修改意见逐条誊写在纸上，便于我后期进行对照修改。令我印象深刻的一件事是，有一次老师已与我讨论过研究计划的修改方案，第二天中午老师又与我通话，对我说："涵静，我又斟酌了一下，我个人认为有个词汇可以再调整一下，这样更为妥当。"老师严谨治学的风范让我自惭形秽，也时刻提醒我做学问必须要脚踏实地。

在国外联合培养的一年里，每次和老师通越洋电话，老人家都非常耐心细致地解答我所提出的每一个问题，并嘱咐我一定要好好利用这一年联合培养的机会，多多充实自己。其实，那时师母身体欠佳，老师每日需要在家照看师母，非常辛苦。但老人家还不忘提醒我在国外一定要注意个人安全，保重身体。

回国后，我将已完成的博士大论文交与老师审核，老师特意解释道，因为师母的身体状况不是很好，所以他近期没有大块的时间阅读我的论文，可能看论文的时间长一些，让我不要着急。看着眼前这位即将步入耄耋之年的老人这样认真、客气地对我一个年轻后辈如此解释，我不由得眼圈泛红。一周后，我便接到了老师的电话，他已读完了我的论文，约我在办公室详谈。见到老师后，老人家说他每天中午都趁着师母午睡的这段时间集中来阅读我的论文。我的论文整体比较顺畅，有些小问题需要稍作调整。老师已是古稀之年，牺牲自己午休的时间来看我的论文是件多么辛苦的事情！但听到老师对自己的大论文还比较满意，心中也踏实了许多。我的博士论文凝聚了老师的大量心血，从选题到布局谋篇，从成稿之初到付梓印出，都有老师的悉心指导。

回首博士的四年时光，我想用两个词来概括：感恩和充实。感恩能够幸运地成为老师的学生。做戴老师的学生是一件非常幸福的事情，老师对待我们如同对待自己的孩子一般，不仅在学术上为我们指明了方向，鼓励我们潜下心来，多读书，勤思考，在生活上也给予了我们无微不至的关怀。老师体谅我们读博期间收入微薄，总是自掏腰包请我们吃饭，改善我们的生活。同时，在上外的博士学习也是充实的。老师每次上课为我们打印的中外文学术材料，极大地丰富了我们对外语学科学术发展的见识。老师还鼓励并尽全力帮助我们去国外学习，不断提升我们的学术素养和科研能力。老师作为国内外知名学者和资深外语教育专家，其渊博的学识、严谨的治学态度和虚怀若谷的大家风范，深深地影响了我，成为我一生中最难忘的经历、一份非常宝贵的精神财富，让我终生受用。

作为老师的关门弟子，我非常幸运地参与了庆祝戴老师八十华诞纪念文集的编写工作,非常荣幸地对老师进行了采访。在采访过程中,看着眼前这位老人如数家珍地诉说着他与上海外国语大学的点点滴滴,我仿佛也跟随老师回到了那往昔的峥嵘岁月,也切实感受到了他对上海外国语大学那浓厚的热爱之情。

2019 年,中华人民共和国将迎来七十华诞,上海外国语大学将迎来建校七十周年,敬爱的戴老师也将迎来八十岁生日。老师说自从 1958 年考入上海外国语大学英语系,此后的半个多世纪他就一直在上外从事外语教学和研究,培养了近百名优秀的硕、博士生。他领导并亲自参与了上海外国语大学的三次重大改革,见证了上外如何从单一的俄文专科学校,发展成为多语种、跨学科、进入国家“211工程”和“双一流”建设的全国重点大学。他看着校园里一座座教学楼拔地而起,看着各类学科和专业日益发展,也看着上外从幼学之年日益蓬勃发展。

在此,学生真切地祝愿老师寿诞快乐,祝愿老师和师母健康长寿!

序 言 篇

《胡文仲英语教育自选集》序

胡文仲教授作为外语界知名专家和学者,在外语教育改革、外语教学、文学翻译、跨文化交际等方面造诣很深,尤其是在跨文化交际研究方面多有建树。这部集子主要收录了他论述外语学习、教学、研究等方面的数十篇文章,凝聚了他多年来的治学心得,充满了真知灼见,相信对于广大外语学习者、教师、研究者等都有很大教益。

该文集主要包括三部分:英语学习篇、外语教育与教学篇、外语教学与跨文化交际篇。在"学习篇"里,作者从自身治学经验出发,结合相关理论就语法、听说、阅读、语言能力提高等方面进行探索,提出很多切实可用的观点。在"外语教育与教学篇"里,作者一方面就宏观的外语教育规划、教育改革、语言规划、教学科研等阐明了自己的论点,另一方面就具体的英语教学大纲制定、交际教学、教学法等进行了深入探讨。在"外语教学与跨文化交际篇"中,作者从理论与实践两个层面探讨了文化差异、文化与语言、文化教学与研究、文学与文化等专题,并对跨文化研究的趋势、跨文化意识的培养、跨文化交际的实证研究等进行了深入剖析。文集内容丰富,行文流畅,富含深刻的哲理,充满睿智的思想,对广大外语学习者和教研人员了解相关学习方法、文化知识和教育教学理论,吸纳外语教学改革经验,从事外语教学和文化研究等有很大启示意义。

胡教授笃学不倦、注重实践。他一方面博览群书、知识广博,对文学、文化、语言学、翻译等均有涉猎;另一方面结合英语教学,进行文学翻译、教材编写、辞典编撰等学术研究活动,创办了《英语学习》,而且曾担任广播英语教学讲座和电视教学节目主讲,充分体现了自己扎实的专业功底及深厚的人文素养。尤其是 20 世纪 80 年代他与英国教师凯特·弗劳尔(Kate Flower)一起主持的 BBC 英语教学节目《跟我学》(*Follow Me*),可以说是家喻户晓、妇孺皆知,极大地推动了当时的英语教育发展。

胡教授殚精竭虑,一直致力于我国的外语教育改革事业。他在繁忙的教学研究、行政工作之余,曾先后主持了"听说法"试点、英语专业大纲制定、英语专业教材编审、复合型人才培养等工作,取得很大成效。作为中国英语教学研究会会长,他辛勤工作,不懈努力,通过国际学术会议、学术论坛等形式使我国的英语教学研究得以蓬勃发展。尤其是在 2005 年 7 月 23 日,正是他代表中国参加了国际应用语言学会执委会和国际委员会联席会议,成功地争得了 2011 年第 16 届国际应用语言学大会的主办权,为我国外语教育史增添了绚烂的一笔。胡教授为人谦和,富有亲和力。我们曾在教育部高等学校外语专业教学指导委员会共事多年。当时他任指导委员会主任,我是副主任兼英语组的组长,我们经常一起讨论学术问题,拟定发展规划。他那平易近人、谦谦君子的风范给我和其他同事留下了很深的印象。

我与胡教授虽然一南一北,相隔千里,却相交多年,友情甚笃。岁月流转,不觉我们都已两鬓风霜、早生华发了,但老骥伏枥,志在千里,我们对我国外语教育事业的热爱和对外语改革发展的期盼却是常青的。

承文仲兄之约,欣然为他的《自选集》作序。但恐自己笔拙口讷,难以充分体现出他学识的广博与文采的精妙,所以还是请读者们自己开卷览书,细细领略吧。

戴炜栋

2006 年夏于上海

王铭玉《现代外语教学多维研究》序

我与王铭玉教授相识多年。作为一名从军营中走出来的学者,他的身上一直闪现着军人的特质:刻苦、奋进和执着。多年来,在承担行政管理工作的同时,他在自己的专业领域笔耕不辍,先后出版三十余部专著、译著和教材,在语言符号学、普通语言学、功能语言学等方面造诣颇深。他的新著《现代外语教学多维研究》即将由上海外语教育出版社正式出版,约我为此书写一篇序言,我欣然应允。

王铭玉教授此前著有《外语教学论:教研、教法和教艺》(安徽人民出版社,1999 年)和《新编外语教学论》(上海外语教育出版社,2008 年)。这两部著作以"外语教师上岗必读"为主要撰写目的,侧重外语教学的具体操作方法,而《现代外语教学多维研究》则更为深入地探讨了外语教学的本质以及在新的历史时期外语教学的发展和改革方向——在侧重外语教学本体论的同时也在一定程度上兼顾了实践性和方法论。因此,新著可以看作在前两部著作基础上的扩展和升华,它反映了王铭玉教授及其团队在外语教学研究领域的不懈探索和追求,在此向他们表示敬意。

外语教学是一项"系统工程",是理论和实践的结合。理论是根基,搞清楚语言、语言习得和语言教学的本质是什么,才能对教学实践进行科学和正确的指导——而这样的指导需要紧密结合教育学、语言学、心理学和教育技术学等其他学科。当然,外语教学理论并不是"象牙塔"中的科学。它来源于教学实践,又直接应用于教学实践,任何理论和模式都可以在教学实践中得到快速的检验。王铭玉教授立足于外语教学理论研究,但并不是单纯地进行理论探讨。他的这本著作中涉及了许多具体教学方法和案例,在对外语教学理论进行了总体的阐述之后,从文化语言学和认知语言学的角度论述了当代语言学理论对外语教学法的启示，继而从现代教育技术和外语测试的角度论述了现代外语教学操作方法变革，很好地体现了理论与实践在外语教学中的结合。

改革开放以来，我国外语界一方面积极地引进西方的外语教学理论和方法，另一方面不懈地探讨适合中国国情的外语教学方法，取得了令人瞩目的成就。但总体来看，仍有一些不尽如人意之处，主要体现在：外语教学研究还未受到足够重视，缺少前沿性、创新性、系统性的外语教学研究成果，外语教学研究与实践有所脱节，外语教师的外语教学理论素养还有所欠缺，外语教学受考试等功利主义因素影响过大，等等。我们的外语教学研究与西方先进国家相比还有很大差距，最新的教学理论、教学模式往往是"舶来品"。如何批判地接受西方的外语教学观念和理论，探求适合中国人学外语的模式和方法，是每一个外语教育工作者都应该考虑的一个重要问题。尤其是在新的历史时期，我们的外语教学研究和实践都必须与时俱进，才能适应时代的变革和技术的发展。因此，《现代外语教学多维研究》这样有一定深度和广度，同时又结合了语言学、教育技术学等最新成果的外语教学研究新著面世，对于把握当今外语教学的脉搏、促进外语教学现代化具有重要的现实意义。

本书选取的几个视角反映了当代外语教学变革的前沿问题，突出了"现代"这一概念。外语教学的历史源远流长。20世纪以前，教师基本依靠个人经验开展外语教学，对外语教学理论探求甚少。后来随着各种教学法流派的兴起，人们逐渐认识到，外语教学是有"法"可依的。于是各种外语教学法风起云涌，成为外语教学研究的核心。但这些教学法更多是对经验的总结，而且在经过了一系列变革之后，人们发现，任何一种教学法都不是万能的，每一种都有其可取之处，正所谓"教学有法，教无定法，贵在得法"。所以，当代外语教学理论进入了一个多元化的时代。人们认识到，要探讨外语教学问题，必须回归语言的本质，深入研究语言是什么，并分析语言学习者的认知心理行为过程以及个性、母语、文化等因素对外语学习的影响。这一转变，使语言学与现代外语教学有了更深入的结合点。

本书为外语教学提供了崭新的语言学理论视野。之前，语言学理论与外语教学的结合多在宏观层面——人们用语言观来指导外语教学，有什么样的语言观就有什么样的外语教学法。例如，对于"语言是什么"人们曾经提出过各种不同的理论：有的把它看作符号与规则的集合，有的把它看作一种刺激和反应，有的把它看作一种思维形式，也有的把它看作一种社会现象和交际工具——这些不同的语言观体现在不同的外语教学法上，并成为外语教学法的理论指导。但在外语教学的操作层面，语言学的前沿理论并未得到充分的应用。我们认为，随着语言学理论的深入发展和外语教学理念的不断变革，语言学与外语教学的结合点正在向微观方向靠拢。语言学的各种前沿理论完全可以，而且应该服务于外语教学。本书选取了当代语言学的两个分支学科——文化语言学和认知语言学来审视现代外语教学。这样的探讨是大有裨益且前景广阔的。

现代语言学经历了从描写主义到科学主义，最终到人文主义的范式转变。描写主义关注语言结构本身的规律，科学主义关注语言的抽象化、形式化特征，人文主义则揭示语言背后的诸多外在因素（包括文化）对语言的影响。文化语言学认为，语言是一种文化现象，是文化总体的一部分，是一种特殊的文化；语言是文化的载体，反映了民族文化发展的成果；一切文化都离不开语言，语言是民族文化最为核心的部分。外语教学过程中，教会学生语言表达本身是远远不够的，不同社会群体的思维方式和文化习惯将直接影响其对语言的理解，违反交际规则引起的交际失误有时要比语法错误更加严重，会为交际双方的关系带来负面效应。因此，在外语教学中应牢固树立"学习语言就是学习文化"的思想，并在外语学习的不同阶段进行有意识的文化导入。当然，文化导入与纯语言教学的关系如何处理，如何使文化导入与外语教学相得益彰，而不是相互干扰，这又是一个重要问题，值得外语教学研究者和工作者深入思考。

此外，就语言学研究范式的发展而言，大致经历了历史比较语言学、结构主义语言学、生成语言学和认知语言学几个阶段。其中，认知语言学主张认知的体验性，认为语言能力是人们认知能力的一部分，对语言的理解离不开百科知识。从本书中我们可以看到，作者从认知语言学的视角清楚地指出，外语学习不同于母语学习，外语学习者母语的概念化方式和目的语的概念化方式也不尽相同。因此，从学习外语的第一天起，外语学习者就试图在母语概念体系的基础上，有意识或者无意识地将其与目的语的概念体系进行对比，最终习得目的语的概念化方式。而按照一定逻辑关系组织起来的人类百科知识是一切概念化和范畴化的基础，因此基于特定认知理据的概念化过程很好地解释了语言表达形成的过程。尽管认知语言学不可能为外语教学与外语学习提供一劳永逸的方法和捷径,但是,正因为认知语言学关注不同语言的概念化方式,所以它可以帮助外语学习者从语言形式的背后理解这些形式形成的原因和机制,有助于外语学习者形成长时记忆,从而大大提高外语学习的效率。

认知语言学和文化语言学作为语言研究的新范式,近年来受到普遍关注,在此领域的论述不胜枚举。本书将其应用于教学,并避免失于空洞或流于表面,无疑是一次有益和有效的尝试。作者立足于运用前沿理论解决外语教学和外语学习中的实际问题,力图跨越理论与实践之间的"鸿沟",探究一条沟通之路,这种探索不仅必要,也值得学界关注。

现代教育技术是本书对现代外语教学的另一个研究视角。随着现代教育技术的发展,特别是现代信息技术的日新月异,现代外语教学越来越离不开现代化教育技术的支撑。过去我们谈到教育技术在外语教学中的应用,一般就是指多媒体技术,而以这种技术支撑的外语教学又被称作多媒体辅助外语教学。对此,本书从共时和历时发展两个方面进行了系统的总结和回顾,阐释了多媒体辅助外语教学的基本理论、模式和应用原则等。对于因信息技术的飞跃而推动的网络外语教学理论和实践的发展,本书亦进行了重点关注,尤其是详尽阐述了远程学习、协作学习、合作学习、移动学习、虚拟社区等网络外语教学前沿问题。众所周知,现代教育技术在外语教学中的应用,更多是一个实践操作层面的问题,因此本书既有对网络外语教学体系、模式、要素等理论问题的探讨,又结合具体教学方法及教学案例阐述了如何将新理念、新技术应用于教学实践。这样的论述,使我们可以预见未来外语教学中教育技术研究与应用的前景,即更加高效化、智能化、合作化和人性化。

外语测试是本书的最后一个研究视角。毋庸置疑,对于外语教学,尤其是我国的外语教学来说,外语测试非常重要。怎样跟上时代的步伐,兴利除弊,实现外语测试现代化转型,一直是我国外语工作者的追求。本书从测试模式的发展、测试的基本流程、测试的主要类型、测试的信度和效度等方面对外语测试进行了研究,重点探讨了外语测试现代化的内涵,并以全国俄语专业四级统测和全国英语二、三级翻译资格考试为例研究了外语测试的具体实施环节。书中提出的"转变测试观念、完善测试机构、提高试卷质量、引导测试效应、应用现代测量和统计理论、建立外语测试试题库、计算机辅助外语测试"等一系列思想和方法抓住了问题的关键,也具有现实可行性。当然,如何在具体的操作层面去贯彻这些想法,还需要广大外语教师以及各级相关部门的不懈努力。总体而言,我国目前正在进行的各种全国性外语水平考试和资格考试的模式和流程是科学的,发挥的作用是正面的,但也有很多可以改善的地方。本书提出的一些意见可供考试设计部门参考。

总之,本书对于现代外语教学的理论与实践进行了颇有特色的研究,我将它推荐给广大外语教育工作者和外语教学研究工作者,希望大家能够从中受益。

戴炜栋

2014 年岁末于上海

庄智象《外语教育探索》序

屈指算来我和庄智象教授相识 40 多年,他在 20 世纪 70 年代末留校后我和他合作共事也已 30 余载。在庄教授的新作《外语教育探索》付梓之时,他邀我为该书写序,我欣然应允。

庄智象教授是上海外语教育出版社(外教社)社长,又是外语学界知名教授、学者和专家。他任外教社社长后带领全体员工奋发努力和立志拼搏,取得了非凡的成绩。当年一个 6 万元起家的小型出版社已发展成为我国最大、最具权威、国际知名的外语教材、教参、读物、学术著作、工具书的出版基地之一。外教社已成为我国大学出版社的佼佼者,实现了社会效益和经济效益双丰收。许多外语教师通过外教社这个平台出版了自己编纂的教材和撰写的学术专著,成为外语教学名师和外语教育领域的知名教授。这样,我们的外语教育事业就能继往开来,后继有人。庄教授和他的外教社团队为我国外语教育事业的改革和发展做出了卓越贡献,功不可没。在此我向他们表示敬意。作为一名优秀的企业家,庄教授多次得到嘉奖,入选"首批全国新闻出版行业领军人物",并被评为"第二届中国出版政府奖优秀出版人物"。外教社也荣膺"先进高校出版社"称号。

作为外语学科一位知名教授和学者,庄智象教授 30 多年来在繁忙的教学和出版业务工作之余依然笔耕不辍,出版《我国翻译专业建设:问题与对策》(获中国大学出版社图书奖首届优秀学术著作一等奖)等 10 余部专著,在全国学术刊物上发表语言研究、语言教学研究、教材编写、翻译、编辑出版等方面的论文 70 余篇,其中不乏获奖作品,如《二十一世纪卖的就是品牌——出版社品牌建设若干思考》荣获第三届中华优秀出版物论文奖。此外,他还先后主持或参与完成多项重大科研项目,并获得嘉奖。《外语教育探索》从他众多的作品中精选了43篇有代表性的论文,时间跨度达30余年,并按内容分为"教材建设""人才培养与课程设计""理论与实践"和"他山之石"四个篇章。

我仔细阅读了这本文集,感触良多,主要归纳为以下几个方面:

一、文集内容丰富,涵盖了外语教育的诸多领域

作者不仅从宏观和微观层面分析和总结了改革开放30余年来外语教育的得失,而且以创新的思路提出如何解决外语教育领域出现的许多新问题。这些都可从文集所收录的《我国外语教育发展的若干问题思考》《翻译教学及其研究的现状与改革》《试论国际化创新型外语人才培养的教材体系建设》等论文中得到佐证。此外,对构成外语教学的诸多因素——教师发展、教材建设、课程设置、教学方法、教学手段和教学反馈等——文集作了精辟的论述,读后颇有启发。庄教授与学界同行们一起分享了自己对这些热门话题的所思所行、所感所悟,使广大读者了解我国外语教育的改革动向和发展趋势。

二、在新形势下,提出新思路,化解外语教育发展过程中的诸多困惑

经过30多年的改革和发展,我国外语教育在取得巨大成绩的背后也存在着诸多矛盾和困惑。在许多入选文集的文章中庄教授建议采取有效的措施和政策,妥善处理好外语专业教学中存在的一些矛盾、困难和问题,尤其要处理好规模与需求、数量与质量、标准与特色、教学与科研、回归与发展等诸方面的关系。他提出应该扬长避短,努力创造具有中国特色的外语专业教育办学模式、理论和实践,使高校外语专业教育继续按照学科发展的要求健康、稳定、可持续地发展。这些真知灼见振聋发聩,为解决外语教育事业发展中出现的问题提供了有益的思路。

三、前瞻规划,力促外语教学与时俱进

庄智象教授博闻强记,他随时关注我国外语教学改革和发展的动向,跟上时代的脉搏。《我国多媒体外语教学的现状与展望》《抓好网络教学试点,促进大学英语教学发展》等文章记录了他和同事们开展多媒体教学和网络教学的过程,并聚焦这些新的教学技术手段在外语教学中的运用,总结已取得的宝贵经验。文集

还收录了发表于新世纪初的《试论大学英语教材立体化建设的理论与实践》等论文。顺应教育部改革大学英语教学的新思路,该论文从理论和实践两个方面提出大学英语教材的编写新理念。此后,外教社所出版的《大学英语》系列教材几经修订,20多年来已被逾千所高校先后使用,在外语学界影响巨大,成为外教社的经典产品。

2006年教育部根据形势发展要求,批准了复旦大学等四所高校开设本科翻译专业,在外语界引发热议。庄教授与时俱进,不失时机地撰写了《我国翻译专业定位与任务》一文,不仅厘清了翻译专业与外语专业的关系,还就翻译专业的学科定位、翻译专业人才培养目标和翻译专业教学价值取向等问题提出了自己的见解,为翻译专业学科建设和健康发展提出了有益的建议,获得学界好评。

四、以外语教学理论指导课堂教学实践,启迪师生

文集的"理论与实践"部分精选了庄教授撰写或编译的有关外语教学理论和课堂教学实践的文章,其中最早的论文发表于1982年。文集收录这部分内容的最大亮点,是用现代外语教学理论来指导课堂实践。在《论交际语言教学》《文化与阅读理解》《论外语教学与相关学科的关系》《论外语教学的三个层次》等文章中,庄教授用深入浅出的语言,言简意赅地介绍了外语教学的一些最新理论。他在另外一些论文中则通过实例指导教师如何运用这些理论提高自己的教学水平,教好自己的学生。相信广大外语/英语教师能从《英语作文的词语选择》《英语作文遣词造句原则探讨》《作文疑难问题:分析与矫治》《一种改进教师提问的体系》等论文中得到启发,把握正确的教学方法,提高教学效果。

多年来我见证了庄智象教授在外语教育领域的不懈探索和追求,阅读了他在不同时期的学术专著和论文,感触虽颇多,但很难浓缩在一篇短序中。我想无论是外语学习者、外语教师还是外语教育研究者,都能从这本文集中获得教益,分享他在外语教育方面的睿智之见。我期待庄教授不断有力作问世,使广大外语学界同仁从中获益。

戴炜栋

2015年2月于上海外国语大学

杨连瑞《中介语语言学多维研究》序

第二语言习得既是当今全球化时代人们司空见惯的一项语言学习和实践活动，又是一种极其复杂的人文现象和交叉科学。第二语言习得研究主要探索人们在掌握母语后获得第二语言的过程和规律。作为一门独立的学科，国际上这项研究兴起于20世纪60年代末或70年代初，其标志为塞林格(Selinker)于1972年提出的中介语理论，迄今已有四十多年的历史。目前二语习得研究的学科领域不断拓宽，新理论和学说不断更新，研究方法和手段日益科学化，新的研究成果不断涌现，显示出了这门新兴学科强大的生命力和广阔的发展前景。而在我国，二语习得研究起步较晚，主要是从20世纪80年代初才开始引起人们的注意，当时的研究以引进、介绍或评述西方学者的二语习得研究成果为主。经过三十多年的发展，我国的中介语研究虽然取得了不少的成果，特别是以中国英语学习者在习得英语时表现出的特征和规律为研究对象的实证研究，但也存在一些问题，如经验式研究比较多，理论研究比较少，缺乏应有的理论高度；举例式研究比较多，定量统计分析少；归纳式研究多，实验研究少；语法、词汇等语言要素层面研究多，语篇、文化语用层面研究少，这是我国学者未来在规划和推动该学科发展时需要高度重视的。（戴炜栋 2005）

中国海洋大学杨连瑞教授主持完成的国家社科基金课题立足于国内国外中介语研究的基础，以中国学生学习英语的语言、认知、心理、教育过程的多维研究为理论背景，以学习者的中介语为本体，探索中国英语学习者的中介语发展基本规律。而且他从学科建设的高度出发，高屋建瓴地提出构建中介语语言学的构想，把语言对比研究、文化对比研究、二语习得和教学理论研究有机地结合起来，试图建立一种外语学习者普适的、动态的中介语语言体系。该课题旨在认识中国学生外语学习的客观规律，有助于我们树立正确的外语教学指导思想，并进而解决我国外语教育教学中普遍存在的诸多问题，因而具有重大理论意义和应用价值。根据全国社科规划办公室发布的《国家社科基金年度项目 2012 年 4 月成果鉴定等级公告》，连瑞教授主持的国家社科基金项目最终成果《中介语语言学的多维研究与学科建构》的鉴定等级为"优秀"。这一鉴定结果说明了该课题组顺利完成了课题申报时的学术目标，彰显了他们深厚扎实的科研实力以及丰硕研究成果的良好影响。

全书共有 32 章，各章之间既相互独立，又彼此联系，内容十分丰富。多数章节基于课题组发表在学术期刊上的学术论文，均具有很强的学术研究的基础性、理论性和探索性。该书是我国二语习得研究领域不可多得的一本学术专著，值得向广大的二语习得研究者和外语教师推荐。

全书大体从中介语语音研究、中介语词汇研究、中介语句法研究、中介语语用研究和中介语语言学学科思考等五个方面对中介语的本体和中介语语言学的构建进行了探索和研究，下面分而简介之。

一、中介语语音研究。该书围绕中介语的语音系统，对石化现象的内外因素进行了深入分析，并着重从学习者的生理、心理、认知、文化和教育等诸多方面进行了研究。就关键期的作用而言，儿童大脑两侧的功能分工完成以后，语言功能被定位在左脑，语言发展开始受到一定的制约，语音的习得就变得非常困难。从语言输入的角度看，如果可理解性输入的接受和记忆受到限制，学习者只能借助母语和自己的中介语处理语言，长此以往也会导致石化。社会和心理距离受多种因素的影响，如学习环境的优劣、语言冲击、文化冲击、学习动机以及自我界线等。如果社会和心理距离较大的话，学习者就难以将这些输入转化为摄入。这样，学习者的中介语便得不到有效的发展，也容易出现石化。学习者所使用的交际策略往往也是导致简化语的原因。交际策略虽然能使学习者比较顺利地完成交际任务，但经常使用简化语则会使中介语失去可变性和多样性。因此，学习者便无法创造性地使用目的语，其语言能力就会出现停滞趋势。另外，二语学习者在学习过程中不断受到来自外界的反馈信息，不同性质的反馈在二语规则的内化过程中起着不同的作用。肯定的情感反馈和否定的认知反馈在鼓励学习者继续尝试语言交际的同时,对其语言输出能够进行必要的修正。而那些首先获得肯定的情感反馈,然后得到肯定的认知反馈的错误结构往往容易形成石化。

该书难能可贵的是,在论证语音系统石化因素的同时,也对防止和减少石化的发生提出了建议和对策。外语教学能否取得突破性进展,在一定程度上取决于人们对石化现象的认识程度。石化研究取得的成果有助于揭示第二语言发展的内在规律,可以为教材编写和教法设计提供理论依据。同时,对语言石化的深入探讨有助于教师把握学习者语言的特点,更加有针对性地帮助学生克服石化的消极影响,最大限度地促进其目的语的熟练程度。

二、中介语词汇研究。在中介语的词汇层面,该书阐述了中介语词汇概念迁移的认知范畴化过程,并对导致第二语言词汇损耗的社会心理因素进行了研究。该书基于范畴化理论,归纳出汉英词汇概念差异的类型,分别从家族的相似性、认知模式、文化模式三方面分析论述汉英词汇概念对应的相对性、对语境的依赖性以及文化取向性,并运用所得到的结论阐释外语环境下的词汇概念迁移。作者认为,在中介语发展过程中,由于受到已经建立的一整套母语概念体系的影响,当学习者大脑中的中介语系统中缺乏能够表达类似概念的地道词语时,学习者只能根据当前的目的语词汇信息,激活母语中的概念型式,在母语概念结构的基础上建立目的语概念系统。因此,外语教学应促进、建立和深化中介语形式-意义的联结,使目的语形式与母语概念逐渐脱离,形成相对独立的目的语概念系统。

该书还从社会、心理、语言三者的互动视角,论述了导致第二语言词汇损耗的复杂因素,并提出了加强和完善我国第二语言损耗研究的建设性意见。语言损耗过程往往是语言习得的逆向过程和伴随产物,而词汇损耗过程是最为研究者关注的问题之一。从社会心理的视角看,影响词汇损耗的因素主要包括:年龄、性别、动机和态度、认同和民族自尊、语言接触等。尽管长期以来损耗一直被视为一种消极现象,但从积极的意义上来讲,语言损耗研究为中介语研究开辟了新的途径。研究语言损耗现象,有助于发现克服损耗的途径,从而更加有针对性地提高外语教学的效率。

三、中介语句法研究。该书描述了中国英语学习者句法特征和句法能力的发展路径。它分析了中介语定语从句产出的变异因素,采用多因素研究模式研究了多种因素对中国英语专业学生习得和使用定语从句的影响,具体包括从句类型、关系代词在从句中的句法功能以及时间压力等。结果表明,受试者在定语从句产出过程中表现出了明显的系统变异,关系代词的句法功能和时间压力这两个因素对该变异的产生有极大的影响,从句类型则对受试者定语从句产出过程中的系统变异无显著影响。

作者还针对中国学生口笔语中从句的使用情况进行了调查,发现限定性的名词从句、状语从句、关系从句在口、笔汉英中介语中的分布具有相对明显的语体特征。两种语体中三种从句的使用总数比例相似,由高到低依次为名词从句、状语从句、关系从句,但在从属连词的多样性以及名词从句的功能、关系从句连词的功能、状语从句相对其主句的位置方面不同。这样的分布模式与语体及语言句型原类型结构的影响、二语习得发展过程及环境、学习者在线思维组织能力等有一定的相关性。

作者还从语言加工程序的视角研究了学习者句法能力的制约因素,其理论框架是近年来备受关注的可加工性理论。根据这一理论,在中介语发展的任何阶段,学习者只能产出并听懂语言加工机制在当前状态所能处理的语言形式。本课题对从属句语序习得的研究结果支持可加工性理论的这一预测。结果显示,初级组在习得英语从属句的语序参数时,没有体现明显的母语迁移影响,说明即使两种语言在某一语法特征方面存在类型相似性,处于语言加工程序较高等级的语法特征未必会向中介语发生迁移。

四、中介语语用研究。作者首先分析了中介语语用学研究中的语料收集及其原则,在此基础上对中介语的语用迁移和语篇层面的话题结构进行了研究,并从认知语用学的视角研究了中国学生在交际活动中的话语特征。

在这一部分研究中,作者着重分析了语用迁移的影响因素,包括内部的结构性因素和外部的非结构性因素。内部结构性因素包括母语与目的语在语言语法规则、社会语用模式上的异同点。非结构性因素包括学习者外在因素(学习环境及在目的语社区居留时间)和内在因素(对目的语社区的态度、对两种语言距离的感知、二语语言水平以及学习态度等)。这些影响因素相互交叉,共同对语用迁移的发生起作用。同时,作者还对中介语语篇层面的话题结构进行了研究,发现在第二语言习得过程中,学习者对前置话题的可接受程度与语篇的信息状态密切相关,说明话题结构的习得不仅是一个涉及句法规则的内化过程,而且也是一个涉及语用因素的过程。另外,作者还基于认知语用学理论,研究了中介语的言语交际行为,讨论了认知语境、程序制约、最佳关联对中介语语用习得的影响。

五、中介语语言学学科思考。作者鲜明地提出,对中介语本体进行多维研究的目的,在于探索构建中介语语言学这一新兴交叉学科的理论基础。这些问题涉及中介语语言学的学科属性,也与中介语不同层面的规则系统有关。作者从语言、心理、认知和教育等多学科交叉的视角出发,以中国英语学习者的中介语为本体,探讨了中介语语言学学科构建中的诸多理论问题。中介语体系具有其特有的语音、词汇、语法和语用规则,中介语语言学作为一门分支学科的建立有利于进一步探索第二语言习得的内在规律,体现了学科交叉和融合的研究优势。在本书中,作者对中介语语言学的理论基础、研究范围、研究方法等都进行了系统研究,提出了构建中介语语言学的理论框架,实为难能可贵。

当然,该书也有一定的欠缺和不足。例如,在中介语本体研究中,中介语语音和中介语词汇的研究与中介语句法、中介语语用等方面的研究相比,显得不足。在进行了大量中介语的本体研究基础上,该研究做了卓有成效的理论构建和思考,在学科建构上也做了很好的探索,但在理论上仍需要不断完善,在结合中国实际建立二语习得和教学理论方面,还需探索并形成自成一体的理论体系。

然而,瑕不掩瑜,本书的研究成果和作者提出的学科构建思想一定会对深化我国的二语习得研究产生重要影响,对我国外语教学的改革起到积极的促进作用,因为本书的研究和思考是从我国这一特定环境下外语教育现实和需要出发的。

戴炜栋

2015 年 8 月

参考文献

戴炜栋.2008.关于二语习得研究学科建设的几个问题[J].山东外语教学(6):3-5.

戴炜栋,周大军.2005.中国的二语习得研究:回顾、现状和前瞻[J].外国语(6):62-70.

杨连瑞.2015.中介语语言学多维研究[M].外语教学与研究出版社,2015.

Selinker L. 1972. Interlanguage[J]. International review of applied linguistics in language teaching (10):3.

(本文得到国家语言文字工作委员会重点项目"国际化视域下的外语学科发展战略研究"[ZDI125-44]课题资助,刊发于《山东外语教学》2017 年第 1 期)

郭继荣《大学生英语自主学习评价研究》序

    自主学习是当今教育领域研究的一个热点问题。我国《大学英语课程教学要求》指出：大学英语的教学目标是培养学生的英语综合应用能力，特别是听说能力，使他们在今后学习、工作和社会交往中能用英语有效地进行交际，同时增强其自主学习能力，提高综合文化素养，以适应我国社会发展和国际交流的需要。围绕该要求，我国大学英语教学模式改革的目标之一是促进学生个性化学习方法的形成和自主学习能力的发展。

    在充分研究和分析了国内外有关自主学习的概念和理论的基础上，郭继荣同志的博士论文重点考虑东西方文化的差异、教育体制的差异以及中国学生学习英语的特点，建立我国大学生自主性英语学习的理论分析框架，具体包括：① 结合我国大学生英语学习的特点，对我国大学生自主性英语学习的概念体系进行界定，包括自主性英语学习、自主性英语学习影响因素、自主性英语学习效果等概念的界定；② 运用系统的观点构造大学生自主性英语学习的分析框架，构造大学生自主性英语学习的概念模型；③ 运用分类、比较的方法对影响自主性英语学习的各种因素及运作机理进行系统分析和梳理。

    其次，在以上理论分析的基础上，郭继荣博士构建我国大学生自主性英语学习的评价指标体系，建立自主性英语学习的评估模型，具体包括：① 在对大学生自主性英语学习效果界定的基础上，借鉴统计学的有关理论，提出构建大学生自主性英语学习评价指标体系的原则、思路及方法；② 针对我国大学生自主性英语学习的现状，采用文献研究、专家访谈和案例分析的方法构建大学生自主性英语学习评价指标体系，运用模糊分析、主成分分析、因素分析、情景分析相结合的方法识别影响大学生自主性学习的核心要素;③ 从学校教学管理、教师教学需要两方面出发,建立大学生自主性英语学习的评估计量模型。最后,进行实证分析,运用建立的评价指标体系和模型,对所在学校及地区的大学生自主性英语学习状况进行实证研究,找出存在的问题及原因,并提出相对应的对策和建议。

本研究的实现便于教师准确分析和了解自主性学习所需要的环境条件和学生、教师的能力条件,进而优化对学生自主性能力培养方案的设计和具体措施的实施。本研究的理论意义在于,它把统计分析技术和自主性学习理论结合起来,为统计分析技术在自主性学习研究中的应用打下了基础,拓展了自主性学习的分析思路和方法。它的应用价值在于建立大学生自主性英语学习评价指标体系,便于教师对自主性学习的环境和条件进行识别和诊断,从而提高自主性学习能力培养的针对性。该研究具有一定的交叉性,选题比较新颖,研究思路明确,研究方法得当,具有一定的理论意义和较为突出的现实意义,能够体现该学科的研究方向与趋势。

虽然是英语语言文学博士,但是郭继荣博士在数学方面的知识给我留下了深刻印象。他能够熟练运用统计分析方法,建立数学模型,进行模糊运算,增添了语言学问题研究的科学性与趣味性。

《大学生英语自主学习评价研究》一书即将付梓出版,希望该研究能为相关领域的研究做出些许贡献。

戴炜栋

2013 年 9 月于上海

戴运财《二语习得中的个体差异：
外语学能与工作记忆》序

　　戴运财给我比较深的印象主要有两点。一是二语习得的著作与论文看得比较多，知识面很宽，二语习得的理论基础扎实。在读博期间，他阅读了大量的国内外文献资料，奠定了坚实的理论基础，掌握了科学的研究方法。长期以来，他通过坚持浏览与分析国内外核心期刊上发表的文章，对整个学科的研究内容与方法有着很好的宏观把握和清晰的认识，因而能紧跟国际二语习得研究的前沿与发展趋势。二是有很强的创新意识，创新能力强。在与我讨论论文写作的过程中，我发现他始终坚持以"创新是科学研究的灵魂，学术论文一定要有创意"这一思想为指导。此外，他对学术问题非常敏感，有着敏锐的学术分析和判断能力。在纷繁复杂的问题表象下，他善于找出问题的内在规律，然后提出新的观点或假设，并且还能比较准确地采取不同的方法去验证和发展这些假设。

　　戴运财所具有的扎实的二语习得基础、强烈的创新意识和优秀的创新品质在他的博士论文中得到很好的体现。在博士论文的选题与撰写过程中，他反复与我商讨，坚持高标准要求，并牢牢抓住三个基本原则：① 选题要有意义，所选的研究内容必须是学术界关注的热点问题，且要有较高的理论价值与应用价值；② 在研究方法上，要坚持理论研究与实证研究相结合，并以实证研究为主，目的是为了能比较准确地反映本学科的基本特征与属性；③ 研究必须有一定的深度，要以小见大，把所选问题研究透彻，避免泛泛而谈。为满足这些要求，在论文的选题、研究设计、分析讨论等的每一步，他都与我以及其他几位学术同行进行了多次论证，并几易其稿。

　　二语习得是以语言学、心理学、教育学等为基础的一门跨学科的研究领域。二语习得的过程是一个复杂的动态系统，二语的发展受制于作为主体的人、语言、环境这三个系统以及它们之间的动态交互；换言之，学习者、语言与环境系统之间的交互作用决定了二语习得的发展速度与最终水平。戴运财的博士论文有机地联结了制约二语习得的这三个方面的主要因素，它以学习者个体认知差异中的外语学能和工作记忆（作为主体的人的因素）为立足点，并扩展到句法复杂性（语言因素）和教学方式（环境因素）。

　　学习者的个体差异是影响二语习得效果的最重要的内容之一，Ellis（2008：720）认为："任何对二语习得的解释若没有充分考虑学习者个体差异因素的作用都是不完整的。"而作为个体差异中的一个主要变量，外语学能在大量的调查研究中被发现与二语习得结果的相关程度超出其他任何变量，因此成为对二语学习结果最有预测力的影响因素之一。更重要的是，20世纪90年代中期以来，随着二语习得心理研究的深入与认知科学的发展，外语学能研究通过工作记忆的作用，被尝试与二语习得的另一重要领域——习得过程联系起来，因此对其研究的价值得到重新评估，这方面的研究由此也在世界范围内得到越来越多的关注。

　　本书是对学习者的个体认知差异（重点是外语学能与工作记忆）与二语习得的关系所进行的系列研究成果的展示。在全面梳理前人研究的基础上，作者首先找出了拟需进一步研究的问题，然后通过三个互为关联的实证研究来寻找问题的答案。纵观全书，它全面、系统地调查与论证了外语学能、工作记忆及其他相关因素在中国语境下对二语习得的整体水平与句法规则习得的影响。具体说来，该研究具有以下几个特点：

　　1. 研究内容具有高度的系统性。它以个体差异中的外语学能为起点，延伸至学习策略、性别、工作记忆、教学方式、任务难度等。被调查研究的变量涉及二语习得中的认知因素、教学因素、语言学因素等，且有机地联系了二语习得的两个重要领域：学习者个体差异与学习过程。此外，被调查的依存变量既包含整体的二语水平的发展，还包含对句法规则的习得。因此，该研究对学习者的认知能力的调查不仅全面而且具有系统性。

　　2. 研究设计比较合理、科学。该系列研究采用了横向比较研究和后续跟踪研究相结合的方法，调查对象包含四个不同水平层次的五组受试者，统计方法涉及相关分析、回归分析和方差分析等。因此,研究结论更具科学性和说服力。

3. 论证比较严密,理论分析透彻。在对调查结果进行分析讨论时,该研究还综合运用了认知心理、语言学与语言教育等领域的理论来进行阐释,充分体现了二语习得跨学科的特点。同时本研究还验证了相关的语言学假设,提升了学习者个体差异在语言习得研究中的作用,促进了相关理论的建设。

4. 理论联系实际,具有一定的应用价值。本研究既联系中国语境下外语学习的实际,提出要以汉语的语言特征为基础,制订新的外语学能测量工具,又联系外语教学的实际,提倡要客观对待学习者类型的多样性,并根据学习者类型进行因材施教,最大限度地发挥不同学习者的优势。

当然,同其他任何二语习得研究一样,本研究成果也并非完美无瑕。对于该研究中的不足,作者在本书的结尾部分作了比较客观的分析,这些分析为后续的进一步研究指明了方向。瑕不掩瑜,从内容来看,本书论点明确,论据充分,论证严密,具有一定的深度和创新性;从篇章写作的角度来看,全书结构严谨,前后衔接自然,首尾呼应,学术语言比较规范。因此,该书不失为二语习得研究的众多论文中的一个优秀范例。是为序。

戴炜栋

2011 年 4 月

参考文献

Ellis, R. 2008. The study of second language[M]. 2nd ed. Oxford: Oxford University Press.

赵硕《博洛尼亚进程的欧美大学英语教师教育研究》序

　　赵硕副教授在他的新作《博洛尼亚进程的欧美大学英语教师教育研究》即将付梓之际,邀我为该书写序。我和赵老师有师生之谊,又见他近年来力作不断,就很高兴为他的新作写几句话。

　　经济全球化加速了教育国际化的进程。在世纪之交的 1999 年,29 个欧洲国家的教育部长在意大利的博洛尼亚大学签署了《博洛尼亚宣言》,成立了欧洲高等教育区,开启了欧洲高等教育国际化的进程。博洛尼亚进程开局良好,其后十年共有 46 个国家加入了这个行动计划,连大洋彼岸的美国对这项改革也给予极大的关注。

　　为了适应教育国际化需要,欧洲不少国家的高校逐步把教学语言改为英语。因此,在博洛尼亚进程中研究如何提高教师的英语授课水平和教学质量,是至关重要的。

　　赵硕老师的新作研究了博洛尼亚进程的欧美大学英语教师教育理论与现状,详细阐述了该进程对欧美大学英语教育的影响与变革,案例分析既有欧美公立大学英语教育模式,也有私立大学英语教育模式,同时还阐述了欧美大学英语教师专业发展理论的现状。我通读全稿后,感触良多。该书有不少创新亮点,可归纳为以下三个方面:

　　一、在理论层面,这项研究从历时与共时两个维度梳理有关博洛尼亚进程的欧美大学英语教师教育体系,从欧美大学英语教师专业发展理论、合作教学、反思性教学、行动研究、教师信念、语料库教学、学术生态发展与学科创新能力等多角度来探讨欧美大学博洛尼亚进程 15 年来英语教师教育发展的一般趋势,同时与我国公办与民办大学进行比较教育研究。

二、在实践层面,这本专著创新性地创建了英语教师教育发展的学习型组织,这是该研究在理论研究的基础上提出的旨在提高英语教师教育专业水平的实践性成果。这本专著详细分析了博洛尼亚进程的欧美大学语料库教学发展的新动态,案例分析选取了英国、美国、德国、瑞典、西班牙、芬兰等国的语料库教学模式,同时它创新性地研究了欧美大学英语教师教育的生态发展理论,提出了大学英语教师教育的生态优化问题。

三、在应用层面,该专著在分析和研究博洛尼亚进程的欧美大学英语教师教育理论与现状基础上,详细提出了如何用新的教师教育发展理念和措施改善我国公办与民办大学英语教师教育的途径,借鉴欧美国家大学英语教师教育模式解读了我国高校英语教师教育发展的两种倾向——"工具性专业发展"和"主体性专业发展"的现象,提出了我国大学英语教师教育的行动研究策略。

《博洛尼亚进程的欧美大学英语教师教育研究》的付印又一次见证了赵硕副教授在外语教育领域的不懈探索和追求。我期待他不断有力作问世,使广大外语学界同仁能从中获益。

戴炜栋

2016 年 3 月于上海外国语大学

赵永青《基于语料库的
英语多人冲突性话语研究》序

　　历经近半个世纪的发展,话语分析已在语言学研究中确立其相对独立的学科地位,成为横跨语言学、社会学及认知科学的交叉研究领域。Schiffrin *et al.*(2001)认为,话语分析研究大致可分为三类:① 语言使用特征研究;② 超越句子层面的语言结构特征研究;③ 与语言和/或交际相关的社会行为和意识假设研究。这三类研究中,只有前两类以探讨语篇和话语的语言学特征为目的。第一类研究重在探讨具体语言形式在语篇中的分布及变异特征,属于典型的基于语料库的语言使用特征分析。第二类研究旨在揭示语篇的内部组织方式,即超越句子层面的话语结构特征。该类研究采用传统的话语分析方法,对特定语域内的有限文本(通常低于 5 个文本)进行较为深入的定性分析。不难看出,两类研究各存缺陷。尽管语料库方法宣称以自然、连续话语/语篇而非单独句子或词汇为研究基础(Hunston, Francis 1999:185; Granger 2002:4),但现有研究多集中于词汇和语法现象的定量描写,通常忽视了更高层面的话语结构特征研究,真正以大规模语料库为基础的话语特征,即超越句子层面的话语分析却非常有限(Gray, Biber 2011:145; Lee 2008:86)。而以定性分析为主的话语分析方法,虽然聚焦语篇的宏观组织模式,但研究范围仅限于具体某一语类,且通常基于有限文本,缺乏能够针对大规模文本进行实证分析的研究工具,其后果是,不能通过量化分析的方法揭示某一具体语类语篇结构的普遍特征。如何有效地融合两类研究方法,使其各自发挥优势,实现语篇结构研究的科学化成为语料库语言学和话语分析研究者亟待探讨的问题。

　　赵永青的博士论文在这一方面进行了很好的尝试。该研究以英语多人冲突性话语为对象,在充分考虑话语结构和语言使用特征形成的影响因素的基础上构建了冲突性话语分析的社会语用学研究框架。它借助作者自建定制语料库以及自主开发的语料分析工具,通过对大规模语料的实证分析,探讨了冲突性话语的语篇结构特征和语言使用型式。研究不仅证实了学界有关冲突性话语结构的理论假设,而且做出了大量尚未知晓的发现,如毗邻对基本序列不适用于描述多人冲突性话语结构;与两人冲突性话语不同,多人冲突性话语更多情况下以非连续基本序列出现;冲突性话语语言特征分布和话语结构的语步之间形成形式与功能的对应关系,反映了语言运作中子系统之间的协同共现关系。

赵永青的研究不仅对冲突性话语较为复杂的话语结构特征以及深层的语言运作机制进行了开拓性探讨,更为重要的是,它在基于语料库的话语分析研究方法方面取得了突破性进展。该研究所采用的面向话语分析定制语料库建设、冲突性话语结构标注方案的制定、话语语步的半自动标注、话语结构的自动识别等方法有效地弥补了以往语料库研究和话语分析的不足,既实现了基于大规模语料库的超句子层面语篇结构描写,又使多文本话语结构特征量化分析成为可能,为今后同类研究提供了可借鉴的范式。

基于语料库的话语分析是一个新兴的交叉研究领域,在进一步完善研究方法、深化研究内容方面还有大量工作亟需完成。相信在本研究成果的基础上,赵永青会锲而不舍、不断前进,在不久的将来有更为显著的成果呈现给大家。

戴炜栋

2014 年 2 月于上海

参考文献

Granger S. 2002. A bird's-eye view of learner corpus research [J]. Computer learner corpora, second language acquisition and foreign language teaching (6): 3 – 33.

Gray B, Biber D. 2011. Corpus approaches to the study of discourse [J]. Continuum companion to discourse analysis (3): 138 – 154.

Hunston S, Francis G. 1999. Pattern grammar: a corpus-driven approach to the lexical grammar of English [M]: vol. 4. Amsterdam, Netherlands: John Benjamins Publishing: 185.

Lee D. 2008. Corpora and discourse analysis: new ways of doing old things [M].// Bhatia V K, Flowerdew J, Jones R. Advances in discourses studies. London: Routledge: 86 – 99.

Schiffrin D, Tannen D, Hamilton H E. 2001. The handbook of discourse analysis [C]. Oxford: Blackwell.

张雪梅、周大军
《第二语言习得研究的新探索》序

改革开放以来,我国的外语教学蓬勃发展,呈现出可喜可贺的局面,这顺应了时代发展的需要。近 20 年来,外语专业办学规模不断大幅度地扩大,再加上广泛的公共外语教学面,高等院校面对的是一个庞大的外语学习的学生群体。而以我国加入世贸组织,成功申办 2008 年奥林匹克运动会和 2010 年世界博览会等重大事件为标志,中国在不断走向世界。在此过程中,对外语人才的需求量更大,要求更高。这些都昭示着外语教学在高等教育中的重要地位,同时也呼吁科学的、有效的外语教学。

为了确保我国外语教学的有效性,我们不仅需要拥有大量合格的、业务水平高的外语教师,而且也需要一支过硬的学科研究队伍,在吸收国内外相关学科的发展的同时,能够依据我国教学实践进行科学研究,认真审视具体存在的问题,探讨我国外语教学的特色和优劣,形成具有我国特色的外语教学理论和实践体系,进一步促进和推动我国外语教学事业的发展。

第二语言习得研究是一个跨学科的研究领域,它有助于提高人们对语言本质、对人的认知能力和认知过程以及大脑功能的认识,对促进第二语言/外语教学研究发挥着启发和指导的作用。在中国这个具有众多二语/外语学习人口的大国开展此项研究具有重要的现实意义。中国的学者们为研究创建符合中国二语/外语学习者学习实际的语言学习理论与实践体系做出了不懈的探索,这里面有许多前辈学者付出的心血和不可磨灭的贡献。然而,长江后浪推前浪,我们需要新鲜的血液和力量,我们需要新的声音。《第二语言习得研究的新探索》这本论文集正是基于这一出发点,通过向国内具有二语习得研究方向博士学位点的外语类院校和综合院校征集二语习得方面的论文编辑而成。论文的作者包括在读博士生、博士和博士后研究人员,他们是朝气蓬勃、年富力强的中青年学者,也是二语习得研究的新生力量。所收集的论文均是没发表过的最新研究成果,这些论文选题不同,有的是对我国近年来二语习得研究热点的综述和评介,有的是对我国英语学习者的中介语语言进行研究,有的是对词汇习得和学习者个人差异的研究,有的是依据语言习得理论对语言教学进行的探讨。这些文章既有研究综述和理论评介,又有实证研究,采用问卷调查和语料库语料等手段。尽管研究类型不同,但都是以我国英语学习者为研究对象,从不同的侧面探讨我国英语学习者英语学习和习得的特征及发展过程。

中国的第二语言习得研究自起步至今的 20 多年间,发表了上千篇论文,出版了一批理论专著和论文集,多项国家级科研课题获得立项,召开了相关的全国性学术研讨会,取得了丰硕成果。但是像《第二语言习得研究的新探索》这样以中青年作者为主的研究文集尚属首部。我们在此希望以后能够出现更多类似的文集,开展更多以二语习得为研究方向的博士生学术研讨活动,积极为青年学者们搭建更多的学术平台,为推动二语习得研究的发展做出积极的贡献。以上是一点个人的想法,在此与各位分享,是以为序。

戴炜栋

2005 年 11 月于上海外国语大学

刘春燕《语言输出与外语学习》序

刘春燕博士的专著《语言输出与外语学习》即将付梓,我作为她的博士生导师深感自豪和宽慰,欣然为之作序。

记得四年前,我曾为她的《英语教学新概念》一书写过序。那时,我们的主要任务还在于把西方的外语教学和二语习得研究的新理论、新方法、新成果介绍到中国,目的在于引进、吸收和消化西方的二语习得理论和方法,并为我国英语教学和二语习得研究的理论与实践范型的变革作必要的酝酿和铺垫。如今,虽然引进和学习他人的研究成果依旧很重要,但更为重要的是在学术的碰撞、交流和交融过程中,本着为国情服务的学术担当,以一种平和与包容、继承与创新、理论与实际相联系的精神,去积极探索和建构有自身特色的外语教学理论和模式,而不是停留在引进和吸收浩瀚的外语文献上。当我看到这本在博士论文的基础上改编的专著时,就深刻感受到我国年轻一代的学者在这方面难能可贵的探索精神。

该书在全面评述二语习得研究领域中语言输出研究成果的基础上,以写作任务为研究单位,以中高级英语学习者为研究对象,采用系统多样的实证研究方法,通过对输出任务与输入任务的对比研究,探讨了输出任务在习得生词和提高整体言语行为方面的作用,分析了输出过程的内在心理语言学机制及其对提高学习者认知技能的作用。

综观全文,书中有多项重要的发现。其一,依据信息加工的认知心理学框架研究输出的作用,创造性地建构了二语习得中输出作用的概念模型。该模型的特点是把输出置于整个信息加工系统中,考察输出与其他认知系统的关系和相互作用,以及输出对工作记忆和长时记忆的中介语知识的影响,从而扩展了输出假设,并将输出假设融入认知框架。其二,通过实验研究,系统考察了语言输出的结果和过程的各个方面,深入揭示了输出在习得新的语言项目中的作用,输出在提高学习者语言的流利度、准确度和复杂度方面的作用,输出通过"重构"改变工作记忆和长时记忆的知识结构等,认为输出并非是对已有知识的简单再现,而是对新知识和已有知识的深加工的重构过程。其三,在研究发现的基础上提出了基于任务的输出干预型教学,对改进我国英语教学实践中重视输入理解型的教学方法提供了一个可操作的建议。

依我看来,该书的出版将有助于进一步推进从认知的角度全面研究外语学习过程,使外语学习的研究走向深入。

戴炜栋

2008 年仲夏于上海外国语大学

王雪梅《英语专业研究生学术能力的认知情感阐释与多维发展研究》序

改革开放 30 年来,我国高等教育事业得到蓬勃发展。就研究生教育而言,已经初步建立了门类齐全、类型多样、结构基本合理的学位和研究生培养体系,在培养规模、培养质量等方面显著提升。目前我国在学研究生总数已超过 100 万,授予的博士、硕士学位总数也超过了 100 万。研究生已经成为我国经济、文化、教育等各领域建设的重要力量。就外语专业而言,外国语言文学的硕士、博士学位授予点大幅增加。目前全国英语语言文学硕士点已达到 200 多个,外国语言文学的博士点(包括外国语言学及应用语言学)40 余个,这些学位授予点已经成为高素质外语人才培养的重要渠道。

在以知识经济为特征的 21 世纪,综合国力的竞争实际上也是人才的竞争,是人才创新精神和创新能力的较量。《面向 21 世纪教育振兴行动计划》的重要内容之一就是瞄准国家创新体系的目标,培养一批高水平的创新人才。为了进一步提高我国研究生教育质量,教育部于 2005 年启动了"研究生教育创新计划",大力倡导教育改革,同时积极开展研究生教育质量评估活动,切实提升人才的综合素质。就外语专业研究生教育而言,培养规模不断扩大,培养形式日趋多样化,培养方向和课程体系逐步完善,取得了很大成就。但不容忽视的是在研究生学术能力培养方面仍然存在一定不足,相关课程设置、教材建设、大纲设计、教学模式等方面的探讨需要进一步深入,以造就高层次的外语人才。

研究生学术能力的提升涉及诸多因素。从导师角度而言,我认为应该拓宽思路,倡导个性化培养。在研究生指导过程中,我从来不在研究课题、研究方向等方面束缚他们，因为我希望他们以自己的学术旨趣为中心，融会贯通相关学科知识，切实做到兼容并蓄、博采众长。在我看来，博士生的研究工作有别于硕士生，硕士生主要夯实专业知识和理论基础，可以在综述的基础上适当创新，而博士生必须要多读书、勤思考，在掌握大量资料的基础上形成独到见解，其研究成果应有较大的理论意义和实践价值。其实，在评审硕、博士论文时，创新程度、论文观点、研究方法、文字表达能力等方面都是评价体系中的有效指标。而要想撰写一篇优秀的学位论文，就必须广泛阅读、深入思考，对所选课题具有浓厚的学术兴趣。多年来，我不仅要求学生潜心向学、勇于探索，而且自己也身体力行，及时了解最新语言学与应用语言学研究信息，掌握学术动态。

　　基于以上出发点，当我的学生王雪梅副教授就英语专业研究生学术能力发展撰写开题报告时，我一方面对她的选择表示支持，另一方面希望她能够针对实际情况做些调研，切实提高论文的实践意义。如今阅读这部文稿，我们可以看出她在研读大量著作、报刊、文件并认真分析文献的基础上，不仅厘定了学术、学术能力、学术感、学术能力连续体等概念，而且对国内数所高校研究生导师、研究生、教学管理人员等进行细致的问卷调查或访谈，从认知情感角度阐述了影响英语专业研究生学术能力发展的内部因素，并从课程设置、教材、评估、导师、学术环境等外部因素进一步剖析了学术能力的多维发展。就整体而言，该文稿无论是研究内容、研究方法还是研究结论，都有一定创新之处，得到了当时博士论文答辩委员会委员们的一致好评，并入选上海外语教育出版社"英语博学文库"，其中一些相关成果在国内重要学术期刊上发表。作为导师，我为她所获得的成绩感到欣慰，更希望她在学术之路上持之以恒、勇于前行，取得更大进步。

　　客观而言，随着高校创新教育理念的推行，各学科相互作用、互为补充，已然呈现出学术一体化的融合趋势，跨学科、创新型研究也成为一种战略导向。这一点从上海外语教育出版社所推出的"英语博学文库"等系列学术精品中可见一斑。多年来，外教社一直推崇学术创新，扶植优秀外语人才。相信在其不懈努力下，将会涌现出更多优秀外语学者和学术著作。让我们翘首以待。

戴炜栋

2009 年元月于上海

任庆梅《大学英语有效课堂环境研究》序

改革开放 40 年来,在高等教育国际化的发展趋势下,外语教育研究得以不断深化。面对新时代的战略需求,应冷静而客观地正视中国外语教育的现状。长期以来,我国外语学科的学术研究多强调与国际前沿的对接,注重国外成果的引用介绍,在我看来,为了将研究本土化(go local),首先要进行扎实有效的调研,明确外语学习与教学的实际困难和问题,然后才能借鉴国际前沿的研究理论或者方法,立足实践,尝试解决现实问题。

正是本着这一宗旨,我的博士生任庆梅教授在对我国大学英语课堂环境现状进行积极调研的基础上,密切结合教学实践,系统地借鉴和汲取外语教育的前沿理论和方法,以富有逻辑的体系和简洁流畅的语言,经过五年多的勤奋努力,终于完成了该书,为探究适合我国国情的外语教育理论和实践体系做出了积极而有益的尝试。

归结起来,该书的基本思想有三个主要特色:一是建立了具有我国本土特色的大学英语有效课堂环境构建及评价的理论框架,制定出具体的标准以及详细的指标,具有一定的普遍性与指导性,为后续建立相应的量具奠定理论基础;二是建立了具有我国本土特色的《大学英语有效课堂环境问卷》《大学英语课堂有效教学信念学生问卷》《大学英语课堂有效教学信念教师问卷》,问卷中的量表均采用大样本进行效度和信度检测,使之在实际运用层面具有实用性与操作性;三是采用大学英语有效课堂环境构建及评价量表,开展大样本实证调研,建立结构模型,考察维度之间以及维度与要素之间的关系,检验已经形成的大学英语有效课堂环境构建及评价的理论框架,描述与阐释目前我国大学英语有效课堂环境构建及评价的现状,诊断存在的问题,并且提出相应的对策。

该书的研究方法创新也非常明显:一是文献分析与实地调研交叉进行,建立适合我国国情的大学英语有效课堂环境理论框架和促进师生协同发展的大学英语课堂有效教学理论模式;二是文献借鉴、专家咨询、量化数据检验多维支持,形成我国大学英语有效课堂环境量表;三是量化研究与质化研究相互补充,概括我国大学英语有效课堂环境构建的现状、特点并诊断存在的问题。

我历来主张中国高校外语学科必须在把握学科发展规律、掌握前沿理论与方法的基础上,提高对学科发展的理解和驾驭能力,寻找促进中国高校外语教学改革的突破口,力求建立具有中国特色的外语教学体系和方法论。其中,我尤其强调应合理借鉴国外语言教学的最新理念和先进模式,不懈探索,建立具有中国特色的外语教学研究与实践体系。

从该书的研究思想特色与研究方法创新两个方面可以看出,任庆梅教授作为外语教学一线教师与外语教学研究者,正在努力践行上述探究模式。

任庆梅教授 2004 年考入上海外国语大学攻读博士学位。她读博三年期间,我见证了她悉心求学的历程。她 2007 年获得博士学位。我们师生曾先后在《外语界》《外语电化教学》等学术期刊合作发表多篇文章,在国际学术研讨会合作宣读论文,合作出版专著《外语教学与教师专业发展:理论与实践》(上海外语教育出版社,2006 年)。而且,她参与了我主导的《外语教学名篇选读》(上、下)(上海外语教育出版社,2010 年)编写团队,共同探求外语教学革新的新路径。

我之前曾经为任庆梅教授独立撰述的两部学术专著写过序言,分别是《构建外语环境下的中介语发展认知心理模式》(高等教育出版社,2009 年)、《外语环境下的词汇习得》(中国石油大学出版社,2006 年)。目前,本书作为她的一部新作即将出版,为了表达我作为导师对学生的嘉许与鼓励,特此作序。我期待任庆梅教授会不断推出力作,让广大学界的教师和学生分享她的研究成果,并以此为中国的外语教学和研究贡献她的智慧和力量。

戴炜栋

2019 年 3 月于上海外国语大学

张素敏《输入加工教学法
在语法学习中的效应研究》序

输入加工教学法（processing instruction）是一基于输入的二语语法教学模式，首次由 VanPatten 提出，旨在从认知心理角度优化二语学习者内部的输入加工策略，形成语法形式与意义在其工作记忆中的正确共线联结。它既是对只重形式、不重意义的传统"呈现-操练-输出"（PPP：present-practice-produce）语法教学的一种否定，又是对 Krashen 的只认意义、不认语言形式的极端性的一种纠偏，引起了国内外研究者的兴趣。

国外关于输入加工教学法的研究比较丰富，但大多数研究显示了输入加工教学法在母语为拉丁系语言的大学生在二语语法习得中的优势，缺乏足够的数据来显示其同样作用于母语不属于拉丁系语言的外语学习者，而以中国学生为受试的研究更是缺乏，这说明输入加工教学法是否切合中国外语学习环境下的不同层次的学生，尚需基于中国受试的数据检验。国内输入加工教学法研究近几年呈缓慢上升的态势，但尚未形成一定的规模。相关期刊论文及硕博论文中，虽有极少数的研究者探讨了输入加工教学法在语法教学中的效应，但也只是针对某一个层次的受试对某一个语法项目的学习，没有针对不同层次的受试和不同语法项目对输入加工教学法效应进行深入系统的考察与阐释。素敏的这本专著结合我国外语教学实际，采用基于语篇的输出题和判断题，综合探讨了输入加工教学法在我国中学生不同英语语法形式与意义匹配中的作用，是一个有益的尝试。

此专著是素敏主持的"教育部人文社会科学青年基金项目"（编号 11YJC740144）和"河北省社会科学基金项目"（编号 HB11WY007）的部分研究成果，也是她"河北师范大学博士基金项目"（编号 S2012B08）的部分研究成果。此书给我的整体感觉是理论阐释透彻、数据翔实、方法恰当。书中对 VanPatten 提出的输入加工教学法相关理论和实证研究进行了详细介绍和剖析，并分别以我国外语学习环境下的初中生和高中生为被试，进行了两个互为关联的实证研究，综合探讨了输入加工教学法的初始效应、二次迁移效应及累积迁移效应。作者主要采用实验观察法，通过四种不同的教学干预手段来系统观察与测量输入加工教学法在我国不同层次外语教学环境下的效应，同时还采用问卷调查法，通过调查受试的语法项目学习背景来力求做到客观地筛选受试和分析输入加工教学法效应中的个体差异因素，做到了理论和实际、实证和学理相结合，在研究角度、语法项目、受试及测试材料上都有一定的创新。这不仅在一定程度上发展了输入加工教学法理论，丰富了二语习得语法教学理论，还弥补了国内输入加工教学法研究中存在的不足，并有助于形成切合中国外语学习者的语法教学理论与研究方法。

外语教学中是否教授语法及如何教授语法？这一直是二语习得领域所关注的一个焦点。素敏在国内外二语习得理论研究成果的基础上，针对我国英语语法教学现状，开展调查研究，探讨了切合我国外语教学环境下的有效英语语法教学。她这种不断探索、勇于实践的劲头让我感到欣慰。作为素敏博士阶段的导师，我目睹了她的勤奋和严谨，衷心希望她在目前的基础上，进一步朝这个方向努力，在学术研究和教学实践中取得更大进步！

戴炜栋

2013 年 3 月于上海外国语大学

瞿莉莉《元认知策略与二语阅读》序

　　元认知策略是学习策略的一种,学习者运用元认知策略对学习活动进行计划、监控、调节和评估。在第二语言习得研究中,元认知策略与外语学习动机、学习者自主性、学习效果有着紧密关系,因此是研究学习者个体差异的不可或缺的部分。近年来,元认知策略开始吸引二语研究者的注意,相关论文及专著逐渐增多,但研究视角和研究方法还存在一定的局限性。现有研究主要以探讨元认知策略与外语学习的关系或外语学习中元认知策略培训为主,针对具体语言技能,尤其是阅读中的元认知策略的研究并不多见。我的学生瞿莉莉博士的《元认知策略与二语阅读:一项基于中国英语专业学生的实证研究》是不可多得的研究二语阅读中元认知策略的著作。

　　该书以英语专业学生为研究对象,探讨元认知策略与其英语阅读之间的关系。在英语专业学生所进行的语言技能学习和训练中,阅读是非常重要的一项。学生需要进行广泛而有效的阅读,才能确保充足的语言输入,而语言输入是习得语言的基本环节。即使是英语专业学生,课堂阅读时间也相对有限,因此需要学生在课外进行大量阅读。课外阅读依靠学生自主完成,但学生如果缺乏自主阅读能力,则难以达到理想的阅读效果。因此,探讨元认知策略对阅读理解能力和自主阅读的作用,对如何改善英语学习者的阅读现状能够带来有益的启示。

　　该研究对二语阅读中的元认知策略做了较全面的论述,实证研究内容翔实,研究方法恰当,同时在研究角度、理论应用和研究方法上均有一定的创新性。其一,选取微观和宏观的角度探究元认知策略在二语阅读理解和自主阅读学习中的作用,这在以往研究中比较少见。其二,作者在充分梳理元认知策略相关理论的基础上,构建了阅读元认知策略调查问卷以及自主阅读能力研究模式,是理论应用的创新性尝试。其三,灵活运用社会科学分析软件对实证研究数据进行量化和质化分析,这对目前以定量研究为主流的外语教学研究具有启示作用。

值得关注的是,该研究为二语阅读教学提供了新思路、新方法。从内容来看,将元认知策略融入二语阅读教学是培养熟练、独立的阅读者的有效途径,因此,如果教师向学生教授元认知策略,学生计划、监控及评价自己的二语阅读,将可能取得更好的课内外阅读学习效果,从而提高学生的英语阅读能力乃至综合语言水平。从方法来看,对于学习者进行元认知策略培训遵循策略习得的一般基本规律,需经过陈述阶段、实践阶段和自动化阶段,才能被学习者所掌握。因此,在教学实践中,教师在陈述阶段应直接而明确地讲解元认知策略知识,学生在实践阶段需进行大量的实践训练,才能使策略知识转化为学习者运用自如的技能。

瞿莉莉博士从事英语专业教学工作近十年,对英语专业师生的教与学有深切体会和细致观察。她选择二语阅读与元认知策略的研究视角是经过深思熟虑的,与我也反复讨论过选题及研究方法。她非常关注如何帮助学生提高英语阅读能力及效果,并通过研究肯定了元认知策略在这一过程中能起到的作用。尽管作者指出,该研究在普适性等方面还存在 定的问题,但相信她能够在此研究基础上,进一步努力探索,以完善理论框架、改进实证研究,为该领域的研究贡献更多的成果。

戴炜栋

2015 年 10 月于上海

边立志《外语环境下的语用教学探索》序

  在边立志副教授的新作付梓之际，他邀请我为该书作序。我与立志有师生之谊，故欣然同意。

  今年恰逢中华人民共和国成立七十周年，回首我国外语教育所走过的历程，一方面取得了一系列的巨大成就，如外语教育形式日渐多样化、外语师资队伍结构日趋合理化、外语学术研究交流日益国际化、外语人才培养模式渐趋多元化等，但另一方面，我国外语专业教育也存在着比较突出的问题，如：整体布局尚不够科学，地区差异较大；教师总体理论研究水平不高，缺乏国际标志性成果；人才培养目标定位不够清晰，学生知识结构/专业能力尚需规范提升；等等。

  那么，如何理解和应对以上这些问题，并进一步完善我国的外语人才培养体系呢？首先我们就得正视问题的存在，其次是分析问题的根源，然后研究解决问题的方案。为了提高基础理论研究水平，各高校在支持教师提高个人学历层次的同时，还应该鼓励他们将外语教学实践者与外语教育研究者的角色合二为一，积极引导教师开展以教学实际问题为基础的原创性研究。无论何种学术研究，均要考虑本土化和国际化的融合，即研究要解决本土问题，应用于本土实践，且在条件成熟的情况下，实现国际表达。

  在这样的背景下，积极借鉴国外的最新理论研究成果，结合中国国内的外语教学现状，开展以解决教学实际问题为目标的实证研究，并在掌握大量资料的基础上能形成独到的见解，这对于我国的外语教育发展是很有意义的工作。边立志老师的新作《外语环境下的语用教学探索：基于中国大学生英语言语行为习得的实验研究》在这方面作了一个很有益的尝试。我怀着极大的兴趣阅读了他的书稿,这是边立志老师在他的博士论文的基础上结合近几年国内外在中介语语用学领域的最新研究成果而完成的。我对该书稿的感觉是,不仅理论研究比较全面系统,而且实验研究也比较科学严谨,研究结果对我国的外语教学改革有一定的启示作用。

根据该书稿的阐述,在过去的半个多世纪里,二语习得和应用语言学领域已发生了翻天覆地的变化,尤其是自20世纪80年代以来,中介语语用学对二语学习者语用能力发展的作用日益受到外语教学和研究者的关注,国际学术界有关中介语语用学的研究也越来越多。然而到目前为止,有关外语环境下中介语语用能力发展的研究还比较少,有关中国学生外语语用学习情况的研究更少,因此我国学术界急需加强这一领域的研究。有鉴于此,外语环境下的中介语语用学研究的任务就是探索外语学习者语用能力的发展规律以及影响他们语用学习效果的因素,尤其是研究如何在课堂教学环境下促进外语学习者语用能力的发展。该研究着眼于中介语语用学的发展研究,探索中国外语学习者的英语语用学习的过程,尤其是在课堂环境下的学习效果,主要集中在二语语用教学方面的四个问题,即语用教学的必要性、可行性,教学内容的选择以及不同教学方法的效果。

近年来我见证了边立志老师潜心求学的历程,也目睹了他专心治学的态度。他能够认真读书,踏实研究,而且不满足于已有的成绩,不断地积极进取。正因为这一点,我相信他将来一定会做出更好的成绩,取得更大的成就。我衷心期待立志的新作不断问世,让学界同仁分享他的最新研究成果,为我国的外语教学和研究做出更大更多的贡献。

戴炜栋

2019 年春于上海

秦丽莉《二语习得社会文化理论概论》序

秦丽莉副教授在她的新作《二语习得社会文化理论概论》付梓之时，邀我为该书写序。我和秦老师有师生之谊，又看到她近年来力作不断，感到由衷高兴，就欣然应允。

在书中，作者指出社会文化理论（sociocultural theory，SCT）是基于俄罗斯著名心理学家 Lev Semyonovich Vygotsky 的研究。但 Vygotsky 本人并没有使用过"社会文化"（sociocultural）这一术语，而是惯用"文化心理学"（cultural psychology）和"文化历史心理学"（cultural-historical psychology）来指代其提出的理论。SCT 这一术语是 Wertsch 教授于 1985 年首先提出的，用来表达人类的思维功能是通过参与（participation in）社会互动和借用（appropriation of）融入社会活动中的某种文化调节形式（forms of cultural mediation）而得到发展的理论观点。因此 SCT 既不是关于social 的理论，也不是关于 cultural 的理论，而是关于心理学的理论（a theory of mind）。SCT 对知识与学习之间的关系进行了全新的解读，认为所有的学习都是从社会（social）开始，然后才是个体（individual）。因此，从本质上讲，SCT 是从社会个体的本体论角度出发的研究。然而值得注意的是，SCT 注重社会维度并不意味着它脱离心理过程展开研究，而是关于人类心理、社会文化背景以及转变人类认知或者思维功能的文化产物（artefact）三个方面的研究。SCT 与其他二语习得（second language acquisition，SLA）理论在核心理念上的不同之处在于，SCT 研究的是第二语言学习者在何种条件下（if）和如何（how）发展使用新的语言，调节他们的思维和交际活动的能力。

书中还提到了，美国宾夕法尼亚大学应用语言学院的 James Lantolf 教授和他的科研团队是将 SCT 融入 SLA 研究的先锋。在 Lantolf 教授看来,SCT 与其他 SLA 理论不同的是,它将调节(通过他人或自身)置于发展和使用的核心(the core of development and use)。早期的 SCT 研究主要集中在其核心理论,如最近发展区理论(zone of proximal development, ZPD)、调节理论(mediation)和私语理论(private speech),而进入 21 世纪,SCT 的研究转向了第二语言教学研究。但在中国的 SLA 领域,有关 SCT 指导外语教学的学术专著非常少见。而从 20 世纪 80 年代以后,国内外各类语言学和应用语言学的会议和论坛,都把"社会文化理论和第二语言教学"(SCT & L2 Pedagogy)作为重点议题,其中不乏 AAAL(American Association for Applied Linguistics)、ISCAR(International Society of Cultural-Historical Activity Research)等国际上颇有影响力的学术团体。Lantolf 教授也与 Poehner 于 2014 年创建了以 SCT 研究为主的学术期刊 *Sociocultural Theory and the Teaching of Second Languages*,而 SCT 研究相关的博士论文和学术专著成果也日渐丰富,这些都促使该方向的研究近年来有了突飞猛进的发展。因此,在国际上影响举足轻重的中国 SLA 学者团队也逐渐开始对 SCT 研究产生了浓厚的兴趣,如文秋芳教授和韩宝成教授等。秦丽莉老师能够大胆尝试,在对 SCT 进行深入研究的同时将其融入中国大学英语教学中,展开实证研究,是一件值得鼓励的事情,我对此也鼎力支持。

在书中作者首先从中国大学英语教学,尤其是口语教学方面所存在的现有问题出发,比如《大学英语课程教学要求》(2007)要求与各地大学英语教学实践过程中存在的现实问题的"脱轨"现象等,以"问题为导向",引出 SCT 与语言教学的关系,说明 SCT 对解决现有问题的理论指导作用。接下来作者对 SCT 的哲学根源、历史发展沿革、核心思想进行了深入的剖析和解读,并对 SCT 的不同分支理论及相关理论进行了相对比较全面的说明和阐述,让读者对 SCT 的理论框架有了初步的了解。之后,书中又对 SCT 当前的研究现状、发展方向和研究方法进行了概述,还构建了"四维一体"的新型 SCT 实证研究框架,并进一步使用实证研究案例对 SCT 研究的具体实践操作程序和方法进行了详细的说明,为读者展示了相对比较翔实的 SCT 指导的第二语言教学研究的具体研究过程。

该书以中国大学英语教学为背景,对 SCT 与 L2 Pedagogy 这一研究主题进行了从"实践-理论-实践"整体化(holistic)和生态化(ecological)的研究,这不仅是 Lantolf 和 Poehner 于 2014 年撰写的 *Sociocultural Theory and the Pedagogical*

Imperative in L2 Education 一书所提出的核心思想,同时也是 Vygotsky 提出的实践论(praxis)的主导理念所在。

多年来我见证了秦丽莉副教授在外语教育和学术领域的不懈探索和追求,我想,无论是外语学者和外语工作者,还是外语教师和外语教育研究者,都可以从秦老师一系列的学术专著和论文中获益。我期待她不断有新作问世。希望这本书的出版能够对目前从事和希望从事 SCT 研究的广大教师和博士生提供一定的参考。

戴炜栋

2016 年 2 月于上海

李绍鹏《动态系统理论视角下的二语写作发展研究》序

欣闻学生绍鹏的博士论文《动态系统理论视角下的二语写作发展研究》即将由上海外语教育出版社出版，作为他的博士论文指导教师我非常高兴，故乐于为他的著作出版作序。

绍鹏在读博士前就已经在外语类核心期刊上发表学术论文，读博期间更是勤于阅读、善于思考，研究成果相继在《外国语》、《语言教学与研究》、*Studies in Second Language Learning and Teaching* 等核心期刊发表，还获得国家留基委"联合培养博士研究生"项目的资助赴英国剑桥大学理论与应用语言学系学习了一年。他充分利用这次学习机会积累了大量宝贵的研究资料，学习了先进的研究方法，接触到了国际前沿相关研究成果并扩大了研究视野，为完成他的博士论文奠定了坚实的基础。

绍鹏的博士论文是关于二语写作发展的研究。作为一种重要的语言输出形式，写作一直以来都是二语习得研究的热点问题；对于大部分二语学习者来说写作是个难点问题，大部分学习者都认为"写"比"听"和"读"要难得多。同时，写作也一直是二语教学过程中较为棘手的一个环节。然而学界目前关于写作的研究，无论是母语写作还是二语写作，大都侧重于写作中的认知因素分析，而缺乏对写作发展过程的动态描述。另一方面，已有二语写作研究大都聚焦于某一语言层面比如词汇或句法，而缺乏对更高语言层面比如语篇发展特征的探讨，尤其是不同语言层面之间的交互作用研究更少。因此，在教学环境下对二语学习者个体写作过程的动态描述和分析可以帮助我们了解其写作发展的真实路径和特征，进而建立更为有效的写作教学模式,以帮助学习者提高二语写作水平。从这方面来看,该论文选题有关二语写作发展的研究,具有重要的现实意义。

自 1997 年国际著名学者 Larsen-Freeman 将动态系统理论(dynamic system theory)引入二语习得领域以来,该理论受到学界广泛关注,尤其近年来,国内外出现大量基于该理论的二语发展研究,研究范式、方法不断完善。该视角既不认为语言习得是单纯的认知心理过程,也不同意将其完全归于社会文化过程,而是多重资源(包括认知资源、心理资源、社会文化资源等)在多层次、多维度不断互动的动态过程。这一提法试图打破学界长期存在的认知与社会环境之间的壁垒,并高屋建瓴地调和两者矛盾。该视角的研究为二语习得领域理论与方法的重要突破与创新。

动态系统理论观点的二语发展研究对二语教学具有重大意义。动态系统理论认为,二语发展是开放的动态系统,会自动对外部输入进行反应,从而肯定课堂教学对二语发展的积极作用。动态系统理论中"对初始条件的敏感性"特征表明,一门语言起初的熟练程度对语言发展速度及整个语言系统的发展都至关重要,所以教学中应重视学习者语言学习的早期阶段,从而"避免非目的语类型早期的根深蒂固"。同时我们应以一种全面的方式看待语言研究,在设计教学计划和评价工具时应充分考虑语言子系统间的相互关系,母语干扰等二语运用错误不应被简单视为学习不充分;应在教学中充分利用二语系统中多因素的动态交互和系统的发展变化规律,重视环境、学习者、语言三组要素的交互作用,认识到二语学习过程是基于使用和基于项目的交互协同反复构建过程,从而灵活配置各种资源,运用组间变量以及组内变量的补偿策略促进各因素和资源的最佳互动,进而提高教学效果。

绍鹏的博士学位论文将动态系统理论应用于二语写作发展研究,抓住了本学科的前沿理论并掌握了相应的研究方法。该研究从动态系统理论的视角出发,采用历时个案研究设计,利用变异分析和数据动态呈现方法,从词汇、句法和语篇等三个语言层面考察个体学习者二语写作的独特发展路径和动态发展的非线性特征以及不同语言层面之间的交互关系。研究结论表明:个体学习者之间和个体学习者内部均表现出较大差异,个体学习者在各个语言层面上的发展轨迹表明了二语写作发展的非线性特征;学习者二语写作发展过程中语篇能力明显滞后于词汇和句法的发展,语篇连贯性,尤其整体连贯,是写作发展中的一大难点;学习者词汇能力和语篇局部连贯同时增长,表现为关联增长点(connected growers);句法能力和语篇整体连贯同时增长,表现为关联增长点。该研究结论对二语写作研究与教学有重要的理论与现实意义。

一篇较好的博士论文要达到以下几个标准:一是选题为本学科前沿,有理论意义或现实意义;二是在理论或方法上有创新,达到同类学科较高水平,具有较好的社会效益或应用前景;三是能体现出论文作者在本门学科上掌握坚实宽广的基础理论和系统深入的专门知识;四是材料翔实,推理严密,文字表达准确。这篇博士学位论文整体框架合理、概念准确、思路清晰、层次分明、数据可靠、逻辑性强。同时,全文论证严谨、叙述流畅、语句通顺,学术观点言之有理、持之有据,所以我认为该论文符合以上几条标准。由于论文质量过关,准备充分,他在最后的学位论文答辩会上表现也很好,面对专家的提问能一一作答,顺利过关,并得到答辩委员会各位专家的一致好评,最终答辩成绩为"优秀"。

博士阶段的学习是一个艰苦的过程,要勤于阅读、反思与写作,要能坐得住"冷板凳",绍鹏在这方面做得不错。他在读博期间还获得了"研究生国家奖学金"、学校的"优秀学生"等一些荣誉。他学习期间也经常将完成的学术论文初稿拿给我看,向我征求意见和建议,我在指导他论文写作过程中也受到不少启发,有所获益。绍鹏从硕士到博士一直都在进行二语习得方向的学习和研究,在理论和实践方面都打下了比较好的基础,我相信他在以后的学术道路上会不断努力,为我国的二语习得研究作出贡献。

戴炜栋

2016 年 12 月于上海外国语大学

周文岭《英语习语实用教程》序

文岭在他的新作《英语习语实用教程》即将付梓之际，邀我为该书作序。我和文岭有师生之谊，又见他近年来成果不断，深感欣慰，就很高兴为他的新作写几句话。

改革开放以来，随着国家对英语教育的逐步重视，我国的英语教学取得了可喜的成绩。进入 21 世纪以后，英语教学从偏重语法逐步转向听、说、读、写并重，学习者的听说能力取得了显著提升。但是，通过教学观察我们也发现了一些突出的问题。比如，学习者发现他们所讲的英语与以英语为母语者所讲的英语无论从形式还是内容上都存在明显区别，交际失败的情形时有发生。抛开词汇量不足及语法、语用的失当不谈，外语学习者与母语习得者所讲英语的突出区别还表现在对习语的使用方面。

在以英语为外语的学习环境下，英语教学多采用基于技能（skill-based）的方法，重在培养学习者的听、说、读、写各项技能，词汇输入多以单词和词组为主，而对习语这种特殊形式的多词语块（multi-word chunks）重视不足，课堂习语教学尤为欠缺。

英语习语是指具有特定形式的固定短语或词组，但它又区别于普通意义上的短语或词组，其意思往往不能从各组成部分的字面意义推导得出，形式上具有语言整体性、结构凝固性和不可替代性等特点，语义上则具有隐晦性、比喻性和文化性等特点。

习语在英语人士的日常使用中占有非常重要的地位。曾有统计显示，以英语为母语者在其一生之中总计用到大约 2 000 万个习语。如果以 60 年来计，这意味着平均每人每年用到约 333 333 个习语,每天约 913 个习语。如果这组数据属实,那么习语在人们日常交流中的比重和作用就不言而喻了。

第二语言习得领域内众多研究者都曾指出习语学习对语言学习的益处。首先,习语可以增进学习者语言的丰富性和生动性;其次,习语能够促进语言表述的流利性,帮助学习者获得类似母语者的语言能力;再次,使用习语有助于培养和开发学习者的比喻能力,而比喻能力则是交际能力的重要一环。概而言之,习语在说话者的语言产出及受话者的语言理解两方面均发挥重要作用,因此继语言能力(linguistic competence)和交际能力(communicative competence)之后,近年来第二语言习得研究领域又有研究者提出了习语能力(idiomatic competence)的概念。

所谓习语能力,简言之即指学习者能够在众多社会文化情境下恰当且准确地理解和使用习语的能力。在 Celce-Murcia 的改良版交际能力模型里,习语能力也被认为是交际能力的一个重要组成部分,对目的语习语的掌握是成功习得该语言的一个重要标志。

当前一些重要的国际性英语考试已经对受试者的习语能力提出了明确的要求。比如雅思口语考试评分标准中,7—9 分的档次对词汇的使用提出了如下要求:

- Band 9:uses idiomatic language naturally and accurately.
- Band 8:uses less common and idiomatic vocabulary skillfully, with occasional inaccuracies.
- Band 7:uses some less common and idiomatic vocabulary, with some inappropriate choices.

《欧洲语言共同参考框架》(*Common European Framework of Reference for Languages*)中对听力技能的评价标准也包含"can understand a wide range of idiomatic expressions and colloquialisms"的要求。

由此可见,即使对于以英语为外语的学习者而言,习语能力的要求也已经提上日程。然而文献资料显示,亚洲国家的英语学习者普遍存在习语能力低下的情况。这和教学双方有意或无意回避习语的倾向存在较大关系。一则习语对于外语学习者来说确显复杂,二则不少学习者认为用平实的英语即可解释思想或意义,不使用习语照样可以实现交际目的。正是基于以上原因,习语教学在亚洲国家的外语教学领域始终未能引起足够的重视,我国也不例外。这从当前我国英语教材种类繁多而专门的习语类教材却凤毛麟角的情形即可看出端倪。

目前国内现有的一些习语类书籍多以课外辅导读物为主,不适合作为课内教材使用。为了改变这种现状,本教材的作者将积累多年的习语语料按照教材的体例汇编成书。每单元选取一部当代欧美经典影片的对白片段,从中择取生动鲜活的习语,结合语境解释其意义和用法,并适时提供典故介绍或文化解读。教材在注重习语输入的同时,也精心设计了形式多样的练习,兼顾词汇巩固及口语训练,使学生能够做到即学即用,输入与输出并行。

我们认为,随着学习者教育水平及语言水平的提高,必须鼓励学习者接受显性的和系统性的习语学习,唯有如此,他们的习语能力才能得到有效提高。《英语习语实用教程》是国内习语类教材的一次大胆尝试,必将对我国的英语习语教学产生积极的推动作用。

《英语习语实用教程》的付印见证了作者在英语教育领域不懈的探索和追求。我期待他不断有力作问世,让英语学界的广大师生能够从中获益。

戴炜栋

2016 年 6 月于上海外国语大学

于涵静《复杂动态系统理论视阈下二语口语行为发展研究》序

欣闻涵静的新作《复杂动态系统理论视阈下二语口语行为发展研究》即将出版,涵静是我的关门弟子,我很高兴为她的著作作序。涵静笃实好学,其研究成果相继在国际顶级期刊 *Applied Linguistics* 和国内核心期刊《外语界》《外语与外语教学》上发表。此外,她读博期间获得国家留学基金委建设高水平大学"联合培养博士研究生"项目的资助,赴荷兰格罗宁根大学英语与文化学院学习一年。格罗宁根大学是复杂动态系统理论研究之都,涵静充分利用这次学习机会学习了先进的理论知识和研究方法,接触到了复杂动态系统理论国际前沿相关研究动态,扩大了研究视野,不仅在国际顶级期刊 *Applied Linguistics* 发表学术论文,也为她博士论文的撰写奠定了坚实的基础。

作为应用语言学界的最新研究理论,复杂动态系统理论(complex dynamic system theory, CDST)起源于数学研究领域。Larsen-Freeman(1997)首次提出将该理论运用到应用语言学以及第二语言习得领域的可行性。随着论文集 *A Dynamic Model of Multilingualism* (Herdina, Jessner 2002)的出版问世,复杂动态系统理论为二语习得领域开辟了崭新的研究思路,引起了国外学者对该理论研究的极大兴趣。荷兰格罗宁根大学认知研究中心的五人小组(Five Graces Group, FGG),De Bot, Lowie, Verspoor(2007)发表了关于动态系统理论的奠基性著作 *A Dynamic Systems Theory Approach to Second Language Acquisition*。国际应用语言学界三大知名学术期刊 *Applied Linguistics* (2006)、*Bilingualism* (2007)以及 *Language Learning* (2009)也相继推出了专刊,详细、系统地介绍了复杂动态系统理论及其应用。复杂动态系统理论视阈下应用语言学研究的相关论著及一系列方法理论研究和实证研究日渐增多。与此同时，国内外各类语言学和应用语言学的会议和论坛，都将"复杂动态系统理论和二语发展"作为重点议题，其中不乏 AAAL（American Association for Applied Linguistics）等国际上颇有影响力的学术团体。上述研究成果极大地丰富了语言学研究者们关于二语发展过程的认识和理解，推动了复杂动态系统理论在语言学研究领域中的不断发展。目前国内关于复杂动态系统理论的相关研究方兴未艾，郑咏滟教授基于该理论对中国英语学习者书面语的发展进行了深入的研究，深化了研究者和教师对书面语发展的认识。

涵静撰写的这部《复杂动态系统理论视阈下的二语口语发展》，是我国复杂动态系统理论研究的又一重要学术成果。该研究开创性地将复杂动态系统理论运用于二语口语发展的研究中，追踪口语动态发展轨迹，并首次尝试采用该理论所特有的变异性分析方法对口语系统内部的复杂关系进行探究，展开历时的实证研究。这是一件值得鼓励的事情，我对此也鼎力支持。我以为，这部学术专著具有三个重要特点：

一、在理论层面，基于复杂动态系统理论的研究框架，作者结合传统的二语习得研究方法，以动态的视角追踪中国英语学习者的口语发展趋势，在关注群体发展趋势的同时也聚焦于个体差异（个体间和个体内），二者相辅相成，全面、系统地描绘出口语发展的轨迹，有力地印证了复杂动态系统理论对于口语发展研究的适用性和有效性，为今后的二语口语发展研究提供了崭新的视角。

二、在实践层面，本书开创性地将复杂动态系统理论应用于二语口语发展的实证研究中，利用复杂动态系统特有的变异性分析方法对口语的复杂性、准确性和流利性的动态发展轨迹进行可视化呈现，同时探究语言内部复杂的动态互动关系，进一步丰富并加深了语言研究者和英语教师对学习者口语发展过程的认识与了解。

三、在应用层面，该专著在分析和研究中国学习者口语动态发展趋势、探究语言系统内部复杂的动态互动关系，以及考察个体差异对口语发展的影响的基础上，对未来我国英语口语教学提出了一些建议。整体的口语发展趋势和个体口语发展特点同等重要。教师应多维度考察和衡量学生的口语发展趋势，并根据学生语言发展所处的不同阶段（斥态或吸态）制订一些有针对性的教学活动，及时给予反馈。正确引导学生看待口语复杂性、准确性和流利性的动态发展趋势及三者之间的关系,促进 CAF 平衡发展。同时,考虑到个体因素对学习者口语的影响,教师应制订一些口语考核机制,激发学习者对口语学习的热情,从而促进其英语口语水平的不断提高。

涵静的研究深入浅出、数据翔实、论证有力,极大地丰富了复杂动态系统理论的研究文献和成果。相信在本研究成果的基础上,涵静会在今后的学术道路上继续努力,为我国复杂动态系统视阈下的二语发展研究做出有价值的学术贡献。

衷心祝贺这部学术专著的出版!

戴炜栋

2019 年 6 月于上海外国语大学

参考文献

De Bot K, Lowie W, Verspoor M. 2007. A dynamic systems theory approach to second language acquisition [J]. Bilingualism: Language and cognition, 10(1): 7-21.

Herdina P, Jessner U. 2002. A dynamic model of multilingualism: perspectives of change in psycholinguistics[M]. Bristol: Multilingual Matters.

Larsen-Freeman D. 1997. Chaos/complexity science and second language acquisition[J]. Applied linguistics, 18(2): 141-165.

《英美文学研究论丛》序

首先,热烈祝贺《英美文学研究论丛》的出版。这对英语界来说是一件喜讯。外国文学已经成为我们文化生活中的重要组成部分,这是一个无可争辩的事实。在思想意识、人生理想、处世态度、道德观念和行为准则各方面,外国文学曾影响过我们这一代人,改革开放以后在更大范围和程度上影响着年轻的一代。今天的世界正在加快步伐走向全球化,各国之间经济和文化上的交往必然更加频繁。更多地了解他国文化,是时代向我们提出的任务。开放的中国也为我们提供了学习、借鉴外国文学精华的大好时机。

近一二十年来,在我国出版的外国文学经典以及当代文学精品层出不穷,而且销量很大,这说明在中国有一个巨大的读者市场,说明人们对外国文学的热情一直十分高涨。文学批评、文学史、文学理论和文学翻译理论的研究也呈水涨船高之势。同样,在国外,尤其在西方,越来越多的人对中国文学产生浓厚的兴趣,抱着学习的态度了解历史悠久、积藏丰厚的中国文化。这种双向的了解和学习,显然有助于促进世界多元文化的繁荣。

在高等院校中,不管是大学生、研究生还是教师,不管是否语言文学专业,热衷于外国文学的人为数不少,有喜欢阅读的,也有立志于从事外国文学研究的。这是十分可喜的现象。但在高等教育语言文学这一大领域内,往往有重语言、轻文学的倾向。原因很简单:重语言教学是看重其应用功能。"学文学有什么用?"甚至英语专业的本科生和研究生也常常会提出这样的问题。这里有一个对高等教育的认识问题。高等教育毕竟与职业培训不同,它包括应用,但超越应用。学习历来包括两个部分:学以致用和学以致知。就像哲学、历史、美学和伦理学等学科一样，文学是一门"致知"的学问，是认识生活、积累经验、开启心智的学问。它可以陶冶情趣，提高素养，使人开阔视野，丰富精神文化生活。说到底，大学教育是为了提高人的整体素质，培养人的洞察能力、推理判断能力和思辨分析能力，而文学涉猎广泛的题材，在表达悟识、再现生活方面的价值是不可取代的。英美文学是一处蕴蓄丰富的精神矿藏，值得我们去努力开发。

上海外国语大学已开始走上多科性、复合型应用文科外国语大学的道路。近二十年来，为了适应对外开放和社会主义市场经济的需要，我们对不少专业进行了复合，如"英语+经贸""英语+法学"和"英语+新闻"等。事实证明，这方面的尝试是成功的。但这种复合并不意味着把教育导向实用主义，也不意味着纯语言文学专业地位的下降。由于所有复合型专业都是以英语为基础的，因此有更多的学生涉足专业英语的学习训练，有更多的教师从事英语教学，英美文学也就有了更多层面的读者。高水平英语教学的扩展，对专业英语师资的大量需求，客观上促进了英语语言文学专业的发展，英美文学的研究也应该会有更多的关注者。上海外国语大学这样的学校仍然是一所以语言文学为基础和特点的大学，语言文学仍然是办学之本，其中英语所占的比重尤其显赫，师资力量雄厚，老、中、青三代教师中有不少从事文学教学和文学研究，而且每年招收相当数量的硕士生和博士生。报考英美文学方向的硕士生、博士生逐年增多，水平不断提高，这是一个很好的例证。外国文学领域内的众多知名文学教授仍在笔耕不辍，引导外国文学研究朝着纵深发展；越来越多的中青年教师和社科研究人员也在文学研究领域展露才华。经济的发展，社会的进步，文化生活水平的提高，国与国之间文化交流的增多，必然创造出一个越来越好的外国文学研究的环境。对这一点，我深信不疑。

正是鉴于这样的认识，在几位外国文学教授的建议下，我们推出了《英美文学研究论丛》，每年出一辑。我校的《外国语》和《外语界》在国内流传较广，影响较大，但都是语言和语言教学的刊物。《中国比较文学》又仅限于文学的一个领域，涉及面不宽。外国文学中研究者和读者最多的英美文学则是一块很大的空白。《论丛》的出版弥补了这一方面的不足，一定能够促进我校英语语言文学的教学和研究，促进各高校和社科研究机构之间的交流。《论丛》是开放式的，广泛吸收全国各家之精华，而不囿于本校的小范围。在第一辑中，各高校的许多名家名教授和具有才华的中青年教师和博士生为我们奉献了高质量的论文，对此我们向热情赐稿的专家学者表示由衷的感谢,并希望在今后一如既往地支持我们。希望我们的编辑人员不断努力,把刊物越办越好,把编辑的过程当作学习他人、丰富自己的过程。希望刊物能为英美文学教学和研究人员提供一个施展才华的阵地,也成为我校师生向同行学者学习借鉴的宝地。几位负责《论丛》编辑的主编都是学业精良、成果卓著的教授。我相信,在广大专家、学者、读者的支持、关心和爱护之下,《英美文学论丛》一定可以办成高水平、高层次、高品位的学术丛书。

戴炜栋

1999 年 6 月

《中国外语教育发展研究（1949—2009）》序

　　2008 年，在纪念我国改革开放 30 周年之际，上海外语教育出版社推出了"改革开放 30 年中国外语教育发展丛书"，包括《高校外语专业教育发展报告（1978—2008）》《高校大学外语教育发展报告（1978—2008）》《高职高专外语教育发展报告（1978—2008）》《基础外语教育发展报告（1978—2008）》和《外语教育名家谈（1978—2008）》5 本著作。这些著作分别从人才培养和各级各类外语教育基本环节的发展等方面回顾了改革开放 30 年我国在外语教育各个领域取得的成绩和存在的不足，展望了外语教育今后的发展，并提出了一些建设性的意见。今年，值中华人民共和国成立 60 周年之际，上海外语教育出版社怀着对中国外语教育事业发展的极大热忱，再次精心策划，组织实力人物编写了"新中国成立 60 周年外语教育发展研究丛书"。丛书分为 5 册，涉及外语教育发展历程、外语教育发展战略、外语教学理论、语言学、翻译研究等不同领域。《中国外语教育发展研究（1949—2009）》是这套丛书的重要组成部分。

　　本书的部分撰稿者曾经参与了"改革开放 30 年中国外语教育发展丛书"的编写工作，因此，对资料和史实有较好的把握。该书的编写也得到了外界部分权威专家的指导。特别应该提到的是，姚乃强教授、秦秀白教授、黄源深教授、何其莘教授、陈建平教授等提出了许多中肯的意见和建议。

　　本书按时间的渐序，以纪实的笔触、简洁的语言全面叙述中华人民共和国成立 60 年来我国外语教育的发展情况，包括外语专业、大学外语、基础外语、高职高专外语等各领域，以及各个语种的沿革。众所周知，中国的外语教育事业发展历史不长，其间还有几次跌宕起伏。但如今，外语教育在服务国家经济建设、对外交往和社会需求等方面正发挥着越来越大的作用。回顾历史,可以使我们更好地面对现实;总结经验,可以使我们更好地规划今后的发展。对外语教育发展过程的整理和归类,可以为我国的外语教师和研究者描绘更为清晰的历史轮廓,留下更加详尽的资料。

　　囿于时间的紧迫和资料的匮乏,丛书无法对60年来外语教育领域的所有事件和研究成果逐一进行描述,即便描述也往往因时隔久远而难免有不妥之处,因此,恳请读者、专家和同行不吝指正。

戴炜栋　胡文仲

2009年9月

《译路同行——上海翻译家协会 成立 30 周年文集》序

沐浴着改革开放的春风,上海翻译家协会(以下简称"译协")于 1986 年应运而生。2016 年我们喜迎上海翻译家协会 30 周年华诞。在中共上海市委宣传部、上海市文联的正确领导下,译协经历了从创建、成长直至今日的而立之年的发展历程,在翻译队伍建设、翻译创作、翻译理论研究和对外交流等方面成绩傲人。

在这喜庆的日子里,译协领导决定为庆祝协会成立 30 周年,举办以"译路同行"为主题的征文活动,为协会 30 年的风雨兼程留下历史的佐证。征稿启事一经刊登就获得广大会员的热烈响应,稿件纷至沓来。应征稿件对译协 30 年的发展历程做了深情回顾,内容精彩纷呈,涵盖了协会的历史事件、重大活动的难忘经历、对老一辈翻译家的专访和珍贵回忆、在翻译实践活动中的感悟和对协会未来的憧憬等。每篇征文的字字句句、点点滴滴都是广大会员对上海翻译家协会、对德高望重的前辈翻译大家真挚感情的流露,读后令我倍感亲切。

译路同行,前程似锦。许多撰稿的会员深情回顾译协初创时的筚路蓝缕和译协 30 年的发展历程,把个人的翻译生涯和译协的发展紧密地融合在一起。他们把译协比作自己的文学翻译之家,在那里能经常和译界前辈及同仁们切磋和交流,聆听前辈翻译大家的感悟和心得,受益匪浅。他们写道:"加入了协会我感到如鱼得水""进入译协,我的翻译爱好和精神面貌发生了很大变化""感谢译协给我们提供了一个文学翻译的温馨家园"。稿件还展望译协发展的美好未来,祝愿协会这个大家庭"与时俱进",越来越兴旺发达。

饮水思源,感恩图报。在译协 30 年华诞之际,广大会员在征文中不忘感谢译界前辈对协会发展所做的杰出贡献。上海历来是我国文化重地,是文学翻译的聚居地,翻译人才辈出,曾经占据全国文学翻译的半壁江山。1986 年 3 月,借改革开放的东风,草婴先生向上海市领导进言成立上海翻译家协会,并担任首任会长。协会成立之初举步维艰,草婴先生、另一位会长夏仲翼先生和驻会干部带领全体会员克服了一个又一个困难,为译协的后续发展奠定了坚实的基础。许多德高望重的译界前辈为协会的发展贡献了自己的精力和智慧,提升了上海翻译家协会的学术声誉和社会知名度,如:中国最负盛名的外国诗歌翻译家薛范先生;从俄文原版直接翻译出版《钢铁是怎样炼成的》的翻译家,年少重残、被誉为"中国保尔"的王志冲先生;虽已年逾九旬仍笔耕不辍,获得"翻译文化终身成就奖"和"上海文艺家终身荣誉奖"的任溶溶先生;著名的德语诗歌翻译家、为德国文学译介贡献了毕生精力的钱春绮先生等。他们都是我国翻译界的楷模。我们将永远铭记这些译界前辈为译协的发展、为中国文学翻译的繁荣和兴旺所付出的一切。

殷切期望,后继有人。瞬息间,30 年过去了。译协的一些资深翻译家已过耄耋之年。尽管他们中许多人依然精神矍铄,利用自己多年翻译生涯所积累的学识,趁精力尚可之时,尽可能做点工作是他们的心愿,但文学翻译后继乏人的局面令人担忧。他们在征文中寄语中青年译者"我们这一代翻译工作者年事已高,寄希望于后人",他们还谆谆嘱咐中青年译者"我们翻译工作者的任务非常艰巨。世界上有许多经典作品,还有许多新的作品不断涌现,它们都需要翻译过来,这是我们翻译工作者的任务"。寥寥数语表达了德高望重的翻译前辈对中青年译者的殷切期望,读后催人奋进。

专访回忆,学术研讨。"译路同行"——译协 30 周年征文的另一个亮点是对老一辈中外翻译家专访的珍贵回忆。草婴、方平、娄自良、薛范、王志冲、钱春绮等著名翻译家在接受专访时畅谈了对翻译理念的真知灼见和在各自领域内的翻译体会。他们提出"文学翻译是文化交流的一部分,要有益于中国的现在和中国的明天",并结合实例阐述如何使翻译技巧达到炉火纯青的水平,这对广大翻译工作者有很大的启迪。访谈中这些将文学翻译视作生命的翻译大家希望新一代的文学翻译成就和翻译水准都能有实质性的超越。多年过去了,前辈翻译家的这些话言犹在耳,并将永远激励广大中青年翻译工作者奋发前进,攀登新的翻译高峰。

30 年过去了,上海翻译家协会取得了令人瞩目的业绩,但我们没有任何理由可以居功自傲。以"译路同行"为主题的征文将陪伴译协进入第二个 30 年。祝愿上海翻译家协会在第二个 30 年中承古开新,薪火相传,立足上海,服务全国,为繁荣中国的翻译事业做出新的贡献。

戴炜栋

2016 年 2 月于上海

附录 1

戴炜栋先生个人信息及学术成果

个人简介

戴炜栋,1940 年 12 月生于上海,1962 年毕业于上海外国语学院英语系。1990—2005 年任上海外国语大学校长,1995—2004 年任上海外国语大学党委书记。现为国务院学位委员会所聘博士生导师,上海外国语大学英语教授、博士生导师。长期从事英语教学与英语语言研究,专攻第二语言习得、社会语言学和以英语为第二语言的教学。在外语重要学术刊物上发表文章近 140 篇,出版著作 20 余部,主编教材 14 套,主持国家级课题近 10 项。

主要获奖

1. 美国富布赖特基金奖
2. 国家社科基金奖
3. 国家出版基金奖
4. 首批国务院特殊津贴
5. 国家级优秀教学成果奖
6. 上海市优秀教学成果奖
7. 宝钢教育基金优秀教师特等奖
8. 上海市劳动模范
9. 上海市"员工信赖的好校长"
10. 中国英语教学特殊贡献奖

11. 外语教育终身成就奖

主要学术兼职

1. 教育部第二、三、四届外语专业教学指导委员会主任委员
2. 国务院学位委员会外语学科评议组召集人
3. 教育部社科委员会委员暨语言文学学部召集人
4. 长江学者评委暨学科评审组召集人
5. 全国博士后科研流动站外语学科评议组召集人
6. 中国翻译协会副会长
7. 上海翻译家协会会长
8. 国家社科基金评委
9. 上海市文学艺术界联合会副主席
10. 《外国语》《外语界》《外语与外语教学》《外语电化教学》《外语教育研究前沿》《解放军外国语学院学报》《中国外语》等知名外语核心期刊编委或顾问

主持的国家级研究课题

1. 英语专业基础阶段教学大纲(1983—1986)
2. 英语专业基础阶段教学理论与实践(1988—1990)
3. 培养高、精、专业复合型外语人才战略研究(1999)
4. 培养复合型外语人才的理论研究(2003)
5. 全国大中小学外语教学"一条龙"研究(2000—2004)
6. 中国英语专业语料库建设与研究(2006)
7. 中国高校外语专业多语种语料库建设研究(2007)
8. 国外高校人文社会科学发展报告(2009—2010)
9. 新世纪汉英百科大辞典(1998—2014)

主要学术著作

1. 戴炜栋,李冬,何兆熊,等,译.英语交际语法[M].上海:上海译文出版社,

1983.

2. 戴炜栋,何兆熊,华均.简明英语语言学教程[M].上海:上海外语教育出版社,1984,(修订版)1988.

3. 戴炜华,戴炜栋.实用英语语言学[M].香港:商务印书馆香港分馆,1988.

4. 戴炜栋,束定芳,周雪林,等.现代英语语言学概论[M].上海:上海外语教育出版社,1999.

5. 戴炜栋,何兆熊.新编简明英语语言学教程[M].上海:上海外语教育出版社,2002.

6. 戴炜栋.高校外语专业教学改革理论与实践——改革、教学、测试[M].上海:上海外语教育出版社,2003.

7. 戴炜栋.中国外语教学法回顾、探索与展望:首届中国外语教学法国际研讨会论文集[C].上海:上海外语教育出版社,2006.

8. 戴炜栋.中国外语教学环境下的二语习得研究[M].上海:上海外语教育出版社,2006.

9. 戴炜栋,任庆梅.外语教学与教师专业发展:理论与实践[M].北京:外语教学与研究出版社,2006.

10. 王雪梅,张逸岗.外语教育求索——戴炜栋文集[M].上海:上海外语教育出版社,2007.

11. 戴炜栋.戴炜栋英语教育自选集[M].北京:外语教学与研究出版社,2007.

12. 戴炜栋.外语教学法的机遇与挑战:第二届中国外语教学法国际研讨会论文集[C].上海:上海外语教育出版社,2007.

13. 戴炜栋.改革开放30年中国外语教学发展丛书[M].上海:上海外语教育出版社,2008.

14. 戴炜栋.高等外语专业教育发展报告(1978—2008)[M].上海:上海外语教育出版社,2008.

15. 戴炜栋.新中国成立60周年外语教育发展研究丛书[M].上海:上海外语教育出版社,2009.

16. 戴炜栋.中国外语教育发展研究(1949—2009)[M].上海:上海外语教育出版社,2009.

17. 戴炜栋.全球化背景下的中国外语教学——创新与发展：第三届中国外语教学法国际研讨会论文集［C］.上海：上海外语教育出版社,2010.

18. 戴炜栋.外语教学名篇选读：上、下［M］.上海：上海外语教育出版社,2010.

19. 王宗炎,戴炜栋.现代语言学丛书［M］.上海：上海外语教育出版社,2011.

20. 戴炜栋.什么是语言学［M］.上海：上海外语教育出版社,2012.

21. 戴炜栋.戴炜栋学术研究文集［M］.上海：上海外语教育出版社,2017.

22. 戴炜栋.二语习得和外语教育——戴炜栋文集［M］.上海：上海外语教育出版社,2017.

主编教材

1. 戴炜栋.高等院校英语语言文学专业研究生系列教材［M］.上海：上海外语教育出版社,2001.

2. 戴炜栋.新世纪高等院校英语专业本科生系列教材［M］.上海：上海外语教育出版社,2001.

3. 戴炜栋.新世纪少儿英语教材［M］.上海：上海外语教育出版社,2002.

4. 戴炜栋.新世纪研究生公共英语教材［M］.上海：上海外语教育出版社,2002.

5. 戴炜栋.新世纪高职高专英语教材［M］.上海：上海外语教育出版社,2003.

6. 戴炜栋.上海市英语高级口译资格证书考试——上海紧缺人才培训工程教学系列丛书［M］.3 版.上海：上海外语教育出版社,2006.

7. 戴炜栋.高等院校英语语言文学专业研究生系列教材［M］.修订版.上海：上海外语教育出版社,2007.

8. 戴炜栋.新理念中职英语［M］.上海：上海外语教育出版社,2011.

9. 戴炜栋.新世纪研究生公共英语教材［M］.2 版.上海：上海外语教育出版社,2011.

10. 戴炜栋.新世纪高等院校英语专业本科生系列教材［M］.修订版.上海：上海外语教育出版社,2013.

11. 戴炜栋.上海外语口译证书培训与考试系列丛书［M］.上海：上海外语教育出版社,2014.

12. 戴炜栋,吴友富.全国外语学校系列教材［M］.上海：上海外语教育出版社,2014.

13. 戴炜栋,亚历山大.新世纪少儿英语[M].上海:上海外语教育出版社,2015.

14. 戴炜栋.新思维应用型本科英语专业规划教材[M].大连:大连理工大学出版社,2017.

主编词典

1. 邱懋如,戴炜栋,何兆熊.汉英文教词典[M].上海:上海译文出版社,1987.

2. 戴鸣钟,戴炜栋.汉英综合辞典[M].上海:上海外语教育出版社,1993.

3. 戴炜栋,龚龙生,束定芳.英语常用衔接词例解词典[M].上海:上海外语教育出版社,1997.

4. 戴炜栋.英语国家背景知识词典[M].郑州:大象出版社,1998.

5. 戴炜栋.新世纪英汉多功能词典[M].上海:上海外语教育出版社,2003.

6. 戴炜栋.新编英汉语言学词典[M].上海:上海外语教育出版社,2007.

7. 戴炜栋.新世纪汉英百科大词典[M].上海:上海外语教育出版社,2015.

学术论文

1. 戴炜栋.我在教书教人方面的一些体会[J].外语教学与研究,1965(2):28.

2. 戴炜栋.英语问题解答[J].外国语,1978(1):69-71.

3. 戴炜栋.使用定语从句的若干问题[J].外国语,1979(2):3-9.

4. 戴炜栋.英语填空词浅说[J].外国语,1982(5):11-14.

5. 戴炜栋.核心英语和教学模式[J].外语界,1983(2):10-12.

6. 戴炜栋."核心英语"简介[J].外国语,1983(2):27-30.

7. 戴炜栋.言语性别差异分析综述[J].外国语,1983(6):3-7.

8. 戴炜栋.个人语言特点探讨[J].外国语,1985(1):39-42.

9. 戴炜栋.记1984年美国学国际会议[J].外语界,1985(2):37-39.

10. 戴炜栋.改革英语教学,适应新形势需要——上海外国语学院英语系教改点滴[J].外语界,1985(3):27-29.

11. 戴炜栋,华钧,孙白梅.全国高校英语统测浅析[J].外国语,1985(3)：
    51－54.

12. 戴炜栋.社会因素和附加问句的功能及意义[J].外国语,1986(3)：
    22－26.

13. 戴炜栋.《高等学校英语专业基础阶段英语教学大纲》的制定及其特点
    [J].外语界,1987(1)：1－3.

14. 戴炜栋.语法流派纵横谈[J].外语界,1987(4)：1－5.

15. 戴炜栋.上外的十年改革：发言提纲[J].外语教学与研究,1989(1)：
    12－13.

16. 戴炜栋.专业英语教材建设回顾与建议[J].外语界,1989(2)：4－5.

17. 戴炜栋.论英语实动词倒装[J].外国语,1989(4)：10－14.

18. 戴炜栋.误差起因分析综述[J].外语界,1990(2)：1－6,46.

19. 戴炜栋.对借鉴国外语言教学理论,提高外语教学水平的几点看法[J].外
    语界,1991(3)：1－3,59.

20. 戴炜栋.回顾与展望——为《外语电化教学》创刊10周年而作[J].外语电
    化教学,1991(4)：3－4.

21. 戴炜栋."中国文化与世界"国际学术讨论会开幕词[J].外国语,1991(5)：
    3－4.

22. 戴炜栋.百尺竿头　更进一步——祝贺《阿拉伯世界》公开发行十周年
    [J].阿拉伯世界,1992(2)：3.

23. 戴炜栋.对当前提高全社会外语水平的几点看法[J].外国语,1992(6)：
    3－6,80.

24. 戴炜栋.发刊词[J].国际观察,1993(1)：1.

25. 戴炜栋.掀开外语音像出版社崭新的一页[J].外语电化教学,1993(2)：3.

26. 戴炜栋.适应市场经济　深化外语教改[J].外语界,1993(3)：4－6.

27. 戴炜栋.以收费招生为龙头　推动教学与学生管理的全面改革[J].上海高
    教研究,1994(2)：24－26.

28. 戴炜栋,束定芳.试论影响外语习得的若干重要因素——外语教学理论系
    列文章之一[J].外国语,1994(4)：1－10,80.

29. 戴炜栋,束定芳.对比分析、错误分析和中介语研究中的若干问题——外语教学理论研究之二[J].外国语,1994(5):1-7.

30. 戴炜栋,束定芳.外语交际中的交际策略研究及其理论意义——外语教学理论研究之三[J].外国语,1994(6):27-31.

31. 戴炜栋.建设一流外国语大学　培养跨世纪外语人才——在庆祝上海外国语大学建校四十五周年大会上的讲话[J].外国语,1995(1):1-4.

32. 戴炜栋.回顾与展望——为《外语界》更名改版10周年而作[J].外语界,1995(1):1.

33. 戴炜栋,陈夏芳.语言变化的社会因素[J].外国语,1995(6):8-13,80.

34. 戴炜栋.在上外"211工程"部门预审闭幕式上的讲话[J].外国语,1996(6):2.

35. 戴炜栋.新年献词[J].外国语,1997(1):2-3.

36. 戴炜栋.进一步发挥学报的窗口和导向作用——祝贺《外语教学与研究》创刊40周年[J].外语教学与研究,1997(3):6.

37. 戴炜栋,黄任.转变观念,全面推进外语教学改革[J].外国语,1997(6):2-5.

38. 戴炜栋.第一届高等学校外语专业教学指导委员会工作总结[J].外语界,1998(1):5-6.

39. 戴炜栋.第二届高等学校外语专业教学指导委员会工作规划[J].外语界,1998(1):7-8.

40. 戴炜栋.语言学研究与语言实践[J].外语研究,1998(2):2.

41. 戴炜栋,李明.调整语话语初探[J].外国语,1998(3):2-7.

42. 戴炜栋.真诚的回报[J].外国语,1998(4):2-4.

43. 戴炜栋,牛强.过渡语的石化现象及其教学启示[J].外语研究,1999(2):11-16.

44. 戴炜栋.关于面向21世纪培养复合型高级外语人才发展战略的几个问题[J].外语界,1999(4):2-4.

45. 戴炜栋.关于深化高校外语专业教学改革的几点认识[J].中国高等教育,1999(4):18,4.

46. 戴炜栋,张爱玲.语料库　计算机　语言学[J].外国语,1999(6):2-8,80.

47. 戴炜栋.序言[J].英美文学研究论丛,2000(0):4-7.

48. 戴炜栋.总结经验,发扬传统,以改革精神建设新型外国语大学——在上外校庆五十周年大会上的讲话[J].外国语,2000(1):3-6.

49. 戴炜栋,张红玲.外语交际中的文化迁移及其对外语教改的启示[J].外语界,2000(2):2-8.

50. 戴炜栋.潜心向学　勇于探索——谈博士生的培养[J].外语教学与研究,2000(5):385-386.

51. 戴炜栋,张雪梅.探索有中国特色的英语教学理论体系——思考与建议[J].外语研究,2001(2):1-4,80.

52. 张雪梅,戴炜栋.反馈　二语习得　语言教学[J].外语界,2001(2):2-8.

53. 蔡龙权,戴炜栋.错误分类的整合[J].外语界,2001(4):52-57.

54. 戴炜栋.构建具有中国特色的英语教学"一条龙"体系[J].外语教学与研究,2001(5):322-327,399.

55. 戴炜栋.外语教学的"费时低效"现象——思考与对策[J].外语与外语教学,2001(7):1-32.

56. 戴炜栋,蔡龙权.中介语的认知发生基础[J].外语与外语教学,2001(9):2-5,25.

57. 戴炜栋,王栋.一项有关英语专业学生语言学习观念的调查分析[J].外语界,2002(5):24-29.

58. 戴炜栋,王栋.语言迁移研究:问题与思考[J].外国语,2002(6):1-9.

59. 蔡龙权,戴炜栋.关于限制语精确话语信息的可能性研究[J].外语与外语教学,2002(8):1-6.

60. 戴炜栋,杨凡.英语教学　构建具有中国特色的英语教学"一条龙"体系[J].中国高等教育,2002(11):12-14.

61. 戴炜栋.风雨沧桑四十年——英语教学往事谈[J].外国语,2003(3):12-15.

62. 戴炜栋,刘春燕.学习理论的新发展与外语教学模式的嬗变[J].外国语,2004(4):10-17.

63. 戴炜栋,杨仙菊.第二语言语用习得的课堂教学模式[J].外语界,2005

（1）：2－8.

64. 戴炜栋.在第三届高校外语专业教学指导委员会全体会议上的发言[J].外语界,2005(2)：8－11,22.

65. 戴炜栋,陈莉萍.二语语法教学理论综述[J].外语教学与研究,2005(2)：92－99,160.

66. 戴炜栋,任庆梅.基于网络技术的词汇习得认知心理环境设计[J].外语电化教学,2005(2)：1－6.

67. 戴炜栋,张雪梅.谈英语专业教学评估和学科建设[J].中国外语,2005(2)：4－7.

68. 戴炜栋,王雪梅.前瞻性、先进性、创新性——关于"新世纪高等院校英语专业本科生系列教材"建设[J].外语界,2005(3)：7－14.

69. 戴炜栋,王雪梅.英语专业研究生教学中的协作探究模式——界定、理据与应用[J].中国外语,2005(4)：12－16,49.

70. 王雪梅,戴炜栋.从网络环境角度整合英语报刊阅读教学策略[J].外语电化教学,2005(4)：13－18.

71. 戴炜栋.治学和科研的良师益友——祝贺《外语与外语教学》创刊200期[J].外语与外语教学,2005(6)：5.

72. 戴炜栋,周大军.中国的二语习得研究：回顾、现状与前瞻[J].外国语,2005(6)：62－70.

73. 戴炜栋,陈莉萍.影响二语语用能力发展的因素[J].外语与外语教学,2005(9)：1－5.

74. 戴炜栋,蔡君梅.国内汉英中介语研究述评[J].外语研究,2006(1)：35－40.

75. 戴炜栋,任庆梅.语法教学的新视角：外显意识增强式任务模式[J].外语界,2006(1)：7－15.

76. 戴炜栋,王雪梅.建构具有中国特色的外语教育体系[J].外语界,2006(4)：2－12.

77. 戴炜栋,徐海铭,罗杏焕.语码输入、语码吸收和语码输出研究新进展[J].外语教学,2006(5)：3－9.

78. 戴炜栋,暴丽颖.理性关联学习中的非理性现象——从连接主义角度探讨语言石化现象[J].江苏外语教学研究,2007(2):46-51.

79. 戴炜栋,徐海铭.汉英交替传译过程中译员笔记特征实证研究——以职业受训译员和非职业译员为例[J].外语教学与研究,2007(2):136-144,161.

80. 戴炜栋,陆国强.概念能力与概念表现[J].外国语,2007(3):10-16.

81. 戴炜栋,张雪梅.对我国英语专业本科教学的反思[J].外语界,2007(4):2-11.

82. 戴炜栋,王雪梅.对学术和英语专业研究生学术原则的思考[J].中国外语,2007(5):9-13.

83. 戴炜栋.第四届高等学校外语专业教学指导委员会工作思路[J].外语界,2007(6):2-5.

84. 戴炜栋,王宇红.双语心理词汇研究述评[J].外语与外语教学,2008(2):16-20.

85. 戴炜栋,任庆梅.二语习得内隐/外显学习研究:问题与思考[J].中国外语教育,2008,(1):12-20,83.

86. 戴炜栋,韦理.中国学习者英语冠词语义特征习得研究[J].外语教学与研究,2008(2):136-142,161.

87. 戴炜栋,暴丽颖.语言石化与理性关联学习[J].四川外语学院学报,2008(3):61-65.

88. 戴炜栋,张雪梅.本科教学评估与英语专业教学评估刍议[J].中国外语,2008(3):4-8,20.

89. 戴炜栋.继往开来　创新发展——祝贺《外国语》创刊30周年[J].外国语,2008(4):93.

90. 戴炜栋,冯辉.写在《中国高校外语专业多语种语料库建设与研究——英语语料库》出版之际[J].外语界,2008(4):8-12.

91. 戴炜栋.解放思想,实事求是,推动我国外语教育事业发展——写在纪念改革开放三十年之际[J].外语界,2008(5):24-29.

92. 戴炜栋.关于二语习得研究学科建设的几个问题——《二语习得研究与中国外语教学》序[J].山东外语教学,2008(6):3-5.

93. 谭春,戴炜栋.第二语言习得：方法、设计与研究[J].四川外语学院学报, 2008,(6)：125－128.

94. 戴炜栋.中国高校外语教育 30 年[J].外语界,2009(1)：2－4,13.

95. 戴炜栋,王雪梅.学术环境与英语专业研究生学术能力发展[J].中国外语,2009,(1)：9－13,34.

96. 戴炜栋.立足国情,科学规划,推动我国外语教育的可持续发展[J].外语界,2009(5)：2－9,17.

97. 戴炜栋.我国外语专业教育 60 年：回顾与展望[J].中国外语,2009,(5)：10－15.

98. 宋秀平,戴炜栋.突显、输出和注意[J].外语与外语教学,2009(5)：5－9.

99. 朱晔,戴炜栋.我国网络外语教学研究的现状、方法及展望[J].外语电化教学,2009(5)：39－45.

100. 戴运财,戴炜栋.从输入到输出的习得过程及其心理机制分析[J].外语界,2010(1)：23－30,46.

101. 张雪梅,戴炜栋.试析中国高校英语专业课程设置之演变[J].外语与外语教学,2010(1)：1－5.

102. 韦理,戴炜栋.大学生英语定冠词句法语用接口习得研究[J].中国外语,2010,(2)：47－53.

103. 戴炜栋.第四届高等学校外语专业教学指导委员会中期工作报告[J].外语界,2010(3)：2－6.

104. 戴炜栋,吴菲.我国外语学科发展的约束与对策[J].外语教学与研究,2010,(3)：170－175,240.

105. 戴炜栋.搭建高水准教改交流平台,推动外语教师教育与发展[J].外语界,2010(5)：7－8.

106. 戴炜栋.国际化背景下我国外语教育的发展战略[J].浙江工商大学学报,2010(6)：80－85.

107. 戴炜栋,冯辉.外语专业四、八级考试的历史回顾[J].外语界,2010(6)：2－8.

108. 戴炜栋,张雪梅.英语专业教学测试、英语专业教学发展及教学质量监控体系[J].外语测试与教学,2011(1)：14－25,50.

109. 戴炜栋.发刊词[J].英语广场(学术研究),2011(Z1)：1.

110. 戴炜栋,王雪梅.对经济全球化背景下我国外语教育规划的再思考[J].中国外语,2011,(2)：4－11.

111. 戴炜栋,王雪梅.信息化环境中外语教师专业发展的内涵与路径研究[J].外语电化教学,2011(6)：8－13.

112. 郭继荣,戴炜栋.大学生英语自主学习评价实证研究[J].外语界,2011(6)：79－87.

113. 戴炜栋,王雪梅.对外国语言文学学科战略规划的思考[J].外语界,2012(3)：2－9.

114. 王栋,戴炜栋.学习风格与二语学习任务相关性——一项基于Kolb学习风格模型的实验研究[J].外语界,2013(1)：28－35.

115. 丁仁仑,戴炜栋.高校大学外语教学定位思考[J].外语界,2013(2)：17－23.

116. 秦丽莉,戴炜栋.二语习得社会文化理论框架下的"生态化"任务型语言教学研究[J].外语与外语教学,2013(2)：41－46.

117. 秦丽莉,戴炜栋.活动理论框架下的大学英语学习动机自我系统模型构建[J].外语界,2013(6)：23－31.

118. 秦丽莉,戴炜栋.以培养"多元文化"意识为导向的跨文化交际学课程研究[J].外语电化教学,2013(6)：56－60,65.

119. 戴炜栋.我国外语专业教育的定位、布局与发展[J].当代外语研究,2013(7)：1－5,12.

120. 戴炜栋,王雪梅.我国高等教育内涵式发展背景下英语专业的建设思路[J].外语界,2014(3)：2－11.

121. 王璐璐,戴炜栋.二语习得研究方法综述[J].外语界,2014(5)：29－37.

122. 戴炜栋.坚持英语教育的重要性,稳步推进高考外语改革[J].外国语,2014,(6)：5－6.

123. 秦丽莉,戴炜栋.生态视阈下大学英语学习环境给养状况调查[J].现代外语,2015,(2)：227－237,292.

124. 戴炜栋,王雪梅."文化走出去"背景下的我国外国语言文学学科发展战略[J].解放军外国语学院学报,2015,(4):1-11,159.

125. 王欣,戴炜栋.基于"二语动机自我系统"理论的二语动机策略实证研究[J].外语教学,2015,(6):48-52.

126. 戴炜栋,王雪梅."双一流"背景下的我国外国语言文学学科发展战略[J].北京第二外国语学院学报,2016,(5):1-13,136.

127. 于涵静,戴炜栋.国外二语词汇习得研究趋势的可视化分析——基于社会网络分析方法[J].外语界,2016(5):52-60.

128. 袁慧,戴炜栋.中国英语学习者主谓一致在线加工的研究——一项自定步速阅读实验[J].外语与外语教学,2016(6):75-86,149.

129. 戴炜栋.中介语研究的进展——《中介语语言学多维研究》评介[J].山东外语教学,2017,(1):109-112.

130. 戴炜栋,王雪梅."双一流"背景下外语类院校的发展定位、特征与战略[J].北京第二外国语学院学报,2017,(1):1-17,127.

131. 卢燕华,戴炜栋.形式聚焦方式对注意及二语形式学习的影响[J].复旦外国语言文学论丛,2017(2):10-17.

132. 戴炜栋.励精图治再铸辉煌[J].外语教学与研究,2017,(4):491-492.

133. 秦丽莉,戴炜栋,赵永青.再论实践社群理论框架下外语学习自主能力与身份之间的关系[J].现代外语,2018,(1):66-77,146.

134. 戴炜栋.高校外语专业40年改革历程回顾与展望[J].外国语,2018,(4):101-105.

135. 戴炜栋.高校外语专业教育40年:回顾与展望[J].当代外语研究,2018(4):3-4.

136. 戴炜栋.新时代我国外语专业如何实现可持续发展[N].社会科学报,2019-01-07.

137. 于涵静,戴炜栋.英语学习者口语复杂性、准确性的动态发展研究[J].外语与外语教学,2019(2):100-110.

138. 戴炜栋.70年外语教育:回顾与展望[N].21世纪英语教育,2019-05-01.

139. 戴炜栋.服务国家战略,培养高端人才,推动外语教育发展[M]//民族复兴的强者——中国外语教育70年.北京:外语教学与研究出版社,2019.

附录 2

戴炜栋先生指导的部分研究生、博士后名单

（因种种原因，无法获得戴炜栋先生指导的研究生完整名单，望未收录者见谅！）

序号	授予学位年份	姓　名	工　作　单　位
博　士　生			
1	1996	束定芳	上海外国语大学
2	1996	周雪林	中欧国际工商学院
3	1998	陈夏芳	上海财经大学
4	1998	宋海燕	现居英国
5	1999	张红玲	上海外国语大学
6	1999	牛　强	长春大学
7	2000	李　明	广东外语外贸大学
8	2002	张爱玲	上海外国语大学
9	2002	张雪梅	上海外国语大学
10	2003	马　莉	华东政法大学
11	2003	蔡龙权	上海师范大学
12	2004	姜君丽	山东工商学院
13	2004	王　淼	上海外国语大学
14	2004	王　栋	山东师范大学
15	2004	顾伟勤	上海外国语大学
16	2005	朱　晔	上海外国语大学
17	2005	梅晓宇	现居新西兰

序号	授予学位年份	姓　名	工　作　单　位
18	2005	冯　辉	上海外国语大学
19	2005	胡越竹	上海外国语大学
20	2005	秦　悦	上海外国语大学
21	2005	孔燕平	上海对外贸易大学
22	2005	邹　申	上海外国语大学
23	2006	张　姐	现居美国
24	2006	刘春燕	江西师范大学
25	2006	杨仙菊	浙江工商大学
26	2006	葛现茹	上海外国语大学
27	2006	周大军	海军航空大学
28	2006	蔡君梅	上海外国语大学
29	2007	冯庆华	上海外国语大学
30	2007	周彩庆	上海师范大学
31	2007	王雪梅	上海外国语大学
32	2007	陈莉萍	南京师范大学
33	2007	韦　理	陕西师范大学
34	2007	任庆梅	济南大学
35	2007	庄智象	上海外国语大学
36	2008	杨连瑞	中国海洋大学
37	2008	暴丽颖	哈尔滨工程大学
38	2008	宋秀平	上海师范大学
39	2008	龚龙生	上海外国语大学
40	2009	张　权	南京理工大学
41	2009	王宇红	郑州大学
42	2009	宋丽娟	浙江工业大学
43	2009	邓劲雷	福建师范大学
44	2009	谭　春	四川外国语大学

序号	授予学位年份	姓 名	工 作 单 位
45	2009	徐 璐	上海外国语大学
46	2010	吴 菲	上海外国语大学
47	2010	刘秋芬	上海理工大学
48	2010	齐伟钧	上海外国语大学
49	2010	杨滢滢	上海外国语大学
50	2010	归 樱	上海财经大学
51	2010	郭继荣	西安交通大学
52	2010	戴运财	浙江传媒学院
53	2010	张俊英	浙江工商大学
54	2010	王 蕾	浙江工商大学
55	2011	朱晓申	温州大学
56	2011	陈坚林	上海外国语大学
57	2012	张素敏	河北师范大学
58	2012	杨柳燕	厦门大学
59	2012	赵 硕	西北工业大学
60	2012	梁琦秋	南昌大学
61	2012	冯新华	南京中医药大学
62	2012	彭云鹏	中国人民解放军白求恩医务士官学校
63	2013	杨 芹	上海立信会计金融学院
64	2013	韦晓保	华东理工大学
65	2013	赵永青	大连外国语大学
66	2013	许朝阳	山东财经大学
67	2014	赵海艳	上海对外经贸大学
68	2014	赵 芳	郑州师范学院
69	2014	丁仁仑	浙江工商大学
70	2015	瞿莉莉	上海理工大学
71	2015	边立志	东北财经大学

序号	授予学位年份	姓 名	工 作 单 位
72	2015	何 花	西北大学
73	2015	黄 滔	大连外国语大学
74	2015	黄洁芳	大连外国语大学
75	2015	秦丽莉	大连外国语大学
76	2015	李绍鹏	上海外国语大学
77	2016	袁 慧	上海海洋大学
78	2016	郑四方	西安交通大学
79	2016	张艺宁	浙江工业大学
80	2016	王璐璐	上海工程技术大学
81	2017	王 欣	上海对外经贸大学
82	2017	卢燕华	西安交通大学
83	2018	陈中毅	南京信息工程大学
84	2018	景 婧	上海对外经贸大学
85	2019	周文岭	江苏海洋大学
86	2019	于涵静	大连理工大学
硕 士			
87	1994	黄 皓	上海外国语大学
88	2000	朱玉山	上海外国语大学
89	2001	王 磊	上海外国语大学
90	2005	徐 佳	上海外国语大学
91	2005	夏 晴	上海外国语大学
博 士 后			
92	2017 年出站	徐海铭	上海外国语大学